"一带一路"
背景下中国企业国际化战略转型升级研究

袁政慧 ○ 著

中国财经出版传媒集团
中国财政经济出版社

图书在版编目（CIP）数据

"一带一路"背景下中国企业国际化战略转型升级研究／袁政慧著．－－北京：中国财政经济出版社，2022.3

ISBN 978－7－5223－1104－3

Ⅰ.①一… Ⅱ.①袁… Ⅲ.①企业战略－研究－中国 Ⅳ.①F279.23

中国版本图书馆 CIP 数据核字（2022）第 020317 号

责任编辑：武志庆　　　　　责任校对：张　凡
封面设计：智点创意　　　　　责任印制：党　辉

"一带一路"背景下中国企业国际化战略转型升级研究
YIDAIYILU BEIJING XIA ZHONGGUO QIYE GUOJIHUA ZHANLYUE ZHUANXING SHENGJI YANJIU

中国财政经济出版社 出版

URL：http：//www.cfeph.cn

E－mail：cfeph@cfeph.cn

（版权所有　翻印必究）

社址：北京市海淀区阜成路甲 28 号　邮政编码：100142
营销中心电话：010－88191522
天猫网店：中国财政经济出版社旗舰店
网址：https：//zgczjjcbs.tmall.com
北京财经印刷厂印刷　各地新华书店经销
成品尺寸：185mm×260mm　16 开　22 印张　430 000 字
2022 年 3 月第 1 版　2022 年 3 月北京第 1 次印刷
定价：99.00 元
ISBN 978－7－5223－1104－3
（图书出现印装问题，本社负责调换，电话：010－88190548）
本社质量投诉电话：010－88190744
打击盗版举报热线：010－88191661　　QQ：2242791300

前 言

改革开放40余年来,中国的经济建设取得了举世瞩目的成就,各类企业蓬勃发展,推动中国成长为世界第二大经济体。中国制造早已走出国门,遍及世界各地。随着中国经济进入"新常态",国内经济增速放缓,企业在国内市场竞争压力加剧,对国际市场的依赖加深。近年来,国际政治经济形势风云变幻,中国企业所面对的国际市场环境发生了巨大变化,部分发达国家贸易保护主义和逆全球化趋势正在逐步形成,在此关键时刻,中国政府提出了"一带一路"——构建人类命运共同体的倡议并积极实施推进。

"一带一路"倡议自2013年提出,2015年完成顶层规划设计,2016年进入全面落实阶段。2017年,习近平总书记在党的十九大报告中指出:"要以'一带一路'建设为重点,坚持引进来和走出去并重,遵循共商共建共享原则,加强创新能力开放合作,形成陆海内外联动、东西双向互济的开放格局。"同时,"一带一路"建设被写入党章,充分体现了中国高度重视"一带一路"建设、坚定推进"一带一路"国际合作的决心和信心。2018年,习近平主席在博鳌亚洲论坛指出:"要同舟共济、合作共赢,构建开放型世界经济,维护多边贸易体制,推动经济全球化朝着更加开放、包容、普惠、平衡、共赢的方向发展。"这标志着以打造多边国际合作平台为目标的"一带一路"建设将在新时代继续发挥开放引领作用。

当前,中国经济对外开放的势头有增无减。自2018年至今,中国已经在上海连续召开了四届中国国际进口博览会,体现了中国政府坚定支持贸易自由化和经济全球化,主动向世界开放市场的重大举措,推动开放型世界经济发展。2020年4月1日,中国金融市场正式对外开放,除了银行之外的金融服务业,允许外国公司进入国内市场同中国公司一起竞争。

在中国企业"走出去"方面,受中美经贸关系不确定性的影响,以及新冠肺炎疫情对全球政治、经济的影响,中国出口产品的目的地从美欧等传统的发达国家逐渐向马来西亚、越南等"一带一路"国家转移,企业国际化的地域选择较之前发生了变化。另一方面,国内经济也面临产能过剩、需求放缓等不利因素,倒逼中国企业沿"一带一路""走出去"进行企业国际化战略转型升级。

作为中国经济的顶层设计之一,"一带一路"倡议的提出与发展为中国企业"走出去"进行国际化战略转型提供了历史机遇。中国企业在"一带一路"背景下进行企业国际化战略转型升级有利于扩大国际市场，提高国内品牌的国际知名度，增加企业盈利能力；有利于企业享受国家和地方政府提供的相应的财政支持和税收优惠政策，降低总体运营成本；有利于企业积累和学习国际化的管理经验，促进企业国际化的升级转型；有利于企业在国际范围内进行资源整合，实现资源合理配置；有利于与东道国形成良好的长效合作机制，构建和谐的投资氛围；有利于增强与"一带一路"沿线国家人民的沟通，促进相互理解和文化交流。

中国企业沿"一带一路""走出去"实施企业国际化战略转型取得成就的同时，也存在一些隐忧和困难。例如，一些企业在"走出去"之前对东道国的政治风险、经济风险、法律风险、投资风险、市场风险、文化冲突等方面缺乏深入了解且准备不足，没有站在国际化企业的高度制订战略性的整体规划；一些企业还缺乏国际化的运营管理能力，包括国际化人才、技术、资本运营及品牌管理等。

因此，为促进"一带一路"建设高质量发展，支持中国企业参与"一带一路"建设，需要对我国企业在"一带一路"沿线国家的企业国际化战略转型升级情况进行深入研究，以期发现问题并提出相应的改进措施和有关的政策建议。

习近平总书记指出，当今世界正面临百年未有之大变局。迄今为止，全球经济处于深度调整之中，国际分工与全球产业链正在加速演变。对于广大立志于推行国际化战略的中国企业而言，"一带一路"既充满机遇，也存在挑战。是临渊羡鱼还是退而结网，每个企业应当做出切合自身实际的理性判断。希望本书的推出能够为中国企业在"一带一路"沿线国家的企业国际化战略转型升级提供更多有益的思考，帮助企业拨开国际化道路上的荆棘，不断探索国际化发展的模式，坚定国际化发展的信心，为企业的基业长青奠定坚实的基础，为中国经济发展做出更大的贡献。

本书的出版受到厦门国家会计学院云顶课题（YD20180107）的资助，在此表示感谢！

袁政慧

2021 年 12 月

目 录

第一章 "一带一路"倡议与中国经济全球化 ……………………………………（ 1 ）
  第一节 "一带一路"倡议提出的背景 ………………………………………（ 3 ）
  第二节 "一带一路"愿景的意义 ……………………………………………（ 13 ）
  第三节 "一带一路"的政策发展历程与进展 ………………………………（ 24 ）
  第四节 "一带一路"与中国经济全球化 ……………………………………（ 31 ）
  本章参考文献 …………………………………………………………………（ 37 ）

第二章 企业国际化战略转型升级有关理论 ……………………………………（ 41 ）
  第一节 国际贸易理论 …………………………………………………………（ 43 ）
  第二节 国际投资理论 …………………………………………………………（ 53 ）
  第三节 企业战略管理理论 ……………………………………………………（ 57 ）
  第四节 企业国际化战略转型理论 ……………………………………………（ 69 ）
  第五节 企业转型升级理论 ……………………………………………………（ 80 ）
  本章参考文献 …………………………………………………………………（ 84 ）

第三章 "一带一路"背景下中国企业国际化战略转型升级的机遇与风险 ……（ 87 ）
  第一节 "一带一路"背景下中国企业国际化战略转型升级的机遇 ………（ 89 ）
  第二节 "一带一路"背景下中国企业国际化战略转型升级的风险 ………（ 98 ）
  本章参考文献 …………………………………………………………………（121）

第四章 "一带一路"背景下企业国际化战略选择与实施 ……………………（123）
  第一节 "一带一路"背景下中国企业国际化战略选择 ……………………（125）
  第二节 "一带一路"背景下中国企业国际化战略实施 ……………………（162）
  本章参考文献 …………………………………………………………………（168）

第五章 国际化人才战略——企业国际化的根基 ……………………………（171）
  第一节 "一带一路"背景下中国企业人才国际化的现状 …………………（173）

第二节　中国企业参与"一带一路"建设过程中国际化人才培养的机遇
　　　　　　与挑战 ………………………………………………………………（185）
　　第三节　"一带一路"背景下中国企业国际化人才战略的建议 …………（191）
　　本章参考文献 ……………………………………………………………（196）

第六章　国际化技术创新战略——企业国际化的核心 ……………………（199）
　　第一节　中国企业参与"一带一路"建设过程中技术国际化的现状 ……（201）
　　第二节　"一带一路"背景下中国企业技术国际化的机遇与挑战 ………（214）
　　第三节　"一带一路"背景下中国企业国际化技术创新战略的建议 ……（228）
　　本章参考文献 ……………………………………………………………（237）

第七章　国际化资本运营战略——企业国际化的支撑 ……………………（239）
　　第一节　中国企业在"一带一路"沿线资本运营国际化的概述与案例 …（241）
　　第二节　中国企业在"一带一路"沿线资本运营国际化的现状与问题 …（262）
　　第三节　"一带一路"背景下中国企业国际化资本运营战略的建议 ……（269）
　　本章参考文献 ……………………………………………………………（274）

第八章　国际化品牌战略——企业国际化的成果 …………………………（277）
　　第一节　中国企业参与"一带一路"建设过程中品牌国际化的现状 ……（279）
　　第二节　中国企业在"一带一路"沿线品牌国际化的机遇与挑战 ………（295）
　　第三节　"一带一路"背景下中国企业国际化品牌战略的建议 …………（300）
　　本章参考文献 ……………………………………………………………（308）

附录　"一带一路"背景下中国企业所处沿线国别（地区）宏观环境分析 ……（311）

第一章
"一带一路"倡议与中国经济全球化

近年来,全球化遭受波折,西方发达国家民粹主义、贸易保护主义、内顾倾向抬头,多边贸易体制受到冲击,"逆全球化"思潮上升。中国在经济发展的过程中遭遇欧美发达国家的"逆全球化"遏制。从特定意义上看,全球化是人类共同利益的正确选项。"一带一路"倡议是中国进入新常态下推动经济持续发展的新型开放模式,是中国版的全球化。

第一节 "一带一路"倡议提出的背景

"一带一路",英文翻译为the Belt and Road,英文简写为B&R,是"丝绸之路经济带"和"21世纪海上丝绸之路"的简称。"一带一路"倡议自2013年提出,2015年完成顶层规划设计,2016年已进入全面落实阶段。2017年,习近平总书记在党的十九大报告中指出:"要以'一带一路'建设为重点,坚持引进来和走出去并重,遵循共商共建共享原则,加强创新能力开放合作,形成陆海内外联动、东西双向互济的开放格局。"同时,"一带一路"建设被写入党章,充分体现了中国高度重视"一带一路"建设、坚定推进"一带一路"国际合作的决心和信心。2018年,习近平主席在博鳌亚洲论坛指出:"要同舟共济、合作共赢,构建开放型世界经济,维护多边贸易体制,推动经济全球化朝着更加开放、包容、普惠、平衡、共赢的方向发展。"这标志着以打造多边国际合作平台为目标的"一带一路"建设将在新时代继续发挥开放引领作用。

一、"一带一路"倡议提出的经济背景

1. 世界经济全球化的浪潮促进了中国经济高速发展

经济全球化是指在科技革命和社会生产力发展到更高水平的推动下,社会在生产的各个环节(生产、分配、交换、消费)和各种资本形态(货币资本、生产资本、商品资本)的运动超出国界,在全球范围内进行的过程。世界经济经历了三次全球化的浪潮。

第一次全球化浪潮发生于1870—1914年,始于苏伊士运河通航之后,终于第一次世界大战爆发。英国于19世纪40年代完成了起源于18世纪60年代的第一次工业革命,法国也于19世纪60年代完成了第一次工业革命。英法两国因工业革命国内生产力得到了大幅提升,急需新的市场和原料。而1869年苏伊士运河开凿成功通航,地中海与印度洋从此连接,世界东西贸易的大动脉就此打通,从此掀起了人类史上第一波全球化浪潮。

在第一次全球化期间,全球贸易以年均4%的速度持续增长,世界贸易总量占世界GDP总量的比重从1870年的10%上升到1914年的20%;跨国资本每年以4.8%的

速度快速流动，资本流动总量与GDP总量之比从1870年的7%，上升到1914年的20%。贸易和资本的持续快速流动，直接带动全球主要经济体快速成长。1870—1914年，全球GDP年均增速为1.3%，与之相对照，1820—1870年，全球GDP年均增速仅为0.53%。

当时国际资本流动的输出国主要是英国、法国和德国，而第一次全球化浪潮造就了三个世界强国——美国、日本和德国。这一时期国际贸易的繁荣和国际资本、劳动力的大规模流动让世界人均收入经历了较快的增长，但仍未能抑制贫困人口的增加。

第二次浪潮发生于1950—1980年。第二次世界大战后，美国实施马歇尔计划，为了帮助重建欧洲和亚洲的盟国，对其进行了大量资本及技术输出。在美国的带领下，日本、德国和亚洲四小龙经济高速发展。日本GDP年均增速8%以上，从战败国迅速转变为世界第二大经济强国。德国经济增速长期高达6.7%，成为欧洲繁荣中心。韩国、新加坡、中国台湾、中国香港这亚洲四小龙乘势崛起。

20世纪40年代布雷顿森林体系[①]确立之后，建立了以美元为中心的国际货币体系，形成了以汇率自由化、资本自由化和贸易自由化为多边经济制度的世界经济次序。第二次全球化期间发达国家（地区）之间的经济融合加深，但却使发展中国家严重依赖于初级产品的出口。

第三次浪潮自1980年开始，领导者依然是美国，但中国、苏联和东欧各国纷纷加入全球化浪潮。1991年前苏联解体，标志着冷战的结束。1973—2007年，全球贸易年均增速高达11%，全球贸易总量与全球GDP之比从22%上升到42%，跨国资本流动总量与GDP之比从5%升至21%。全世界超过20亿人口为摆脱贫穷加入全球竞争。很多发展中国家第一次成功打入国际产成品市场，产成品在发展中国家出口中所占的比重从1980年的25%跃升到了1998年的80%以上。

自20世纪90年代以来，随着金融衍生品的不断创新与互联网技术的高速发展，经济全球化在世界范围内加速传播，而第三次全球化的深度、广度与取得的成就都是在三次全球化中最高的。

第三次全球化浪潮的成就之一是中国崛起。1978—2019年，中国GDP高速增长，见图1-1。在长达41年的时间里，除了1981年、1989年、1990年、2015年、2016年、2017年、2018年、2019年这8年以外，中国经济增速大都超过7%，其中共有16年的时间GDP增速超过10%，中国经济总规模跃居世界第二。

---

① 注：布雷顿森林体系是1944—1971年以美元为中心的国际货币体系，即美元与黄金挂钩、国际货币基金会员国的货币与美元保持固定汇率。

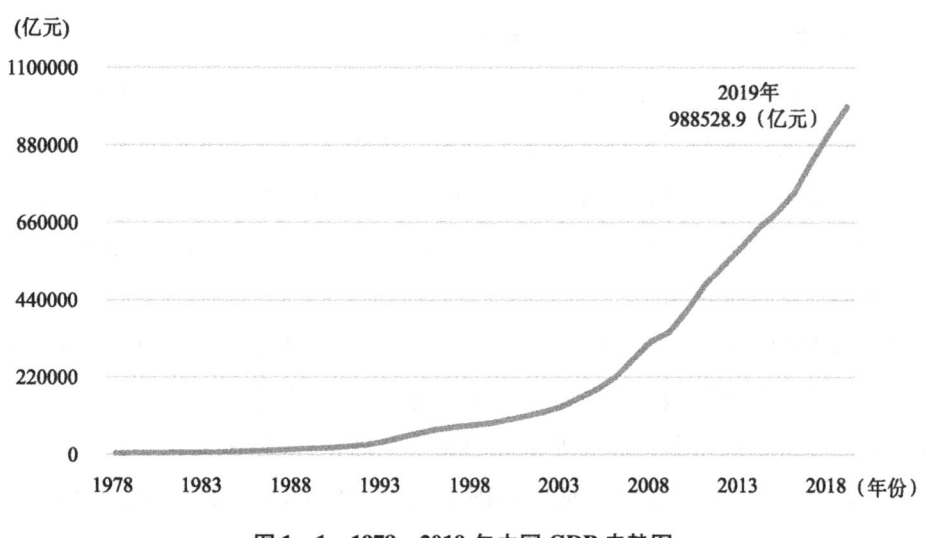

图 1-1　1978—2019 年中国 GDP 走势图

资料来源：国家统计局。

中国经济的高速增长受益于全球化，尤其是 2001 年加入 WTO，对促进中国外贸发展和拉动经济增长发挥了重要作用。中国的进出口贸易增速在 2001 年以后大幅提高，如图 1-1 所示。

图 1-2 是中国加入 WTO 的 2001 年前后 5 年的进出口贸易额的走势图。在图中，加入 WTO 的前 5 年，即 1996—2001 年，中国进出口贸易额增长缓慢，而加入 WTO 的后 5 年，即 2001—2006 年，中国进出口贸易额的走势大致呈 45 度增长，增速明显加快。

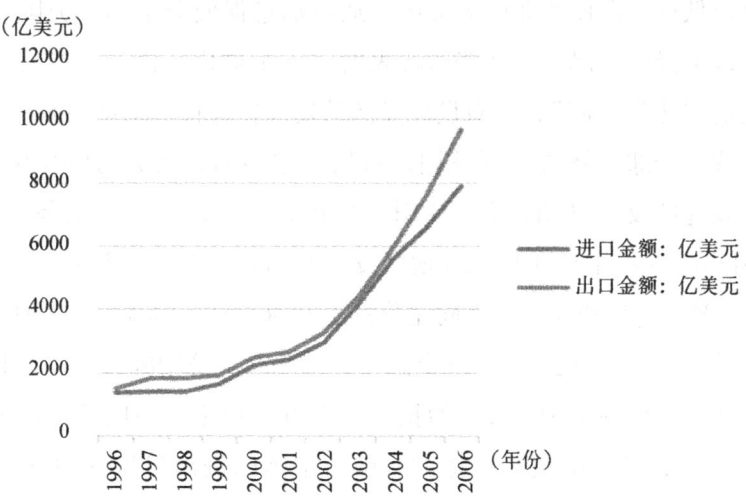

图 1-2　1996—2006 年中国进出口贸易额

资料来源：Wind 资讯数据库。

2. 后危机时代"逆全球化"思潮抬头

全球化的浪潮推动了世界经济快速增长，积极参与全球化进程的国家在经济上都取得了较好的发展。但是，全球化并非永动机，也不一定是一条永远向上的直线。第一次全球化终结于第一次世界大战，时隔 30 多年以后才开始第二次全球化，而布雷顿森林体系的崩溃、两次石油危机与经济发展的滞胀导致了第二次全球化的终结。目前，世界正处于第三次全球化当中。

然而，自 2008 年国际金融危机之后，全球金融市场动荡，经济增幅放缓。人们对全球化为世界经济发展所做出的贡献产生了疑虑，一些发达国家将市场运行失调、国际贸易失衡、经济结构扭曲、高失业率等归罪于全球化，"逆全球化"思潮抬头。

"逆全球化"是指重新赋权于地方和国家层面，与全球化背道而驰。"逆全球化"思潮产生的原因在于全球化进程导致西方产生一种新的结构性分歧，即全球化赢家与输家之间的对立。"现代化输家"论点是指在西方经济、社会、文化与政治持续变迁过程中，低收入、受教育程度低的群体不能适应现代化进程，他们在自身处于经济边缘，地位与声誉受到影响以及遭受社会排斥的情况下，表现出反全球化和反精英的态度。后危机时代，美国和欧盟国家内部社会两极分化和不平等状况的加剧为"现代化输家"论点提供了现实基础。

2016 年特朗普当选美国总统成为"逆全球化"的代表事件之一。他提出"使美国再次强大"和"美国优先"，利用美国现有的"超级大国"地位，使美国经济"脱虚向实"，采取各种非常规手段改变各种游戏规则，除了退出相关贸易协定及国际组织以外，还通过超低税率促使实业回流美国，通过加息促使资本回流美国，从而重塑美国乃至世界的政治经济格局。特朗普所代表的"逆全球化"潮流，本质上是要维护和拓展西方白人的"生存空间"，这对世界经济的发展格局将带来巨大影响。

后危机时代，全球经济进入调整期，市场需求萎缩，欧美的贸易保护主义抬头，针对中国产品发起的反补贴调查数量上升。中国是全球遭遇反倾销调查最多的国家，2016 年，中国共遭遇来自 27 个国家和地区发起的 119 起贸易救济调查案件，涉案金额 143.4 亿美元，案件数量和涉案金额同比分别上升 36.8%、76%[①]，达到历史高点。

自 2008 年国际金融危机后，全球金融市场动荡和经济增幅放缓，尤其是美国经济的大幅放缓，欧美的贸易保护主义开始抬头。2010 年以来，中国外贸进出口增速显著回落。2018 年以来，受中美贸易摩擦的影响，中国的进出口贸易额增长趋势明显放

---

① 商务部. 2016 年中国遭遇 119 起贸易救济调查案件 [EB/OL]. http://www.chinanews.com/cj/2017/01-05/8115036.shtml, 2017-01-05. http://www.cinic.org.cn/xw/bwdt/901676.html?from=singlemessage, 2020-08-24.

缓，呈现起伏状波动，如图1-3所示。

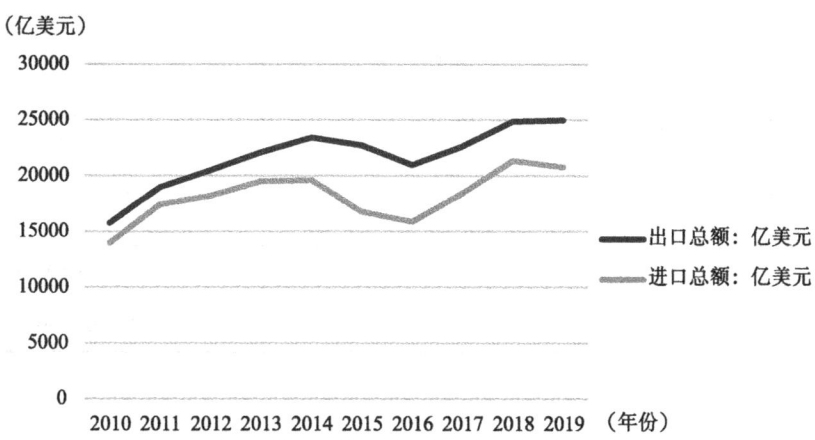

图1-3 2010—2019年中国进出口贸易额

资料来源：国家统计局。

2016年5月，欧洲议会全体会议通过一项非立法性决议，反对承认中国的市场经济地位。根据2001年中国加入WTO议定书第15条规定，WTO成员在对中国出口产品的反倾销调查中使用"替代国"数据的做法应当于2016年12月11日终止，中国将自动获得市场经济地位。中国加入WTO时被列为"非市场经济国家"，在第15条规定的期限行将届满之际，中国多年来因未获市场经济地位而导致的反倾销有望终止，但是美国、欧盟、日本相继宣布不承认中国的市场经济地位。由于这些国家或地区是中国商品出口的主要目的地，如表1-1和图1-4所示。这种不承认中国的市场经济地位的行为势必将会对中国未来的出口产生不利的影响。

表1-1 2019年中国商品十大出口目的国和地区①

序号	国家（地区）	出口额（单位：千美元）
1	美国	418674349.00
2	欧洲联盟	366398810.00
3	中国香港	279002036.00
4	日本	143261243.00
5	越南	97875196.00
6	德国	79791805.00

① 注：中国香港排名第三是由于其转口贸易量巨大，中国内地出口的商品通过中国香港转卖到其他国家和地区。

续表

序号	国家（地区）	出口额（单位：千美元）
7	印度	74828887.00
8	荷兰	73980997.00
9	英国	62426631.00
10	中国台湾	55111846.00
十大出口国（地区）总额		1651351800.00
总出口额		2499028930.00

资料来源：国家海关总署。

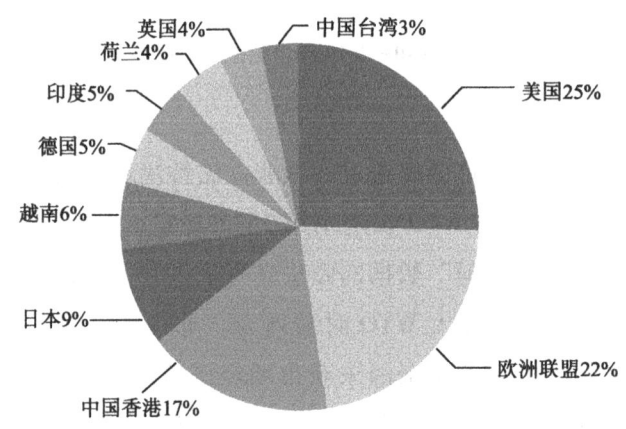

图1-4　2019年中国商品出口十大出口目的国（地区）占比图

资料来源：国家海关总署。

由表1-1计算得出，2019年中国商品十大出口目的国（地区）占中国总出口金额达42.6%，接近一半，具体如图1-4所示。而出口作为拉动中国经济发展的"三驾马车"之一，长期以来对中国经济的增长具有较大的影响力。

在图1-5当中，1997年中国货物和服务净出口对GDP增长的贡献率高达40%以上，这得益于1992年邓小平南方谈话以后那段中国经济高速增长的时期对出口的促进作用。同时，由于1997年的GDP仅占2015年GDP的12%，因而出口因素对于GDP增长贡献率的影响相对要大得多。与之相反，2009年货物和服务净出口对GDP增长的贡献率高达-40%以上，这是由于2008年全球金融危机导致的需求萎缩的滞后效应，对出口的影响在2009年凸显出来。

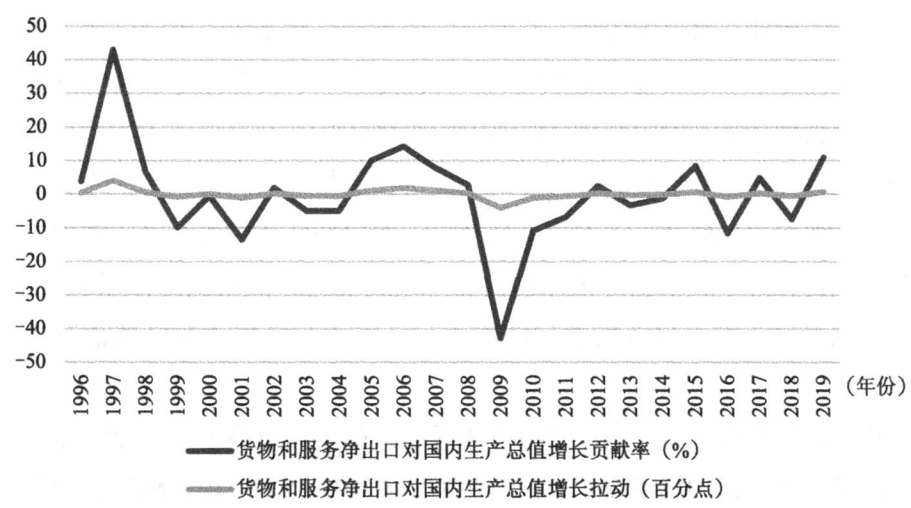

图 1-5 1996—2019 年净出口对中国经济的影响

资料来源：国家统计局。

据国际货币基金组织的预计，2020 年前世界经济贸易的年均增速分别难以超过 4% 和 5%，明显低于金融危机前 5 年 5% 和 8% 左右的年均增速。2007 年，国际货币基金组织承认随着发展中国家新技术的引入和外资引入的增加世界经济发展不平等也随之水平加深。

在利益分配不均衡的同时，全球化使就业机会从发达国家向成本要素更低的发展中国家转移，引发发达国家中低端劳动力人口的担忧，在法国，"全球化"被视为自由市场经济政策中的贬义词。2012 年 4 月法国伊佛普研究所做了一项关于全球化的调查，民意调查结果显示法国仅有 22% 的人认为全球化对国家有益①。

后危机时代，全球化受阻，"逆全球化"思潮抬头，这不仅影响了中国的出口与经济发展，也对全球的贸易、投资、金融产生了影响，而中国首倡的"一带一路"将重塑世界经济的格局。

3. 中国经济步入调整转型升级的过程

中国国内经济正处于深度调整之中，中国经济的三驾马车：投资、出口、消费均增长乏力，投资收益逐年下滑，出口遭遇国际市场环境变化，国内消费由于房地产业的挤出效应而难以提升。

一段时间以来，由于各地方政府的 GDP 驱动，中国已进入了产能过剩的经济周

---

① 中国日报网. 全球化始于何时？[EB/OL]. http://www.chinadaily.com.cn/hqzx/2014-01/20/content_17246443.htm，2014-01-20.

期。除了煤炭、钢铁、水泥等传统产业外，新兴产业包括光伏、风电以及造船和钢铁业中高端产品的硅钢，乃至金融业都出现了产能过剩。中国企业急需在全球范围内寻找新的市场，新的渠道，中国经济急需寻求新的增长点。

当前，世界经济复苏趋缓，外需对中国经济发展拉动效应的减弱，为我国深化结构性改革、加快培育新的增长动力带来新契机。我国经济在扩大总需求的同时，更加注重供给侧结构性改革，以适应国际国内需求结构变化，提高供给体系质量和效益，实施创新驱动发展战略，培育新的经济增长点，以产业结构调整促进企业转型升级发展。

当前世界经济复苏乏力，全球贸易持续低迷，在全球经济不景气导致经济"逆全球化"思潮抬头以及国内经济新常态的形势下，中国提出"一带一路"倡议是应对当前国内外经济发展变化的明智的决策。

二、"一带一路"倡议的政治背景

1. 西方国家保守主义抬头

经济上的"逆全球化"导致了西方国家政治上的保守主义抬头，以保护主义、孤立主义为代表的"逆全球化"思潮上升。主张排外、反移民、反全球化的右翼政党在美、欧、日等国家抬头，为全球政治局势带来新的复杂变化。例如，2008年G8峰会在日本北海道举行，在此期间，日本民众举行反对自由贸易反对军事主义等的抗议游行。

2016年6月，英国通过"脱欧"公投，阻断了欧洲一体化进程。2016年11月，特朗普当选美国总统，此后宣布退出环太平洋合作组织（TPP）与跨大西洋贸易和投资伙伴关系协定（TTIP），退出巴黎气候协定，退出联合国教科文组织（UNESCO）。此外，欧盟修改贸易防御立法，西班牙加泰罗尼亚独立事件，种种迹象表明"全球化"的进程出现了逆转。

2. "逆全球化"重塑世界的政治经济格局

特朗普所代表的"逆全球化"潮流，本质上是要维护和拓展西方白人的"生存空间"，这就必定会给当今世界带来震动和改变。例如，2015年4月18日，比利时布鲁塞尔上千人举行集会游行活动，抗议跨大西洋贸易与投资伙伴协议（TTIP）。

在执政理念上，特朗普提出"使美国再次强大"和"美国优先"，是否会改变多极世界的发展格局？在地缘政治方面，特朗普可能会利用美国现有的"超级大国"地位,采取各种非常规手段改变各种游戏规则,促使资本回流美国,从而重塑美国乃至世界的政治经济格局。一旦特朗普的这种内顾倾向取得成功,是否会对全球其他国家的公共政策产生分享示范效应,进而给其他国家乃至世界带来冲击?

过去,"逆全球化"的主要表现形式是贸易战、科技脱钩、技术封锁,而中美贸易战是逆全球化的政治体现。2019年底的新冠肺炎疫情,欧美国家由于前期的重视程度不够及全球化等因素,口罩、防护服等防疫物资生产严重不足,使欧美国家受疫情影响巨大。尤其是本国生产力不足导致的防疫物资短缺,引发欧美各国政界精英和民众的本地化生产的呼声高涨,美国、日本等国家试图将供应链迁出中国以及产业链回流,以期摆脱或降低对中国制造的依赖。本次新冠肺炎疫情加剧了去全球化、去国际工序分工、去人际交流的冲击,让近年来越演越烈的"逆全球化"在疫情的推动下达到高潮。

3. 中国坚定支持全球化进程和多边体制

2008年世界金融危机之后,在全球经济复苏乏力、地缘政治冲突加剧的背景下,"全球化"和"逆全球化"两股力量的博弈,给世界政治与经济带来了不确定性。

2016年,李克强总理指出,促进世界经济稳定复苏是各方的共同责任。应当倍加珍惜和努力维护和平稳定的国际环境,中国坚定支持全球化进程和多边贸易体制发挥主渠道作用,反对各种形式的保护主义,审慎使用限制性贸易措施。

今后的全球化方向和全球化进程,将是在联合国的框架下进行全球合作,发挥各国的特长和优势,全方位地照顾到各方的利益和需求。正如习近平主席所说的那样,国家不分大小强弱贫富,都是国际社会平等一员,应相互尊重,平等相待,真诚互助而不是首先考虑大国强国富国小集团的利益。目前出现的全球化逆转倾向,只能说明目前的世界秩序和规则的不合理。或者说,是目前的世界秩序和规则制约了全球化进程。

三、"一带一路"倡议的历史与文化背景

德国经济史学家贡德·弗兰克在《白银资本——重视经济全球化中的东方》(Gunder Frank,2008)一书中认为,全球化的起源可以追溯到公元前3000年。在那时,中东美索不达米亚平原和两河流域的苏美尔文明[①]与印度河流域的印度文明之间就展开了贸易活动和文化交流。

---

① 苏美尔文明形成于公元前4000年左右,位于现在的伊拉克和科威特一带。

中国和欧洲的贸易关系在古希腊时代（公元前 800 年—公元前 146 年）就建立起来了。古代连接中西方的商道——丝绸之路起源于西汉（公元前 202 年—8 年）汉武帝派张骞出使西域开辟的以首都长安（今西安）为起点，经甘肃、新疆，到中亚、西亚，并连接地中海各国的陆上通道。它的最初作用是运输中国古代出产的丝绸、茶叶、瓷器等商品，后来成为东方与西方之间在经济、政治、文化等诸多方面进行交流的主要道路。

1877 年，德国地质地理学家李希霍芬在《中国》一书中，把"从公元前 114 年至公元 127 年，中国与中亚、中国与印度间以丝绸贸易为媒介的这条西域交通道路"命名为"丝绸之路"。从此之后，"丝绸之路"这个名词传遍世界。

在古代，丝绸之路分为陆上丝绸之路和海上丝绸之路。陆上丝绸之路是西汉张骞出使西域开辟的，以首都长安（今西安）为起点，经凉州、酒泉、瓜州、敦煌、中亚国家、阿富汗、伊朗、伊拉克、叙利亚等而达地中海，以罗马为终点，全长 6440 千米。

海上丝绸之路是古代中国与外国交通贸易和文化交往的海上通道，该线路从广州、泉州、宁波、扬州等沿海城市出发，从南洋到阿拉伯海，甚至远达非洲东海岸。海上丝绸之路形成于秦汉时期，发展于三国至隋朝时期，繁荣于唐宋时期，转变于明清时期，是目前已知的最为古老的国际海上航线。

起始于中国的陆上和海上丝绸之路，随着时代发展，已经成为古代中国与西方的政治经济文化往来通道的统称。丝绸之路不仅是贸易通道，也是文明交汇与文化融合的道路。当前，"一带一路"的顺利推进离不开现代中华文化与沿线国家和地区的文化融合。

因此，基于上述经济、政治、历史与文化发展的状况，伴随着全球经济政治关系不确定因素的影响，各国利益格局的战略博弈更加激烈，既对我国的改革发展构成潜在威胁，也扩大了我国在国际关系中动态博弈的空间。为应对当前国内外环境的变化，中国需要主动营造有利的外部环境，实施新一轮高水平对外开放，推进"一带一路"建设，重塑对外开放合作新格局，切实维护国家安全和经济安全，努力实现中华民族的伟大复兴。

第二节 "一带一路"愿景的意义

"一带一路"作为中国首倡、高层推动的国家经济发展决策,对于我国社会主义现代化建设和中华民族的伟大复兴具有深远的意义。"一带一路"倡议的提出,契合沿线国家和地区的共同需求,为沿线国家和地区优势互补、开放发展提供了新的机遇,是21世纪的国际合作平台。"一带一路"是我国应对全球经济、政治形势的变化、在特定的历史和文化背景下做出的重大决策,是关乎未来中国改革发展的"顶层设计",对中国经济发展具有深远的影响。

一、"一带一路"建设有利于我国经济持续健康发展

1. "一带一路"有助于我国企业转型升级发展

中国经济在经历了40多年的持续高速发展之后正面临着巨大的挑战,如中国企业长期处于国际价值链低端,以廉价劳动力与环境污染为代价大批量出口,企业的尖端技术缺乏,国际化品牌欠缺,高端国际化人才不足等。而"一带一路"倡议正在为这些问题的早日解决提供良好的契机。

中国首倡的"一带一路"建设,不仅有利于进一步深化改革开放,促进经济转型升级,更对全方位对外开放起到了提升和引领作用。中国"走出去"的企业可以借助"一带一路"倡议中政策环境提供的有利条件,从以往在全球获取能源矿产资源、再向全球市场输出廉价劳动力和产品的传统模式,转向输出高科技产品、成套设备和服务贸易的新发展模式,带动中国产业布局结构的重新调整。

目前,虽然"一带一路"沿线国家和地区大多处于正在发展的状态,在政治、社会制度、市场规范、法律规范和企业经营等领域存在一定的风险,但是,这里也往往是全球竞争较为薄弱的地方。因此,这里也将成为中国企业完成产业转型升级最好的地方。

中国"走出去"企业在"一带一路"沿线风险较高、竞争较弱的地区,可以完成企业由小到大、由弱到强的脱胎换骨式转型,在传统产业基础上,利用"一带一路"沿线市场广阔、人口众多的优势,迅速向全球竞争的产业链价值高端迈进。

中国"走出去"企业在转型升级发展的过程中，需要创新基因的培育和植入，让科技引领的技术创新成为"走出去"的强大驱动力和市场开拓的试金石。中国企业要注重加强与本土企业的多层次合作，不断提升人才本土化和采购本土化，加强与欧美发达国家的企业合作共同开发"一带一路"沿线市场，提高与沿线国家和地区在经济、社会方面的嵌入性。

在未来的一段时间内，"一带一路"将助力中国企业实现从产业链低端向中高端升级，从国内市场的过度竞争向国际市场拓展的转型，造就一批在规模实力、质量效益、创新模式、品牌声誉以及市场影响力等方面都取得较大成就的中国的跨国公司。

2. "一带一路"有助于解决产能过剩的问题

面对中国企业产能过剩的问题，习近平总书记在 2015 年提出了推进供给侧结构性改革，实施"去产能、去库存、去杠杆、降成本、补短板"的"三去一降一补"政策。该政策在推行几年之后已取得显著成效。在去产能方面，2016—2019 年 5 月，我国累计压减粗钢产能 1.5 亿吨以上，退出煤炭落后产能 8.1 亿吨，淘汰关停落后煤电机组 2000 万千瓦以上。去库存也稳步推进，2015 年底全国商品房待售面积为 71853 万平方米，达到历史高位，到 2019 年 5 月末，我国商品房待售面积为 50928 万平方米，减少了逾 29%。① 截至 2019 年，我国结构性去杠杆工作取得初步成效，宏观杠杆率上升势头得到有效遏制，企业杠杆率逐渐下降。

虽然国内在去产能、去库存领域取得了一定成效，但受到国内外总体经济环境的影响，在需求萎缩的背景下，我国企业产能相对过剩的问题仍然较为突出。因此，"一带一路"基础设施建设将为我国当前过剩的钢铁、水泥等传统中低端产能寻找到市场空间，在国内产业结构性调整还未完成之前，为这些产业提供了国际发展空间，促进经济的长期稳定发展。

因此，针对去产能与"稳经济"这对矛盾，一方面，对国内，既要坚持供给侧改革，去产能、去库存，促进经济结构转型升级，推动数量型发展转向质量型发展；另一方面，对外，又要为这些产能提供一定的缓冲地带，将这些"一带一路"沿线国家市场需要的中国传统制造业的产品输送出去，将之与"一带一路"建设平衡地相互促进地发展。

在"一带一路"倡议中，基础设施互联互通是实施的先导。一系列重大基础设施工程的投资建设，将构建一个由铁路、公路、航空、航海、油气管道、输电线路和通

---

① 陆娅楠. 三去一降一补 亮出实招实效（经济新方位·八字方针半年观察①）［EB/OL］. http://finance.people.com.cn/n1/2019/0703/c1004-31209467.html, 2019-07-03.

信网络等组成的综合性立体互联互通网络,彻底改变目前制约"一带一路"沿线国家深化合作的"薄弱环节"。这些巨量的重大基础设施工程投资需求,为中国相关产业的产能与国际产能合作结缘,推动我国开放型经济发展及企业的国际化转型升级创造了良好的机遇。

3."一带一路"有助于保障我国能源安全

自 1993 年以来我国已成为能源净进口国。2017 年中国石油进口量达到 4.2 亿吨,超越美国成为全球最大的石油进口国;2018 年中国又以 1200 亿立方米的天然气进口量,一举超越日本,成为全球最大的天然气进口国。[①] 在我国的进口能源结构中,石油始终为主要的进口能源,占比保持在 65% 以上,煤炭和天然气的占比变化较大,而电力的进口占比呈下降趋势。[②] 然而,石油是和地缘政治连接最为紧密的大宗商品之一,产业的变动足以形成蝴蝶效应,引发地缘政治等变化,对我国"一带一路"倡议的海外基础设施布局产生重大影响。

我国能源进口规模猛增,对外依存度偏高,其中,我国对石油的对外依存度已突破 70%,且进口来源地过于集中:中国石油主要从中东、非洲、南美洲以及俄罗斯进口,91.25% 的石油进口来源于以上四个地区,如图 1-6 所示。表 1-2 为 2019 年 1—12 月中国前十大进口原油供应国的进口金额及占比。

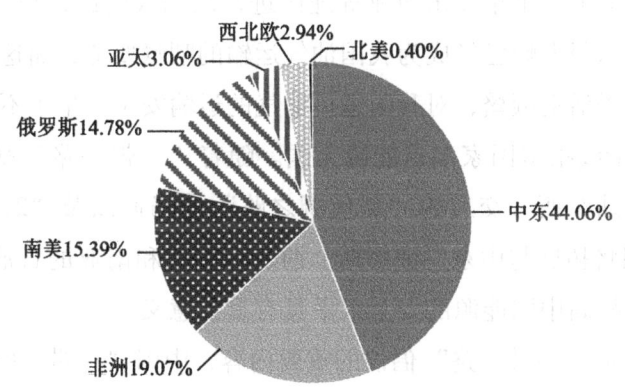

图 1-6　2019 年 1 月中国原油进口来源占比

资料来源:润滑油情报.2019 年 1 月中国原油进口数据简析[EB/OL]. https://www.sohu.com/a/299087340_738924,2019-03-04.

---

① 金十数据:不到 10 年,中国能源消费量已超越美国!同时也成为能源生产第一国[EB/OL]. https://baijiahao.baidu.com/s?id=1646257358854812101&wfr=spider&for=pc,2019-10-2.
② 何迎,邢园通,刘岩婉晶,等.中国能源进口贸易的问题及建议[J].价值工程,2020(12).

表 1-2　　　　　2019 年 1—12 月中国前十大进口原油供应国

来源国	进口金额（单位：亿美元）	占比（%）
沙特阿拉伯	401	16.8
俄罗斯	365	15.3
伊拉克	237	9.9
安哥拉	227	9.5
巴西	185	7.8
阿曼	164	6.9
科威特	108	4.5
阿拉伯联合酋长国	73	3.1
伊朗	71	3
刚果	55.4	2.3

资料来源：石油和化工园区：数说 2019 年中国十五大原油供应国 [EB/OL]. https://www.sohu.com/a/393952975_99964894，2020-05-09.

此外，天然气进口来源也存在类似问题：中国天然气主要从土库曼斯坦、澳大利亚和卡塔尔三个国家进口。中国油气进口的来源地较为集中，且这些进口来源地大多分布于中东等政治格局复杂多变地区，这将对中国的能源安全造成不利的影响。

目前，中国从非洲、中东和东南亚等地区进口的油气资源，70% 以上都要经过马六甲海峡运输。马六甲海峡已经成为我国油气运输的咽喉要道，而这一地区海盗猖獗，政局不稳，恐怖分子活动频繁，对我国进口油气的运输安全产生了不利影响。

"一带一路"沿线很多国家都是能源大国。随着"一带一路"基础设施建设逐步实施，连接亚欧大陆东西方交通的"新丝绸之路"的畅通以及"21 世纪海上丝绸之路"的运行，中国将拓展与中东、俄罗斯、西非、中亚和南亚的石油贸易和多元化的运输渠道，这对于提高中国能源的安全水平具有重大意义。

能源安全合作是"一带一路"倡议的重要内容，中国"一带一路"倡议的《愿景与合作》中明确指出，要加强能源基础设施的互联互通合作，共同维护输油输气管道等通道的安全。因此，在"一带一路"共商共建共享原则指引下，中国与沿线国家在能源领域展开全方位合作。中国企业在这一领域与沿线各国开展合作，例如，对沙特阿拉伯、俄罗斯等国的石油或天然气项目进行投资，目的就是为了确保能源安全。

同时，"一带一路"倡议将从总体上促进中国与沿线国家和地区的经贸关系，增进相互了解和文化交流，为中国能源企业在沿线国家的投资、发展提供支持，有助于进一步提升我国能源安全水平，保障我国经济持续健康发展。

4. "一带一路"有助于推进人民币国际化

从2009年起,中国的出口已经赶超德国和日本成为世界冠军。2013年,中国首次超过美国,成为全球第一货物贸易大国。此后,除2016年被美国反超,中国一直处于世界第一贸易大国的地位。但是,人民币在国际金融市场上的地位与中国国际贸易的发展严重不符。根据环球同业银行金融电讯协会(SWIFT)报告,2020年5月人民币国际支付份额为1.79%,人民币国际支付排名维持在全球第六水平。全球主要货币的支付价值排名如表1-3所示。

表1-3　　　　　　　　2020年5月全球主要货币的支付价值排名

排名	货币	占比(%)
1	美元	40.88
2	欧元	32.91
3	英镑	6.75
4	日元	3.53
5	瑞士法郎	1.88
6	人民币	1.79
7	加元	1.70
8	澳大利亚元	1.46

本表依据SWIFT报告自行整理。

目前,我国人民币是全球第六大支付结算货币,人民币与美元、欧元、英镑相比还有巨大差距。在美国主导的全球化潮流中,美元的强势地位与其军事实力、科技实力一道支撑起美国在全球的强大影响力。中国未来想要在世界获得更大的影响力,人民币国际化业务需要高速发展。

"一带一路"建设为人民币国际化提供了新的历史机遇。通过"一带一路"建设,人民币可以由国内拓展到沿线各国,能够被这些国家认可,而且在贸易、投资活动中进行计价、结算,甚至被许多国家作为储备货币。从跨境贸易、基础设施建设、金融投资平台等方面来看,"一带一路"对促进人民币国际化有积极作用。

"一带一路"建设和人民币国际化互相促进。截至2019年3月,中国已经与包括印度尼西亚、马来西亚、新加坡、俄罗斯、阿根廷、新西兰等近40个国家或地区签署了货币互换协议,互换总金额已经超过3万亿元人民币。"一带一路"集中于区域的特点有助于推进人民币从区域逐步走向国际化。人民币国际化首先从与我国经济及外交关系较好的"一带一路"区域开始做起,通过国际贸易结算、离岸市场以及对外投资等，促成人民币国际化的突破。

人民币在向国际化迈进的过程中，不会替代美元，而是在"一带一路"建设中助力我国企业对外跨境贸易投资，积极规避汇率风险。使中国企业减少因汇率波动所造成的国际大宗商品及国际能源价格的巨大波动。如果人民币能够在"一带一路"沿线国家逐步实现国际化，实现本币互换，将降低我国企业所面临的外汇风险、减少汇兑成本，有助于中国企业沿"一带一路"实现国际化转型升级发展。

二、"一带一路"建设有利于我国对外开放区域结构转型

1. "一带一路"建设有利于促进我国西部大开发

从国内经济布局来看，目前中国经济呈东强西弱、南强北弱的格局。中国地理学家胡焕庸于1935年提出胡焕庸线（黑河—腾冲线），成为当时划分我国人口密度的对比线。

胡焕庸线首次揭示了中国人口分布的规律，胡焕庸线以东人口稠密，以西人口稀疏。同时，胡焕庸线与400毫米等降水量线接近。这是我国一条重要的地理分界线，我国的半湿润和半干旱区的分界线，是中国古代农耕文明与游牧文明的分界线。胡焕庸线以东降水充沛、农业发达、农作物产量高，以西降水少、农业欠发达、农作物产量低。

总体来看，目前我国东南沿海地区实现率先发展，部分城市收入水平已接近发达国家；但中西部大部分地区仍然较为落后，两者在居民收入以及教育、居住、环保等社会资源方面存在巨大差异。

因此，随着我国基础设施建设的高速发展，如南水北调工程的实施、东水西调工程构想、中欧班列的开通等，"一带一路"倡议提出的向西的发展方向，将极大地推进西部大开发，这将改变胡焕庸线划出的格局，改变我国资源、人口分布不平衡的现状，让我国每一寸土地都焕发出相应的价值。

"一带一路"倡议的提出有助于中国区域经济的合理布局。基于国内外政治、经济形势的变化，国家重新调整了国内区域发展布局，目的是促进区域经济协调发展，改变国内地区发展不平衡的现状。目前，我国正在积极推进西部大开发，推动发挥中部地区的综合优势，支持中西部地区加快改革发展，振兴东北地区等老工业基地，逐步形成东、中、西部经济互联互动、优势互补、协调发展的新格局。

"一带一路"倡议的实施有效地助推了我国广大中西部地区的经济发展。例如，

重庆这样的内陆城市因"一带一路"建设带来的国内外的机遇，已逐步发展成为一个国际化的工业重镇。2014年，重庆在全球笔记本电脑市场需求萎缩的背景下，笔记本电脑产品售价增加，产量增长，占全球总产量的1/3，成为全球最大的笔记本电脑生产基地。原因之一就得益于2011年中欧班列的开通，通过这条中欧陆路交通主动脉，使笔记本电脑产品能以低成本、高效便捷的物流方式出口到欧洲。

连接重庆与欧洲的渝新欧班列是中国所有中欧班列中开行最早，开行数量最多的班列。2019年重庆加快建设内陆开放高地，全年中欧班列（重庆）开行超过1500班，运输箱量和货值均增长48%，累计开行超4500列。

得益于"一带一路"的助力，重庆的产业升级转型发展良好，产业结构合理。除了原有的已经发展成熟的汽车与电子产业，近年来重庆发展了十大战略性新兴工业产业（集成电路、液晶面板、物联网、机器人、石墨烯和纳米新材料、新能源及智能汽车、页岩气、MDI一体化、生物医药、环保装备），同时积极培育战略性新兴服务贸易产业，如离岸金融结算、跨境电商、跨境人民币结算、在线支付、大数据云计算服务外包、"三个三合一"枢纽口岸、保税环节的生产性服务业、渝新欧有关的物流业等。

2017年，国家发展改革委、科技部、工业和信息化部、国土资源部、国家开发银行等五部门联合印发《关于支持首批老工业城市和资源型城市产业转型升级示范区建设的通知》，重庆获批国家首批产业转型升级示范区。

2020年，国家发展改革委下达中央预算内投资2亿元，支持郑州、重庆、成都、西安、乌鲁木齐等5个中欧班列枢纽节点城市开展中欧班列集结中心示范工程建设。中欧班列已成为"一带一路"亚欧各国深化务实合作的重要载体，而国内这些中西部重要的枢纽节点城市也因此得到了更好的发展机遇。

2. "一带一路"有助于改善中国经济的国际布局

从中国经济的国际布局来看，截至2018年底，中国有2.7万家境内投资者在国（境）外共设立对外直接投资企业4.3万家，分布在全球188个国家（地区），涵盖了全球80%以上的国家（地区）。我国对外直接投资流量和存量稳居全球前三，如图1-7、图1-8所示。2018年，中国对外直接投资1430.4亿美元，略低于日本（1431.6亿美元），成为第二大对外投资国；中国对外直接投资存量达1.98万亿美元，是2002年末存量的66.3倍，在全球分国家地区的对外直接投资存量排名由第25位升至第3位，仅次于美国和荷兰。

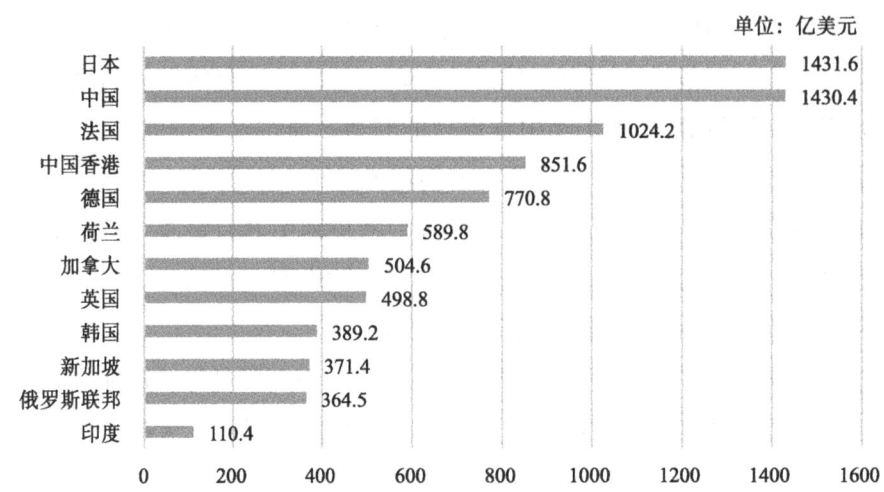

图 1-7 2018 年中国与全球主要国家（地区）投资流量对比

资料来源：商务部、国家统计局、国家外汇管理局，《2018 年度中国对外直接投资统计公报》。

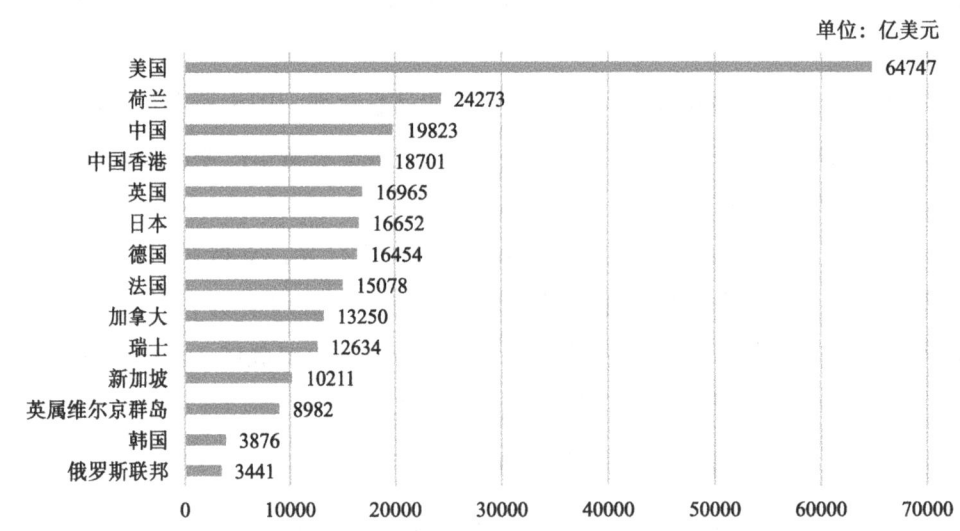

图 1-8 2018 年中国与全球主要国家（地区）投资存量对比

资料来源：商务部、国家统计局、国家外汇管理局，《2018 年度中国对外直接投资统计公报》。

中国对外直接投资地域分布高度集中，2018 年中国企业投资的前五位国家（地区）分别为中国香港、美国、英属维尔京群岛、新加坡以及开曼群岛，流量前 5 位的国家（地区）占总额的 79.2%，流量前 20 位的国家（地区）占总额的 93.4%。2018 年中国对外直接投资流量前 20 的国家（地区）如表 1-4 所示。

表1-4   2018年中国对外直接投资流量前20的国家（地区）

序号	国家（地区）	流量（亿美元）	占总额比重（%）
1	中国香港	868.7	60.7
2	美国	74.8	5.2
3	英属维尔京群岛	71.5	5.0
4	新加坡	64.1	4.5
5	开曼群岛	54.7	3.8
6	卢森堡	24.9	1.7
7	澳大利亚	19.9	1.4
8	印度尼西亚	18.6	1.3
9	马来西亚	16.6	1.2
10	加拿大	15.6	1.1
11	德国	14.7	1.0
12	老挝	12.4	0.9
13	越南	11.5	0.8
14	阿拉伯联合酋长国	10.8	0.8
15	瑞典	10.6	0.7
16	荷兰	10.4	0.7
17	韩国	10.3	0.7
18	英国	10.3	0.7
19	中国澳门	8.1	0.6
20	柬埔寨	7.8	0.6
合计：		1336.3	93.4

资料来源：商务部、国家统计局、国家外汇管理局：《2018年度中国对外直接投资统计公报》。

我国对外投资高度集中于部分区域容易使投资风险聚集。2018年以来，欧美多国以国家安全保护为由，加大对关键战略资产、基础设施、高新技术等领域的外国投资监管审查力度，给中国"走出去"企业在开展对外直接投资合作中在流程、成本等方面带来阻力和诸多不确定因素。根据联合国贸发会议《世界投资报告2019》统计，2018年在各国新出台的外资新政中，限制性法规占比最高，为2003年以来最高值。2018年全球55个国家和经济体出台了112项外商投资相关的政策措施，其中31项属于对外资实施限制的法规，限制性新规占比从2017年的21%上升到34%。

因此，为了使中国经济的国际布局更加合理，降低投资区域过于集中的风险，同时也为了对冲欧美国家对外资限制的风险，中国企业近年来逐步推行对外投资区域的调整，增加了对"一带一路"沿线国家和地区的投资。2020年1—4月份，我国对沿线国家非金融类的直接投资，以美元计价同比增长了13.4%。①

2013年"一带一路"倡议提出之后，中国企业在"一带一路"沿线国家的投资稳健增长。截至2018年底，中国企业在"一带一路"沿线的63个国家设立境外企业超过1万家。2013—2018年，中国对沿线国家累计投资达986.2亿美元。

虽然"一带一路"国家和地区目前还存在一些风险与不确定因素，但未来发展潜力较大，市场需求广阔，与中国的投资合作将不断深化发展。2018年，从中国对"一带一路"国家和地区的投资流量看，主要流向新加坡、印度尼西亚、马来西亚等国。2018年中国对"一带一路"沿线国家前10大直接投资国如表1-5所示。

表1-5　　　　2018年中国对"一带一路"沿线国家前10大直接投资国

序号	沿线国家	流量（万美元）	占比（%）
1	新加坡	641126	35.8
2	印度尼西亚	186482	10.4
3	马来西亚	166270	9.3
4	老挝	124179	6.9
5	越南	115083	6.4
6	阿拉伯联合酋长国	108101	6.0
7	柬埔寨	77834	4.4
8	泰国	73729	4.1
9	俄罗斯联邦	72524	4.1
10	孟加拉国	54365	3.0
合计：		1619693	90.4

资料来源：商务部、国家统计局、国家外汇管理局：《2018年度中国对外直接投资统计公报》。

从我国对"一带一路"国家和地区的投资存量看，截至2018年末，位于前列的国家包括：新加坡、俄罗斯联邦、印度尼西亚、马来西亚等国，具体如图1-9所示。

---

① 大众网·海报新闻：商务部：2013年至2019年中国与一带一路沿线国家货物贸易总额超7.8万亿美元［EB/OL］. http://fec.mofcom.gov.cn/article/fwydyl/zgzx/202005/20200502967083.shtml, 2020-05-22.

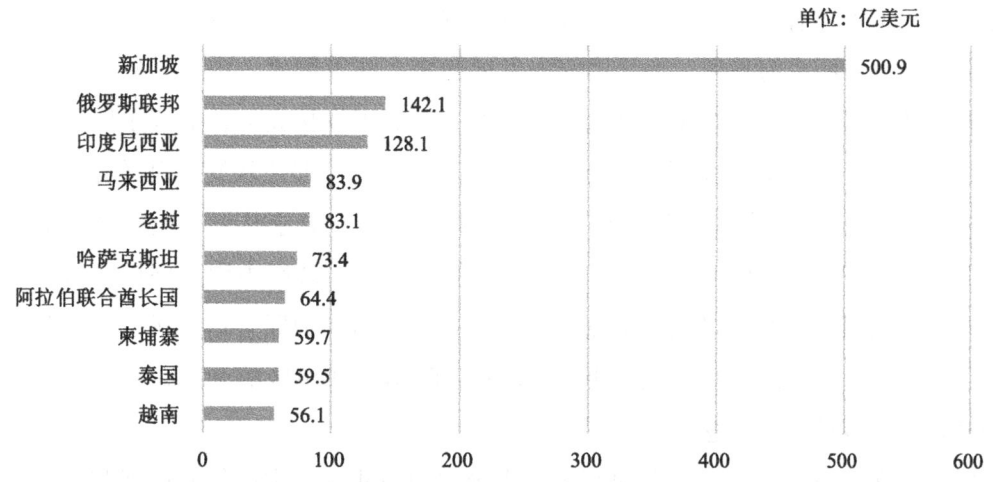

图1-9 2018年末中国对"一带一路"国家投资存量前10国别分布

资料来源：商务部，《2019中国对外投资发展报告》。

从2018年的投资流量和存量来看，如表1-5和图1-9所示，中国在"一带一路"国家和地区的投资都较为集中，其中投资流量表中，对前10个国家的投资占总投资的90.4%，而在投资存量中，对新加坡的投资是对越南投资的近10倍。

随着"一带一路"国际合作不断深化，中国企业对外投资的区域布局和产业规划将与"一带一路"沿线国家的市场需求更加贴近，拓宽"一带一路"市场，实施品牌战略，提升合作质量和效益，实现共同发展，将成为重要趋势。

2020年，我国提出"构建国内国际双循环相互促进新发展格局"，目的就在于立足国内大循环，促进国内循环和国际循环良性互动。构建国内国际双循环相互促进新发展格局要求通过畅通国内国际产业链、供应链、需求链循环，维护国际产业链、供应链的安全和稳定，以便提升我国供应链与产业链的稳定性和竞争力。

在"构建国内国际双循环相互促进新发展格局"过程中，"一带一路"、自贸试验区和自由贸易港是链接和推动国内国外双循环的重要平台，自贸区（港）的建设是推动国内国际双循环相互促进的重要方式。

总之，从远期来看，"一带一路"将有助于平衡当前我国经济重心沿海化、东西部经济发展严重失衡的局面，建立东西、海陆全方位对外开放的格局，形成中国国内市场和亚欧大市场的协同联动。

三、"一带一路"建设有利于实现全球化再平衡

传统全球化始于大航海以来的工业革命，以海上交通的畅通为基础，是一种海权

文化。海权国家拥有海上优势，控制着世界范围的资源供应与市场拓展。自大航海时代以来，几百年间沿海地区、海洋国家先发展起来，陆上国家、内地则较为落后，形成了较大的贫富差距。传统全球化由欧洲开始，由美国发扬光大，形成了国际秩序的"西方中心论"，导致东方落后于西方，农村落后于城市，陆地从属于海洋等一系列不平衡效应。如今，"一带一路"正在推动全球化再平衡，寻求从海权竞争转向陆权竞争。"一带一路"在陆地上，在亚欧大陆上连贯东西方，鼓励中国经济向西推进，带动中国国内的西部大开发以及哈萨克斯坦、蒙古国、阿拉伯联合酋长国、卡塔尔、斯里兰卡、波兰、塞尔维亚等中亚、西亚、东欧内陆国家和地区的开发，在国际社会推行全球化的包容性发展理念。

同时，在建设"一带一路"过程中，中国主动向西推广中国优质产能和比较优势产业，将使沿途、沿岸国家首先获益，也改变了历史上中亚等丝绸之路沿途地带仅仅作为东西方贸易、文化交流的过道而发展滞后的面貌。这就越过了传统全球化所造成的贫富差距、地区发展不平衡的藩篱，有助于推动建立共同繁荣的和谐世界。

因此，"一带一路"建设有助于推动我国西部开发与向西开放，通过"走出去"缓解国内资本过剩的问题，通过能源进口维护国家能源安全，通过推动基础设施建设、交通运输和投资贸易等连通欧亚大陆间的贸易路线，有助于推动全球化再平衡。

第三节 "一带一路"的政策发展历程与进展

自 2013 年提出"一带一路"以来，中国一直秉持共商共建共享的原则，持续深化与沿线各国的务实合作，推动共建"一带一路"沿着高质量发展方向不断前进，已取得显著成效。

一、"一带一路"的政策发展历程

1. 2013 年 9—10 月：第一次提出"一带一路"概念

2013 年 9 月，习近平总书记在访问中亚四国期间，在哈萨克斯坦首次提出共建"丝绸之路经济带"的构想。2013 年 10 月，习近平总书记在访问东盟国家期间，在印度尼西亚提出建设"21 世纪海上丝绸之路"的构想。"丝绸之路经济带"与"21 世纪海上丝绸之路"共同构成"一带一路",2015年3月出台"一带一路"整体发展规划。

丝绸之路经济带包括北线、中线、南线三条线路。北线主要为中国经中亚、俄罗斯至欧洲（波罗的海）；中线主要为中国经中亚、西亚至波斯湾、地中海；南线为中国至东南亚、南亚、印度洋。

"一带"主要依托国际大通道，以沿线中心城市为支撑，以重点经贸产业园区为合作平台，包括新亚欧大陆桥、中蒙俄、中国—中亚—西亚、中国—中南半岛等国际经济合作走廊。

21世纪海上丝绸之路有两条线：第一条是从中国沿海港口经过南海到印度洋，延伸至欧洲；第二条是从中国沿海港口经过南海到南太平洋。"一路"主要以重点港口为节点，共同建设通畅安全高效的运输大通道，包括中巴、孟中印缅两个经济走廊。

丝绸之路经济带的三条线路与21世纪海上丝绸之路的两条线见图1-10。

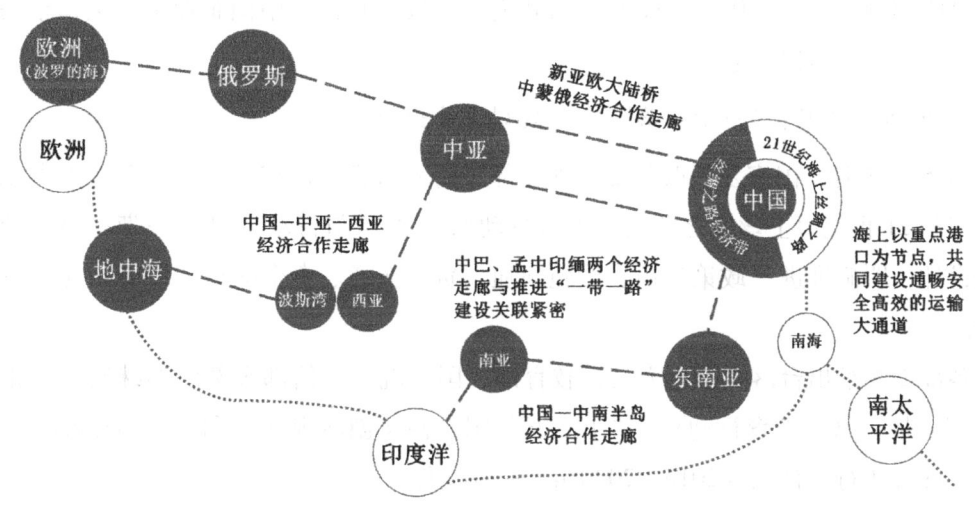

图1-10 "一带一路"合作方向示意图

资料来源：图片来源于网络。

2. 2014年12月：丝路基金成立

丝路基金成立于2014年12月29日，资金规模为400亿美元，首期资本金100亿美元。目前，丝路基金参与投资的项目涵盖了巴基斯坦、哈萨克斯坦、俄罗斯、阿拉伯联合酋长国、埃及、意大利等国家，包括合作设立产能合作专项基金、投资企业及项目股权等。

3. 2015年2月："一带一路"建设工作领导小组成立

以时任国务院副总理张高丽为"一带一路"建设工作领导小组组长，以中共中央政策研究室主任王沪宁、国务院副总理汪洋、国务委员杨晶、国务委员杨洁篪为副组长。这个领导小组涵盖了发展、改革、政策、外贸、金融、外事和国务院各部门的众多领域。办公室设于国家发改委，下设综合组、丝绸之路组、海上丝绸之路组和对外合作组等四个组。

2014年4月，商务部设立欧亚司，主要在建设丝绸之路经济带、21世纪海上丝绸之路中，负责俄罗斯、乌克兰、白俄罗斯等12国的经贸关系工作。

2016年2月，香港特区政府设立"一带一路"督导委员会及专项办公室，负责推动研究工作，统筹协调相关政府部门及贸发局、旅发局等机构，以及与中央部委、各省市政府、香港的业界、专业团体和民间团体联络。

2017年1月，国家发改委同外交部、环境保护部、交通运输部、水利部、农业部、人民银行、国资委、林业局、银监会、能源局、外汇局以及全国工商联、中国铁路总公司等13个部门和单位共同设立"一带一路"PPP工作机制。旨在与沿线国家在基础设施等领域加强合作，积极推广PPP模式，鼓励和帮助中国企业走出去，推动相关基础设施项目尽快落地。

4. 2015年3月："一带一路"顶层规划设计出台

2015年3月，国家发展改革委、外交部、商务部联合发布了《推动共建丝绸之路经济带和21世纪海上丝绸之路的愿景与行动》，《愿景与行动》是"一带一路"顶层规划设计，明确推进"政策沟通、设施联通、贸易畅通、资金融通、民心相通"五个方面。

各部委相继出台落实推进方案，教育部、国务院、工信部等部门相继发布《推进共建"一带一路"教育行动》《"十三五"国家科技创新规划》和《促进中小企业国际化发展五年行动计划（2016—2020年）》等文件。

5. 2015年11月："一带一路"与沿线国家的发展规划衔接

2015年11月，中央全面深化改革领导小组第十八次会议指出，坚持将加快实施自由贸易区战略与推进共建"一带一路"和国家对外战略紧密衔接，逐步构筑起立足周边、辐射"一带一路"、面向全球的高标准自由贸易区网络。

"一带一路"沿线国家的发展规划包括：哈萨克斯坦"光明之路"、俄罗斯"欧亚经济联盟"、蒙古国"草原之路"、欧盟"容克计划"、英国"英格兰北方经济中心"、韩国"欧亚倡议"、越南"两廊一圈"、澳大利亚北部大开发、东盟互联互通总体规划、波兰"琥珀之路"等。

6. 2015年12月：亚洲基础设施投资银行成立

2015年12月25日，亚洲基础设施投资银行正式成立。亚洲基础设施投资银行（Asian Infrastructure Investment Bank，简称亚投行，AIIB）是首个由中国倡议设立的多边金融机构，总部设在北京，法定资本1000亿美元。亚投行旨在促进亚洲地区基础设施和其他生产设施的发展建设，包括能源、交通、通信、农业基础设施、水利和水环境、环境保护、城市发展以及物流设施等方面。

7. 2016年3月："一带一路"列入"十三五"规划

2016年3月，《国民经济和社会发展第十三个五年规划纲要（草案）》将"一带一路"列入"十三五"时期主要目标任务和重大举措部分。"十三五"时期主要目标任务和重大举措主要分为6个方面，"一带一路"作为"深化改革开放、构建发展新体制"重要组成部分，在国际产能合作、贸易升级、高标准自由贸易区网络建设方面发力，基本形成开放型经济新体制新格局。

8. 2016年12月：提出"一带一路"软力量建设

2016年12月，中央全面深化改革领导小组第三十次会议指出，软力量是"一带一路"建设的重要助推器。软力量是在"一带一路"实践层面已有重大进展情况下，进行理论研究和话语体系建设，加强国际传播和舆论引导。

软力量建设就是要寻求中华文化与"一带一路"沿线不同文化之间的共识，搁置分歧，多举办文化研讨与交流活动，探索新的活动载体和手段。软力量的建设让"一带一路"承担着东西方文化交流的重任，开展务实的民间交往，让不同文化的各国民众实现民心相通。

9. 2017年5月：第一届"一带一路"国际合作高峰论坛举办

2017年5月，中国发起并主办第一届"一带一路"国际合作高峰论坛，这是中国继2014年APEC峰会、2016年G20峰会之后最重要的一次国际峰会。

本次论坛的主题为"加强国际合作，共建'一带一路'，实现共赢发展"，议题总体以"五通"即政策沟通、设施联通、贸易畅通、资金融通、民心相通为主线，围绕基础设施互联互通、经贸合作、产业投资、能源资源、金融支撑、人文交流、生态环保和海洋合作等重要领域进行讨论。

10. 2019年4月：第二届"一带一路"国际合作高峰论坛举办

2019年4月，中国举办了第二届"一带一路"国际合作高峰论坛。本届论坛确立了高质量共建"一带一路"目标，指明了合作方向，有助于构建全球互联互通伙伴关系，推动联动发展。"一带一路"建设有助于搭建地方及工商界对接新平台，拓展合作机遇，能够帮助进一步完善"一带一路"合作架构，打造支撑体系。论坛有助于发挥"一带一路"沿线各国元首外交引领作用，深化中国与相关各国的双边关系。

二、"一带一路"倡议的进展

1. "一带一路"政策沟通进展

政策沟通是共建"一带一路"的重要保障。自"一带一路"倡议提出以来，中国政府与有关国家政府及国际组织持续不断沟通，全面深化合作，与蒙古国、巴基斯坦、新加坡、缅甸、马来西亚等国签署了政府间"一带一路"合作谅解备忘录，与联合国开发计划署、联合国贸易与发展会议、世界卫生组织、世界知识产权组织、国际刑警组织等有关国际组织签署了"一带一路"合作文件。截至2020年1月，中国已与138个国家和30个国际组织签署了200份共建"一带一路"合作文件，覆盖范围进一步扩大。[①]此外，中国财政部与有关国家财政部共同核准《"一带一路"融资指导原则》。

同时，中国政府有关部门发布了《共建"一带一路"：理念、实践与中国的贡献》《"一带一路"建设海上合作设想》《推动"一带一路"能源合作的愿景与行动》《关于推进绿色"一带一路"建设的指导意见》《共同推进"一带一路"建设农业合作的愿景与行动》等文件，以指导"一带一路"建设的健康发展。

2. "一带一路"设施联通进展

在"一带一路"建设当中，基础设施联通是最优先的方向。"一带一路"倡议提出以来，聚焦于六廊六路、多国多港的主骨架，推动一批标志性的项目，基础设施建设项目取得实质性的进展。"一带一路"沿线一批铁路、公路、港口等重大基础设施项目建成，比如马尔代夫的中马友谊大桥通车、亚吉铁路开通运营；中老铁路、中泰铁路、雅万高铁、匈塞铁路等项目扎实推进；瓜达尔港已具备全作业能力；汉班托塔港二期工程竣工；科伦坡港口城项目施工进度过半；比雷埃夫斯港建成重要的中转枢纽。

一大批重大项目和产业园区相继落地，能源、资源合作、制造业领域重大项目顺利推进，部分已经竣工投产。中白工业园、中阿（阿拉伯联合酋长国）产能合作园

---

① 资料来源：中国商务部。

区、中埃苏伊士经贸合作区等稳步推进。截至2020年7月，中国企业已在"一带一路"沿线建设了74个海外产业园区，遍布六大经济走廊所覆盖的亚欧非地区，其中近八成在亚洲，东南亚最多。①

截至2021年5月，中欧班列累计开行已达3.8万列，运送货物340万标箱，通达欧洲22个国家的151个城市，物流配送网络覆盖欧洲全境。2021年4月，中欧班列开行1218列，运送货物11.7万标箱，同比分别增长24%、33%，综合重箱率达98%。②中国与"一带一路"沿线国家新增国际航线1239条，占新开通国际航线总量的69.1%。③

3. "一带一路"贸易畅通进展

贸易畅通是共建"一带一路"的重要内容。中国发起《推进"一带一路"贸易畅通合作倡议》，83个国家和国际组织积极参与。中国政府已经与印度尼西亚、巴基斯坦、菲律宾、越南、柬埔寨、老挝等30个国家政府签署了经贸合作协议。

2017年，在"一带一路"国际合作高峰论坛期间，国家发改委和海关总署分别与国际道路运输联盟（IRU）签署了促进国际物流大通道建设及实施《国际公路运输公约》的合作文件，推动国际公路运输系统（TIR系统）在中国的实施，提升"一带一路"各国过境运输便利化水平。

中国与15个沿线国家签署了包括《上海合作组织成员国政府间国际道路运输便利化协定》在内的18个双多边国际运输便利化协定。中国海关总署与哈萨克斯坦、荷兰、波兰等国海关部门签署海关合作文件，深化沿线海关"信息互换、监管互认、执法互助"合作。与"一带一路"沿线国家开展口岸通关协作，有效地缩短了海关通关时间，平均查验和通关时间下降了50%，提升通关便利，促进了贸易畅通。2013—2018年，我国与"一带一路"沿线国家货物贸易总额超过6万亿美元，年均增长4%，高于同期中国对外贸易增速，占我国货物贸易总额的比重达到27.4%。④ 2013—2018年中国与"一带一路"国家货物贸易情况如图1-11所示。

---

① 安永EY：海外产业园区如何开启"一带一路"合作新篇章？[EB/OL]. https：//www.sohu.com/a/406797004_676545?_trans_=000014_bdss_dkygcbz，2020-07-13.
② 新华网客户端：中欧班列累计开行3.8万列 通达欧洲22个国家151个城市[EB/OL]. https：//baijiahao.baidu.com/s?id=1700062744258205502&wfr=spider&for=pc，2021-05-18.
③ 人民网-人民日报海外版：一带一路 数读"五通"[EB/OL]. http：//ydyl.people.com.cn/n1/2019/0425/c411837-31049108.html，2019-04-25.
④ 王俊岭. 中国与"一带一路"沿线国家货物贸易额超6万亿美元[N]. 人民日报海外版，2019-04-19（03）.

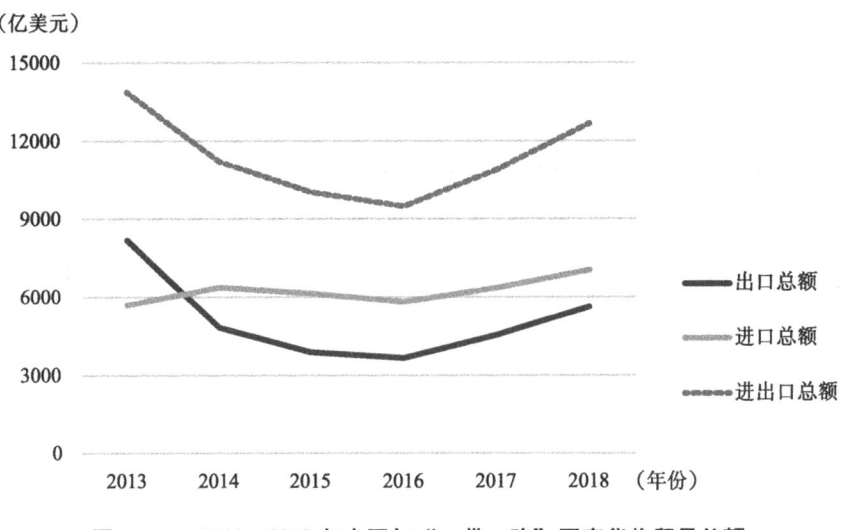

图 1-11　2013—2018 年中国与"一带一路"国家货物贸易总额

资料来源：中国一带一路网。

世界银行研究组分析了共建"一带一路"倡议对 71 个潜在参与国的贸易影响，发现共建"一带一路"倡议将使参与国之间的贸易往来增加 4.1%。

4. "一带一路"资金融通进展

资金融通是共建"一带一路"的重要支撑。2017 年 5 月，中国政府宣布向丝路基金增资 1000 亿元人民币。截至 2018 年底，丝路基金协议投资金额约 110 亿美元，实际出资金额约 77 亿美元，并出资 20 亿美元设立中哈产能合作基金。[①]

截至 2019 年 4 月，已有 11 家中资银行在 28 个沿线国家设立 76 家一级机构，来自 22 个沿线国家的 50 家银行在中国设立 7 家法人银行、19 家外国银行分行和 34 家代表处。两家中资证券公司在新加坡、老挝设立合资公司。中国先后与 20 多个沿线国家建立了双边本币互换安排，与 7 个沿线国家建立了人民币清算安排，与 35 个沿线国家的金融监管当局签署了合作文件。[②]

截至 2018 年底，中国出口信用保险公司在"一带一路"沿线国家累计实现保额 6000 多亿美元。[③] 2021 年，亚投行从最初 57 个创始成员已经扩容至 104 个成员，成员来自亚洲、欧洲、非洲、北美洲、南美洲、大洋洲等六大洲，涵盖约 79% 的全球人口

[①] 人民网-人民日报海外版. 一带一路　数读"五通"[EB/OL]. http://ydyl.people.com.cn/n1/2019/0425/c411837-31049108.html, 2019-04-25.

[②] 新华网：共建"一带一路"倡议：进展、贡献与展望[EB/OL]. http://www.xinhuanet.com/2019-04/22/c_1124400071.htm, 2019-04-22.

[③] 中国网：发改委：我国与"一带一路"沿线贸易总额超 6 万亿美元[EB/OL]. http://finance.sina.com.cn/china/gncj/2019-04-18/doc-ihvhiewr6849099.shtml, 2019-04-18.

和65%的全球GDP。截至2021年10月27日，亚投行已批准了147个项目，累计投资总额超过289.7亿美元，涉及31个域内、域外成员。①

5. "一带一路"民心相通进展

民心相通是共建"一带一路"的人文基础，"一带一路"建设在民间交流、教育合作、旅游以及对外援助等方面取得了丰硕的成果。目前，丝绸之路沿线民间组织合作网络成员已达310家，成为推动民间友好合作的重要平台。在教育合作方面，中国设立"丝绸之路"中国政府奖学金项目，与24个沿线国家签署高等教育学历学位互认协议。在旅游方面，中国与57个沿线国家缔结了涵盖不同护照种类的互免签证协定，与15个国家达成19份简化签证手续的协定或安排。

自2017年首届"一带一路"国际合作高峰论坛以来，中国已向沿线发展中国家提供了20亿元人民币紧急粮食援助，向南南合作援助基金增资10亿美元，在沿线国家实施了100个"幸福家园"、100个"爱心助困"、100个"康复助医"等项目。②

这些形式多样、领域广泛的公共外交和文化交流，有助于增进中国与沿线各国人民之间的相互理解和认同，为共建"一带一路"奠定了坚实的民意基础。

第四节 "一带一路"与中国经济全球化

当前世界面临百年未有之大变局，在全球化与逆全球化两股力量的博弈过程中，中国经济与中国企业面临诸多的严峻挑战，为世界经济发展带来了不确定性。虽然新冠肺炎疫情对全球的政治、经济发展带来了巨大冲击，再叠加各类不利因素的影响，但中国政府仍然坚定不移推进改革，继续扩大对外开放，持续增强发展动力和活力。

一、"一带一路"是中国经济全球化的正确选项

1. 中国经济历史的发展

经济学家约瑟夫·斯蒂格利茨（2017）认为目前世界经济增长与脱贫很大程度上

---

① 财经杂志，搜狐网：亚投行成员规模再扩容，2030累计气候融资将达500亿美元[EB/OL]. https://www.sohu.com/a/497645294_115571，2021-10-27.
② 新华网. 共建"一带一路"倡议：进展、贡献与展望[EB/OL]. http://www.xinhuanet.com/2019-04/22/c_1124400071.htm，2019-04-22.

受益于第二次世界大战后的全球经济秩序,但反对全球化的举措一直都存在。全球化本应增加每个人的福祉,但是这种水涨船高的想法还没有得到经济的证据或理论的支持。这里面存在两个谬误:一是全球化的好处被高估了,二是低估了全球化所带来的不平等的问题,包括开放贸易带来的风险、竞争的不完美带来的垄断,以及忽略了比较优势的动态变化等。

全球化的浪潮自20世纪开始加速,人类的技术革新推动了科技文化、经济贸易、金融资本在全世界的交流。中国自改革开放以来经济的高速增长受益于全球化。

从人类经济历史来看,过去40年中国经济的崛起是近100年来世界经济格局的最大变化,也是300年来世界格局变化中的重大事件。据英国统计史专家、前OECD首席经济学家安格斯·麦迪逊(Maddison,2007)和英国学者彼得·迪肯(Dicken,2010)估算,18世纪中叶,中国GDP占全球的比重接近1/3,而美国当时在全球的份额还微不足道。但是,200年后的1950年,中国GDP占全球的比重已下降为5%,而美国则上升到27%。

中国在过去3000年的历史当中,绝大部分时间都是当时全球最大的人口国和最大的经济体,即便是经历了两次鸦片战争[①]的18世纪中叶,中国的GDP仍居世界第一。历史的进程与经济的发展,推动着世界经济格局的演变。在经历了第一次和第二次全球化浪潮之后,欧美日澳等发达经济体在经济表现上占据了上风,而包括中国在内的新兴与发展中国家的经济发展缓慢。第三次全球化浪潮以来,广大发展中国家的经济逐步得到发展,全球经济增长的重心易位。

2. 中国对世界经济增长的贡献与现行国际经济秩序不符

根据国际货币基金组织(IMF)以PPP加权法计算,21世纪初(2000年),在全球GDP增长构成中,发达国家和新兴与发展中国家分别贡献约60%和40%,后危机时代,2015年全球经济增长构成中发达国家和新兴与发展中国家贡献分别逆转为约40%和60%[②]。10余年间,全球增长贡献份额在发达国家与发展中国家之间实现历史性的逆转。其中,仅中国的贡献率就高达35%,这得益于中国经济在第三次全球化浪潮中的高速发展。

改革开放之初,中国国内生产总值(GDP)占世界的份额只有5%左右;出口额占世界的比重不到1.5%。到2020年,中国GDP占世界经济比重上升到17%,出口额所占比重上升到15.8%。2010年中国成为世界第二大经济体,2013年成为世界第一

[①] 第一次鸦片战争时间为1840年6月至1842年8月,第二次鸦片战争从1856年10月到1860年11月。
[②] 资料来源:Wind数据库。

大货物贸易国。

自2008年全球金融危机以来,中国对世界经济增长的贡献率一直保持在30%左右。中美两国对世界经济增长的贡献率具体如图1-12所示。中国的经济发展在造福中国人民的同时,也为世界经济的增长做出了贡献,尤其是2008年全球金融危机之后的一年,中国对世界经济增长的贡献达43.81%,而同期美国对世界经济增长的贡献率为-35.25%。

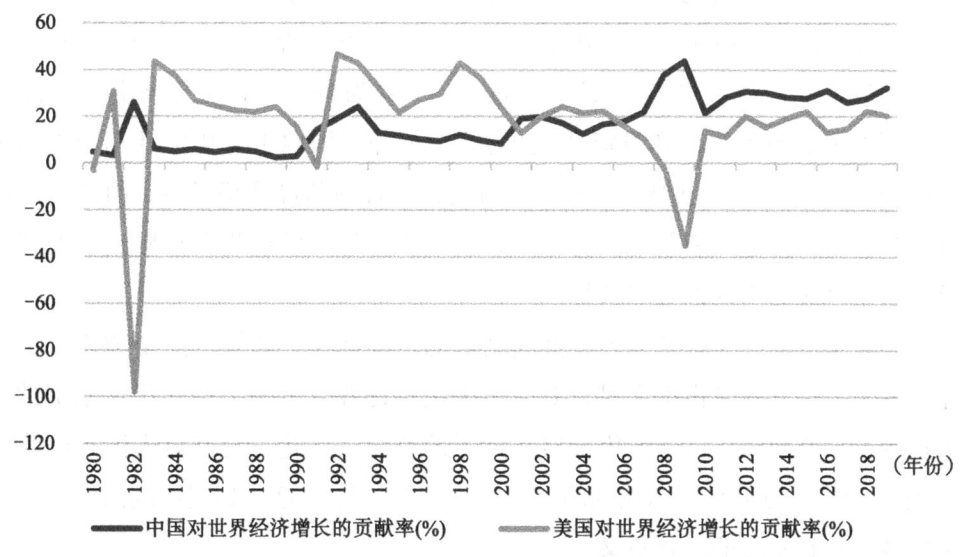

图1-12 中美对世界经济增长的贡献率

资料来源：Wind数据库。

同一时期,美国对世界经济增长的贡献率则出现了较大波动,由于1980—1982年的经济危机所致,1982年美国对世界经济增长的贡献率达到了最低的-97.81%,到1992年,达到最高峰46.59%。2008年全球金融危机以后,2009年出现了一个波谷-35.25%,此后在20%左右波动,2019年为20.35%,而同期中国对世界经济增长的贡献率为32.36%。

虽然中国现已成为全球最大的制造国,经济总量居全球第二位,对世界经济增长的贡献率已超越美国,但中国在国际经济秩序中的话语权却与实力不符。中国在世界银行、国际货币基金组织和亚洲开发银行中的投票权分别为：5.17%、3.81%和6.47%,无法在国际经济事务中发挥与自身经济体量相适应的作用。因此,共建"一带一路"是改变这种不合理局面的重要途径之一。

3. "一带一路"是中国经济全球化的合理创新

面对既有的不合理的国际金融体系格局,中国首倡的"一带一路"旨在推动合理的改革,实现国际结算中货币的多样化,尤其是通过本币互换等措施,推动人民币的国际化进程。随着德国为首的欧洲国家纷纷加入"一带一路"以及"人民币石油"的推出,全球货币体系已进入多极化时代,人民币、欧元、日元的国际地位不断提高。在未来10年,人民币结算将在中国对外贸易中占据举足轻重的分量。目前,使用人民币结算的天然气、铜和其他有色金属的交易所买卖正处于筹划当中。

从国内背景而言,由于中国工业化已步入中后期发展阶段,中国经济从过去的主要依靠"引进来"发展到"走出去",从过去的货物贸易"走出去"到各种产能"走出去"继而发展到服务贸易和投资"走出去"。另外,国内工业化中低端产能的过剩及资本市场的"资产荒"也要求开拓新的市场,寻找新的经济增长点,打造区域经济共同体。在中国经济进入新常态的背景下,"一带一路"发展规划、构建新型区域和国际经济新秩序成为中国的必然选择。

从特定意义上看,全球化是人类共同利益的正确选项。如果"逆全球化"成为主流,保守主义、孤立主义占据上风,对人类来说或许并非好事。曾获诺贝尔奖的经济学家阿马蒂亚·森所说:"全球化丰富了世界的科学、文化,使世界人民在经济上受益。"[①] 有鉴于此,习近平同志强调的"人类命运共同体"这一超越民族国家和意识形态的全球观,具有深邃的时代意义。

古丝绸之路是基于"互通有无"的交流和共享,而"一带一路"则是"同沿线各国分享发展机遇,实现共同繁荣"。"一带一路"的规划和构想是中国经济全球化的新引擎,是带动包括中国在内的亚欧区域经济发展的新模式。"一带一路"建设是各方共商、共建、共享的事业,对提升沿线各国的经济发展水平和增加沿线各国人民的福利具有积极的意义。

二、"一带一路"愿景的实施策略

"一带一路"建设作为中国首倡,沿线国家广泛参与的国家层面的经济规划,愿景为"一个理念":和平、合作、发展、共赢。"一带一路"肩负着"三大使命":其一为探寻后危机时代全球经济增长之道,其二为实现全球化再平衡,其三为开创21世

---

① 中国日报网. 全球化始于何时?[EB/OL]. http://www.chinadaily.com.cn/hqzx/2014-01/20/content_17246443.htm.

纪地区合作新模式。"一带一路"的实施计划是"五个合作重点":政策沟通、设施联通、贸易畅通、资金融通和民心相通。"一带一路"的目标是建设"三个共同体",即利益共同体、命运共同体及责任共同体。

从"一带一路"实施的视角,可以从金融支持、物质保障和实施路径三个方面加以思考。

(一) 金融支持

1. "两行一金"

目前,为"一带一路"建设提供资金保障的主要是"两行一金"。第一行是金砖国家开发银行,资本金为1000亿美元,由中国、俄罗斯、印度、巴西和南非平均入股。金砖银行主要资助金砖国家以及其他发展中国家的基础设施建设,将与世界银行和其他地区性银行在基础建设项目上展开合作。第二行是亚洲基础设施投资银行,资本金1000亿美元,中国出资500亿美元。亚投行偏重基础设施投资和互联互通建设投资等。"一金"是丝路基金,丝路基金由中国出资400亿美元,侧重于产业股权投资和类风险投资。"两行一金"为"一带一路"倡议的实施提供了资金基础。

2. PPP模式

"一带一路"建设资金需求量巨大,必须创新筹资机制,鼓励社会多元化投资。采用PPP模式与沿线国家和地区共建"一带一路"将成为一种趋势,这为中国企业"走出去"提供了有利条件。"一带一路"覆盖区域广大、涉及跨境投资领域多元、项目结构复杂、参与主体繁多,各国在基础设施建设过程中将会面临巨大的资金缺口问题,而目前融资渠道、融资方式、融资主体、融资机制单一,亟待构建多层次、多元化、多主体的"一带一路"投融资体系,其中,PPP模式不仅可以发挥弥补融资缺口的作用,更可以大大提升全球资本配置的效率。

(二) 物质保障

"一带一路"实施的物质保障包括:基础设施、物流网络和境外经贸合作区。

1. 基础设施

基础设施建设是"一带一路"规划的前期着眼点,目的是帮助沿线国家和地区改善当地基础设施、能源、交通水平相对落后的现状。例如,中国在阿富汗修建的帕尔万水利灌溉工程,苏丹的麦罗维大坝,缅甸的水津水电站等,在造福当地人民的同时,也有利于中国与"一带一路"沿线国家和地区的贸易、实业和投资等合作的推进。这些基础设施如同人的骨骼支撑着"一带一路",这样"一带一路"规划才能打牢基础,更好地继续往前推进。

2. 物流网络

打造互联互通的现代化物流网络是"一带一路"建设的主要目标。近年来,为了支持中国的国际贸易通道,中国已经在全球主要的物流线路中布局建设了大量的铁路、公路、港口、机场等物流节点,如巴基斯坦的瓜达尔港,哈萨克斯坦的中亚天然气管道,斯里兰卡的科伦坡南港和汉班托塔港,以及肯尼亚的蒙巴萨港等。截至2017年,中国交建集团旗下的公司约修建了10320千米的公路,95个深水码头,10座机场,152座大桥,以及2080千米的铁路[①]。这些涵盖了水、陆、空、铁、管的现代化物流网络如同人的血管联通着"一带一路",保障了货物和人员等交流的通畅。

3. 境外经贸合作区

截至2019年4月,中国已经在24个"一带一路"沿线国家建设了82个境外经贸合作区[②]。截至2019年底,中国在"一带一路"沿线国家建设的合作区累计投资350亿美元,上缴东道国税费超过30亿美元,为当地创造就业岗位32万个。[③] 这些境外经贸合作区包括加工区、工业园区、科技产业园区等,如同人的肌肉充实着"一带一路",成为中国企业对外产能合作与投资合作的载体。

(三) 实施路径

"一带一路"的实施路径包括以下三个方面:

1. 顶层设计

"一带一路"规划国家层面的核心是做好顶层设计,建立自上而下的沟通机制,基于国家全局视角思考"一带一路"的各方面、各要素、各层次统筹规划,不仅为"一带一路"整体布局进行设计,同时还需要为参与主体指明方向,界定范围,约束行为。

---

① 刘起涛. 中国交建:和"一带一路"沿线国家企业共同成长 [J]. 现代国企研究, 2017 (11).
② 中宏网:我国在一带一路沿线国家已建82个经贸合作区 [EB/OL]. http://world.people.com.cn/n/2014/1231/c157278-26304390.html, 2019-04-03.
③ 中国环境报:国合会2021年年会主题论坛 | 中国要在"一带一路"建设中发挥引领作用 [EB/OL]. https://baijiahao.baidu.com/s?id=1710442028648576152&wfr=spider&for=pc, 2021-09-09.

2. 区域融合

促进各区域双边、多边合作机制与"一带一路"的融合,一方面要加强中国与"一带一路"沿线国家和地区双边合作;另一方面要加强中国与既有多边合作组织的合作,"一带一路"沿线很多国家和地区已建立相应合作组织,比如上海合作组织、中国与东盟"10 + 1"、亚太经合组织、亚欧会议、亚洲合作对话、亚信会议、中阿合作论坛、中国—海合会战略对话、大湄公河次区域经济合作、中亚区域经济合作等,积极与现有的双边、多边合作机制相关国家开展多层次、多渠道的沟通与合作。

3. 协同发展

目前,国内各省市自治区融入"一带一路"建设的热情高涨,部分省份为抢占先机,争取地位、获取政策倾斜,纷纷出台了融入"一带一路"的规划。这些地方性的规划均以本地区的视角与利益出发,这就需要加强国内省际之间战略协同,避免不同省份过多博弈而陷入个体理性与集体非理性之间的冲突。

综上所述,在全球政治经济关系不确定因素的影响下,各国利益格局的战略博弈更加激烈,对中国经济的改革发展构成潜在威胁。"一带一路"是世界经济格局变化和经济全球化深入发展的必然结果,共建"一带一路"是中国版的经济全球化模式,是探索推进全球化健康发展的尝试。"一带一路"倡议在国际层面与"联合国2030年可持续发展议程"方向一致,获得了沿线国家和地区的广泛参与和欢迎,对于通过国际合作解决当今世界面临的诸多挑战具有重大意义。"一带一路"对中国而言,为营造有利的外部环境,实施新一轮高水平对外开放具有积极的影响,对如期全面建成小康社会,实现中华民族伟大复兴具有至关重要的意义。

本章参考文献

[1] 看点快报. 中国危局显现:新冠疫情推动"逆全球化"浪潮高涨 [EB/OL]. https://xw.qq.com/cmsid/20200331A0L7F200, 2020 - 04 - 03.

[2] [德] 贡德·弗兰克. 白银资本-重视经济全球化中的东方 [M]. 刘北成, 译. 北京:中央编译出版社, 2008.

[3] 新华网:帮助最贫穷国家减轻贫困,溶入第三次全球化浪潮 [EB/OL]. ht-

tp：//news. sohu. com/17/57/news147365717. shtml，2001 - 12 - 06.

［4］何帆. 经济全球化的三次浪潮［J］. 世界知识，1998（3）.

［5］向松祚. 未来十年：全球化趋势不改［N］. 第一财经日报，2010 - 01 - 04（A07）.

［6］沈娅莉. "逆全球化"背景下中国的涉外税收政策选择［J］. 税务研究，2017（5）.

［7］郑春荣. 欧盟逆全球化思潮涌动的原因与表现［J］. 国际展望，2017（1）.

［8］新浪财经. 全球化何去何从——朱民对话诺奖经济学家斯蒂格利茨和斯宾塞［EB/OL］. https：//finance. sina. com. cn/money/roll/2017 - 03 - 21/doc - ifycnpiu9260442. shtml，2017 - 03 - 21.

［9］百度百科. 一带一路（国家级顶层合作倡议）［EB/OL］. https：//baike. baidu. com/item/%E4%B8%80%E5%B8%A6%E4%B8%80%E8%B7%AF/13132427?fr = aladdin，2020 - 06 - 22.

［10］李文. 借力"一带一路"实现转型升级［J］. WTO 经济导刊，2015（5）.

［11］商务部，国家统计局，国家外汇管理局. 2018 年度中国对外直接投资统计公报［R］.

［12］商务部. 2019 中国对外投资发展报告［R］.

［13］中国经济时报. 加快构建国内国际双循环相互促进新发展格局［EB/OL］. https：//baijiahao. baidu. com/s?id = 16694911093387724468&wfr = spider&for = pc，2020 - 06 - 15.

［14］人民网：人民日报海外版. "一带一路"数读"五通"［EB/OL］. http：//ydyl. people. com. cn/n1/2019/0425/c411837 - 31049108. html，2019 - 04 - 25.

［15］新华网. 共建"一带一路"倡议：进展、贡献与展望［EB/OL］. http：//www. xinhuanet. com/2019 - 04 - 22/c_1124400071. htm，2019 - 04 - 22.

［16］Maddison A. 2007. Chinese economic performance in the Long Run［M/OL］. OECD Publishing，2007 - 09 - 28（2）［2015 - 04 - 13］. DOI：10. 1787/9789264037632 - en.

［17］Dicken P. 2010. Global shift (6th Edition)［M］. London, UK：Sage.

［18］刘卫东. "一带一路"的科学内涵与科学问题［J］. 地理科学进展，2015（34）.

［19］何迎，邢园通，刘岩婉晶，等. 中国能源进口贸易的问题及建议［J］. 价值工程，2020（12）.

[20] 王晓辉. "一带一路"建设对中国能源战略的特殊意义 [EB/OL]. http：//opinion. china. com. cn/opinion_41_152941. html，2016 – 10 – 09.

[21] 委内瑞拉用人民币 人民币或将取代"石油美元"？ [EB/OL]. http：//news. china. com/international/1000/20170919/31466990_1. html.

[22] 张茉楠. PPP 之于"一带一路"不在于弥补融资缺口 [J]. 金融与经济，2015（7）.

第二章
企业国际化战略转型升级有关理论

  一个国家企业的国际化程度体现了该国经济的开放水平。当前国际国内的经济形势使中国企业沿"一带一路"走出去进行企业国际化战略转型升级成为一个严峻而现实的选择。中国企业对于国际市场、国际规则、国别投资环境熟悉的程度以及投资贸易、战略发展、资本运作、抵御风险等方面的能力决定了企业能否成功"走出去",能否走得稳健。因此,了解与掌握企业国际化转型的有关理论知识将有助于中国企业"走出去"成功发展。本章将从国际贸易理论、国际投资理论、企业战略管理理论、企业国际化战略转型理论和企业转型升级理论等方面阐述中国企业国际化战略转型升级的理论基础。

第一节 国际贸易理论

自有人类文明以来就有贸易。当国家出现以后,国际贸易也应运而生。15世纪末16世纪初,当西方国家还处于资本原始积累的阶段,关于国际贸易的研究就已经出现。国际贸易(International Trade),也叫世界贸易,是指跨越国境的货品、技术和服务交易,一般由进口贸易和出口贸易所组成,因此也称为进出口贸易。国际贸易可以调节国内生产要素的利用率,改善国际的供求关系,调整经济结构,增加财政收入等。

国际贸易理论研究的范围不仅包括商品和服务的国际流动,也包括生产要素的国际流动和技术知识的国际传递。国际贸易理论研究商品、服务和生产要素国际流动的原因和方向,也研究流动的结果,包括对各国生产、消费、商品价格和社会各集团利益的影响。本节分析国际贸易的主要理论、政府对国际贸易的干预以及企业应对政府干预的基本策略。

一、国际贸易理论

(一)古典贸易理论

1. 绝对优势理论

亚当·斯密(Adam Smith)1776年在《国民财富的性质及原因的研究》(即《国富论》)中指出,社会生产率的巨大增进是分工的结果,一国内部的分工原则同样适用于多国之间,而两国间的贸易基于绝对优势(Absolute Advantage)。当一国相对于另一国在某种商品的生产上有更高的效率(或有绝对优势),但在另一种商品生产上效率更低(或有绝对劣势),那么两国就可以通过专门生产自己有绝对优势的产品并用其中一部分来交换其有绝对劣势的商品。

斯密认为,国际分工的基础是有利的自然禀赋或后天的有利生产条件,因为可以使一国在生产某种产品时的成本绝对低。绝对优势理论将一国内部不同职业之间、不同工种之间的分工原则推演到各国之间的分工,从而形成其国际分工理论。绝对优势理论是最早的主张自由贸易的理论,构成了古典国际贸易理论的基础。

2. 比较优势理论

大卫·李嘉图（David Ricardo）1817年在《政治经济学及其赋税原理》中对斯密的绝对优势理论进行了补充，提出即使一国在两种商品的生产上较之另一国均处于劣势（即无绝对的优势），但仍有可能产生互利贸易。一个国家可以专门生产、出口它的绝对劣势相对小一些的商品（即具备比较优势的商品），同时进口其绝对劣势相对大的商品（即具备比较劣势的商品）。李嘉图认为比较优势（Comparative Advantage）而不是绝对优势决定了一个国家将生产和应该生产哪种产品。当两个国家分别只生产其具有比较优势的产品时，每个国家都将从中获得收益。

比较优势理论遵循"两优取其重，两劣取其轻"的原则，认为国家间技术水平的相对差异产生了比较成本的差异，构成国际贸易的原因，并决定着国际贸易的模式。比较优势理论在更普遍的基础上解释了贸易产生的基础和贸易利得，在绝对优势理论的基础上发展了古典国际贸易理论。

（二）新古典贸易理论

1. 要素禀赋理论

1919年，瑞典经济学家埃利·赫克歇尔（Eil F. Heckscher）发表论文《国际贸易对收入分配的影响》，提出了要素禀赋论的基本观点，指出产生比较优势差异必备的两个条件。在此基础上，他的学生瑞典经济学家伯尔蒂尔·俄林（Beltil G. Ohlin）1933年出版了著作《区际贸易与国际贸易》，发展了要素禀赋理论，因此这一理论又称为H-O理论。H-O理论的一般均衡框架如图2-1所示。

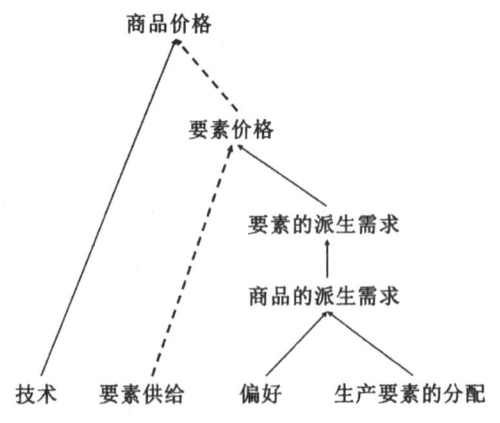

图2-1　H-O理论的一般均衡框架

从图 2-1 的右下角出发，生产要素所有权的分配和需求偏好共同决定了对商品的需求。对生产要素的需求可以从对最终商品的需求中派生出来。对要素的供需力量共同决定了要素价格。要素价格和技术水平决定了最终产品的价格。各国相对商品价格之间的差异确定了比较优势和贸易模式。

国际贸易产生的直接原因在于各国生产同种产品的价格差异，而价格差异最终是由于各国在生产同种产品上的生产要素的丰裕程度不同。正是由于各国生产要素丰裕程度的不同，决定了各国在生产不同产品时所具有的比较优势或价格优势，所以，一国应当出口该国相对丰裕和便宜的要素密集型的商品，进口该国相对稀缺和昂贵的要素密集型的商品。例如，劳动相对丰裕的国家应当出口劳动密集型的商品，进口资本密集型的商品。

H-O 理论假设长期内生产要素可以自由流动，无论两国的要素供给和需求格局如何，自由贸易不仅使商品价格均等化，而且使要素价格均等化，两国的同质生产要素将获得相同的报酬。该理论是在长期条件下，从供给的角度来研究要素禀赋与国际贸易间的关系。

2. 特定要素理论

保罗·萨缪尔森（Paul Samuelson）和罗纳德·琼斯（Ronald Jones）在 20 世纪 70 年代提出的特定要素理论是关于要素禀赋理论的短期分析，主要用于解释短期内国际贸易对收入分配的影响。与要素禀赋理论的价格均等化理论假设不同，这个理论认为虽然长期内生产要素可以自由流动，但短期内存在劳动以外的生产要素，劳动可以在部门间流动，是一种流动要素。而其他要素则是特定的，只能被用于生产某些特定产品。特定要素短期内不能在部门间自由流动。

特定要素理论认为，资源的不同使各国的相对供给曲线不同，因此产生了国际贸易。国际贸易使出口部门特定要素的拥有者获益，而使进口部门特定要素的拥有者受损。流动要素的拥有者收益存在不确定性，可能受益也可能受损，取决于需求的结构。当国际贸易获益者补偿受损者的损失后，获益者仍然有利可图时，可以认为国际贸易从整体上带来了收益。

特定要素理论分析了国际贸易中的收入分配效应，揭示了不同部门或行业对贸易政策所持有的态度，出口部门和进口部门对自由贸易持相反的态度。这就解释了虽然国际贸易从整体上带来了收益，获得有些利益集团的支持，但是由于有些利益集团会遭受损失，因而会反对自由贸易，反对全球化，而利益集团的存在会影响甚至左右政府贸易政策的制定。

3. 里昂惕夫悖论

美国经济学家瓦斯力·里昂惕夫（Wassily Leontief）在 20 世纪 50 年代提出了里昂惕夫悖论。按照 H－O 理论，美国是一个资本充足且劳动力相对稀缺的国家，国际贸易结构应该是出口资本、技术密集型产品，进口劳动密集型产品。1947 年，里昂惕夫采用美国 200 个行业的统计数据对国际贸易结构进行验证时，却得出了与 H－O 理论完全相反的结论。里昂惕夫悖论虽然没有形成系统的理论观点，但它对传统的国际分工和贸易理论提出了严峻的挑战，引发了学术界对当时国际贸易主流思想的反思，推动了第二次世界大战战后新国际贸易理论的诞生。

（三）当代贸易理论——新国际贸易理论

1. 规模经济贸易理论

根据传统的要素禀赋理论，自由贸易使要素价格均等化，然而如何解释在资源禀赋和技术相近国家之间的成本差异呢？1985 年，保罗·克鲁格曼（Paul Krugman）在与赫尔普曼·艾瀚南（Helpman Elhanan）合著的《市场结构与对外贸易》一书中提出了规模经济贸易理论，认为大规模生产可以降低单位产品的生产成本，规模经济是国际贸易产生的原因。规模经济（Economies of Scale）是指在企业生产扩张的开始阶段，企业由于扩大生产规模而使经济效益得到提高。

在当代经济中，一个产品的生产规模大小是决定产品成本的重要因素。制造业和高科技产业已日益成为主要产业，而这些产业的特点是固定投资巨大，所以存在着规模经济和不完全竞争。当产品的市场越大，生产规模越大，平均成本就越低，反之就高。所以，由于生产规模不同，即使要素和技术相似，各国之间也会存在生产成本的差异。各国利用规模经济来生产有限类别的产品，如果每个国家只生产有限种类的产品，那么每种产品的生产规模就会比生产所有产品时的规模更大，才能实现国际分工的规模效益。在只生产有限种类产品的同时，通过国际贸易实现产品的流动，来保证各国消费的多样性。

2. 产品生命周期理论

美国经济学家雷蒙德·弗农（Raymond Vernon）1966 年在其文章《产品周期中的国际投资与国际贸易》中提出了产品生命周期理论（Product Life Cycle Model）。他认为商品与生命相似，都有一个从出生、成熟到衰老的过程，他把产品的生命周期划分为三个阶段：新产品阶段、成熟产品阶段和标准产品阶段。

在新产品创始阶段，企业将新技术首次用于生产，国内市场容量大。企业的最优选择是利用技术优势在国内生产,产品主要供应国内市场,通过出口贸易的形式满足国际市场的需求。在产品成熟阶段,技术已经成熟,随着国际市场需求量的不断扩大,把生产基地由国内转移到国外更有利于降低成本。此外,为了规避贸易壁垒、避免垄断技术优势丧失、接近消费者市场和减少运输费用,企业发展对外直接投资,在国外直接生产或转让成熟技术。在产品标准化阶段,产品和技术均已标准化,企业的技术垄断优势已消失,生产的相对优势已转移到技术水平低、工资低和劳动密集型经济模式的地区。在本国市场已经趋于饱和情况下,企业在发展中国家进行直接投资,转让其标准化技术。此时企业会大规模减少或停止在本国生产,转而从国外进口该产品。

二、贸易政策分析——政府对国际贸易的干预

正如波特的国家竞争优势理论所述,政府政策对于产业竞争力有重大影响,而产业竞争力最终体现在一个个具体的企业身上。中国企业在"一带一路"沿线进行国际贸易投资的时候,需要高度重视沿线国家的贸易政策。以下将从政府对国际贸易干预的原因和政府对国际贸易干预的主要形式两个方面进行分析。

(一) 政府对国际贸易干预的原因

1. 传统贸易保护理论——重商主义

在17—18世纪,一批人(包括商人、银行家、政府官员、甚至哲学家)写了许多关国际贸易的文章和小册子,推崇一种被称为重商主义(mercantilism)的经济哲学。托马斯·曼(Thomas Munn)的《贸易带给英格兰的财富》一书是重商主义思想的代表作。重商主义者认为国家富强的方法是尽量使出口大于进口。出超的结果是金银等贵重金属的流入。而一个国家拥有越多的金银,就会越富有、越强大。因此,政府应当竭尽所能鼓励出口,不主张甚至限制商品(尤其是奢侈类消费品)的进口。

然而,由于不可能所有贸易国同时出超,而且任一时点上金银总量是固定的,一个国家的获利总是基于其他国家的损失,因此,重商主义者鼓吹经济民族主义,认为国家利益在根本上是冲突的。当前,有些高失业率的国家试图通过限制进口来刺激国内生产和就业,新重商主义有卷土重来的势头。

17世纪下半期,在法国出现了反对重商主义的重农学派(Physiocratic School),创始人是弗朗斯瓦·魁奈(F. Quesnay)。重农学派并未提出较为完整的国际贸易理论,只是涉及一些对国际贸易问题的看法,包括:对外贸易不是财富的源泉,主张自由贸

易,主张发展农业经济等。

2. 传统贸易保护理论——幼稚产业保护论

1841 年,德国经济学家弗里德里希·李斯特（Friedrich List）在《政治经济学的国民体系》中提出基于国家主义的贸易保护政策理论,指出保护制度要与国家工业的发展程度相适应,又称幼稚产业保护论（Infant Industry Argument）。

幼稚产业保护论以单个行业（或厂商）中存在规模经济作为理论依据,认为若一国能暂时地对这一产业进行保护,该行业中的厂商就有可能实现可观的规模经济。这种规模经济可以是企业的内部规模经济,它使每家厂商现在都能生产更多数量的产出。国内产业的比较优势虽然无法在短期内实现,但通过提高关税等措施在一段时间内的保护,从长期看是可以实现的。

与重商主义不同的是,幼稚产业保护论认为求得生产力发展比财富本身更重要,从保护生产力的高度把贸易和国家经济发展结合起来,形成以国家主义为基调的贸易保护理论。

3. 现代贸易保护理论——新重商主义

凯恩斯主义的创始人约翰·梅纳德·凯恩斯（John Maynard Keynes）在 1936 年出版了他的代表作《就业、利息和货币通论》,创立了新重商主义。凯恩斯对自由贸易理论展开了批评,认为保持贸易顺差可以不断扩大国外投资,增加投资需求和有效需求,解决就业问题,促进经济繁荣,因而他积极主张政府对经济生活进行全面干预,实行贸易保护,改变国际收支状况,提高一国的国民收入。

凯恩斯认为传统的外贸理论是建立在充分就业的前提下的,不适用于现代社会,古典国际贸易理论忽视了国际收支在调节过程中对一国国民收入和就业的影响。他认为,贸易顺差对一国对外贸易有利,而贸易逆差则有害。

凯恩斯曾督促英国政府放弃自由贸易政策,恢复保护关税制度,采取直接措施来限制输入,奖励输出。他认为,保护关税制度有三个好处：促使人们增加国内产品消费,从而增加就业；减轻本国国际收支逆差的压力,把资金用于偿付在扩张政策下的必要进口量,并对贫困的债务国进行贷款；能得到社会舆论的支持。

凯恩斯的新重商主义表明发达国家如何通过实施贸易保护政策,实现国内充分就业,提高国民收入,保持在国际贸易中的竞争优势。新重商主义与传统贸易保护理论不同,以保护国内先进成熟的产业,增强在国际市场的垄断地位为宗旨,而不是以保护国内幼稚产业为目标；倡导本国商品的出口以最大限度地占领国际市场,而不是只通过抵制外国商品的进口以保护本国市场。

4. 战略贸易理论

最早的战略贸易思想是布朗德和斯宾塞（J. A. Brander & B. J. Spencer）于1983年提出的补贴促进出口的观点，即传统的贸易理论是建立在完全竞争的市场结构上的，主张自由贸易是最佳的政策选择。而现实中，不完全竞争和规模经济普遍存在，市场结构是以寡头垄断为特征的。因此，政府补贴政策对产业和贸易的发展具有重要的战略性意义。1984年，保罗·克鲁格曼发表《工业国家间贸易新理论》一文，认为传统的国际贸易理论都是建立在完全竞争市场结构的分析框架基础上的，因而不能解释全部的国际贸易现象，尤其难以解释工业制成品贸易，提出了国际贸易理论的更新的分析框架。1985年，克鲁格曼与赫尔普曼在《市场结构与对外贸易》中提出了以规模经济和产品差别化为基础的不完全竞争贸易理论模型，即战略贸易理论（Strategic Trade Theory）。

战略贸易理论认为，由于国际市场上的不完全竞争和规模经济的存在，一国政府可以通过补贴或保护国内市场的手段，扶持本国战略性工业的成长，增强其在国际市场上的竞争力，获取规模经济的收益，获取更大的市场份额。因此，国家应正确地选择目标产业，并予以适当的支持，使其不断获取动态递增的规模效益，具体包括信贷优惠，国内税收优惠或补贴，对国内企业进口中间品的关税优惠，对外国竞争产品征收关税等。

战略贸易理论强调了政府干预的重要性，摆脱了纯粹自由主义，为一国政府发展本国经济与对外贸易提供了有益的指导。同时，战略贸易理论也受到了批评。批评者认为这种政策的实际运用所需要的信息要比可能得到的信息更多，而信息的不充分性会导致政府决策的失误。此外，补贴是一种不公平竞争的手段，它会引起外国的报复。

（二）政府对国际贸易干预的主要形式

1. 关税壁垒

关税壁垒（Tariff Barriers）又称为"关税战"，是一种以高额关税作为限制商品进口的措施。对外国商品征收高额进口关税，以提高其成本和削弱其竞争能力，从而达到限制这些商品进口，保护本国产品在国内市场上竞争优势的目的。目前，关税仍然是国际贸易中的一种重要壁垒，通过提高进口税以及在关税设定、计税方式及关税管理等方面采取措施从而阻碍进口。常见的关税壁垒包括：关税高峰、关税升级、关税配额、从量关税、从价关税等。

关税高峰（Tariff Peaks）是指在总体关税水平较低的情况下少数产品维持的高关

税，而这些特定产品的高关税不合理地阻碍了其他国家相关产品的正常出口。

关税升级（Tariff Escalation）即通常对某一特定产业的进口原材料设置较低的关税，甚至是零税率，随着加工深度的提高，相应地提高半成品、制成品的关税税率。关税升级能够较为有效地达到限制附加值较高的半成品和制成品进口的效果。

关税配额（Tariff Quotas）是指对一定数量（配额量）内的进口产品适用较低的税率，对超过该配额量的进口产品则适用较高的税率。配额确定、发放和管理过程中的某些不适当做法可能会造成对贸易的阻碍。

从量税（Specific Duty）是按照商品的重量、数量、容量、长度和面积等计量单位为标准计征的关税。征收从量关税手续简便，可以无须审定货物的规格、品质、价格，便于计算，对廉价进口商品有较强的抑制作用。由于发展中国家的出口商品多具有量大价低的特征，相比发达国家需承担更高的从量关税税负，因而对发达国家低档廉价商品的保护作用较大。

从价税（Ad Valorem Duty）是按照进口商品的价格为标准计征的关税，其税率表现为货物价格的百分率。从价税是各国采用的主要征税方式之一。但是，按从价税征收的关税很大程度上取决于使用何种方法确定应税的完税价格，因此确立对货物进行估价的规则显得尤为重要，而海关的估价规则又受到政府贸易政策的影响。

2. 非关税壁垒

非关税壁垒（Non – Tariff Barriers，NTB）是相对于关税而言的，指一国或地区采取的除关税以外的限制进口的所有措施。近年来非关税壁垒越来越成为干预贸易的主要手段。尽管经过多边关税谈判，全球关税壁垒得到了极大的削减，但这一积极成果又在很大的程度上被非关税壁垒的广泛运用所抵消。

非关税壁垒形式多样，更为隐蔽。非关税壁垒主要包括：通关环节壁垒、知识产权措施、进口禁令、进口许可、技术性贸易壁垒、卫生与植物卫生措施、贸易救济措施、进口产品歧视、出口限制、补贴、阻碍服务贸易措施以及其他壁垒。

与关税壁垒相比，非关税壁垒主要具有三个特点：其一，具有更大的灵活性和针对性。关税的制定与调整，需要通过一定的立法程序，而非关税壁垒的制定与实施，通常采用行政程序，能有针对性地迅速采取或更换相应的限制进口措施。其二，作用更为强烈和直接。关税壁垒是通过征收关税来提高商品成本和价格，从而削弱其竞争能力，起到间接保护的作用。而一些非关税壁垒，直接禁止进口。其三，具有隐蔽性和歧视性。关税壁垒是透明的，歧视性也较低，往往受到双边关系和国际多边贸易协定的制约，然而一些非关税壁垒透明度差、隐蔽性强、针对性强，容易对别的国家实施差别待遇。

3. 出口鼓励政策

出口鼓励政策（Export Encourage Policy）无论对于实施保护主义还是实施自由贸易的国家都是贸易政策的重要组成部分。由于出口鼓励政策刺激出口，进而扩大进口，带动国内国际经济良性循环，因此广受各国政府的重视。出口鼓励政策主要包括财政政策、信贷政策、倾销政策、资本政策、组织政策等。

鼓励出口的财政政策指各种类型的出口补贴或出口津贴（Export Subsidies），即政府为了降低本国的出口商品价格，在出口某种商品时给予出口厂商的现金补贴或财政上的优惠待遇，包括直接补贴和间接补贴（出口退税，出口减税等）。

信贷政策包括出口信贷和出口信贷国家担保制。出口信贷（Export Credit）指一个国家的银行为了鼓励本国商品的出口，加强本国出口商品的竞争力，对本国的出口厂商、外国的进口厂商或进口方银行提供的贷款。出口信贷分为卖方信贷和买方信贷两类。此外，还有出口信贷国家担保制（Export Credit Guarantee System），即国家为了鼓励商品出口，对于本国出口厂商或商业银行向外国进口厂商或银行提供的贷款，由国家设立的专门机构出面担保，当外国债务人拒绝付款时，这个国家机构即按照承保的数额予以补偿的一种制度。

倾销政策包括商品倾销和外汇倾销。商品倾销（Dumping）是出口商以低于国内市场价格，甚至低于商品生产成本的价格，集中或持续地大量向国外市场抛售商品的行为。从表面上看来，商品倾销会使出口商利润减少甚至亏损，但从长远来看却带来了出口国更重要的长期、整体的政治经济利益。外汇倾销（Exchange Dumping）是指出口企业利用本国货币对外贬值的机会争夺国外市场的一种特殊手段。外汇倾销一直是许多国家出口鼓励政策中的重要组成部分。

鼓励出口的资本政策即出口国政府通过资本输出来带动本国出口贸易的发展。资本输出包括生产资本输出即对外直接投资（FDI）和借贷资本输出即对外间接投资（包括有价证券投资和直接对外贷款）。资本输出往往都会附加一些商品输出的条件来增加本国出口或以贷款的形式来增加买方的购买力进而增加出口，因此已经成为促进本国出口的重要手段。

鼓励出口的组织政策包括设立专门的促进出口的组织机构；设立专门的市场调研机构为出口企业服务；设立贸易中心、组织贸易展览会和贸易代表团以及对出口企业施以精神鼓励等各种政策。

三、"一带一路"背景下中国企业应对国际贸易政府干预的策略

任何关税壁垒与非关税壁垒等阻碍国际贸易自由的行为，都将破坏并削减新增效益，对于两国都有直接损害，而这是依靠壁垒获取的其他利益难以弥补的。因此，我国倡导贸易自由化，加强双边多边贸易交流，"一带一路"倡议正是以此为出发点，促进沿线各国与我国之间的国际分工与贸易。为促进"一带一路"贸易畅通，本节提出中国企业该如何应对的有关建议。

1. 优化贸易结构，促进产业升级

目前，简单的以量取胜的贸易方式容易受到沿线各国贸易壁垒的影响，造成反倾销调查等贸易摩擦。我国企业在出口"一带一路"国家的时候要改变以往以量取胜的简单增长模式，对传统产品出口贸易结构进行一定革新，进行国别的调整、产品品类的调整、数量的调整等。一定程度减少部分低质低价的有形产品的出口，重点扩大工程承包、设计咨询、技术转让、金融保险、国际运输、教育培训、通信服务、信息技术等服务贸易出口，优化我国贸易结构。

同时，以"一带一路"国际市场的压力倒逼中国企业推动产业转型升级，以创新驱动发展，不断加大产品研发力度，掌握核心技术，提高产品的质量与技术含量，加快产品以及技术更新迭代的速度。再以数字化、智能化为抓手，以跨境电商等新业态新模式扩大对外贸易，打造"一带一路"区域的中国品牌，为沿线各国企业和消费者提供更好的产品和服务，不断提升产品与服务贸易的附加价值，提高中国企业出口贸易的竞争力。

2. 跨国经营，加强双向合作

为了绕过各种贸易壁垒，中国企业可以将产品出口改为在"一带一路"各国投资办厂，在当地生产和销售。我国与沿线各国在自然资源、劳动力资源、技术要素等方面形成资源优势互补，不仅可以有效利用当地的自然资源，还能为当地创造就业。产品除满足当地市场的需求之外，还能出口周边国家或返销国内，在一定程度上促进双向贸易的平衡。

中国企业的跨国经营一方面可以规避贸易壁垒，另一方面还能发挥比较优势。"一带一路"国家除了俄罗斯、以色列、新加坡等国以外，其余多属于发展中国家，产业发展程度相对不高，而我国企业可以发挥资金优势、技术优势、产能优势、成本优势、学习能力优势以及管理优势，参与国际分工与协作，建立企业的国际竞争优势。

3. 增进国际合作，强调友好交流

"一带一路"建设实现了各国政策和发展战略对接，开辟了合作共赢的新天地。然而，有的国家为了保护本国市场与产业设置贸易壁垒，打压我国企业的国际竞争力。对此，我国政府应当继续完善贸易政策协调机制，积极推进双边与多边贸易谈判，进一步实行更多的贸易便利化措施，避免部分国家在某些情况下借助行政手段制约我国的产品与服务贸易。

面对贸易壁垒，我国企业应对外加强国际交流与合作，宣传"一带一路"坚持和谐包容，互惠互利的共建原则，吸引更多的沿线国家的企业与中国企业达成合作共识，签订合作协议。同时，政府有关部门需要不断完善商品与服务交易规则，多方努力消除贸易壁垒，促进"一带一路"贸易畅通。

4. 加强预警，防范风险

政府有关部门要加强信息收集，积极把握"一带一路"贸易壁垒透明度低、隐蔽性大和难以掌控等特点，加强对"一带一路"沿线国家有关信息的收集工作，增强对这些国家技术标准和管理措施的理解，积极跟踪这些国家贸易壁垒的最新动态，研究这些国家贸易规则对中国产品出口的可能影响。对于中国出口企业来讲，也需要建立对"一带一路"国家贸易壁垒的动态跟踪机制和分析机制，采取相应的应对措施，以适应"一带一路"进口国家有关贸易政策措施的要求。

为了降低有关国家贸易壁垒对我国出口企业的风险，各级政府有关部门需要建立贸易壁垒的预警机制，做到当贸易威胁来临时可以快速拿出一套成熟完整的防备机制抵御危险，防止我国企业蒙受损失。政府有关部门还可以建立贸易咨询机构，根据收集到的信息，承担向国内企业传递有关"一带一路"贸易法规、技术标准以及有关程序的解释，定期发布有关"一带一路"贸易壁垒的最新动态，通过对中国出口企业预警、向企业的宣传和解释，帮助企业做好防范措施，实现对出口"一带一路"产品流量的控制，从而有效减少贸易壁垒争端，保障有关产品有序地向"一带一路"国家的出口。

第二节 国际投资理论

中国企业在沿"一带一路"进行企业国际化战略转型升级过程中，不仅是产品与

服务国际贸易一个方面,国际投资对产业与企业国际化同样至关重要。本节探讨主要的国际直接投资理论。

一、发达国家对外直接投资理论

1. 垄断优势理论

垄断优势理论(Monopolistic Advantage)是美国经济学家海默(S. Hymer)于1960年在其博士论文《国内公司的国际经营:对外直接投资研究》中首先提出,以垄断优势来解释国际直接投资行为,后经其导师金德尔伯格(C. Kindleberger)及凯夫斯(R. Z. Caves)等学者的发展,成为研究国际直接投资最早的、最有影响的独立理论。

垄断优势理论认为,不完全竞争导致不完全市场,不完全市场导致国际直接投资。所谓不完全竞争,是指由于规模经济、技术垄断、商标及产品差别等引起的偏离完全竞争的市场结构。垄断优势是对外直接投资的决定因素。寡头垄断(oligopoly)是不完全竞争的主要形式。由于不完全竞争的存在,美国企业在海外生产中才能拥有和维持各种垄断优势,取得高于当地企业的垄断利润。这些优势是美国企业独有的,不同于生产区位的优势。美国企业拥有的垄断优势,构成美国企业对外直接投资的决定因素。

2. 内部化理论

内部化理论(Internalization Advantage Theory)又称市场内部化理论,是巴克莱(Peter. J. Buckley)、卡森(Mark Casson)与拉格曼(A. M. Rugman)于1976年在《跨国公司的未来》一书中提出来的。国际分工为什么不通过世界市场,而是通过跨国公司内部来进行呢?内部化理论以此为出发点,研究了世界市场的不完全性以及跨国公司的性质,并解释了跨国公司对外直接投资的动机及决定因素,其中市场不完全性及企业的性质是内部化理论的核心内容。

内部化理论认为,市场不完全并非规模经济,寡头垄断或关税壁垒等,而是由于某些市场失效(market failure),以及由于某些产品的特殊性质或垄断势力的存在,导致企业市场交易成本增加。现代企业重视研发、销售、劳动力培训及金融资产管理等相互依赖的经营活动,而中间产品的流动则是连接这些活动的纽带。企业协调其经营活动需要一整套中间产品市场,但某些中间产品,特别是知识产品的市场是不完全的,包括专利、商标、管理技能、市场信息等。这使企业不能利用外部市场来有效协调经营活动,这构成了内部化的关键前提。当内部化超越国界,跨国公司便应运而生。跨国公司国际直接投资是为了避免因交易不确定性而导致的高交易成本。因此,企业用内部的管理机制代替外部市场机制，以内部市场来代替外部市场。

3. 边际产业扩张论

边际产业扩张论是日本学者小岛清 1977 年在《对外直接投资论》中提出的关于从边际产业开始国际直接投资的理论。小岛清认为国际直接投资应从本国（投资国）已经处于或即将处于比较劣势地位的产业（即边际产业）依次进行，这些边际产业也是东道国具有比较优势或潜在比较优势的产业，但如果没有外来的资金、技术和管理经验，东道国这些优势又不能被利用。

边际产业扩张论认为，国际贸易是按既定的比较成本进行的，而对外直接投资由于按照从趋于比较劣势行业开始投资的原则，因此可以扩大两国的比较成本差距，创造出新的比较成本格局。小岛清根据对外直接投资的动机将其分为四种类型：自然资源导向型、劳动力导向型、市场导向型以及生产与销售国际化型。该理论在一定程度上也解释了"雁阵模式"，即在西太平洋地区所形成的产业结构梯度转移，各国的经济发展像雁阵一样有序：美、日作为领头雁，亚洲四小龙为第二梯队，泰国、菲律宾、马来西亚、印度尼西亚等国家为第三梯队，而这种情况是由于直接投资过程和产业在不同国家中的传递造成的。

4. 国际生产折衷理论

国际生产折衷理论（Eclectic Theory of International Production）是英国经济学家约翰·邓宁（John Dunning）于 1977 年在《贸易、经济活动的区位和跨国企业：折衷理论探索》中提出的。国际生产折衷理论吸收了垄断优势理论、区位选择理论和内部化理论三种理论的主要观点，并结合区位理论解释跨国公司从事国际生产的能力和意愿，即企业从事国际直接投资由该企业本身所拥有的所有权优势（Ownership）、区位优势（Location）、市场内部化优势（Internalization）三大基本因素共同决定。

所有权优势是指企业相对于国外竞争者所特有的优势，包括专利技术、商标、创新能力优势、规模优势、组织管理能力优势、金融和货币优势以及市场销售优势等。内部化优势与上述的市场内部化理论相似。区位优势是指东道国在投资环境、经济制度和政策等方面比投资国更有利的条件，主要包括资源禀赋优势和政策制度优势。

邓宁利用所有权优势、内部化优势与区位优势的不同组合来说明跨国公司在出口、对外直接投资与许可证安排三种方式之间选择的根据：企业若仅拥有所有权优势，则选择技术授权；企业若具有所有权优势和内部化优势，则选择出口；企业若同时具备三种优势，才会选择国际直接投资，具体如表 2-1 所示。

表 2-1　　　　　　　　　　　国际生产折衷理论

方式	所有权优势	内部化优势	区位优势
直接投资	√	√	√
出口	√	√	×
无形资产转让	√	×	×

二、发展中国家对外直接投资理论

1. 小规模技术理论

小规模技术理论（The Theory of Small Scale Technology）是美国经济学家刘易斯·威尔斯（Louis J. Wells）于 1977 年在《发展中国家企业的国际化》一文中提出的，并于 1983 年在其专著《第三世界跨国公司》中对该理论进行了更详细的论述。威尔斯认为，由于发展中国家市场容量有限及需求多样化，大规模生产技术无法在此获得规模收益，而许多发展中国家企业正是开发了劳动密集型的、生产灵活的、适合小批量生产的技术而获得竞争优势，并得以在低价位销售。

小规模技术理论提出，发展中国家跨国公司的竞争优势主要表现在：拥有为小市场需要服务的小规模生产技术、就地取材和同种族的优势（服务于国外同一种族团体）、接近市场优势和低价产品营销战略。该理论对于分析发展中国家企业在国际化的初期阶段如何才能在国际竞争中争得一席之地具有一定的借鉴作用。

2. 技术本地化理论

技术本地化理论（Technology Localization）由英国经济学家拉奥于（Sanjaya Lall）1983 年在《新跨国公司：第三世界企业的扩张》一书中提出。该理论指出，发展中国家在引进发达国家的成熟技术之后，根据自身特点对其进行创新和升级，把这种技术知识本地化，使技术更适应发展中国家生产要素的条件和市场需求。发展中国家技术的本地化过程与本国的要素价格和质量相联系，产品也适合自身的经济条件和需求。发展中国家跨国企业所创新的技术在小规模生产条件下能够满足中低档次的消费需求，能够产生更高的经济效益。

拉奥认为，发展中国家的跨国企业再将这种本地化的技术知识投资到与母国经济环境相似的国家和地区，可以形成具有本国特色的国际直接投资竞争优势。

3. 国际直接投资发展阶段理论

国际直接投资发展阶段理论是邓宁于 1981 年在《解释不同国家国际直接投资定

位：一种动态发展路径》一文中提出的。邓宁实证分析了 67 个国家 1967—1978 年对外直接投资和经济发展阶段之间的联系，在其创立的国际生产折衷理论基础上，针对发展中国家的对外直接投资实践，研究了以人均 GNP（即国民生产总值）为标志的经济发展阶段与一个国家的外国直接投资之间的关系。他发现，当人均 GNP 达到一定水平后，就与直接投资的输出与输入有关，他把这种关系称为投资发展周期。

国际直接投资发展阶段理论依据人均 GNP 把周期分为四个阶段：

第一阶段的是人均 GNP400 美元以下的发展中国家，直接投资输出和输入都很小；第二阶段的是人均 GNP400～1500 美元的国家，直接投资输入上升，但输出很少，因此净输入额较大；第三阶段的国家是人均 GNP2000～4750 美元的国家，直接投资输出上升，其速度可能超过输入，因此净输入额减少，这类国家多是新兴工业化国家和一些发达国家；第四阶段的是人均 GNP2600～5600 美元的国家，国际直接投资净流出的时期，直接投资净输出是正值，而且不断增加，这类国家全是发达国家。

简而言之，一个国家的国际直接投资状况和该国人均 GNP 之间的关联性，与该国企业相对于其他国家企业的所有权优势、内部化优势和区位优势的变化有关。

第三节　企业战略管理理论

从我国春秋时期孙武的《孙子兵法》，到 19 世纪普鲁士军事理论家克劳塞维茨的《战争论》，再到当代迈克尔·波特的竞争三部曲，战略管理的思想体现在战场、商场等各种人类生活的场景当中。中国企业需要把握战略管理的思想，才能把握好"走出去"的大局。

一、企业战略管理的含义、流派、原则与战略管理层次

1. 战略与战略管理的含义

战略是组织为了实现自身的目标、使命和愿景的全局性、长远性和根本性的重大规划。它反映了组织在一个较长时间内所要达到的目标和实现这些目标的措施、部署、步骤的谋划。

杰克·韦尔奇认为，战略不是高深莫测的科学方法，而是鲜活的、有呼吸的、完

全动态的游戏而已。它是有趣的、迅速的,是有生命力的。在真实的生活中,战略其实是非常直截了当的——你选准一个努力的方向,然后不顾一切地实现它罢了。

企业的竞争战略又称为业务战略,是企业战略管理的核心,是针对企业获取竞争优势所做的整体性、长期性、根本性的决策。业务战略聚焦于如何在一个特定的产业或产品市场中开展竞争(Hofer & Schendel,1978),著名战略管理学家迈克尔·波特在《从竞争优势到公司战略》一书中指出,竞争战略关注在每一个参与市场竞争的业务领域同公司如何创造竞争优势。

对于企业战略的认知,明茨伯格等学者(Mintzberg, et. al.,1998)曾提出著名的5P模型,即从5种角度来理解战略:从企业未来发展的角度来看,战略表现为一种计划(Plan),从企业过去发展历程的角度来看,战略表现为一种模式(Pattern),从产业层次来看,战略表现为一种定位(Position),从企业层次来看,战略表现为一种观念(Perspective)。从表现形式来看,战略是企业在竞争中采用的一种计谋(Ploy)。

战略管理是指组织确定其使命和愿景,根据组织外部环境和内部条件设定组织的战略目标,为保证目标的正确落实和实现进行规划,并依靠组织内部能力将这种谋划和决策付诸实施,以及在实施过程中进行控制的一个动态管理过程。

2. 企业战略管理的十大流派

对于企业战略的理解,不同的学者的认知不同,形成了战略迷思。明茨伯格曾在《战略历程》一书中提出了关于战略管理的十大流派,这十种学派分别从不同的角度来诠释了企业的战略究竟是什么?企业应当如何制定战略?等问题。

(1)设计学派。这一学派起源于 Philip Selznick 1957 年出版的《经营的领导能力》(Leadership in Administration)以及 Alfred Chandler 1962 年出版的《战略与结构》(Strategy and Structure)。设计学派认为,企业战略的形成必须由企业高层经理负责,并且战略的形成应当是一个精心设计的过程,要创造一种战略适配(FIT),即企业外部政治、经济、社会、技术环境与企业内部的信仰、价值观、喜好、社会责任等相匹配。

(2)计划学派。计划学派以安索夫为代表。该学派认为,战略的形成是一个受到控制的、有意识的、规范化的过程。企业的战略要交给专门的战略规划部门的受过良好教育的战略规划师来完成。这些战略规划师直接向首席执行官(CEO)汇报工作。

(3)定位学派。定位学派以迈克尔·波特为代表,他于 1980 年出版的《竞争战略》和 1985 年出版的《竞争优势》两本书奠定了在战略管理学术界的地位。该学派认为企业的战略制定就是找准自身的定位,做到与竞争对手不同。该学派从产业经济学出发，认为企业的战略制定只需要做好两件事：一是对企业所处行业的结构分析；二是从波特推荐的三种通用战略（低成本战略、差异化战略、聚焦战略）中选出其中一种与行业分析的结果相匹配就可以了。

（4）企业家学派。管理学家彼得·德鲁克等从企业家精神出发，认为战略形成过程是一个企业家运用直觉思维、寻找灵感的过程。战略制定的过程依赖于企业家个人的直觉、智慧、经验等，具有一定的风险性。

（5）认知学派。认知学派从心理学的角度，提出了战略的形成是基于处理信息、获得知识和建立概念的认知过程。认知学派认为，企业的战略制订是一种心理过程，一种战略制定者的认知行为。

（6）学习学派。学习学派认为战略的制订过程是渐进式学习、自然选择形成的，在执行过程中根据经验的积累不断地修改战略，战略的形成与贯彻是相互交织在一起的。战略领导过程就是对组织学习过程的管理。

（7）权力学派。权力学派认为，战略制订不仅受行业环境、竞争力量等经济因素的影响，更要注意利益团体、权力分享等政治因素的影响。在制订战略的过程中，权力学派注重磋商、谈判、说服的过程。企业的战略是由权力斗争的胜利者来制定的，而这也保证了其所制定的战略能得以顺利地实施。

（8）文化学派。文化学派认为，战略形成是一个集体过程，是一个植根于社会文化力量的过程。企业战略根植于企业文化及其背后的社会价值观念，战略制订过程是一个将企业组织中各种有益的因素进行整合以发挥作用的过程。而这种企业文化和价值观一旦形成就很难改变，因此会导致企业很难根据外界情况的变化去改变战略。

（9）环境学派。环境学派强调的是企业在其所处的环境里如何获得生存和发展。环境是企业战略制定的核心因素。环境学派与其他学派的区别在于，其他学派认为环境分析只是制定战略的一种辅助工具，而环境学派认为环境分析就是战略制定本身，企业的战略只是企业所处的环境所造成的结果。

（10）结构学派。结构学派把企业组织看成是一种结构——由一系列行为和特征组成的有机体；企业战略的制订过程是整合其他各种学派的观点的过程，从而把关于战略的不同认知整合为一个综合的体系。

3. 战略管理的十大原则

战略管理大师加里·哈默认为，战略就是革命，其他任何事情都是策略问题。哈默提出了战略管理的十大原则，他认为这十大原则可以帮助企业解放思想，发现更多的革命性的机会。

（1）战略计划不是战略。计划是对于未来工作的安排，是为具体工作服务的。计划是为技术专家服务的，而不是为思想家服务的。战略是革命性的，是去发现企业未来的重大机遇，它应该是一个对未来的展望，而不是从未来倒推到现在的计划安排。战略计划是渐进式的，而战略思考者却能够实现对现实的逆袭。

（2）战略制订必须推陈出新。企业是规则制定者和规则接受者。战略的革命性决定了战略制定者必须向老的规则挑战来创建新的规则，通过打破原有的规则来重新界定一个行业。比如苹果公司联合创始人史蒂夫·乔布斯就是一个企业家、发明家和产业革命家，产业规则的打破者和新规则的建立者。他用一个小小的iPod革掉了传统唱片业的命，用iPhone革掉了传统手机和数码照相机的命。他领导和推出了iMac、iPod、iPhone、iPad等风靡全球的电子产品，深刻地改变了人类的通信、娱乐、生活方式。他带领苹果公司度过了财政危机，走向了新的成功。

（3）瓶颈是在瓶子的上部。企业传统的权利金字塔的组织架构使那些位于金字塔顶端的人负责制定战略，而这些人往往较为保守，趋于服从战略惯性。而这些基于过去的经验并非时时奏效，除非企业所处的环境是稳定不变的，否则过去制定的战略很难解决未来的问题。企业战略变革的阻力常常来自组织架构的高层。

（4）每一个企业都存在革命者。如果战略制定者到企业的基层执行层面去调研，与中低层管理交流，就会发现有人对现有行业规则嗤之以鼻，而这些革命者往往被谨慎的管理层隔绝在战略制定者的视线之外，无法沟通交流。如果战略制定者不能在企业内部给予这些革命者机会，这些人就有可能到市场上向企业发起挑战。事实上，因重大的战略性的理念得不到原来企业的采用而愤而离职的人，或投奔竞争对手或自己创业，甚至在市场上挑战原来企业成功的情形不在少数。

（5）问题不在于变革，问题是保证支持。企业要的不是哗众取宠式的变革，而是取得战略成功。战略管理的目标不是让企业的各级人员表面支持变革，而是要他们对引起变革负责。战略制订者要让执行战略的管理者对企业的整体命运负责，而不仅是服从命令，真正认同战略变革，从而做到保证支持。

（6）制订战略必须讲求民主。在战略制订过程中，不能只听从经验丰富的高层管理者的声音，还需要收集三类支持者的意见：第一类是年轻人或具有年轻人观察力的人们，这类人更具有创新潜质；第二类是战略制订中处在组织地理边缘的人们，这类人由于远离企业总部，因而思想所受到的教条和约束较少。但现实中，企业的这类人往往拥有的发言权较少。第三类是企业当中的新来者，他们还没有被企业原有的信念所同化，能够创新。此外，战略制订者还需要关注企业中那些小心谨慎地倾向顺从的人们发出的声音。因此，认真倾听这四类人的意见对于正确制订企业战略大有裨益。

（7）任何人都能成为战略的行动主义者。行动主义者的目标不是要打破而是要改革，他们爱护企业，意在保护企业免于平庸、自利、免于对过去企业战略曾取得的成功的盲目崇拜。战略只有在起点的时候才是思想，一旦落实到企业的体现就是具体行动，这时，管理者就不再是思想者，而是行动者。企业中的每一个人都要为企业战略的实施付诸行动。

（8）洞察力要值50个智商点，没有启蒙就不可能有革命。为了发现产业革命的机遇，战略制订者就得以新的方式通过新的角度来观察世界。想要制订出革命性战略的企业有四项任务：第一，公司必须识别不可动摇的贯穿于企业的信念和企业传统；第二，公司必须寻求技术生命周期，以及作为习惯或地理政治上的不连续性，这将会为重新改写企业规则创造机遇；第三，公司必须对自己的核心竞争力有一个深入的了解；第四，公司必须识别可以用于其竞争范围的革命思想和非传统的战略选择。

（9）自上而下与自下而上不是可供替代的选择。制订战略一般采取自上而下或自下而上两种方式。自上而下是指企业战略要么是高层管理者的宏大设计，要么从孤立的企业家那里产生，这种方式具有目的统一性，但缺乏多样性和预见性，战略的革命性和创新性往往被公司的传统所熄灭。而自下而上是战略制订的意见从企业基层到高层的流动。然而，在企业中，一个没有赢得高级经理信任的战略行动主义者将毫无所获。自上而下的方法可以获得目的统一性，自下而上的方法能够取得观察方法的多样性和选择的多样性。但是，没有多样性的统一会导致武断教条，而没有统一的多样性则会导致战略议程的竞争和资源的分散浪费。因此，只有将两者结合得深远而广泛的战略制订过程才能同时取得多样性和统一性。

（10）你不能从一开始就看到结局。企业的战略既然不能从一开始就看到结局，因此战略制订过程保持开放性可以大大减少战略实施的困难。相信企业的战略是革命性行动的高层管理人员会面临的挑战包括：第一，把新的意见纳入战略制订的过程；第二，鼓励新的观察发现；第三，开始新的扩大组织边界的谈话；第四，帮助把非传统的选择统一到有关公司方向的观点上。

4. 企业战略的层次

企业战略的层次包括三个：公司层战略、事业层战略和职能层战略，具体如图2-2所示。

（1）公司层战略。公司层战略的主要分析内容包括总体战略和业务组合矩阵。总体战略从宏观上确定了企业总体发展的基本态势、方向和范围。根据企业的总体发展态势，一般把企业总体战略分为三类：增长型战略、维持型战略和紧缩型战略。业务

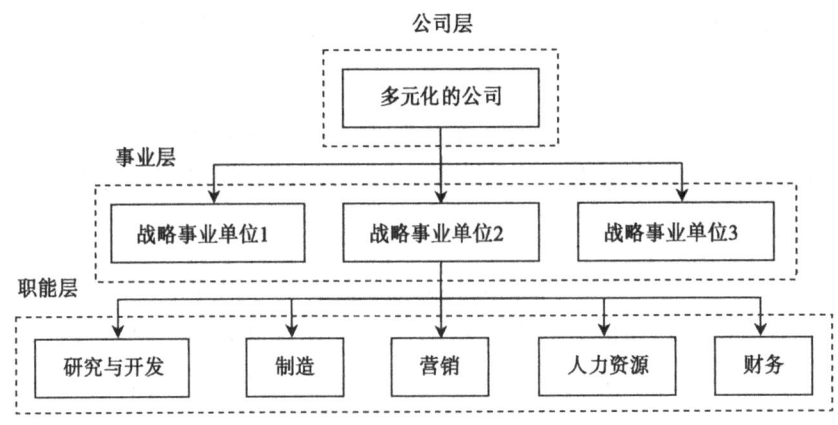

图 2-2 企业战略的层次

组合矩阵由波士顿咨询集团（Boston Consulting Group，BCG）于 20 世纪 70 年代开发，又称作波士顿矩阵，具体如图 2-3 所示。

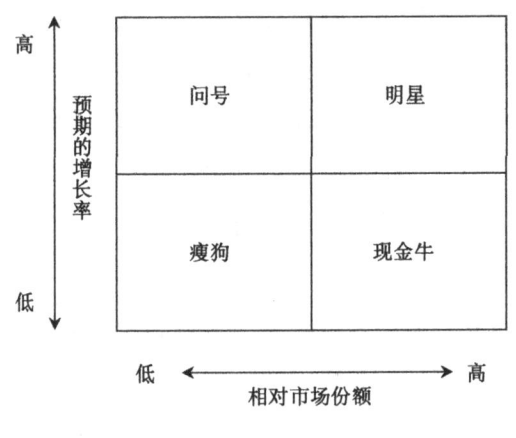

图 2-3 BCG 矩阵

波士顿矩阵根据市场增长率和企业在该市场上的相对份额两个客观标准评估一个企业活动领域的利益：明星型业务要发展成为现金牛业务适合于采用增长战略；问题型业务中具有高增长潜力的采用增长战略，否则用收缩战略；现金牛业务适合采用稳定战略；瘦狗型业务适合采用收缩战略。

（2）事业层战略。事业层战略是指战略事业单位、事业部或子公司的战略。对于只经营一种事业的小企业，或者不从事多元化经营的大型组织，事业层战略等同于公司层战略。事业层战略帮助企业回答在我们的每一项事业领域里应当如何进行竞争这个问题。

（3）职能层战略。职能层战略又称为职能部门战略，是为了贯彻、实施和支持总体战略与事业层战略而在企业特定的职能管理领域制定的战略。职能战略一般可分为研发战略、采购战略、生产战略、营销战略、物流战略、人力资源战略和财务战略等。

二、战略管理过程

战略管理是关于确定企业未来发展方向的制订决策和实施决策的过程。战略管理过程是战略目标设定、战略环境分析、战略选择以及战略实施与评价等四大环节相互联系、循环反复、不断完善的动态管理过程，而这四大环节又可以具体分为如图 2-4 所示的流程 1 至流程 9。

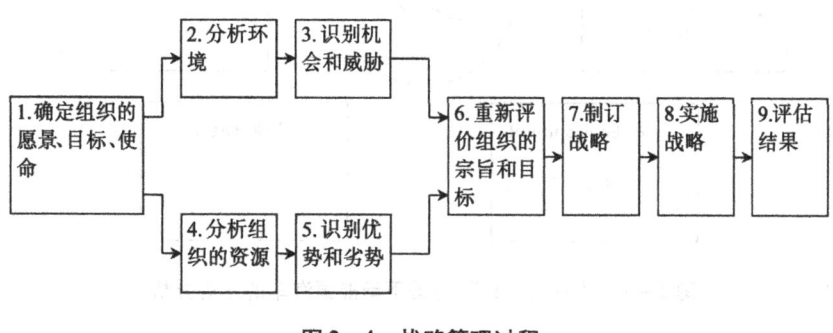

图 2-4　战略管理过程

在图 2-4 当中，流程 1 属于战略目标设定，流程 2 至流程 5 属于战略环境分析，流程 6 至流程 7 属于战略选择，流程 8 至流程 9 属于战略实施与评估。

三、战略环境分析

1. 宏观环境分析

企业战略的宏观环境分析又称总体环境分析，是在一定时空内存在于社会中的各类组织均要面对的环境。企业宏观战略环境分析常用 PESTLE 模型，从政治（P）、经济（E）、社会（S）、技术（T）、环境（E）和法律（L）等六个方面来考虑企业的外部环境。图 2-5 是以"一带一路"背景下新能源汽车为例进行的宏观环境分析。

"一带一路"背景下中国企业所处沿线国别（地区）宏观环境分析具体见本书附录。

2. 中观环境分析

企业战略的中观环境分析一般指的是对行业竞争结构的分析。根据迈克尔·波特的五力模型，一个行业内部的竞争状态取决于五种基本竞争作用力，即同行业内现有竞争者的竞争能力、潜在竞争者进入的能力、替代品的替代能力、供应商的议价能力与购买者的议价能力，如图2-6所示。

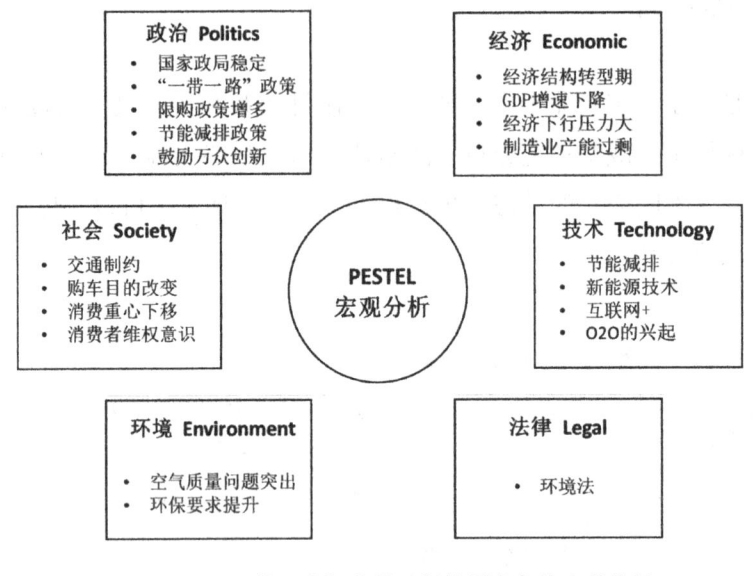

图2-5 "一带一路"背景下新能源汽车的宏观分析

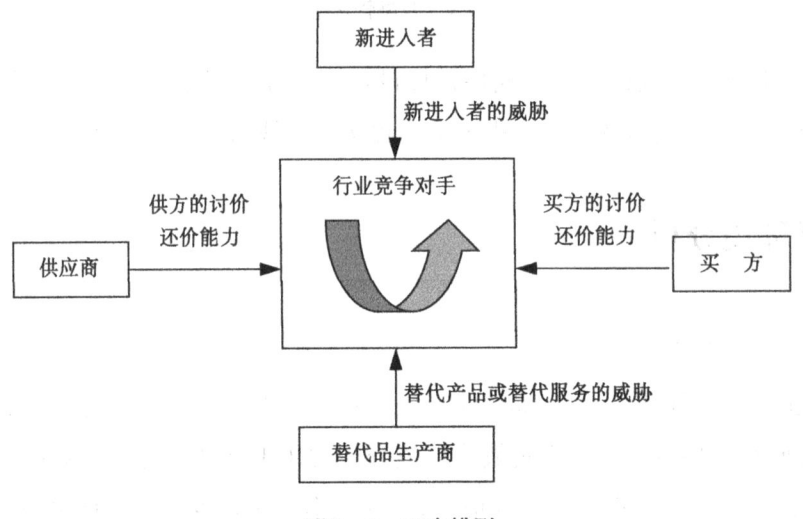

图2-6 五力模型

3. 微观环境分析

企业战略的微观环境分析常用的方法是SWOT分析法，从S（strengths）优势、W（weaknesses）劣势、O（opportunities）机会、T（threats）威胁四个方面通过调查列举出来，采用系统分析的思想，把各种因素相互匹配起来加以分析，从中得出一系列相应的结论，具体如图2-7所示。

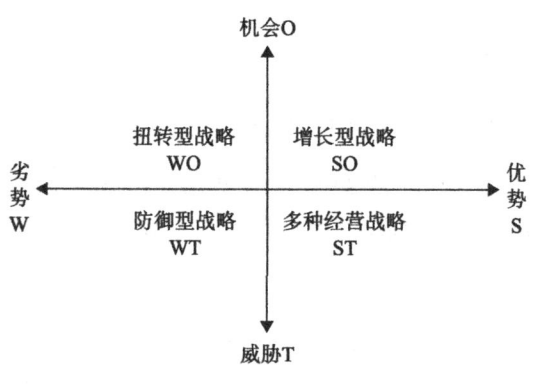

图 2-7 SWOT 分析

4. 竞争对手分析

"知己知彼，百战不殆。"企业想要在激烈的国际市场竞争中赢得对手，就必须从战略的角度对竞争对手进行深入分析，了解竞争对手的核心问题，包括：现行战略、未来目标、潜在能力等，以判断每位竞争者对其目前的市场地位、财务状况是否满意，预测他们对其他公司战略变化的反应。竞争对手分析的基本框架如图 2-8 所示。

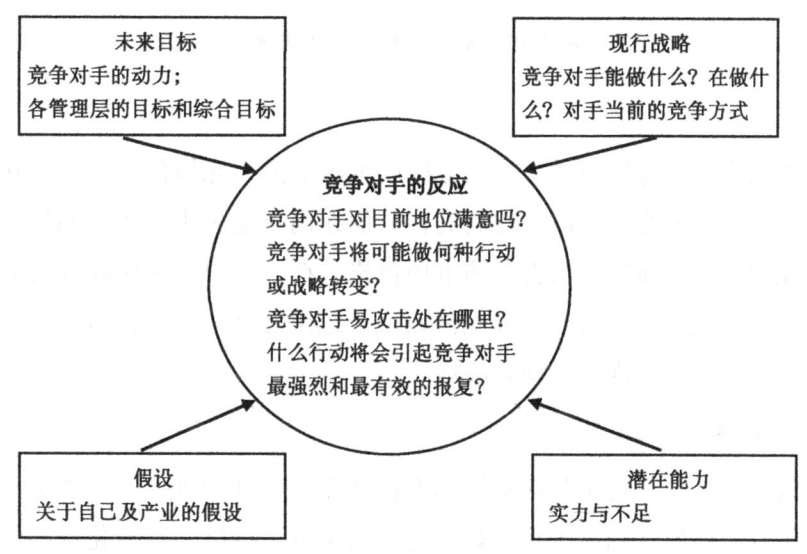

图 2-8 竞争对手分析的基本框架

四、战略选择

企业在对自身所处的战略竞争环境进行分析之后，可供选择的战略类型包括：通用竞争战略、组合战略、一体化战略、多元化经营战略、加强型战略和防御型战略等。

(一) 通用竞争战略

美国学者迈克尔·波特（Michael E. Porter）于1980年《竞争战略》一书中提出企业的通用竞争战略（Generic Strategies），根据企业的竞争优势和竞争范围不同，将企业的通用竞争战略分为三种：成本领先战略、差异化战略和聚焦战略，如图2-9所示。

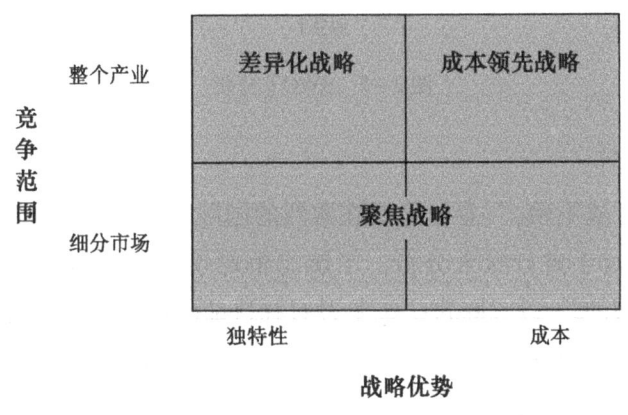

图2-9 波特三种通用竞争战略

1. 成本领先战略

成本领先战略也称为低成本战略。保持成本水平的领先地位能使企业在价格相仿的条件下享有本行业平均水平以上的利润，从而在同行竞争中处于有利地位，或者企业在成本领先的情况下能够提供更低的市场价格，在与客户和供应商做交易时握有价格方面的主动权。企业往往通过规模经济效应、范围经济效应、技术创新、管理创新或营销渠道创新等方式实现成本领先战略。

2. 差异化战略

差异化战略就是企业提供与众不同的产品或服务，使企业产品、服务、企业形象等与竞争对手有明显的区别，以获得竞争优势而采取的战略。差异化战略主要是突出产品与服务的特色，增加对顾客的吸引力，努力以特取胜或以奇取胜。企业往往通过技术创新、服务创新、管理创新、营销渠道创新、品牌定位创新等方式实施差异化战略。

3. 聚焦战略

聚焦战略也称为目标集中战略，即将企业经营目标集中到总体市场中的某一部分细分市场上，以寻求在这部分细分市场上的相对优势的战略。聚焦战略是企业将重点放在一个特定的目标市场上,为特定的地区或特定的客户提供特殊的产品或服务,以求迅速增加某种产品的销售额和市场占有率。这样企业能够集中优势资源,更好地为某一狭窄的细分市场服务,从而超越在较广阔范围内的竞争对手。企业往往以自身的专业优势、人才优势或者对细分市场深度了解等优势来实现聚焦战略。

波特认为,企业对三种基本战略均适宜的情况绝无仅有,企业必须从三种通用战略中选择其中一种战略作为首要目标,这样才能取得战略的成功,要从成本领先和差异化中选择自己的立足点,如果处在中间的企业就会被夹在中间而处于劣势。例如,企业不能同时选择成本领先和差异化两种战略,如果同时选择这两种战略,就会由于"夹在中间"而失败。

(二)组合战略

学者 Charles W. Hill (1988)指出了波特模型有两个重大瑕疵,首先,认为差异化可以成为企业追求成本领先的方法,即差异化和成本可以相容;其次,在很多行业,企业都无法享有独特的"成本领先"的位置,因而在很多情况下,企业要维持持续的竞争优势必须采用同时追求成本领先和差异化的战略。目前,所谓的组合战略一般是将低成本与差异化战略组合起来形成组合战略,如图 2-10 所示。

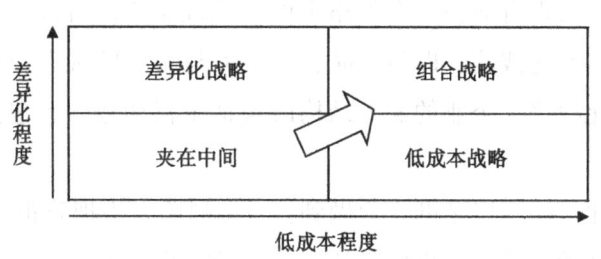

图 2-10 组合战略

此外,学者 Parnell 和 Lester(2008)也认为除了成本领先和差异化战略之外,企业还应当以价值为中心结合成本领先和差异化战略来共同构建企业的竞争优势。Parnell 和 Lester 在《竞争战略与沃尔玛威胁:企业生存和成功的定位》一文中指出零售成功的五大基本点:便利、服务、质量、价格、选择,而沃尔玛商业模式只在其中两项价格和选择上占优,其他三项并无竞争优势。他们建议,如果其他零售商想要成功的话,可以走"以价值为中心"竞争战略,即在便利、服务、质量方面为顾客提供更高价值,同时又采取顾客能接受的较低价位来赢得客户。

(三) 一体化战略

一体化战略（Integration Strategies）指企业出于自我发展的需要，根据自身实力，向深度和广度扩大规模的一种战略，包括前向一体化战略、后向一体化战略和横向一体化战略。前向一体化战略是指企业获得分销商或零售商的所有权或加强对它们的控制。后向一体化战略是指企业获得供货方公司的所有权或增强对其的控制。横向一体化战略是指企业获得竞争对手公司所有权或加强对其的控制。

一体化战略是企业的边界扩展到自身产业链、供应链的上下游企业或同行业竞争对手的战略行为，有利于增强对自身所处的产业链、供应链的控制能力，甚至诞生超越本产业链、供应链的新竞争优势。当然，如果企业实施一体化战略失败的时候，则有可能带来沉重的财务负担，削弱企业自身的竞争优势。

(四) 多元化战略

多元化战略（Diversification Strategies）指企业扩大业务内容和经营形式，进入与本企业现有业务相关或不相关行业或市场所采取的一种整合战略，包括相关多元化战略、不相关多元化战略和混合多元化战略。相关多元化战略，又称为同心多元化战略，即企业发展的新业务与现有业务具有战略上的适应性，资源可以共享。不相关多元化战略，又称为集团多元化战略，即新产品、新业务与企业的现有业务、技术、市场毫无关系。混合多元化战略，企业的业务结构既包括主营业务，也包括其他相关及不相关的业务。

企业实施多元化战略可以帮助企业做到：分散风险，不把鸡蛋放在同一个篮子里；也可以为企业找到新的增长点；更便于从资本市场中获得融资；或者利用自身的资金、品牌等优势扩展到新的领域，更容易获得成功。多元化战略的缺点包括：由于资源（如资金、人员等）的分散而削弱了企业的专注力与竞争优势、产业进入与退出的风险（如行业门槛、市场变化等）、企业内部整合的风险（如管理机制、企业文化整合）等。

(五) 加强型战略

加强型战略（Intensive Strategies）又称为增强型战略，旨在增强现有产品或服务市场能力的战略，即通过一系列行动使现有产品和服务，赢得更高的市场占有率、更强的竞争力和更广阔的市场空间。加强型战略包括市场渗透战略、产品开发战略和市场开发战略。市场渗透战略是指企业不断扩大产品或服务的市场占有率和销售增长率。产品开发战略是指优化、升级或新创产品或服务。市场开发战略是指企业开拓现有产品的新客户或新的地域市场,扩大市场空间,增加产品或服务的销售量。

加强型战略是企业在看好某一特定市场的前提下,旨在通过更多的努力提高企业现有产品的竞争地位。企业可以采用市场渗透、市场开发和产品开发等方式将资源和精力全部集中于企业核心业务上。然而,如果企业将所有精力聚焦在一点,会增大经营风险。一旦企业所擅长的领域前景变差或环境恶化,就会导致企业竞争优势丧失从而陷入困境。

(六) 防御型战略

防御型战略(Defense Strategies)又称防守型战略或稳定型战略,即企业保持现状或对可能损害企业竞争优势和盈利能力的事件的发生做出反应,包括收缩战略、剥离战略和清算战略。收缩战略是指通过减少对长期性收益项目的投入、弱化扶持力度、获取短期利益等措施,逐步放弃经营部分业务、产品或服务。剥离战略是指把一个子公司、事业部或其他性质的业务机构,从主体中分离出去。清算战略是指把一个独立核算业务单位的全部资产的所有权整体分割转让。

防御型战略一般是企业经营环境发生了重大变化,如宏观经济严重不景气、通胀严重、消费者购买力减弱;或者企业的产品已进入衰退期,市场需求大幅度下降;或者企业受到强有力的竞争对手的挑战,难以抵挡。防御型战略分为被动防御和主动防御两种类型。被动防御是指企业的高层领导者缺乏对市场需求变化的敏感性,面对危机束手无策,被动地采取防御战略。主动防御是指企业高层领导者面对困境,主动地选择前景良好的经营领域,进行投资,实施有秩序的资源转移。

第四节 企业国际化战略转型理论

中国企业沿"一带一路"走出去开展国际化经营的时候,需要掌握企业有关的国际化战略转型理论并用于指导实践。本节就企业国际化经营与国际化战略的含义、国际化战略的种类、国际化战略的模式、战略转型的理论、国际化战略转型实践和理论的三个重要发展阶段等五个方面展开讨论。

一、企业国际化经营与国际化战略的含义

1. 企业国际化经营的含义

国际化（Internationalization）是与本地化（Localization）相对应的概念。国际化一般是指企业不断增加国际业务的过程（Buckhey & Ghauri，1993）。国际业务涉及企业全部的业务活动，无论是私人的或公共部门的，都涉及一个或多个国家（Daniels等，1997）。国际化是指语言、文化、观念和商务等各方面与世界接轨的一种国际模式（张磊，2006）。

企业参加国际分工的行为即企业国际化，企业国际化涵盖了外向国际化与内向国际化，而企业积极加入国际分工中，并从国内公司到跨国企业逐渐转变的历程即企业国际化（Welch & Luostatinen，1988）。企业国际化不仅包括国际贸易或到外国生产产品，还包括运输、服务、专有技术、技术和知识的转移等（Ball等，2009）。

本书的定义：企业国际化是指企业将资源配置范围由国内拓展到国际所进行的计划、组织、协调、控制、指挥等活动。从广义的角度，如果一个企业的资源转化活动超越了一国国界，即进行商品、劳务、资本、技术等形式的经济资源的跨国传递和转化，那么这个企业就是在开展国际化经营。从狭义的角度，国际化经营是指企业从国内经营走向跨国经营，从国内市场进入国外市场，在国外设立多种形式的组织，对国内外的生产要素进行配置，在一个或若干个经济领域进行经营活动的战略。

根据企业所提供的产品与服务在国内与国际的流动方向不同，企业国际化经营可以分为内向国际化（Inward Internationalization）和外向国际化（Outward Internationalization）两种。内向国际化是指企业以国内市场为基地，通过引进产品、服务、技术、管理经验等提升企业的整体技术水平和竞争能力，获得持续发展的动力，俗称"引进来"战略。内向国际化通常有进口、购买技术专利、"三来一补"、在国内与国外资本合资合作合营、成为外国公司的子公司或分公司等方式。外向国际化是指企业向国际市场提供产品、服务、资金、技术等一揽子生产要素，以实现经营过程的国际化，它是企业国际化的高级阶段，俗称"走出去"战略。外向国际化通常有直接或间接出口、技术输出、各种国外合同安排、对外投资、在国外合资合作合营、建立国外子公司或分公司等方式。

2. 企业国际化战略的含义

企业的国际化战略是企业在国际化经营过程中的发展规划，是跨国企业为了把企

业的成长纳入有序轨道，不断增强企业的竞争实力和环境适应性而制定的一系列决策的总称。企业实施国际化战略的一个主要原因是国际市场存在新的无法替代的商业机会。

本书提出的企业国际化战略定义是：企业国际化战略是关于企业所提供的产品与服务的产业链在本国之外的重大决策的长远规划，是企业在国际化经营过程中的发展战略。

企业国际化战略要解决的关键问题包括：企业是否要进入国际市场？企业以什么方式进入国际市场？企业国际化的过程是渐进式的演化还是跳跃式的突变？一个企业如何才能成长为世界一流的跨国公司？

企业国际化战略的内容主要包括：战略管理理念国际化、资源配置国际化、战略环境国际化、战略选择与实施国际化、人才国际化、资本运营国际化、技术创新国际化以及品牌国际化。

二、国际化战略的种类

国际化战略的种类划分类型有很多，本节选择了其中一种，即从企业成本降低的压力和适应当地需求的压力两个维度的不同组合角度来划分。在全球市场竞争的企业通常要面对两种相互冲突的竞争力：成本降低的压力和适应当地需求的压力。根据这两种相互冲突的压力的高低，企业有四种不同的国际化战略选择，如图2-11所示。

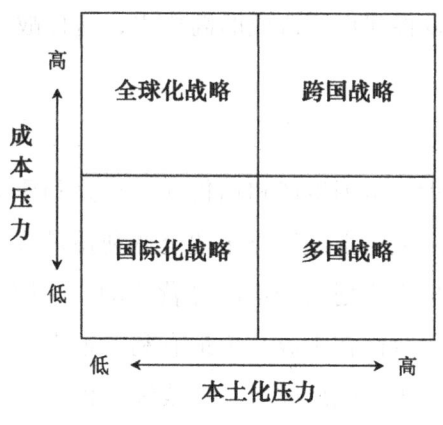

图 2-11 四种国际化战略

1. 国际化战略

国际化战略是指企业将其在母国所开发出的具有竞争优势的产品与技能转移到国

外的市场,以创造价值的举措。其决策行为主要体现母国与母公司的利益。公司的管理决策高度集中于母公司,对海外分公司采取集权式管理体制。这种管理体制强调公司整体目标的一致性,优点是能充分发挥母公司的中心调整功能,更优化地使用资源,但缺点是不利于发挥分公司的自主性与积极性,全球化协作程度和对东道国本土市场的适应能力均低。

当一个企业拥有国外市场的当地竞争者所缺乏的有价值的核心竞争力以及当企业面临相对较弱的当地需求响应和成本降低压力时,采用国际战略是比较明智的,它会给企业带来丰厚的利润回报。

2. 多国战略

多国战略是指一个企业的大部分活动,如战略和业务决策权分配到所在国外的战略业务单元进行,由这些单元向本地市场提供本土化的产品,从而把自己有价值的技能和产品推向外国市场而获得收益。其决策行为倾向于体现众多东道国与海外子公司的利益,母公司允许子公司根据自己所在东道国的具体情况独立地确定经营目标与长期发展战略。公司的管理权力较为分散,母公司对子公司采取分权式管理体制。这种管理体制强调的是管理的灵活性与适应性,有利于充分发挥各子公司的积极性和责任感。但这种管理体制的不足之处在于母公司难以统一调配资源,而且各子公司除了自谋发展外,完全失去了利用公司内部网络发展的机会,无法获得经验曲线效益和区位效益。该战略能使企业面对各个市场的异质需求时的反应最优化。

当企业对当地需求响应压力较大而成本降低压力较小时,采用多国战略是适合的。但由于生产设施的重复性建设所造成的高成本,这种战略不宜在那些成本压力很大的行业中使用。

3. 全球化战略

全球化战略是指在全世界范围生产和销售同一类型和质量的产品或服务。全球化战略以母公司为中心,其决策哲学是母公司的全球利益最大化。企业根据最大限度地获取低成本竞争优势的目标来规划其全部的经营活动,它们将研究与开发、生产、营销等活动按照成本最低原则分散在少数几个最有利的地点来完成,但产品和其他功能则标准化和统一化以节约成本,能形成经验曲线和规模经济效益;其不足之处在于对东道国本土市场的反应相对迟钝,并且由于企业需要跨越国界的协调战略和业务决策,所以难以管理。

在有很强的成本降低压力和对当地需求响应压力较小时,采用全球战略是可取的。但当对当地需求响应压力很大时,如消费品行业,这种战略就不适用了。

4. 跨国战略

跨国战略是指企业在全球激烈竞争的情况下，形成以经验为基础的成本效益和区位效益的核心竞争力的同时，还能注意当地市场的需要的举措。跨国战略既不以母公司也不以子公司为中心，其决策哲学是公司的整体利益最大化。相应地，公司采取集权与分权相结合的管理体制，这种管理体制吸取了集权与分权两种管理体制的优点，事关全局的重大决策权和管理权集中在母公司的管理机构，但海外子公司可以在母公司的总体经营战略范围内自行制订具体的实施计划、调配和使用资源，有较大的经营自主权。这种管理体制的优点是在维护公司全球经营目标的前提下，各子公司在限定范围内有一定的自主权，有利于调动子公司的经营主动性和积极性。它是让企业可以实现全球化的效率和本土化的敏捷反应的一种国际化经营战略。

由于试图同时获得成本效率、全球学习（转移技术）以及当地需求响应，对组织结构提出了极高的要求，因此，成功实施跨国战略的最大的挑战在于建立一个能够支持跨国战略态势的组织结构。

三、国际市场进入模式

企业国际化就是本土企业如何成长为现代意义的跨国公司的过程，一般来说，企业可以采用贸易式、契约式、国际战略联盟和投资式四种模式进入国际市场。

1. 贸易式

贸易式是通过进出口贸易的方式来融入国际市场，包括直接出口和间接出口两种类型。在间接出口情况下，通过本国的中间商经销或代销其产品出口，本企业与国外市场无直接联系，也不涉及国外业务活动。直接出口分为三种情况：一是利用国外中间商，即将产品直接卖给国外中间商或由国外中间商代理；二是在国外设立办事处；三是建立国外销售分支机构。这种国际市场进入模式是以向目标国家出口商品从而进入该市场，其特点是风险最小、企业在资源消耗包括在财务及管理等方面投入也最少。

2. 契约式

契约式是指企业通过与目标国家的技术购买方之间签订合同、向其提供生产该出口产品所需要的技术和专利等无形资产的方式，并由出让企业向技术购买方收取相应费用和报酬。在契约式情况下，出让企业参与度和资源投入相对较低，介于直接出口和间接出口之间。采取该方式的原因包括：其一，出让企业缺乏"内部化"的经济和政治能力，无力或不愿进行技术的商业开发；其二，出让企业虽有"内部化"能力，却不具备内部化优势;其三,以技术转让的方式来测试开发市场;其四,占领次要市场,保护技术专利等无形资产不受侵犯。契约式可能是企业进行国际扩张的成本最低的方式,但也有缺点,比如,公司对其产品在其他国家的制造和营销控制权很小且提供的潜在回报也最少。

3. 国际战略联盟

国际战略联盟又称跨国战略联盟,是指在两个或两个以上国家中的两个或更多的企业,为实现某一战略目标而建立的合作性的利益共同体。战略联盟是介于企业与市场之间的一种生产组织形式,它可以涉及从研究开发到售后服务的任何价值链活动,如研发联盟、生产制造联盟、市场营销联盟、供应/经营性联盟(上下游价值链之间的联盟)等。国际战略联盟与国际合作、合资经营相比,具有组织灵活、自主经营、地位平等、风险小等特点。因此,国际战略联盟通常成为企业进入一个新市场的优先选择。这种模式既是企业之间实现资源共享、风险共担、利益共沾的重要机制,同时也是企业实现扩张战略目标或获取战略资源的重要途径。

4. 投资式

投资式是通过直接投资进入目标国家市场,即企业将资本连同技术、管理、销售、财务及其他技能转移到目标国家,直接控制和参与目标国市场企业的生产和经营,包括合资、独资、兼并收购或自建。该方式的主要特点是母公司具有更大的控制权,在四种模式中,投资式带给企业最大限度的控制和最大的"战略自由度",容易使企业与企业总部达成战略统一。其缺点在于投资较大、投资的逆转或转移成本等要受东道国各种因素的制约、管理难度大。

四、企业国际化战略的发展阶段

企业如何从一个本土企业成长为国际化全球化企业?中间需要经历什么样的发展阶段?本节主要分析以下三种模式:渐进发展的北欧模式、以贸易企业为主体的日韩模式、以工业生产型企业为主体的欧美模式。

1. 北欧模式

北欧学者 Carlson、Johanson、Vahlne 等以企业行为理论研究方法为基础,提出了企业国际化阶段理论,简称 U-M 模型。该模型的基本命题有两个:一是通过逐步渐进的方式企业才能实施国际化;二是通过在海外市场的成功实践及成功经营,企业才能逐步在海外市场扩张。

企业国际化经营战略的形成与发展不是一蹴而就的,是逐渐地从量变到质变而来的,即国际化进程理论,包括渐进论和跳跃论。渐进论起源于20世纪70年代早期,以瑞典的瓦德协姆·保罗和约汉森为主要代表,他们主张国际化经营实际上是一个从量变到质变,由主动变被动的阶段,其表现出的渐进性主要集中在经营方式与目标选择上。对于选择目标市场的顺序依次是:本地市场、地区市场、全国市场、邻国市场、全球市场;经营方式演变依次是:单一的国内经营、由中间商代理的间接出口、直接出口、成立海外销售部、构建海外分公司经营。跳跃论是以渐进论为基础逐渐产生的,被视为是相对比较成熟的理论,其提出跨国经营可以省略其中一个或一个以上的中间过程。

北欧学者将企业的国际化经营分为4个阶段:第一阶段,通过不规则的出口活动,企业开始关注外国市场的情况;第二阶段,通过代理商出口,企业积极拓展外国市场;第三阶段,企业意识到外国市场的巨大产品需求后,建立海外销售子公司;第四阶段,通过对外国市场的调研以及综合考虑生产成本以及人力资源成本之后,企业开始从事海外生产和制造。

北欧学派用"市场知识(Market knowledge)"来解释企业国际化的渐进特征。市场知识由客观知识(从书本中可以学到的知识)和经验知识(个人的经验积累)两部分组成。在做出国际化战略决策之前,企业领导者会事先对新市场的政治经济社会等各方面进行深入了解,如图2-12所示。

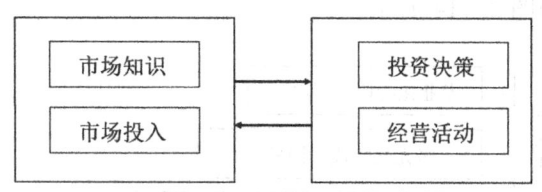

图2-12 北欧学派企业国际化模型

在投资目的地选择方面,北欧学者认为企业会优先投资那些"心理距离"比较近的国家和地区,即语言、文化、政治体系、教育水平、经济发展阶段等与本国相同或接近的国家和地区。

2. 日韩企业模式

日本和韩国综合商社迈向全球化大致分为三个阶段,即地区化、国际化和全球化,如图2-13所示。

第一阶段,地区化阶段,多以中小企业为主,企业国际化的方式主要是从事进出口贸易,通过采购、销售代理,建立全球贸易信息网络,不断积累市场经验。

第二阶段，国际化阶段，当企业的实力和对国际市场的掌控能力发展到一定阶段，企业转型向综合贸易发展，业务领域涉及贸易、信贷、融资、仓储、生产及营销，业务领域延伸到产业链、价值链的上下游，企业在国际市场获得产业整合的效益。

第三阶段，全方位经营阶段，企业转型升级到全球性的企业，业务领域也扩大到制造、运输、仓储、资源开发、银行和保险等各领域，参与全球价值链的环节越来越多，而这些环节也是传统日韩企业在全球市场上具有竞争优势的产业。

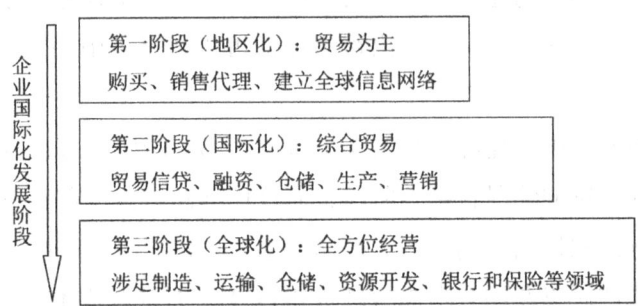

图 2-13　日韩企业全球化发展阶段

3. 欧美企业模式

欧美国家工业企业迈向全球化大致分为五个阶段，即专业化阶段（内向型）、多元化阶段（外向型）、地区化阶段（多国公司）、国际化阶段（跨国公司）和全球化阶段（全球公司），如图 2-14 所示。

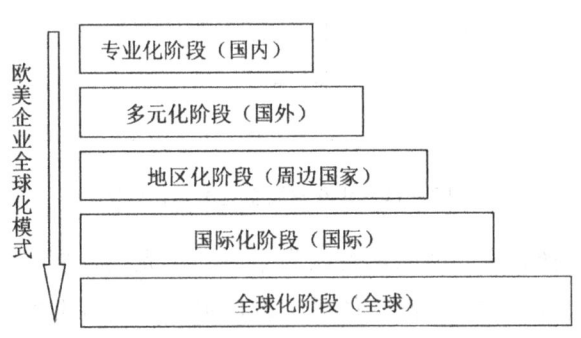

图 2-14　欧美企业全球化发展阶段

第一阶段，内向型公司以自己的专业技术立足于国内市场，企业国际化的方式多为进口所需原材料、零配件用于加工制造，多为中小企业。

第二阶段，当企业规模不断壮大之后，企业依靠产品和技术优势，开始出口到国际市场。基于对国外市场的充分了解，这时企业开始寻求地域的多元化，去国外投资发展，在国外组织生产和销售。

第三阶段，随着企业的实力不断增强，并且对于国际市场的控制力量增加之后，企业逐渐拓展地域，加大投资，逐步形成地区性的公司或多国公司。

第四阶段，当企业积累的资源以及对国际市场的经验与控制力量更大之后，企业从周边国家逐步发展到更多国家，国内外拥有较多分支机构，形成一个跨国公司。

第五阶段，企业的资源和实力积累到了一定的程度，足够驾驭全球市场，能够在全球范围内调配各类资源，有能力在全球布局研发设计、生产制造、物流配送、营销售后等各种职能，企业升级成为一个全球公司。

五、战略转型的理论

（一）战略转型的含义

战略转型是企业为了实现可持续发展或经营环境发生的重大变化、经营管理面临关键转折的情况下，对自身战略进行的方向性调整并通过组织构成要素及要素间关系的变动，使企业能够适应环境变化或克服经营危机的过程。

企业战略转型使企业战略定位发生改变。战略转型并非仅仅改变战略的内容，如业务数量的增减、竞争战略类型的变化，而且包含构成企业战略的其他组织要素，如企业文化、组织结构与管理体系等发生的战略性变化。

（二）战略转型的模式

从战略转型的方向和战略转型的程度两个维度出发，可以将战略转型分为四种基本模式：激进型、渐进型、侵蚀型和结构型，具体如图2-15所示。

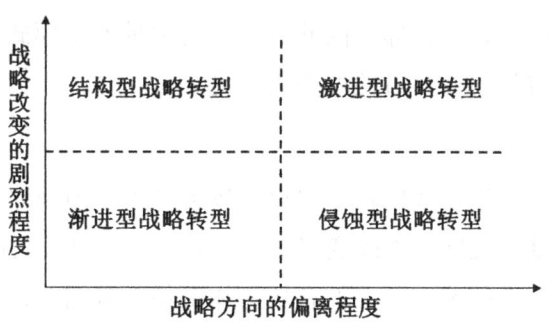

图2-15 战略转型的四种模式

1. 激进型战略转型

激进型转型模式的特点在于,不仅是那些形成企业战略的各要素发生了较为剧烈的变化,而且企业的战略方向也发生了革命性的变化,是一种典型的战略变革行为。激进型战略转型更多地表现为一种非计划性、非设计性、非组织性与非职能性的活动(Plow-man 等,2007),它会给组织成员带来一种危机、不确定性与恐慌的感觉(Hopkins,1987),组织成员常常不愿意推进这种模式的战略转型。

因此,这种模式的转型是需要引导的,高层管理者的推动是这种转型模式的关键。

2. 渐进型战略转型

渐进型转型模式的特点在于,不仅是那些形成企业战略的各要素发生的变化较弱,而且企业的战略方向没有发生根本性的转变,这种转型模式建立在企业原有知识和竞争力的基础上,从而不会导致转型后的战略活动与现有活动之间的脱离,是一种连续性的战略调整行为。渐进型战略转型模式更加强调战略形成的累加性,而这一过程通常由高管团队以外的其他利益群体引发的自发性战略行为(Markoczy,2001),由于"转变对于这些人(推动者)来说是一种探索历程,而非预期的轨道,是一种学习的过程而非计划或引导过程"。

因此,与激进型的战略转型相似,渐进型战略转型同样更多地体现为一种非目的性与非计划性的战略调整行为,通过自发性的组织学习使企业战略不断地演化是战略转型的重要动力。

3. 侵蚀型战略转型

侵蚀型转型模式的特征在于,战略转变的程度很细微,但转变的方向是革命性的,即通过连续性地、顺序地、细微地改变某个战略要素,逐渐地"侵蚀"传统的战略轨迹,重新塑造出新的核心资源与核心能力,最终形成崭新的战略定位或战略过程。组织在实施侵蚀型战略转型的过程中,首先按照一定顺序改变战略要素,然后通过新要素的重新组合实现战略重构的目标。因此,与上述两种典型模式的重要区别在于,侵蚀型战略转型是一种有计划性与目的性的战略转变。

4. 结构型战略转型

结构型模式的特征在于,战略转变的程度较为剧烈,但战略方向没有发生革命性的转变,即通过系统地、飞跃性地改变多个战略要素,从而形成新的战略定位或过程,但新的战略仅仅是结构性的改变,并没有从整体上使新战略脱离已有战略的轨迹。尽管在战略上表现出飞跃性的转变,但新战略所依据的核心资源与核心能力并没有发生显著的变化,这种战略转变被称为结构型的战略转型。由于结构型的战略转型并没有改变传统战略的意图与目标，这种模式的战略转型过程是按照既定的轨道、在既定的框架下完成的。一般而言，产生这种转型的原因在于利用战略的改变回应环境的突发性变化，从而实现企业成长的目的。因此，结构型战略转型依然表现出一种目的性和计划性的特点。

（三）战略转型的三个层次

战略内容的转型主要是指企业战略定位、竞争手段与战略行为的变化，结合企业战略的层次结构，主要包括三个层次的战略转型：公司层、经营层和职能层。

1. 公司层的战略转型

公司层的战略转型即公司在经营领域、业务范围与组织边界的变革与调整。例如，一体化战略的实施、产品或地域范围的扩展与缩减、公司多元化程度的调整等。

2. 经营（竞争）层的战略转型

经营（竞争）层的战略转型即企业竞争手段的变革与调整。Smith & Grimm（1987）等学者均以竞争战略类型为基础，通过其变化测度经营层的战略转型。

3. 职能层的战略转型

职能层的战略转型即研发、采购、市场、生产、财务、人力资源等企业职能部门战略定位的转变。Zhang & Rajagopalan（2010）选择广告费用和研发投入的变化作为战略转型测度的做法就体现了职能层这一层面的战略转型。

六、国际化战略转型实践和理论的三个重要发展阶段

（一）转型的"银弹"理论

"银弹"理论强调为了改变企业绩效和行为，要采用单一的方法或者流程工具，其中包括信息技术、流程再造、全面质量管理、人力资源管理改革和新战略方案等。

（二）整体式转型

与分立式转型相对应，认为成功的转型过程都是按照整合的方案和恰当的次序来培养组织能力，同时辅助以信息技术和流程上的变革各种工具。

（三）多阶段式转型

由于在采用整体方式转型时，许多相对比较独立的部分（比如战略、组织结构、

流程再造和人员技能等）同时实施而在短期内都取得成功的几率是微乎其微的，而且考虑到要减少对原有观念和组织体系的冲击，企业都不太愿意采用"双管齐下"的方式推动转型。因此，企业大多选择采用多阶段式转型。随着企业国际化运营经历的不断丰富，国际化战略转型已经从独立分割的、静态的观点向分阶段、整体动态的方向发展。

第五节　企业转型升级理论

转型升级一直以来都是实务界和学术界的热门词汇。尤其是在当前建设以国内大循环为主体、国内国际双循环相互促进的新发展格局的时代背景下，中国企业靠原有发展模式无法实现新的目标，只有依托现有的优势，走转型升级发展的道路，培养核心竞争力，才能实现可持续发展的目标。

一、企业转型升级的含义

无论是国有企业还是民营企业，无论是大企业还是中小企业，无论是主动还是被动，企业只要不满足于现状或企业发展模式不能适应目前的经济形势，就会面临企业转型升级的问题。

有的学者将企业转型升级拆分为转型和升级两个不同的概念加以分别研究。企业转型是将现有经营模式转换成另外一种模式，是企业长期经营方向、运营模式及其相应的组织方式、资源配置方式的整体性转变。企业升级就是企业通过转型达到最终获得更有利于企业发展的资本和技术密集型能力的目的，是企业在规模、技术、管理等方面整体素质的提升。

由于转型和升级往往同时发生，因此本节将企业转型升级当成一个整体的概念进行分析。企业转型升级是指企业利用其现有资源，改变企业原有的生产经营方式，寻找更适合企业生存发展的新途径，使企业与现有环境相适应，实现经济效益与社会效益、环境效益的协调发展。

二、中国企业转型升级的路径

目前，无论是企业外部的国内外政治、经济形势还是企业内部的发展状况都驱动着企业从高速发展到高质量发展、从数量型发展向质量型发展,本节将从产品、组织和产业三个层面来分析中国企业转型升级的路径。

(一)企业在产品层面的转型升级

企业想要获得市场成功,在产品的层面,除了要关注产品本身以外,还需要关注与之密切相关的技术及品牌。企业在产品层面的转型升级即包括了产品、技术与品牌这三者的转型升级。

1. 产品——从低质低价向高质高价转型升级

中国经济要转变过去高投入、高消耗、高排放、低循环、低效率、低收益的发展模式。虽然取得了辉煌的成就,但中国经济的快速发展遭遇了资源、能源和环境的巨大压力和代价。中国企业要逐步摆脱以往低质低价的"地摊产品"的形象,向质量要效益,沿低质低价、中质中价再到高质高价方向发展,如图 2-16 所示。除了质量以外,企业还要深入研究消费者的心理与行为,精准对接市场需求,做好产品开发,研发出适销对路的产品,不断从产品的外观、功能、技术含量等方面提高产品力。

图 2-16 产品升级转型路径

2. 技术——从跟跑向领跑转型升级

改革开放初期,薄弱的技术基础决定了我国企业只能跟踪、模仿、消化、吸收国外同行的技术,进行一些简单的初级加工和仿制。随着我国企业技术水平的不断提升,现在大部分行业能够与国外同行并跑,甚至在有些技术领域可以做到引领国际先进水平,实现领跑。技术升级转型路径如图 2-17 所示。创新决定企业的命运,企业要以创新驱动、技术引领发展,塑造技术引领者的文化,建立促进技术引领者产生的机制。企业要制订短期、中期、长期的技术创新目标,做好技术转型升级在不同阶段的落地实施工作,成为具有重要国际影响力的科技创新企业,实现技术引领的目标。

图 2-17 技术升级转型路径

3. 品牌——从贴牌向国际知名品牌转型升级

决定企业市场占有率和收益的除了产品和技术以外,品牌的作用至关重要。品牌升级是企业在建立和维护自己品牌资产时所使用的重要品牌战略和战术手段,它包含了品牌从定位、设计、测试到营销推广的全部过程。我国企业的品牌发展历程经历了从无到有,从弱到强,从改革开放初期的"三来一补"贸易模式中的无牌、出口贴牌,到积累一定实力之后的走出国门创建国际品牌(通过自建或并购品牌等形式),再到积累了相当的品牌资产与经验之后打造出全球知名品牌。企业品牌升级转型路径如图2-18所示。

图2-18 品牌升级转型路径

(二)企业在组织层面的转型升级

关于企业在组织层面的转型升级,涉及的内容较多,而本节重点关注企业家的思维模式、企业的组织形式及管理模式这三个方面的转型升级。

1. 思维模式——从短期思维到战略思维

在企业的原始积累阶段,当市场还处于短缺经济时期,企业只要敢干,投入市场经济,就很容易取得成功。企业家盲目跟随市场热潮,追求短期利益,只要有盈利的机会便"一拥而上",一旦亏本则"一哄而散",形成了企业之间的同质低层次的过度竞争,造成了资源的极大浪费。而现在中国经济早已进入产能过剩时代,企业如果还依靠过去的短期思维很难再取得成功。因此,企业家要建立战略思维,向战略主义转型,要追求长期利益,开始着眼于市场的发展趋势和长期利润,做到有所为和有所不为。企业的战略主义强调企业每个行动都是有准备、有谋划的,这样才能在激烈的市场竞争中取得竞争优势,实现长期可持续发展。

2. 组织形式——从传统组织到动态网络组织

在当今数字经济时代,企业的组织架构需要从传统的正三角形或金字塔形(即层层上报汇总、层层下达指令的垂直形组织结构)升级到更加适合市场竞争的动态网络组织。动态网络组织是指以项目为中心,通过与其他组织建立研发、生产制造、营销等业务合同网,有效发挥核心业务专长的协作型组织形式。

动态网络组织与传统组织的垂直结构相反,是一个平面结构,领导者将自己置身于事件的中心,而不是组织结构的上层;更趋向于达成一致意见而不仅仅是发号施令。动态网络组织是一个动态结构,为了实现组织的目标,它可以不断形成、延伸、修改、变形,打破了传统组织架构在范围和职能方面的刚性束缚。

通过组织创新后的组织架构面向市场与用户的需求，促进各层级员工与市场对接，大力提升了组织的灵活性，有助于科学配置人力资源，激发企业的活力，增强中国企业的竞争力，实现压缩管理层级、提高绩效的目标。

3. 管理模式——从"一言堂"到智能化决策

传统管理模式下，高层管理者往往是企业的决策主体，但是这种决策机制的弊端，如决策流程烦琐、周期长、"一言堂""拍脑袋决策"等逐渐显现，极大地制约了企业的发展。而通过智能化和数字化技术，有助于企业加强新型决策机制及主体构成的改善，将企业的决策权分离开来，进一步实现所有权、经营权、决策权分离。通过数字化管理与全流程科学决策的管理模式转型升级，企业能够做到快速、科学决策，同时兼顾公平和效率，从而使企业运作更加规范化，走上科学发展的道路。

（三）企业在产业层面的转型升级

产业是具有某类共同特性的企业的集合体，而企业是产业的基本构成单位。企业不仅要从自身的角度考虑如何提高整体素质，而且要站在产业的高度来考虑转型升级的问题。以下将从企业在产业链中的定位、企业产能的市场布局和跨行业转型三个角度进行分析。

1. 准确定位——从产业链中低端到中高端

从产业链的角度来分析企业转型升级与全球价值链理论（Global Value Chain，GVC）有关。该理论将产业链、价值链扩展到全球商品链，指出"产业升级"是从全球价值链的低技术平、低附加值位置向高新技术、高附加值位置的演变形态。目前，我国企业大多处于全球价值链的中低端位置，以大批量低技术低附加值的产品生产为主，对于全球价值链的中高端环节，如核心技术研发、高科技零部件制造、高端机器设备制造、品牌与市场渠道控制等高附加值环节还涉猎不多，而企业未来升级转型的方向就是朝高技术高附加值的全球价值链延伸，进入全球价值链中高端环节。

2. 合理布局——从传统市场到"一带一路"市场

我国以出口为主的企业中，产品的目标市场主要集中在欧美等发达国家，随着全球政治经济形势的变化，贸易壁垒的提高及逆全球化思潮的影响，欧美等传统市场出现很多不确定的因素。在建设以国内大循环为主体、国内国际双循环相互促进的新发展格局的时代背景下，国内市场和新兴的"一带一路"市场的开发得到了重视。首先，以国内大循环为主体，打通国内生产、分配、流通、消费的各个环节，发挥中国超大规模市场优势，中国企业要以更好地满足国内需求作为发展目标。其次，国内国际双循环而不是单循环,以国内大循环为主体也绝不表示闭关自守。我国企业应响应"一带一路"倡议,落实政府的"一带一路"顶层设计,将包括产能在内的各种资源要素合理配置在国内市场和"一带一路"市场。

3. 瞄准方向——从制造业到现代服务业

以知识密集、技术密集、资本密集为特征的现代服务业具有较高的产业附加值,是我国企业转型升级的主要目标。近年来,在全球服务贸易及数字经济高速发展的背景下,我国服务贸易强劲增长,在优化国际贸易结构与促进就业方面发挥了重要作用。服务贸易与服务外包产业发展是当前对外贸易的新引擎和新动力,是经济高质量发展的重要路径。由于外部环境的因素,我国传统制造企业的货物贸易出口受到不利影响,因此,推动我国企业积极参与服务贸易创新发展,大力发展服务贸易产业有利于开拓新市场、发展新兴产业,优化现有的出口结构。

综上所述,本章分析了中国企业在从传统市场拓展到"一带一路"市场的情况下,以国际贸易理论、国际投资理论和企业战略管理理论为基础,以国际化的方式来对企业原有的经营管理模式进行转型升级,以企业国际化战略转型理论和企业转型升级理论等引导,为中国企业在"一带一路"沿线国家和地区实施国际化转型升级打下理论基础。

本章参考文献

[1] 朱箴元. 国际贸易理论与实务 [M]. 厦门:厦门大学出版社,2007.

[2] 余智. 国际贸易基础理论与研究前沿 [M]. 上海:格致出版社,2015.

[3] MBA 智库百科. 国际贸易理论. [EB/OL]. https://wiki.mbalib.com/wiki/%E5%9B%BD%E9%99%85%E8%B4%B8%E6%98%93%E7%90%86%E8%AE%BA, 2021-06-16.

[4] 李富. "一带一路"沿线国家技术贸易壁垒特点、成因及应对措施 [J]. 对外经贸实务,2018(1).

[5] 邬琼. 对外直接投资理论研究综述 [EB/OL]. http://www.sic.gov.cn/News/456/7964.htm,2017-04-30.

[6] 陈建安. 国际直接投资与跨国公司的全球经营 [M]. 上海:复旦大学出版

社，2016.

［7］陈永为．杰克韦尔奇，务实的战略落地主义者［EB/OL］. https：//www.sohu.com/a/379642853_292418，2020-03-12.

［8］袁政慧．竞争战略、供应链协同与企业绩效［D］．厦门：厦门大学，2010.

［9］HOFER C W, SCHENDEL D. Strategy Formulation：Analytical Concepts［M］. St. Paul：West Pub. Co.，1978.

［10］Mintzberg H, Ahlstrand B and Lampel J. Strategy Safari［M］. New York：Free Press，1998.

［11］［美］．明茨伯格．战略历程［M］．北京：机械工业出版社，2005.

［12］加里·哈默．战略管理的十大原则［J］．企业管理，2001（2）.

［13］Buckley P J, Ghauri P N. The Internationalization of the Firm［M］. International Thomson Business Press，1993.

［14］Daniels J D, Radebaugh L H, and Sullivan D P. International business：Environments and operations［J］. *International Business Environments & Operations*，1997，47（4）：1-6.

［15］Welch S, Luostarinen R. Internationalization：Evolution of the Concept［J］. *Journal of General Management*，1988，14（2）：34-55.

［16］Ball D, Mcculloch W, Geringer M, et al. International Business：The Challenge of Global Competition（with CESIM access card）［J］. *Krankenpflege Soins Infirmiers*，2009，102（102）：26-7.

［17］张磊．中国企业国际化发展战略研究［D］．厦门：厦门大学，2006.

［18］薛蕾．"一带一路"背景下的云南能投集团国际化战略研究［D］．昆明：云南师范大学，2016.

［19］鲁桐．企业国际化阶段、测量方法及案例研究［J］．世界经济，2000（3）.

［20］胡敏华．人民币升值背景下我国企业国际化战略转型［J］．经济管理，2010（7）.

［21］刘振云．论中国高新技术企业的国际化经营［D］．北京：对外经济贸易大学，2004.

［22］李江帆，顾乃华．从内向国际化到外向国际化［J］．南方经济，2004（3）.

［23］卢新德．信息传播全球化与中国企业经营国际化战略［M］．北京：中国社会科学出版社，2015.

[24] 高佳慧. 企业转型升级研究综述 [J]. 中国商贸, 2015（3）.

[25] 杨一琼. 民型企业转型升级的动因分析及路径研究 [J]. 开发研究, 2012（6）.

第三章
"一带一路"背景下中国企业国际化战略转型升级的机遇与风险

根据本书第二章第三节企业战略管理理论，企业战略管理的主要流程包括：战略目标设定、战略环境分析、战略选择以及战略实施与评价等四大环节。本书所研究的中国企业的战略目标是在"一带一路"沿线国家进行企业国际化战略转型升级，本章则进行战略环境分析。战略环境分析的目的是通过对企业所处环境的分析来展望企业的未来，为制订企业战略打下坚实的基础。虽然战略分析的方法有宏观、中观与微观的各类分析工具，鉴于我国企业种类繁多、产业间差异巨大且过于具体繁琐，因此，本章将主要从机遇与风险的角度对中国企业整体在"一带一路"沿线国家实施企业国际化战略进行战略环境分析。

第一节 "一带一路"背景下中国企业国际化战略转型升级的机遇

企业的战略是根据其所处的环境制定的,而成功的战略是为了使企业的发展目标与环境变化和企业能力实现动态的平衡。近年来,世界经济复苏缓慢而曲折,全球产业要素面临新格局调整,中国企业面临双重竞争压力。从国际环境来看,一方面,发达国家实行"再工业化"战略,进一步强化其在价值链高端领域的主导地位;另一方面,以东南亚、南亚国家和地区为主的发展中国家或地区,制造业逐步崛起。从国内环境来看,土地、劳动力成本上升、资源环境约束日益加剧等为我国企业的发展带来了严峻的挑战。

但是,经济全球化、区域经济一体化仍是国际经济发展的长期趋势,国际区域性经贸合作向纵深推进。随着"一带一路"建设成果的逐渐彰显,"一带一路"所倡议的"共商、共建、共享"与"合作共赢"原则的落实,"一带一路"将继续为中国企业的持续健康发展带来诸多的机遇。

2017年3月,普华永道发布第20期全球CEO调研中国报告《在颠覆中引领未来》。报告指出,33%的中国企业高管对其公司未来12个月的收入增长前景"非常有信心",该比例在一年前为25%。同时,他们认为"一带一路"倡议是企业业务增长战略的关键组成部分,近60%的中国企业高管认为该倡议将带来投资机遇,特别是在基础建设领域。未来,"一带一路"将会为企业提供更多的投资机会,"一带一路"倡议的实施将会帮助"一带一路"的沿线国家改善商业环境。

本节将从企业的视角,主要从政府政策、企业成本、贸易壁垒、市场结构及产能布局五个方面分析"一带一路"为中国企业带来的发展机遇。

一、政府政策的大力支持

面对"一带一路"的历史发展机遇,我国各级政府根据自身的特点采取了一系列有效措施推动我国企业积极参与"一带一路"建设。除了本书第一章所述的国家顶层政策规划、与沿线各国签订的双边、多边合作协议之外,我国政府还出台了促进企业参与"一带一路"建设的多项政策措施。

2016年8月17日，习近平主席出席推进"一带一路"建设工作座谈会并发表重要讲话，指出要以"一带一路"建设为契机，开展跨国互联互通，提高贸易和投资合作水平，推动国际产能和装备制造合作，本质上是通过提高有效供给来催生新的需求，实现世界经济再平衡。习主席提出了推进"一带一路"建设的8项要求，其中包括要切实推进统筹协调，坚持陆海统筹，坚持内外统筹，加强政企统筹，鼓励国内企业到沿线国家投资经营，也欢迎沿线国家企业到我国投资兴业。

2017年8月4日，工业和信息化部、中国国际贸易促进委员会联合印发《关于开展支持中小企业参与"一带一路"建设专项行动的通知》（工信部联企业〔2017〕191号），旨在促进我国中小企业加强与"一带一路"沿线各国的经济技术合作和贸易投资往来，支持中小企业"走出去""引进来"。

2019年4月25日，在第二届"一带一路"国际合作高峰论坛廉洁丝绸之路分论坛上，中国与有关国家、国际组织以及工商学术界代表共同发起《廉洁丝绸之路北京倡议》，呼吁各方加强对"一带一路"合作项目的监督管理，规范公共资源交易，在项目招投标、施工建设、运营管理等过程中严格遵守相关法律法规，努力消除权力寻租空间，打造规范化、法治化营商环境。此外，还呼吁加强企业自律意识、法律意识和责任意识，构建企业合规管理体系，防控廉洁风险，培育廉洁文化，制定廉洁准则，坚决抵制商业贿赂行为，积极打造和共同维护"亲、清"新型政商关系。

2019年11月19日，中共中央、国务院印发《关于推进贸易高质量发展的指导意见》，提出以共建"一带一路"为重点，大力优化贸易结构，推动进口与出口、货物贸易与服务贸易、贸易与双向投资、贸易与产业协调发展，促进国际国内要素有序自由流动、资源高效配置、市场深度融合，促进国际收支基本平衡，实现贸易高质量发展，开创开放合作、包容普惠、共享共赢的国际贸易新局面，为推动我国经济社会发展和构建人类命运共同体做出更大贡献。

2020年5月11日，中共中央、国务院印发《关于新时代加快完善社会主义市场经济体制的意见》，在第七条建设更高水平开放型经济新体制，以开放促改革促发展中提出，以"一带一路"建设为重点构建对外开放新格局。坚持互利共赢的开放战略，推动共建"一带一路"走深走实和高质量发展，促进商品、资金、技术、人员更大范围流通，依托各类开发区发展高水平经贸产业合作园区，加强市场、规则、标准方面的软联通，强化合作机制建设。加大西部和沿边地区开放力度，推进西部陆海新通道建设，促进东中西互动协同开放，加快形成陆海内外联动、东西双向互济的开放格局。

在2021年3月14日发布的《中华人民共和国国民经济和社会发展第十四个五年

规划和2035年远景目标纲要》第十二篇实行高水平对外开放、开拓合作共赢新局面第四十一章推动共建"一带一路"高质量发展第三节深化经贸投资务实合作里面就提出,推动与共建"一带一路"国家贸易投资合作优化升级,积极发展丝路电商。深化国际产能合作,拓展第三方市场合作,构筑互利共赢的产业链供应链合作体系,扩大双向贸易和投资。坚持以企业为主体、市场为导向,遵循国际惯例和债务可持续原则,健全多元化投融资体系。创新融资合作框架,发挥共建"一带一路"专项贷款、丝路基金等作用。

从政府政策的角度,我国各级政府已经出台和实施的各类贸易、产业、金融等优惠政策将助力我国企业"走出去"。同时,各类涉外合作的法律法规也将为已经"走出去"的企业保驾护航,协助他们走稳走好。中国企业在"一带一路"沿线国家开拓市场或投资兴业都将迎来重大的历史机遇。

二、降低企业成本

(一)降低生产成本

影响一个国家和地区生产成本的因素主要有劳动力、土地、资本等生产要素的价格。中国与"一带一路"沿线国家在土地、资源、劳动力、技术等方面各有所长,形成强烈互补。"一带一路"沿线大多是新兴经济体国家,GDP水平普遍不高,具有劳动力、土地等要素水平较低、资源丰富等特点。

根据国际劳动组织数据库,36个"一带一路"样本国家中,2016年职工平均工资最高的国家是新西兰,为月平均工资3230美元;职工平均工资最低的为孟加拉国,月平均工资为165美元;样本国家的职工月平均工资中位数为803美元;2016年中国的职工月平均工资为847美元,处于中等水平。[①] 可以看出,"一带一路"国家的职工工资差距较大,中国企业可以在综合考虑各类投资要素和机遇的前提下,选择那些工资水平较低的国家。表3-1为2019年部分"一带一路"国家的年工资统计情况。

表3-1为援引日本贸易振兴会统计的在越南的日本企业界中亚洲11个国家2019年的雇员工资支出费用,在一定程度上可以反映出当地的工资水平。此外,如果中国企业在这些"一带一路"国家建立生产基地,除了劳动力成本之外,其他的诸如厂

---

① 中央财经大学中国社会保障研究中心. 一带一路国家劳动力成本与劳动保障水平研究报告2016—2018年成果简介[EB/OL]. http://cssc.cufe.edu.cn/info/1030/1590.htm, 2019-12-20.

房、土地、原材料等资源要素的价格优势也都会使企业的生产成本降低。

表 3-1　　　　2019 年部分"一带一路"国家的年工资统计表　　　　单位：美元

国家	生产行业年工资			非生产行业年工资	
	工人	工程师	管理	职员	管理
新加坡	26285	48435	69548	39119	72640
中国	8204	13045	22921	15411	35786
马来西亚	7630	15641	29499	14439	30829
泰国	7120	12444	25143	11049	26109
印度尼西亚	4481	7215	16468	7263	19213
菲律宾	4012	6611	15807	7678	19742
印度	3618	8693	20123	8615	23513
越南	2989	5800	13499	7480	18452
缅甸	2062	4700	12312	5178	13776
柬埔寨	1887	3996	9054	5599	13811
老挝	1718	2615	12153	4802	17422

资料来源：新浪财经。

（二）降低物流和贸易成本

世界银行的经济学家研究发现，通过减少运输时间，"一带一路"可以大大降低参与国的贸易成本，对世界其他地区产生积极的溢出效应："一带一路"经济体与世界其他地区的平均出货时间将减少 3.2%，与其他"一带一路"经济体的平均运输时间减少 4%。例如，由于运输基础设施的改善，其中连接东亚和南亚的贸易线路以及部分经济走廊的受益最大，中国—中亚—西亚经济走廊国家之间的运输时间将减少 12%，而运输时间的减少就会带来贸易成本的明显降低。据估计，如果所有的"一带一路"交通基础设施项目得以实施，"一带一路"经济体与世界其他经济体的贸易总成本平均将降低 2.8%，与其他"一带一路"经济体的贸易总成本平均将降低 3.5%。①

2016 年，中国交通运输部、外交部、国家发展改革委、公安部、财政部、商务部、海关总署和质检总局等八部委联合发布了《关于贯彻落实"一带一路"倡议加

---

① 一带一路将如何降低贸易成本 [EB/OL]. https：//wisburg.com/articles/180747，2018-11-29.

快推进国际道路运输便利化的意见》，提出逐步消除制约国际道路运输发展的软件短板和非物理障碍，减少人员和货物的"非效率"运输环节，降低跨境运输时间和成本，提高运输效率和服务水平。

2017年，通过73个公路和水路口岸，我国与"一带一路"国家开通了356条国际道路客货运输线路；海上运输服务已覆盖"一带一路"沿线所有国家；与43个沿线国家实现空中直航，每周约4200个航班[1]。自2011年首列"渝新欧"班列开行以来，来自国家发改委的数据显示，全国已铺画中欧班列专用运行线73条，2020年共开行1.24万列，已通达欧洲21个国家、92个城市。[2]

"一带一路"物流的高速发展，极大地促进了贸易的繁荣。例如，西班牙最好的红酒产区里奥哈产区出产的"威邦帝国"牌红酒，此前一直苦于没有销售渠道。从义乌到西班牙马德里的中欧班列开通后，以前走海运需要近两个月的物流时间，而今通过中欧班列缩短到只要十几天。这款红酒被中国采购商销售到中国乃至日本等地，如今一年销量达到2亿瓶。

（三）降低金融成本

"一带一路"国家金融账户平均覆盖率低于50%，中等偏下及低收入国家金融账户覆盖率平均为32.6%，ATM普及率也很低。66个"一带一路"国家存贷利差高于我国水平。[3] "一带一路"建设为我国金融科技行业"走出去"提供了契机，为我国金融行业发展带来了新机遇。我国金融科技可以以自身的技术优势帮助中国赴"一带一路"国家投资的企业以及当地企业和消费者降低金融成本。

支付宝、银联等中国企业成功向"一带一路"沿线国家和地区输出先进技术与成熟模式，为当地百姓带来普惠金融服务，创造未来发展的机遇。这些金融科技让当地消费者真切体会到中国"一带一路"倡议与他们生活改善的直接关系，提升他们心目中的中国国家形象。

例如，俄罗斯近年来跨境电商交易总额中超过一半由中国电商平台提供，中国支付企业与当地合作伙伴通力协作，通过移动支付逐步取代以现金为主的货到付款方式，帮助中国企业扩大出口的同时提高回款效率。

---

[1] 中国交通新闻网："一带一路"对物流业的影响，不看不知道，一看吓一跳［EB/OL］. https：//www.sohu.com/a/140061752_267303，2017-05-12.
[2] 新华社：奔跑，向着"一带一路"美好未来——中欧班列开行十周年记［EB/OL］. http：//www.gov.cn/xinwen/2021-03/19/content_5594032.htm，2021-03-19.
[3] 中国证券报：徐远：金融科技将助推"一带一路"国家降低金融服务成本［EB/OL］. https：//www.163.com/dy/article/FSH0P1Q30514R9KC.html，2020-11-28.

此外，随着人民币在"一带一路"沿线国家国际化的不断发展，将加速人民币与当地货币互换，可以使我国企业采用人民币作为贸易与投资的计价结算货币，将减少中国企业的汇兑成本，降低汇率风险，从而降低贸易成本。人民币的国际化有利于建设更加稳定公平的"多元化"国际货币体系，可以有效降低中国企业在"一带一路"投资发展的金融成本。

三、减少贸易壁垒

随着"一带一路"倡议获得广泛认可，我国与各个国家、地区加强了贸易合作，努力消除或减少贸易阻碍和壁垒，提升与周边国家地区的贸易畅通性，建立跨境贸易新格局。这也是和中国进行国际贸易的有关各方的期待。在2017年的"一带一路"高峰论坛上，波兰官员就曾表示，希望通过"一带一路"合作能够减少贸易壁垒，与中国实现最有效率、最畅通的物流运输。

截至2019年4月中旬，在"一带一路"合作框架下，中方已与126个国家和29个国际组织签署174份合作文件，其中有发展中国家，也有发达国家，还有不少发达国家公司、金融机构与中国合作开拓第三方市场。为积极促进"一带一路"国际合作，依法妥善化解"一带一路"建设过程中产生的商事争端，平等保护中外当事人合法权益，努力营造公平公正的营商环境，2018年6月，国务院发布了《关于建立"一带一路"国际商事争端解决机制和机构的意见》，为共商机制提供了制度保障。

2018年，国务院在实施《标准联通"一带一路"行动计划（2015—2017）》的基础上，发布了《标准联通共建"一带一路"行动计划（2018—2020年）》。该行动计划拓展对外贸易标准化合作，推动对外贸易发展。在亚太经合组织、太平洋地区标准大会等区域组织，积极倡导采用国际标准，提高与北美、日韩、东南亚等重点区域国家间标准的一致化程度。支撑中欧班列建设，完善物流服务、托盘、国际货运代理等标准化合作，提高运行品质。加强电子商务标准国际合作，发展电子商务标准服务新模式。建设"一带一路"国际合作诚信电子商务网络，推动中、俄、欧铁路跨境电商物流业务发展标准合作。促进电子商务数据服务、物流应用、追溯体系标准化，实现线上线下、国内国外一体化发展。该政策对于促进贸易畅通、减少贸易壁垒提供了重要的机制保障。

2020年，中国正式签署《区域全面经济伙伴关系协定》（Regional Comprehensive Economic Partnership，RCEP），对统一、简化、提升成员国间的经贸关系，进一步消除成员国间的关税壁垒和非关税壁垒，促进成员国间建立更高水平的贸易自由化和投资便利化规则做出了相应安排。RCEP 由东盟 10 国（"一带一路"国家）发起，携手中国、日本、韩国、澳大利亚和新西兰 5 国共同建成了全球最大的自贸区。RCEP 将与国内各类开放载体一起，共同推进贸易高质量发展以及"引进来""走出去"双向投资促进战略的深化实施，有助于推动我国企业的国际化战略。

目前，我国正鼓励企业与"一带一路"沿线国家和地区的企业进行全方位的合作，努力实现贸易自由化和高效化，这无疑将给我国有关企业带来良好的发展机遇和前景。

四、调整市场结构

我国从 20 世纪 90 年代初期即开始推行出口多元化战略，迄今为止取得了一些成效，但是中国产品出口市场仍然存在市场集中度较高的问题，一直以来出口市场主要聚焦在美、欧、日等发达国家和地区。如第一章第二节所述，我国经济已经告别"短缺经济"全面进入产能过剩时代，而国际上，国际市场产能普遍过剩，国际竞争激烈。

例如，全球钢铁行业陷入了前所未有的困境，欧洲、亚洲及北美洲等地区的钢厂举步维艰。根据世界钢铁协会的预测，2019 年全球钢铁需求为 17.35 亿吨，2020 年钢铁需求为 17.52 亿吨。发达经济体的钢铁需求受恶化贸易环境的影响，预计 2019 年和 2020 年的钢铁需求增速将分别放缓至 0.3% 和 0.7%。[1] 我国 2019 年的粗钢产量为 9.963 亿吨，占全球粗钢产量的 53.3%。[2] 当前，受外需环境的变化以及国内房地产政策的影响，我国钢铁企业在传统的国际、国内市场上想要实现较大发展压力不小。随着"一带一路"建设受到越来越多国家的欢迎，深化经贸、投资、金融、互联互通等领域合作正在推进，为我国钢铁业"走出去"提供了广阔市场。

又如，中国是纺织品生产和出口大国，我国的纺织服装业也经历了出口市场的调整。一方面，我国纺织品经过多年发展，具备完整产业链，有众多发达的产业集群，在全球市场竞争优势明显。另一方面，近年来我国纺织品服装行业出口增长放缓，具体如图 3-1 所示。

---

[1] 中国煤炭市场网. 世界钢协发布 2019—2020 两年钢需求报告 [EB/OL]. http://www.imcec.cn/read-news44938，2019-5-6.

[2] 期货日报：世界钢铁协会：2019 年全球粗钢产量同比增长 3.4% [EB/OL]. https://baijiahao.baidu.com/s?id=1656950135855418987&wfr=spider&for=pc，2020-1-28.

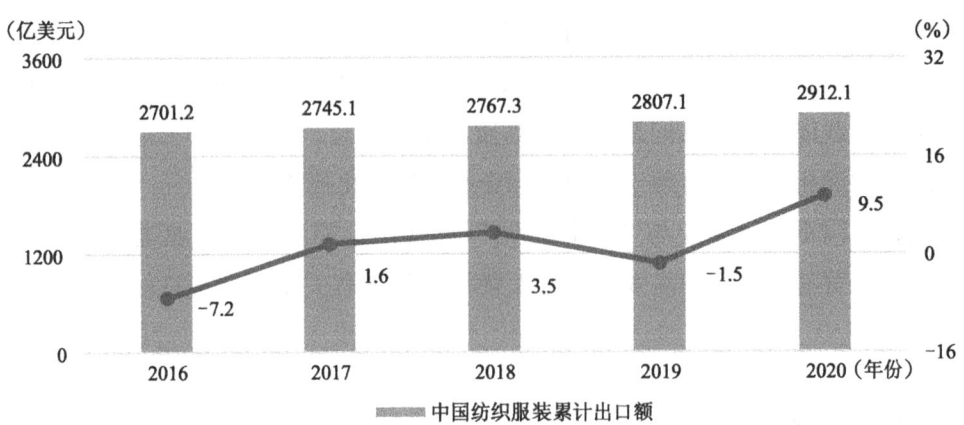

图 3-1 2016—2020 年中国纺织服装累计出口额统计及增长情况

资料来源：中国海关总署。

从图 3-1 中可以看出，纺织服装业出口增长不稳定，2016—2019 年的增速总体不高。2020 年受新冠疫情刺激，口罩、防护服等防疫物资出口额大幅增长，从而推动我国纺织服装行业出口额大幅增长近 10%。如果扣除疫情因素的影响，我国纺织服装行业在国际市场想要大幅增长难度不小，因而需要高度重视调整市场结构。

2019 年我国对传统发达国家市场出口规模下降，而对新兴市场出口较为积极。2019 年，我国对美国、欧盟、日本出口纺织品服装同比分别下降 6.6%、4.4% 和 4.6%；对"一带一路"沿线国家纺织品服装出口总额增长 3.7%；对非洲纺织品服装出口额同比增长 8.4%，具体如图 3-2 所示。

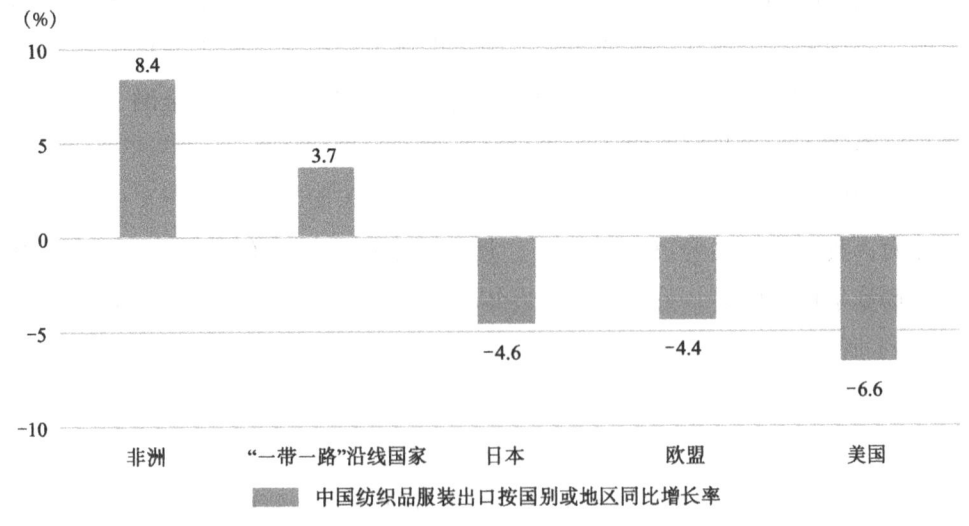

图 3-2 2019 年中国纺织品服装出口按国别或地区同比增长情况

资料来源：中国海关总署。

"一带一路"互联互通是经济全球化的内生动力,为国际贸易搭建了新平台,开辟了新空间,其顺利实施可以部分消除贸易摩擦对我国造成的贸易分流。2013—2018年,我国与"一带一路"沿线国家的贸易往来持续扩大,货物贸易总额超过6万亿美元,年均增长4%,高于同期中国对外贸易增速,占我国货物贸易总额的比重达到27.4%。[1]

相对于中国传统出口市场(美、欧、日等)受到各类政治因素、产业链供应链回流因素、疫情影响等不利因素的影响,新兴市场如东南亚、非洲等地区却拥有广阔的发展空间。随着"一带一路"沿线国家工业化的起步和发展,未来对工业制成品的需求会逐步增加并有利于中国企业产品的出口。这就为中国企业调整市场结构,实施和深化出口多元化战略提供了较大的机遇。

五、优化产能布局

"一带一路"目前共涉及65个国家和地区,将来有可能还会进一步扩展到更多的国家和地区,涉及的国家和地区多,有利于经济资源在更大的空间范围内形成更加有效的配置,从而提高各类经济资源的利用效率。

在经济基础层面,国际产能合作是推进供给侧结构性改革的重要途径,中国与"一带一路"沿线国家的投资贸易合作具有互补性和增长潜力,沿线国家多数处于工业化初期阶段,在初级产品尤其是农产品、矿产品和原材料出口上具有优势;而中国在工业制成品上具有优势,加强投资贸易合作与发展可以实现优势互补。国内过剩的产能与"一带一路"沿线国家和地区经济发展之间形成了一种互补的可能性,而这种可能性为促进彼此发展创造了契机。

当前,我国经济发展进入新常态,产业结构转型升级和消费升级进入关键阶段,未来对"一带一路"沿线国家的投资需求和进口需求都将不断增加,优势产能和先进装备制造业"走出去"的内生动力不断增强。

降低"一带一路"国家间的贸易、物流、金融成本将有助于不同产业在"一带一路"相关国家和地区间进一步优化布局,较快形成新的跨国产业分工与空间集聚格局,发挥相关国家和地区各自的比较优势,并最终有助于"一带一路"各个国家和地区的福利改善。

---

[1] 中国经济时报:"一带一路":拉动外贸增长新动力 [EB/OL]. https://baijiahao.baidu.com/s?id=1632980196080414844&wfr=spider&for=pc,2019-05-09.

从产能在地理空间布局的角度来看，结合"一带一路"国家顶层设计和与沿线各国的合作情况，我国各产业将加快产能在不同地理空间布局步伐，进行国内跨区域布局和跨国布局。具体体现在以下两个方面：

一是我国中西部丝绸之路经济带核心区的优势将进一步促进产业向西转移。国家统计局数据显示：2019年我国东部地区投资比上年增长4.1%；中部地区投资增长9.5%，加快0.2个百分点；西部地区投资增长5.6%，加快0.7个百分点；东北地区投资下降3%。中西部地区投资增速明显加快。

二是政府明确表示要引导轻工、纺织、电子等产业开展境外合作。国家积极鼓励和支持传统优势产业到劳动力和能源资源丰富的国家建立生产基地，这意味着我国企业在"一带一路"沿线国家进行产能跨国布局的步伐正不断加快。

第二节 "一带一路"背景下中国企业国际化战略转型升级的风险

如上节所述，中国企业在"一带一路"沿线国家实施企业国际化战略存在较多机遇，然而，随之而来的风险也不容小觑。企业在国际化经营过程中面临着宏观层面的外部环境所带来的政治风险、法律风险、经济风险、文化与社会风险，微观层面的企业内部所面临的市场风险、技术风险、人力资源风险、品牌风险等各种风险。中国企业还面临着特殊的风险，如企业形象认知误差、国有企业"合法性"、规则运用差别性和经验缺乏等。本节将聚焦于主要矛盾，从政治、经济、社会与文化、企业四个维度分析中国企业在"一带一路"沿线国家实施企业国际化战略所面临的风险。

一、政治风险

政治风险是企业进行跨国投资的最大不确定因素。东道国政治环境动荡，对项目投资过于敏感，利益分配不均衡等问题，涉及国家之间的政治外交平衡，涉及国家安全等因素，都可能会给中国企业在"一带一路"沿线国家的投资项目造成很大阻力。根据中国与全球化智库（CCG）分析显示，25%的中国企业海外投资失败项目源于政治干预，其中8%在投资前环节中遭到东道国政治势力阻挠。① 因此，中国企业在决定是否在某一个国家投资之前，首先要进行全面系统的政治风险评估，判断政治风险程度和投资可行性，谋定而后动，这样才能尽可能避免发生境外投资损失。

（一）地缘政治博弈加剧

所谓地缘政治，是国家间缘于地理条件或地理因素而进行的政治互动，以及由此形成的政治关系。西方地缘政治学认为，地理因素对国家政策具有重要影响，尤其表现在为获得国家利益而控制海上交通线、据有战略要地等方面。

"一带一路"的定位是一个开放的国际经济合作平台，"一带一路"并不是地缘政治战略，但这并不意味着不受到地缘政治的影响。我国企业在"一带一路"沿线国家开展对外直接投资的最大风险就是东道国政局变动，乃至战争、动乱等风险。多数"一带一路"国家地处交通要冲，地理位置优越，拥有丰富的能源、矿产等资源储备，堪称国际竞争的制高点，因此引得大国在这些国家与地区博弈。"一带一路"沿线的中亚、中东、北非地区成为大国地缘政治博弈的热点地区，如伊朗、叙利亚、乌克兰等，地缘政治关系相对紧张。

尤其是中亚，自古就是四战之地，当今也是群雄逐鹿的天下。狭义的中亚包括哈萨克斯坦、乌兹别克斯坦、塔吉克斯坦、吉尔吉斯斯坦和土库曼斯坦5个国家。按照联合国教育科学文化组织的定义，广义的中亚包括蒙古国，中国西藏、新疆和内蒙古西部，伊朗东北部，阿富汗，巴基斯坦，印度，俄罗斯中东部，以及从苏联独立的5个斯坦国家。中亚是"一带一路"上连接欧亚大陆的交通枢纽，是连接世界各大国的重要交通要道，也是各大国争夺的焦点。例如，阿富汗历史上就曾连续遭英国、苏联、美国入侵，被称为"帝国坟场"。

美国于2011年提出了"新丝绸之路战略"，并于此后将中亚、南亚政策统一命名为"新丝绸之路战略"，其地缘政治意图十分明显，意在削弱俄罗斯等大国在中亚、南亚的影响力，建立美国主导的中亚和南亚新秩序。

俄罗斯在2011年提出了"欧亚经济联盟"计划，试图推动与中亚的一体化。欧亚经济联盟从2015年1月1日起正式投入运营，成员国包括俄罗斯、白俄罗斯、哈萨克斯坦、亚美尼亚和吉尔吉斯斯坦。

中国、哈萨克斯坦、吉尔吉斯斯坦、俄罗斯、塔吉克斯坦、乌兹别克斯坦6个国家在2001年中国上海宣布成立上合组织，旨在加强相互信任与睦邻友好，维护和加强

---

① 贺之瑶．"一带一路"建设中的金融风险及防范机制［J］．山西财税，2017（3）．

地区和平、安全与稳定,共同打击恐怖主义、分裂主义和极端主义等。截至2021年,已有包括上述6个国家及巴基斯坦、印度共8个成员国,阿富汗、白俄罗斯、伊朗、蒙古国4个观察员国,以及阿塞拜疆、亚美尼亚、柬埔寨、尼泊尔、土耳其、斯里兰卡6个对话伙伴国。

日本2015年宣布计划设立1000亿美元的基建基金,加强对亚洲国家基础设施建设。2021年,日、法、德三国筹建基金,拟投资新兴国家基础设施建设。三国政府与民营企业合作,准备建立新的框架机制,投资亚洲、中南美、非洲的基础设施建设项目。

中国企业的投资项目受地缘政治博弈的影响较大,如缅甸2014年7月搁置中缅两国铁路项目,斯里兰卡于2015年3月暂停科伦坡港口城项目,都与相关国家的地缘政治博弈直接相关。在"一带一路"不断发展的过程中,类似的问题可能还会出现。因此,复杂的地缘政治环境给我国企业沿"一带一路"走出去投资带来严峻的挑战。

(二) 东道国政权更迭与政策变化

"一带一路"沿线国家政府与政策的变化也会对我国企业的海外投资造成巨大影响。尤其是一些高铁、港口等基础设施建设项目,规模较大,建设周期较长,要重视东道国的政局稳定性和政策连贯性,尤其由中国国有企业参与和主导的项目,更需要东道国政府的高度认可和政策支持。因为,"一带一路"沿线的一些国家或地区,对外深陷大国博弈"角力场",对内则存在着领导人交接、民主化转型、民族冲突等多重矛盾。

目前,"一带一路"沿线有一些所谓的"转型国家",他们因为体制机制不够健全、社会民主化进程等原因而使政治局势不稳定。由于当地传统政治和西方"民主"体制之间的矛盾,新旧体制转换之间催生了较多不稳定因素。此外,还有一些国家政权更替频繁。动荡的政治局势将给中国企业带来巨大的风险,包括东道国国家军政变动、议会解体、选举提前、政党相争等不稳定因素对中国企业"走出去"会造成巨大影响。

例如马来西亚的东海岸铁路项目,2016年时任马来西亚总理纳吉布发表财政预算案时宣布,这座全长688千米的东海岸铁路造价为550亿林吉特(约897亿元人民币)。2017年8月9日,由中交建公司承建的该项目正式开工,预计2024年完工。①

---

① 一牛财经:一波三折!终于,马来西亚恢复中国高铁项目!成本却削减了351亿?[EB/OL]. https://www.sohu.com/a/307526443_591132, 2019-04-13.

然而，2018年，纳吉布因为"腐败案"下台，时年93岁的马哈蒂尔再次上台执政。上台后，马哈蒂尔搁置了超过200亿美元的中国承建的基建项目，其中就包括东海岸铁路项目。2019年，马来西亚重启高铁项目，双方经多次协商达成一致，即东海岸项目的建设长度由原来的688千米缩减至648千米，仅减少40千米；而建设成本则由原来的1068亿元人民币降为717亿元人民币，降低351亿元，近1/3。①

如果中国企业对外投资涉及敏感的自然资源，更容易被东道国政治冲突中某一方或一些外来组织利用，寻找借口引起当地居民对中国投资项目的抵制，使项目无法顺利进行。比如，中电投投资的缅甸密松水电站项目被搁置与缅甸新政府民主化进程有关，起因是新政府认为有违民意和潜在环境问题；中交建总投资15亿美元的斯里兰卡科伦坡港口城项目被叫停，起因是违反环保规定以及程序不透明；柬埔寨宣布暂停与中国合作开发西南部水电站项目，原因是具有潜在的环境问题以及国际NGO（非政府组织）的百般阻挠；墨西哥宣称中国中标高铁项目无效、无限期搁置项目，因为政府有关人员受到腐败指控。

（三）法律风险

法律风险是中国企业沿"一带一路"进行企业国际化战略转型面临的最大风险之一。由于"一带一路"沿线国家多为发展中国家，这些国家针对外国直接投资的政策和法律各不相同，在国家安全、反垄断、环境保护、劳工、税务以及行业限制等方面都有不同的规定，加上不同国家有关投资的相关政策与法律经常会因为外部经济环境的变化而进行调整，给中国企业增加了潜在的法律风险。

一方面，随着一些全球化带来的问题凸显，国际社会，包括"一带一路"沿线国家在人权、劳工、环保、知识产权等方面的法律和规范正在不断发展和完善。另一方面，迅速拓展的中国企业在"一带一路"沿线的经济贸易活动还没有适应这些新情况、跟上这些新发展，由此在当地引起了一些矛盾和纠纷。

在中国对外投资失败的事件中，有16%的投资事件是直接或间接因为法律原因导致投资受损或最终被迫停止投资。这些因为法律原因导致投资终止的事件，部分是因为有的中资企业法律观念淡薄，不严格遵守东道国的法律，通过不正当手段获取项目所致；部分因为对东道国的劳工法不熟悉。

对劳工法不熟悉主要集中在对外工程承包上，因部分对外工程承包企业不熟悉东

---

① 大棋局—布热津斯基：降价350亿，马来西亚重启高铁项目，赚了还是亏了？［EB/OL］. https：//www.sohu.com/a/308112721_682294，2019-04-14.

道国的劳工法及关联法律,在用低价策略赢得订单之后,准备从国内输出劳务人员,但有的东道国在本国劳工比例上有限制,对劳工的权益保障也极为严格,导致人力成本远远超过预算,在工期上也无保障。在中国企业对外投资并购事件中,由于劳工原因导致投资受损的事件比例巨大。

(四) 政治治理风险

中国企业赴海外投资之前首先需要评估政治治理风险。衡量一国政府治理的有效性可以用全球治理指数(World Governance Indicators,简称 WGI 指数)。它是世界银行发布的用来测量治理质量的指数,可以综合反映一国的治理风险情况。该指数细分为政治民主度、政治稳定性与非暴乱、政府有效性、管制质量、法制程度和腐败控制六个指标。满分为 100 分,分数越高,表明制度越完善。本书所采用的 WGI 指数是将上述六个维度的数据加以平均计算以后得到的综合数据。2020 年 WGI 指数排名前十名的国家、排名倒数前十名的国家、"一带一路"国家的 WGI 指数如表 3-2、表 3-3、表 3-4 所示。

表 3-2　　　　　　　　　2020 年 WGI 指数排名前十名的国家

排名	国家	WGI 指数
1	新西兰	97.76
2	挪威	97.61
3	瑞士	96.65
4	芬兰	96.53
5	卢森堡	96.41
6	丹麦	95.49
7	列支敦士登	95.27
8	瑞典	94.68
9	冰岛	94.16
10	加拿大	93.22

资料来源:世界银行数据库。

表 3-3　　　　　　　　　2020 年 WGI 指数排名倒数十名的国家

排名	国家	WGI 指数
1	叙利亚	1.52

续表

排名	国家	WGI 指数
2	南苏丹	1.59
3	索马里	1.84
4	也门	2.48
5	利比亚	3.53
6	委内瑞拉	4.06
7	厄立特里亚	5.40
8	刚果	6.08
9	阿富汗	6.82
10	中非共和国	6.89

资料来源：世界银行数据库。

表3-4　　　　2020年"一带一路"国家WGI指数

国家	WGI 指数	国家	WGI 指数
蒙古国	50.13	斯里兰卡	47.25
新加坡	88.82	马尔代夫	44.31
马来西亚	63.81	尼泊尔	31.31
印度尼西亚	46.99	不丹	68.12
缅甸	18.82	哈萨克斯坦	41.87
泰国	44.81	乌兹别克斯坦	19.30
老挝	25.34	土库曼斯坦	10.70
柬埔寨	25.04	塔吉克斯坦	14.34
越南	42.65	吉尔吉斯斯坦	27.57
文莱	74.57	俄罗斯	28.88
菲律宾	39.24	乌克兰	32.45
伊朗	12.00	白俄罗斯	24.22
伊拉克	8.91	格鲁吉亚	62.04
土耳其	37.40	阿塞拜疆	25.74
叙利亚	1.52	亚美尼亚	49.07
约旦	49.91	摩尔多瓦	39.11
黎巴嫩	18.75	波兰	69.16

续表

国家	WGI 指数	国家	WGI 指数
以色列	68.35	立陶宛	80.15
巴勒斯坦	数据缺失	爱沙尼亚	86.94
沙特阿拉伯	45.20	拉脱维亚	75.34
也门	2.48	捷克	79.70
阿曼	55.52	斯洛伐克	71.40
阿拉伯联合酋长国	69.27	匈牙利	67.03
卡塔尔	66.22	斯洛文尼亚	79.01
科威特	51.69	克罗地亚	64.67
巴林	49.44	波黑	32.39
希腊	65.52	黑山	54.29
塞浦路斯	71.03	塞尔维亚	46.85
埃及	23.21	阿尔巴尼亚	47.00
印度	47.58	罗马尼亚	59.22
巴基斯坦	21.96	保加利亚	55.78
孟加拉	21.12	马其顿	52.92
阿富汗	6.82	中国	45.16

资料来源：世界银行数据库。

从表3-4中可以看出，WGI指数分值较高、政治治理风险较低的"一带一路"国家有新加坡（88.82）、爱沙尼亚（86.94）、立陶宛（80.15）、捷克（79.70）、斯洛文尼亚（79.01），WGI指数分值较低、政治治理风险较高的国家有叙利亚（1.52）、也门（2.48）、阿富汗（6.82）、伊拉克（8.91）。

综合"一带一路"国家WGI指数得分与我国企业投资的国别分布可以发现，中国企业对外直接投资对东道国的治理风险没有明显的偏好。这表明，治理风险对于目前中国企业对外直接投资的区位决策影响并不大，东道国的地理位置、与我国的外交关系、市场规模、市场潜力、对外开放程度、资源禀赋等其他因素可能更加重要。

二、经济风险

经济风险也是中国企业在"一带一路"沿线国家进行企业国际化战略转型升级时面临的一大风险。一般来讲，东道国的宏观经济环境和金融市场发展水平是中国企业在对外直接投资时重点考虑的因素。本节将从国家主权信用风险、通货膨胀风险、国际贸易风险、金融风险和基础设施风险等5个方面分析经济风险对中国企业的影响。

（一）国家主权信用风险

国家主权信用风险可以从国家主权信用评级的情况来判断。国际上一般采用国家主权评级（Sovereign rating）来反映一国的偿债意愿和能力，它依照一定的程序和方法对主权国家的政治、经济和信用等级进行评定，判断该国中央政府作为债务人履行偿债责任的信用意愿与信用能力。国家主权评级内容很广，除了要对一个国家国内生产总值增长趋势、对外贸易、国际收支情况、外汇储备、外债总量及结构、财政收支、政策实施等影响国家偿还能力的因素进行分析外，还要对金融体制改革、国企改革、社会保障体制改革所造成的财政负担进行分析，最后进行评级。此外，国家政局稳定也是主权信用评级的重要基本因素。主权评级标准从 AAA 至 C，具体如表 3-5 所示。

表 3-5　　　　　　主权信用等级国际评级序列符号及定义

符号	定义
AAA^W	主权政府偿债能力极强，信用质量最高，违约风险最低，处于最高信用等级
AA^W	主权政府偿债能力很强，信用质量很高，违约风险很低
A^W	主权政府偿债能力较强，信用质量较高，尽管偿债能力较易受内外部环境和经济条件不利变化的影响，但违约风险较低
BBB^W	主权政府偿债能力和信用质量中等，当前有足够的能力偿还债务，但易受内外部环境和经济条件不利变化的影响，债务违约风险处于中等评级水平
BB^W	主权政府偿债能力和信用质量较弱，当前仍可偿还债务，但持续、重大的内外部环境和经济条件不利变化可能导致违约，债务违约风险较高，处于投机级水平
B^W	主权政府偿债能力和信用质量很弱，当前仍可偿还债务，但主权政府对债务还本付息能力在较大程度上依赖于良好的内外部环境和经济条件，违约风险很高
CCC^W	主权政府偿债能力和信用质量极弱，当前有可能违约，主权政府对债务还本付息能力严重依赖于良好的内外部环境和经济条件，违约风险极高
CC^W	主权政府的还本付息能力具有极大的不确定性，基本不能保证偿还债务
C^W	主权政府已进入债务重组阶段或债务宽限期，不能偿还债务，处于最低信用等级
D^W	债务重组失败，或宽限期满，中央政府仍无法偿债债务，发生违约

注：除AAA^W级、CCC^W级（含）以下等级外，每一个信用等级可用"+""-"符号进行微调，表示略高或略低于本等级。

本节借鉴东方金诚主权团队对"一带一路"沿线50个国家主权信用风险状况跟踪分析成果,截至2020年5月,2020年部分"一带一路"沿线国家主权信用评级情况如表3-6所示。

表3-6 2020年部分"一带一路"沿线国家主权信用评级

区域	国别	本币信用级别	评级展望	外币信用级别	评级展望
东南亚	菲律宾	BBB^W+	稳定	BBB^W+	稳定
	柬埔寨	BB^W+	稳定	BB^W+	稳定
	老挝	BBB^W-	稳定	BBB^W-	稳定
	马来西亚	A^W+	稳定	A^W+	稳定
	缅甸	BB^W-	稳定	BB^W-	稳定
	泰国	A^W-	稳定	A^W-	稳定
	新加坡	AAA^W	稳定	AAA^W	稳定
	印度尼西亚	BBB^W	稳定	BBB^W	稳定
	越南	BBB^W-	稳定	BBB^W-	稳定
南亚	阿富汗	CC^W	负面	CC^W	负面
	巴基斯坦	B^W	稳定	B^W	稳定
	孟加拉国	BB^W-	稳定	BB^W-	稳定
	斯里兰卡	BB^W-	稳定	BB^W-	稳定
	印度	BBB^W+	稳定	BBB^W+	稳定
中东产油国	阿拉伯联合酋长国	AA^W	稳定	AA^W	稳定
	阿曼	BBB^W	稳定	BBB^W	稳定
	巴林	BB^W	稳定	BB^W	稳定
	卡塔尔	AA^W	稳定	AA^W	稳定
	科威特	AA^W	稳定	AA^W	稳定
	沙特阿拉伯	AA^W	稳定	AA^W	稳定
	伊拉克	B^W	稳定	B^W	稳定
	伊朗	BB^W-	负面2-	BB^W-	负面2-
中亚	哈萨克斯坦	BBB^W	稳定	BBB^W	稳定
	吉尔吉斯	B^W	稳定	B^W	稳定
	蒙古国	B^W	稳定	B^W	稳定
	塔吉克斯坦	B^W	稳定	B^W	稳定
	土库曼斯坦	BBB^W-	稳定	BBB^W-	稳定
	乌兹别克斯坦	BBB^W-	稳定	BBB^W-	稳定

续表

区域	国别	本币信用级别	评级展望	外币信用级别	评级展望
独联体	阿塞拜疆	BB^W+	稳定	BB^W+	稳定
	白俄罗斯	B^W+	稳定	B^W+	稳定
	俄罗斯	BBB^W+	稳定	BBB^W+	稳定
	格鲁吉亚	BBB^W-	稳定	BBB^W-	稳定
	摩尔多瓦	B^W	稳定	B^W	稳定
	乌克兰	B^W-	稳定	B^W-	稳定
	亚美尼亚	BB^W-	稳定	BB^W-	稳定
中东欧	阿尔巴尼亚	BB^W+	稳定	BB^W+	稳定
	保加利亚	BBB^W+	稳定	BBB^W+	稳定
	波兰	A^W+	稳定	A^W+	稳定
	捷克	AA^W	稳定	AA^W	稳定
	克罗地亚	BBB^W	稳定	BBB^W	稳定
	罗马尼亚	BBB^W	稳定	BBB^W	稳定
	塞尔维亚	BB^W	稳定	BB^W	稳定
	斯洛伐克	A^W+	稳定	A^W+	稳定
	斯洛文尼亚	A^W+	稳定	A^W+	稳定
	匈牙利	BBB^W+	稳定	BBB^W+	稳定
中东北非	埃及	B^W-	稳定	B^W-	稳定
	黎巴嫩	D^W	—	D^W	—
	土耳其	BBB^W-	负面1-	BBB^W-	负面1-
	以色列	A^W+	稳定	A^W+	稳定
	约旦	BB^W-	稳定	BB^W-	稳定

资料来源：东方金诚主权团队. 2020 年"一带一路"沿线国家主权信用级别迁移 https://baijiahao.baidu.com/s?id=1669090178622478420&wfr=spider&for=pc.

如表 3-6 所示，2020 年"一带一路"沿线国家主权信用评级信用级别分布于 AAA^W 至 D^W，等级跨度极大，呈现出中间级别占比大、高级别和低级别占比小、投资级多于投机级等特征[①]。

分区域看，东南亚、中东欧、中东产油国主权信用质量相对较高，中亚、南亚、独联体、中东北非地区主权信用质量较弱。东南亚新加坡为沿线国家中唯一拥有最高主权信用等级 AAA^W 的国家，且该地区仅柬埔寨（BB^W+）和缅甸（BB^W-）为投机

---

① 笔者注：标准普尔的长期主权信用评级主要分为投资级和投机级，信用级别由高到低：投资级分为 AAA、AA、A 和 BBB；投机级分为 BB、B、CCC、CC、C 和 SD/D 级。

级序列。中东欧近年来主权信用质量持续改善,目前仅阿尔巴尼亚(BB^W+)和塞尔维亚(BB^W)尚处于投机级,其余均为投资级别。

从评级展望来看,截至 2020 年 5 月,沿线 50 个国家中评级展望为稳定的国家为 46 个,评级展望负面的国家 3 个(阿富汗、伊朗、土耳其),这 3 个国家由于内部结构性问题持续恶化和外部风险冲击的双重压力,存在级别下调可能。

总体来看,"一带一路"沿线国家主权信用质量偏低,中国企业在东道国投资之前需要详细评估该国总体的偿债意愿和能力,以避免投资失败的风险。

(二) 通货膨胀风险

通货膨胀意味着货币贬值和物价上涨,一国温和的通货膨胀对于社会经济有促进作用,而恶性的通货膨胀对社会经济有抑制作用,造成货币贬值、原材料涨价、突发性商品抢购、银行挤兑等现象,甚至造成整体经济崩溃,给外国投资者造成巨大的经济损失。因此,中国企业需要关注"一带一路"沿线国家的通货膨胀情况。2021 年"一带一路"国家通货膨胀率如表 3-7 所示。

表 3-7　　　　　　　2021 年"一带一路"国家通货膨胀率

国家	通货膨胀率(%)	国家	通货膨胀率(%)
蒙古国	9.70	斯里兰卡	9.90
新加坡	3.20	马尔代夫	-0.20
马来西亚	2.90	尼泊尔	4.24
印度尼西亚	1.75	不丹	4.97
缅甸	6.51	哈萨克斯坦	8.70
泰国	2.71	乌兹别克斯坦	10.30
老挝	4.72	土库曼斯坦	10.00
柬埔寨	2.96	塔吉克斯坦	8.70
越南	2.10	吉尔吉斯斯坦	12.50
文莱	1.90	俄罗斯	8.13
菲律宾	4.20	乌克兰	10.90
伊朗	35.70	白俄罗斯	10.50
伊拉克	7.30	格鲁吉亚	12.50
土耳其	21.31	阿塞拜疆	5.7
叙利亚	139.00	亚美尼亚	9.60

续表

国家	通货膨胀率（%）	国家	通货膨胀率（%）
约旦	1.60	摩尔多瓦	8.80
黎巴嫩	174.00	波兰	7.70
以色列	2.30	立陶宛	9.20
巴勒斯坦	1.28	爱沙尼亚	8.80
沙特阿拉伯	0.80	拉脱维亚	7.50
也门	数据缺失	捷克	5.80
阿曼	3.35	斯洛伐克	5.10
阿拉伯联合酋长国	1.19	匈牙利	7.40
卡塔尔	4.28	斯洛文尼亚	4.60
科威特	3.36	克罗地亚	3.80
巴林	-0.90	波黑	4.30
希腊	3.40	黑山	3.80
塞浦路斯	4.34	塞尔维亚	6.60
埃及	6.30	阿尔巴尼亚	2.40
印度	4.48	罗马尼亚	7.94
巴基斯坦	11.50	保加利亚	6.00
孟加拉	5.70	马其顿	4.80
阿富汗	1.56	中国	1.50

资料来源：全球经济指标数据网 Trading Economics。

表3-7中，"一带一路"国家通货膨胀率数据的参考时间为2021年的9—11月。从该表中可以看出，有的国家通货膨胀率很高，如黎巴嫩（174%）、叙利亚（139%）、伊朗（35.7%）、土耳其（21.31%）等国。但并不是通货膨胀越低就能证明经济发展越好，负通胀（通货膨胀率为负数或通货紧缩）也不利于经济发展，"一带一路"国家中有两个国家是负通胀，分别是巴林（-0.9%）和马尔代夫（-0.2%）。

（三）国际贸易风险

自中国成为全球第一大贸易国以来，传统的贸易摩擦问题始终存在。"一带一路"倡议虽然在货物畅通、贸易便利等方面提供了较大的机遇，但在国际贸易保护主义的背景下，有的"一带一路"沿线国家对中国产品仍然设置了贸易阻碍。他们出台相关的贸易保护政策，如通过非关税壁垒，在通关环节壁垒、进口税费、进口禁令、进口许可、技术性贸易壁垒、卫生与植物卫生措施、贸易救济措施、进口产品歧视、出口限制等方面设置障碍，造成我国企业出口成本增加，削弱了产品竞争能力。中国企业在与"一带一路"沿线经济体进行国际贸易的过程中，面临的贸易壁垒主要包括以下三种：

1. 技术性贸易壁垒

"一带一路"背景下的技术性贸易壁垒，即一些"一带一路"国家为了维护本国安全，维护人类健康以及生态平衡，保障产品质量采取的一系列技术性措施，包括安全标准、卫生标准、包装标识、信息技术标准等。由于各国发展程度不同，技术标准存在一定的差异，这样容易引发多种矛盾。中国产品在"一带一路"沿线国家的技术性贸易措施的通报量也在逐渐增加。技术性贸易措施是指《技术性贸易壁垒（TBT）协定》和《实施卫生与植物卫生措施（SPS）协定》所管辖的各种形式的非关税壁垒措施。2017年，共有82个WTO成员国提交了2587件TBT通报，比2016年增加10.7%；在70个"一带一路"沿线国家中，共有33个国家提交了734件通报。[①] 部分地区技术性贸易措施频出，为了迎合其标准，我国企业出口商品研发成本上升，生产成本增加，产品价格提高，企业国际竞争力失去比较优势。

2. 环境性贸易壁垒

环境性贸易壁垒，也称绿色壁垒。"一带一路"背景下的环境性贸易壁垒即"一带一路"国家以保护环境为名义，通过立法或非立法方式制定的强制性标准，限制外国产品进入本国市场，以保护本国经济平稳发展，主要包括环境技术标准、多边环境协议、环境标志、环境管理体系标准以及绿色补贴等。近年来，随着绿色贸易壁垒的兴起，部分沿线国家相继制定或完善相应的法规，对动植物产品及植物制品的重金属含量、农药残留量、卫生学等进行严格的规定，借此为别国产品进入市场设置阻碍。而我国农产品、中药出口频频碰壁，均是遭遇绿色贸易壁垒的典型案例。

3. 社会性贸易壁垒

"一带一路"背景下的社会性贸易壁垒就是以劳动者劳动环境以及生存权利等原因采取的贸易保护措施，其核心就是劳工标准的差异性。社会条款的提出本是以保护劳动者权益为出发点，但在一些"一带一路"沿线国家贸易保护主义的变相利用下，社会条款一定程度上阻碍了中国的产品与服务贸易。从长期来看，社会壁垒将会使我

[①] 沈洪. 中国质量新闻网 - 中国质量报：对"一带一路"沿线国家贸易保护态势的分析和应对建议 [EB/OL]. https://www.cqn.com.cn/zgzlb/content/2018-03/30/content_5615576.htm, 2018-03-30.

国企业出口产品成本上升，国际竞争力下降。社会性贸易壁垒对于我国的劳动密集型企业开拓"一带一路"沿线市场影响较大，应高度关注该类壁垒的有关政策及最新发展动向。

4. "双反"的冲击

除了上述三种常见的国际贸易壁垒以外，中国企业还需要重点关注"一带一路"经济体的反倾销和反补贴的"双反"所带来的冲击。"双反"是国际贸易中常见的贸易壁垒之一，进口国通过反倾销和反补贴调查的威慑作用和确定性的结果（对进口产品征收高额反倾销税）对出口国的产品进行遏制，从而使我国出口企业丧失国际竞争优势。由于沿线国家从我国进口的大多数产品属于劳动密集型产品，价格低廉，因此，部分"一带一路"国家针对中国产品频繁发起反倾销和反补贴调查。印度是"一带一路"沿线的次区域大国，也是发展中国家中发起反倾销诉讼最多的国家。2017年，"一带一路"沿线国家对我国发起贸易救济调查75起，占我国贸易救济调查案件总数的46%，八成以上为反倾销案件，主要涉及钢铁产业。印度超越美国位列发起调查最多的国家，其次是巴基斯坦，分别为31起和18起，占"一带一路"贸易救济调查案件数的41.3%和24%。[①]

（四）金融风险

"一带一路"沿线国家大多是新兴经济体，经济基础相对薄弱，各国金融制度差异较大，筹资机制、保险机制、清算机制与我国有很大不同，且合作机制滞后。"一带一路"沿线的项目多集中在基础设施领域，项目周期长，前期投资较大，涉及款项巨大，对我国企业的金融安全存在一定的挑战。在"一带一路"背景下，我国企业面临的金融风险主要包括信用风险、投资资金回收风险、汇率风险、资金融通风险等。

1. 信用风险

信用风险是金融风险中最重要的影响因素，尤其是受到新冠肺炎疫情的影响，一些国家政府偿债能力与主权信用遭遇负面影响，对我国企业的金融安全带来不利影响。由于有的"一带一路"沿线国家的政治动乱、爆发战争、重大自然灾害等状况导致其外汇储备急剧下降，创汇能力短时期内难以恢复，造成在这些国家投资的外国企业遭受外汇资金损失的风险。例如，2016年3月，由于缅甸央行的美元储备不足，我国万宝矿产公司投资缅甸矿业所得盈利被延付从而产生较大损失。

---

① 沈洪. 中国质量新闻网－中国质量报：对"一带一路"沿线国家贸易保护态势的分析和应对建议［EB/OL］. https://www.cqn.com.cn/zgzlb/content/2018-03/30/content_5615576.htm, 2018-03-30.

2. 投资资金回收风险

由于"一带一路"沿线部分国家的政治情况不稳定,经济结构单一,为我国企业的投资资金回收风险添加了不稳定因素。例如,中国企业在有的"一带一路"沿线国家不能自由汇出货币的风险。在一些外汇管制较为严格的国家,中国企业不能自由地将自有资金兑换为外币汇出,这造成我国海外投资企业在这些国家所得收益和盈余难以汇回国内,只能被动地面临东道国货币贬值和通货膨胀的风险。此外,"一带一路"投资项目大多集中于公用事业、交通、电信、能源和环境等基础设施领域,普遍存在投资资金量大、投融资周期长、投资回报期长以及投资收益不确定等特点,进而产生投资资金无法回收的风险。

3. 汇率风险

"一带一路"沿线国家大多为小币种的发展中国家,其货币为非可自由兑换货币,在国际市场中流通性较差,货币币值不稳定,汇率波动大,风险等级偏高,有可能引发汇率风险。如缅甸央行于2012年4月初实行有管理的浮动汇率制度,至2015年8月下旬,缅币从1美元兑换815缅元的参考汇率变化至1美元兑换1285缅元,3年内缅币约贬值60%。为方便项目投资以及在当地的运营,中国企业在印度、南亚、中亚及东南亚的一些国家的投资,普遍收取当地货币,而这些货币在与人民币之间的汇兑过程中就可能存在较大的汇率风险。此外,"一带一路"沿线国家金融市场上的汇率风险对冲工具较为缺乏,人民币与大部分东道国货币的互惠、互换机制尚未成熟,人民币在这些区域的便利程度有待提高,我国企业很难采取有效的对冲措施来降低汇率风险。

4. 资金融通风险

除了上述三个主要的风险以外,中国企业在沿"一带一路""走出去"的金融支持有待加强。根据太和智库与北京大学联合发布的"一带一路"五通指数研究报告,2017年,94个"一带一路"沿线国家的资金融通平均得分为9.88分,其中畅通型18国,连通型10国,良好型17国,潜力型9国,薄弱型40国。可以看出,资金融通水平低的国家(潜力、薄弱)占半数以上(52%),水平高的国家(畅通、连通)不足30%(29.7%)。这表明,"一带一路"沿线各国资金融通水平分化较大;中国与"一带一路"沿线国家的金融合作在广度和深度上仍有进一步拓展空间。[①] 这也说明了

---

① 以点带面加强资金融通——2018年"一带一路"五通指数单项报告之五 [EB/OL]. http://www.taiheinstitute.org/Content/2019-04/16/1129576028.html, 2021-6-8.

"一带一路"沿线国家的金融环境完善程度不一,难以形成有效的金融支持。此外,我国商业银行在国外分支机构有待增多,沿线国家双边本币互换结算网络建设有待加强。

(五) 基础设施风险

基础设施指为直接生产部门和人民生活提供共同条件和公共服务的设施,主要包括交通运输设施,如机场、港口、桥梁,通信设施,水利设施,城市供排水、供气设施,供电设施,宽带网络,以及教科文卫等部门所需要的设施。"一带一路"沿线国家基础设施发展不均衡的情况,为我国企业赴当地投资带来了各种风险。目前,"一带一路"基础设施领域的风险主要包括:

1. 设施联通的总体风险

设施联通是"一带一路"实现五通的纽带。设施联通主要通过能源、交通和通讯三方面基础设施的互联互通,为"一带一路"建设提供基础性支撑。

根据太和智库发布的2018年"一带一路"五通指数,2017年"一带一路"设施联通建设稳步发展,但是,仍有很大提升空间。具体来说,首先2017年94个"一带一路"合作国的平均设施联通得分为9.71,在五通中位列最后,在等级划分中只能算作潜力型。在这94国中,仅有4个国家属于畅通型(其中仅有排名第一位的俄罗斯得分超过16分,属于超畅通型,而伊朗、德国和缅甸均刚超过14,仅到达畅通型标准的底线)。在设施联通方面,陆路联通总体上比海上丝绸之路联通发展更好。体现在4个畅通型国家和11个连通型国家均为陆路联通国家,而5个薄弱型国家为海路连接国家。①

2. 能源电力供应不足的风险

"一带一路"国家能源设施领域普遍较为薄弱。从电力供应来看,作为工业的血液,电力是一个国家最重要的基础设施之一,电力工业的发达程度、供给能力与价格是企业在跨国投资中需要重点考虑的因素之一。在东盟10国中,除个别国家外,多数国家电力设施发展程度较低,尤其是菲律宾、柬埔寨、缅甸、越南及印度尼西亚等国家,供电普遍较为紧张,缺口较大。中国企业在这些国家进行投资,必须考虑电力短缺的问题,工厂需要自备发电机。

以缅甸为例,目前缅甸全国人口中只有44%的民众能用上电,缅甸政府计划在

---

① 张蕾. 设施联通提升空间巨大——2018年"一带一路"五通指数单项报告之二 [EB/OL]. http://www.taiheinstitute.org/Content/2019-04/10/1648583409.html,2019-04-11.

2025—2026年时让全国75%的人用上电，扩大电力建设是目前缅甸政府的当务之急。在印度尼西亚，目前还有25%的人口没有用上电，即使首都雅加达偶尔也会因缺电实施轮流停电。最近几年越南的经济快速增长，但长期以来电力供不应求，限电情况时有发生。①

3. 交通不便的风险

"一带一路"沿线部分国家交通等基础设施投入不足，制约了中国企业在当地投资发展的步伐。一方面，沿线各国对于公路、铁路、港口、机场等互联互通项目建设需求巨大，为我国基础设施建设类的企业提供了大量的机遇；另一方面，交通不便和基础设施落后，也影响了中国企业的投资积极性。

例如，塔吉克斯坦是中亚的东南通道，国土面积为14.31万平方千米，93%是山地，其中约一半在海拔3000米以上。境内四条主要公路均为苏联时期修建，基础设施建设极为落后，目前在中国、日本和伊斯兰国家开发银行等的援助下进行公路网的修缮工作。2016年8月，中国公司承建的"瓦赫达特—亚湾"铁路项目完工，将塔吉克斯坦的中部铁路与南部铁路相连。②

4. 通讯和网络连接的风险

在数字经济时代，通讯和网络连接是最重要的基础设施之一。目前，我国与"一带一路"沿线国家在网络互联互通上存在薄弱之处，还有较大的提升空间。根据上海社会科学院及社会科学文献出版社共同发布的《全球信息社会蓝皮书：全球信息社会发展报告（2017）》，2017年全球互联网互联互通的情况如下：欧洲和北美是网络连接最紧密的地区，其次是北美和南美、北美和日本等。"一带一路"沿线上只有一些重要节点城市是网络连接的枢纽，如中国的北京、上海、中国香港、中国台北、新加坡、印度孟买等，而中亚、西亚、东南亚、北非部分地区的连接都比较"稀疏"。

据中国信息通信研究院统计，"一带一路"沿线64个国家中，29个国家有国际海底光缆通达，35个国家没有海底光缆通达，这些国家有的是内陆国家，但有的是沿海国家却没有直接连通海底光缆，这种现状限制了"一带一路"国家互联网的普及程度和宽带的发展水平。

根据国家信息中心和国家电子政务外网管理中心2018年发布的《"一带一路"沿

---

① 亚布力中国企业家论坛. 一带一路·观察：东盟国家的用电成本与电力投资机会 [EB/OL]. https://www.sohu.com/a/325046520_99947734，2019 – 7 – 5.

② 邢文涛. 一带一路上的中亚国家将会和中国擦出怎样的火花 [EB/OL]. 见道网，https://www.seetao.com/details/104481.html，2021 – 8 – 16.

线国家信息化发展水平评估报告》,"一带一路"沿线国家信息化发展总体上处于"中等"水平,新加坡、以色列、爱沙尼亚位列前三,处于"高"水平;捷克、波兰、俄罗斯等21个国家处于"较高"水平;伊朗、越南、印度等24个国家处于"中等"水平;柬埔寨、巴基斯坦、伊拉克等15个国家处于"较低"水平;阿富汗处于"低"水平。

三、社会与文化风险

"一带一路"沿线国家地域辽阔,所涉及的社会、历史、文化、民族等因素错综复杂,差异巨大,增加了我国企业"走出去"风险。有些中国企业在赴"一带一路"沿线投资的时候,关注政治、经济的因素更多一些,却忽略了对当地文化、社会习俗、宗教习惯等方面的评估,这有可能给企业在前期沟通、后期管理和运营等方面带来较大的负面影响。"一带一路"社会与文化的风险领域主要包括安全风险、文化风险、宗教风险以及劳工风险四大类。

(一)安全风险

安全风险指企业及员工在海外因社会治安、社会动荡、绑架、恐怖袭击以及战争等,遭遇到或可能遭遇到的造成或者意图造成人员伤亡、重大财产损失、公共设施损坏、社会秩序混乱等严重危害社会的行为。在全球最不安全的20个国家中,有10个在"一带一路"沿线;全球每年一半以上的恐怖袭击发生在伊拉克、阿富汗与巴基斯坦等国家;有25%左右的绑架案发生在"一带一路"沿线。①

中国企业赴"一带一路"投资过程中企业职员面临的人身安全风险主要来自战争、社会治安和恐怖主义三种。

1. 战争的风险

如果东道国发生战争、武装冲突或动乱,对中国企业在当地职员的安全影响是不言而喻的。在"一带一路"沿线国家中,叙利亚正处于内战的战火当中,2020年亚美尼亚和阿塞拜疆在纳卡地区爆发武装冲突,吉尔吉斯斯坦在2020年发生街头动乱等,这些都有可能对中国企业当地职员的人身安全带来一定的风险。

---

① 亚布力中国企业家论坛."一带一路"国家投资合作常见的风险[EB/OL].一带一路·观察,https://baijiahao.baidu.com/s?id=1659228950917430199&wfr=spider&for=pc,2020-02-22.

2. 社会治安的风险

不良的社会治安有可能带来中国企业职员的人身安全问题。"一带一路"沿线国家中，有的国家由于社会治理不到位，容易发生抢劫、谋杀等刑事案件。例如，2018年中远海运巴基斯坦卡拉奇分公司总经理遇害案，就是由于公司内部商业纠纷所导致。

3. 恐怖主义的风险

恐怖主义给中国企业职员带来的安全威胁早有先例。部分"一带一路"沿线的国家和地区早有恐怖组织活动的身影。例如，2015年11月20日，马里首都巴马科的丽笙酒店遭到恐怖组织伊斯兰国袭击，导致时任中国铁建国际集团总经理、中国铁建国际集团副总经理、中国铁建国际集团西非公司总经理遇难。

（二）文化风险

文化风险是指在东道国文化环境下外国企业面临的不同文化之间的冲突。文化环境包括居民文化水平和受教育程度、宗教信仰、社会风俗、语言、价值观念等。中国企业沿"一带一路"走出去所面临的文化风险主要有以下三类：

1. 价值观的风险

"一带一路"沿线国家在伦理道德、社会观念和文化等方面与中国存在较大差异性，而这些价值观的差异对国际化企业产生了不同程度的影响，如果处理不当就会给合作双方的工作造成障碍。比如，有的"一带一路"国家的劳动者在时间观念、权利观念、宗教观念及工作观念等方面的差异给中国"走出去"企业的生产运营带来困难，导致生产效率降低及成本增加。例如，印度、孟加拉及巴基斯坦等国有部分的工人工作效率低，时间观念不强，宗教节日多，其劳动生产率比起国内成熟而训练有素的产业工人更低。

2. 跨文化沟通的风险

"一带一路"沿线65个国家所使用的语言有1000余种，其中官方语言及国语总共约60余种。由于语言状况复杂、语言种类繁多，在沟通协作中可能产生跨文化风险。跨文化企业内外部的信息沟通和传递离不开语言及其互译互通，在这一转换过程中，由于有关工作人员的知识储备、认知能力、"连译带改"等因素的影响，可能造成语言理解上的偏差和错误。不同文化背景和语言的人对同一信息的接收和解码会存在差异，从而得出截然不同的结果，影响沟通的效果。因此，跨文化合作的企业因为语言的错误信息传递而造成误解、曲解，形成对立的情况时有发生。

3. 种族差异的风险

种族差异是心理取向不同的种族在文化方面存在的差异性。如果来自某一文化的人具有强烈的种族优越感，就会有偏见地看待其他的种族文化，影响双方之间的信息交流，可能会造成在沟通过程中的误解，形成难以调和的矛盾。种族差异会对企业的经营发展带来一定障碍，甚至会引发种族冲突，影响企业正常生产和经营。中国企业在"一带一路"国家投资运营过程中曾发生过因不理解东道国文化而酿成事故的先例。

例如，2012年10月22日，柬埔寨逾千人在金边王宫前游行，抗议一家在柬埔寨的中资企业的中方管理人员撕毁前国王西哈努克画像。当时正值柬埔寨官方哀悼西哈努克期间，这位管理人员因对工人们看照片而停止工作感到不满，便从一名工人手里抢下西哈努克的照片并撕毁，因而引发了上千名工人的抗议，并一度引发公众骚乱。

（三）宗教风险

"一带一路"涵盖60多个国家，44亿人口，由于历史和现实的原因，沿线国家处于东西方多个文明交汇的地区，基督教、伊斯兰教、佛教之间，包括伊斯兰教内部教派之间，都存在分歧甚至冲突。同时，这些区域的宗教矛盾容易与民族和种族的矛盾叠加，因此矛盾也较为突出。正常情况下，宗教矛盾一般不会对外国投资者产生直接的或根本的影响，但是一些异常事件，有可能激发潜藏的矛盾，有时甚至影响企业的正常运营。宗教风险有可能影响"走出去"企业的管理效率、协调发展和经营战略的实施。因此，中国企业需要对东道国的宗教文化加强了解，避免因触碰当地的宗教习俗、宗教禁忌而引发的风险。

（四）劳工风险

随着越来越多的中国企业投资"一带一路"沿线国家，劳工风险逐渐成为中国企业面临的重要挑战。劳工风险主要指劳资纠纷、与工会关系的处理以及对劳工权益保障等。工会的力量在有的"一带一路"沿线国家比较强大，且当地法律保护工会组织合法罢工的权利。工会一定程度上就是一支强大的组织力量，如果处理得不好，劳工风险就会对中国企业在东道国的生产经营产生不利影响，甚至遭受经济损失。

以中国有色集团出资企业中色非洲矿业有限公司（以下简称"中色非矿"）在非洲赞比亚投资的谦比希铜矿为例，该矿于2003年建成投产，是中国在境外建成的第一座且规模最大的有色金属工矿。但是，在铜价大幅上涨的背景下，当地工人与管理层的劳资纠纷加剧。谦比希铜矿的工会每年要求资方给工人涨工资。2011年10月，因薪资待遇谈判破裂而引发2000余名当地矿工长达两周的罢工活动，谦比希铜矿的正常生产、作业遭受重大影响。

根据赞比亚法律规定，当公司与工会就工资增幅问题未能达成一致且经调解未果后，劳工可以在工会组织下经法院批准后进行合法的罢工以捍卫自身权利。因此，此次罢工事件属于在程序上非法的罢工。2011年10月19日，中色非矿公司决定，根据相关法律法规要求，如罢工员工48小时内不重返岗位，则予以开除。赞比亚官方随后介入并进行调解，工会承诺罢工人员将于当年10月22日复工，中色非矿公司则须接纳所有员工复职，而劳资事宜待由薪酬集体谈判解决。至此，罢工风波基本结束。但这起纠纷曾干扰了谦比希铜矿近一个月的正常生产，致使中色非矿损失约1680万美元。

四、企业经营风险

中国企业在"一带一路"沿线市场进行企业国际化战略转型升级的过程中，除了要面对宏观层面的政治风险、法律风险、经济风险、文化与社会风险，还需要解决好企业微观层面的市场风险、人才风险、技术风险、资本运营风险、品牌风险等各种风险。

（一）市场风险

所谓市场风险这里主要是指企业所生产和销售的产品和服务是否接符合当地市场需求，是否为当地消费者所接受。由于"一带一路"沿线国家的经济发展、社会文化、消费习惯等与国内市场有较大的差异性，因此，中国企业"走出去"需要对市场风险有正确的认识并提前做好论证与规划。目前，"一带一路"市场风险主要包括以下四种类型：

1. 市场规范化程度低造成的风险

一是有的"一带一路"沿线国家法律法规不够完善，市场规范化程度低，当地企业在经营过程中缺少相关职能部门的监控和控制，信用管理体系还处在初级阶段，由此造成中国企业与当地企业的合作有时会遭受经济损失。

二是一些沿线国家市场存在一定贸易壁垒或知识产权保护等非贸易壁垒，看似潜力大实则缺乏有效需求，企业进入风险高盈利难。

三是中国企业的大宗投资，尤其是基础设施领域投资，需要接受有些国家的市场准入、外资审批及国家安全审查，而有些国家则采用"负面清单"模式，除明确禁止和限制投资的领域之外，其他均属于外资投资准入领域，如印度、沙特阿拉伯等。

2. 经济水平差异造成的风险

"一带一路"沿线国家经济发展相对落后，有些中国企业在"一带一路"国家进行对外投资及合作过程中，由于事先对东道主国家的经济发展状况和消费价格水平缺乏充分的调查了解，导致对外投资企业盲目生产。由于前期投入成本过高，产品的价格定位较高，使产品缺乏竞争力，产品的市场占有率低，很难保证企业的投资收益。

例如，三一重工在进入印度市场的时候就面临这类问题。由于经济发展水平不同，印度市场对产品的需求与国内市场不同。三一重工的产品刚进入印度时，销售价格比成本还低。后来他们发现印度人奉行实用主义，产品简单够用，有基本功能就行，价格要低，但是对产品质量要求又很高。

3. 消费习惯差异造成的风险

不同地域有不同的消费特点、消费心理和消费习惯，这也是消费者生活习惯的直接体现。消费者的消费方式有三种：计划型、随意型、节俭型。"一带一路"沿线各国消费者的消费习惯差异对中国企业的投资影响较大。

例如，有中国企业在参与老挝一个城市综合体项目时，发现当地根本没有房地产市场概念，与当今中国房地产市场大相径庭，更像几十年前的中国，只能通过创新的方式去另辟蹊径，想方设法去满足当地消费者的需求。因此，深入研究当地市场消费习惯和市场容量对于企业发展显得至关重要。

4. 竞争造成的风险

竞争风险这里是指中国企业在国际化经营过程中为谋求自身利益参与市场竞争而面临的风险。中国企业在"一带一路"市场面临的竞争风险主要有三类：

一是中国企业内部竞争风险。自"一带一路"顶层设计提出以来，越来越多的中国企业陆续进入这些国家市场，从而产生了自己人之间的竞争。例如，在国际工程承包领域，同一个国际工程项目同时出现多家中国企业参与，有的工程项目多达几十家中国企业同时参与竞标，竞争之激烈可想而知。

二是中国企业与本地企业竞争风险。"一带一路"沿线市场有一些当地企业具有较强的实力和竞争力，如较高的技术水平、良好的管理能力以及良好的社会关系，在竞争中对中国企业构成较大的冲击。

三是与欧美、日韩企业竞争风险。"一带一路"沿线的中东、东南欧及东南亚部分国家长期以来是欧美、日韩企业的传统市场,欧美、日韩企业往往拥有先进的技术装备、充裕的资金且与当地政府保持较好的关系,这些都加大了中国企业在当地的竞争风险。

(二) 人才风险

人力资源是第一资源,当前中国企业的企业国际化战略转型升级的人才支撑力度还不够。中国企业缺乏具备国际化经验的高素质复合型人才的现状让企业在"一带一路"市场进行国际竞争的过程中,往往处于弱势地位。人力资源风险主要体现在以下四个方面:一是国际化高素质人力资源缺乏;二是现有人才培养体系与中国企业的国际化运营需求脱节;三是国际化人才结构亟待调整优化;四是人才梯队建设缺乏长期规划。

(三) 技术风险

与国际先进企业相比,有的中国企业缺乏创新能力,创新能力整体偏弱,以企业为主体的创新体系尚不完善。目前,中国企业研发经费投入强度不高,导致技术装备落后,新产品开发不足,难以满足"一带一路"沿线国家多元化的市场需求。技术风险主要体现在以下五个方面:一是整体科技创新能力不强;二是与"一带一路"沿线国家科技合作相对较少;三是面临从中低端产品出口向高端知识产权共享的转型升级困境;四是技术工艺与技术装备有待提升;五是信息化水平不高。

(四) 资本运营风险

中国企业要缩小与世界一流企业的差距,需要提高国际化资本运营水平。企业国际化本质上就是资本运营国际化。中国企业在"一带一路"沿线国家进行资本运营国际化能够帮助企业获取发展所需资源、提高企业国际运营效率、把握沿线市场存在的投资机遇,同时也面临着缺乏完备的前期准备、缺乏国际化资本运营的专业能力、缺乏资源整合能力等企业内部管理能力欠缺的风险。

(五) 品牌风险

品牌影响力决定了消费者对品牌的忠诚度,品牌竞争是市场竞争的高级阶段。在"一带一路"国际市场运营的过程中,中国企业与跨国公司相比在品牌管理方面还存在较大的差距,缺乏品牌经营理念,品牌建设滞后,缺少一批具有国际影响力的品牌和领军型企业。具体来讲,中国企业在"一带一路"市场所面临的品牌风险包括:一是品牌国际化短板明显；二是品牌国际化战略缺失；三是国际化品牌效应不足；四是国际化品牌维护欠缺。

综上所述，中国企业在"一带一路"沿线国家进行国际化战略转型之前，需要对自身所处的环境进行战略环境分析，以便为企业选择正确的国际化战略打下坚实的基础。中国企业在"一带一路"市场上所面临的战略机遇包括：政府政策的大力支持、降低企业成本、减少贸易壁垒、调整市场结构以及优化产能布局。同时，中国企业在"一带一路"市场上也遭遇了不少的挑战，主要的风险包括：政治风险、经济风险、社会与文化风险以及企业经营风险。

在这些机遇和挑战当中，有企业外部的因素和内部因素。外部因素包括上述五大机遇和四大挑战，而在最后一个挑战企业经营风险里面，其中的市场风险属于企业外部因素，本章进行了详细分析。其余的四个风险（人才风险、技术风险、资本运营风险、品牌风险）属于企业的内部因素，是企业的国际化战略实施的主要内容，本章仅稍作概述，具体内容在本书后面的章节会有详细的分析论述。

本章参考文献

［1］中国证券报·中证网. 近60%中国企业高管认为"一带一路"将带来投资机遇［EB/OL］. http：//www. cs. com. cn/sylm/jsbd/201703/t20170302_5193456. html，2017－03－02.

［2］前瞻产业研究院. 2019年中国移动支付行业市场分析：协同一带一路走出去，三大建议加强海外布局［EB/OL］. https：//www. sohu. com/a/300497963_473133，2019－03－11.

［3］邵慰. "一带一路"倡导多边主义为国际合作提供"中国方案"［EB/OL］. https：//baijiahao. baidu. com/s?id=1632119540077915215&wfr=spider&for=pc，2019－04－29.

［4］国家标准化委员会网站. 标准联通共建"一带一路"行动计划（2018－2020年）［EB/OL］. http：//www. scio. gov. cn/xwfbh/xwbfbh/wqfbh/37601/39274/xgzc39280/Document/1641459/1641459. htm，2018－01－19.

［5］周平. "一带一路"面临的地缘政治风险及其管控［J］. 探索与争鸣，2016（1）.

[6] 东方金诚主权团队. 2020年"一带一路"沿线国家主权信用级别迁移 [EB/OL]. https：//baijiahao. baidu. com/s?id = 1669090178622478420&wfr = spider&for = pc, 2020 – 06 – 10.

[7] 刘海涛. 山东电建国际化经营风险管理研究 [D]. 济南：山东大学, 2020.

[8] 薛煦. "一带一路"背景下 HS 公司国际贸易风险管理研究 [D]. 西安：西安建筑科技大学, 2017.

[9] 马欢. 当前"一带一路"背景下国际贸易壁垒应对分析 [J]. 经贸实践, 2018 (9).

[10] 周铃. "一带一路"背景下国际贸易壁垒应对分析 [J]. 时代金融, 2018 (1).

[11] 李梦麒. "一带一路"背景下国际贸易壁垒对我国的影响分析及应对策略 [J]. 现代营销（信息版）, 2020 (1).

[12] 王灿. "一带一路"建设中的金融风险识别与防范 [J]. 国际商务财会, 2018 (11).

[13] 曲丽丽, 韩雪. "一带一路"建设中金融风险识别及监管研究 [J]. 学习与探索, 2016 (8).

[14] 亚布力中国企业家论坛：一带一路·观察. 东盟国家的用电成本与电力投资机会 [EB/OL]. https：//www. sohu. com/a/325046520_99947734, 2019 – 07 – 05.

[15] 丁波涛, 唐涛. 全球信息社会发展报告（2017）[M]. 北京：社会科学文献出版社, 2017.

[16] 邓玲, 王芳. "一带一路"建设的文化风险及其应对策略 [J]. 广西社会科学, 2018 (1).

[17] 亚布力中国企业家论坛：一带一路·观察. "一带一路"国家投资合作常见的风险 [EB/OL]. https：//baijiahao. baidu. com/s?id = 1659228950917430199&wfr = spider&for = pc, 2020 – 02 – 22.

[18] 中国警察网. 中国女子撕西哈努克照片 被柬判1年并驱逐出境 [EB/OL]. http：//news. sohu. com/20121024/n355633510. shtml, 2012 – 10 – 24.

[19] 张哲. 投资非洲必知的五大风险 [J]. 进出口经理人, 2019 (12).

[20] 周东春. 企业在"一带一路"机会中应规避三大投资风险 [N]. 第一财经日报, 2017 – 06 – 08 (A11).

第四章
"一带一路"背景下企业国际化战略选择与实施

　　企业战略管理的主要流程包括：战略目标设定、战略环境分析、战略选择、战略实施与评价等四大环节。在本书中，中国企业的战略目标是在"一带一路"沿线国家进行企业国际化战略转型升级，第二章论述了企业国际化战略转型升级有关理论，第三章是战略环境分析，通过对中国企业所处的"一带一路"环境的分析来展望未来，为企业战略制订打好基础。本章将论述中国企业在"一带一路"沿线国家实施国际化转型升级的时候应当如何选择适合自身的战略，做出正确的战略决策，以及如何更好地实施选定的战略。

第一节 "一带一路"背景下中国企业国际化战略选择

中国企业在进军"一带一路"沿线国际市场的时候，一定要尽力克服一个悖论——"盲目成功"。所谓的"盲目成功"是指一家企业在没有充分理解原因的情况下在本地市场获得很大的成功。这种瞎猫碰到死耗子式的盲目成功在世界各地很常见，尤其是在改革开放初期的国内市场。当时很多企业抱着"敢拼就会赢"的精神勇闯市场，取得了成功，铸造了我国经济四十年高速发展的辉煌成就。然而，过去成功了不等于未来也会成功，在国内市场的成功更不等于进军新的国际市场也将取得成功。

中国企业要想在国际化的道路上长远地健康地走下去，很大程度上取决于其"走出去"的路径选择，企业必须做出正确的战略选择，并且尽力将其实施好，努力积累核心竞争力，才能在"一带一路"市场上取得竞争优势。本节主要从中国企业国际化战略的发展历程、企业战略选择的决定因素、企业国际化战略选择的框架、不同类型企业的国际化战略选择四个方面分析论述中国企业应当如何选择适合自身的国际化战略。

一、中国企业国际化的发展历程

20世纪50—70年代，中国曾在海外开办了少量的运输、贸易、金融等领域的合营或独资经营企业。1976年，中国的对外承包劳务队伍第一次走向国际舞台，中国开始向外"劳务输出"。[①] 而中国企业在广泛领域开展国际化经营，则是在外改革开放以后。中国企业国际化的发展历程经历了以下五个阶段：

1. 起步阶段：1978—1983年

1978年十一届三中全会确立改革开放方针后，中国企业开始尝试进入国际市场。1978年11月17日，中共中央、国务院批准组建"中国建筑工程公司"（1982年更名为"中国建筑工程总公司"），这是中国第一家对外承包劳务公司。[②] 1979年国务院颁

[①] 第一财经日报."走出去"推着人们跑［EB/OL］. http://www.p5w.net/news/gncj/200910/t2635502.htm, 2009-10-27.

[②] 高尚全，王梦奎，禾村. 中国改革开放大事典［Z］. 北京：北京工业大学出版社，1993：1451.

布15项改革措施，允许出国办企业。此时的重点是扩大进出口和利用外资，1978年末，中国外汇储备仅有1.67亿美元。① 由于外汇短缺，在1982年之前每一宗对外投资项目都要经过国务院审批。

1979—1983年，中国政府批准开办对外合营和独资企业61个，分布在23个国家和地区，总投资额为10119万美元，其中中方投资额4590万美元。投资领域主要分布在航运、外贸、金融保险、承包工程、中餐饮食等少数行业。1983年外经贸部建立了新的审批管理制度，1984年新批准涉外企业47个。②

2. 调整提高阶段：1984—1991年

外经贸部于1984年5月出台《关于在境外开办非贸易性合资经营企业的审批程序权限和原则的通知》。1985年7月颁布《关于在境外开办非贸易性企业的审批程序和管理办法的实行规定》。在这个阶段，中国企业对外投资合作主要涉及采矿业、炼铝、远洋渔业、森林开发、加工生产装配、承包工程、交通运输、金融保险、旅游等资源型和贸易型领域，涉及地域多分布在资源比较充足的拉美、非洲等发展中国家和地区，少数分布在美国等发达国家及中国港澳地区。

截至1991年底，中国共批准设立了涉外贸易性企业800多家（中国港澳地区除外），实际投资总额1.86亿美元，分布于73个国家和地区；非贸易性企业对外投资额10.6亿美元，在海外投资设立企业911家；已在155个国家和地区开展了对外承包工程和劳务合作业务。③

3. 稳定发展阶段：1992—2000年

1997年党的"十五大"提出充分利用国际国内两个市场、两种资源，2000年党中央确立实施"走出去"战略，坚持"引进来"和"走出去"同时并举、相互促进，企业国际化经营成为中国国家发展战略的重要组成部分。在此时期，一批优秀的民营、集体企业走出国门进行国际化经营，如小天鹅、TCL、海尔等。例如，海尔集团的境外合资合作项目有20多个，合同外资额超过1亿美元，设立的海外企业有13家。国有企业更是积极向企业国际化战略转型升级，例如，宝钢集团从1993年起，先后在世界11个国家和地区设立了14家控股、全资子公司，形成铁矿石产、供、销一体化的稳定资源基地，提升了自身产品的国际竞争力。

截至2000年末，中国的海外企业总计为62981家（不含金融类企业），协议投资

---

① 第一财经日报."走出去"推着人们跑［EB/OL］. http://www.p5w.net/news/gncj/200910/t2635502.htm，2009-10-27.
②③ 张磊.中国企业国际化发展战略研究［D］. 厦门：厦门大学，2006.

总额 113.6 亿美元，其中中方协议投资总额为 75.7 亿美元，遍布全球 60 多个国家和地区。[①]

4. 快速成长阶段：2001—2012 年

2001 年，我国加入世界贸易组织（WTO），调动了中国各类企业推进国际化经营的积极性。2001 年，实施"走出去"战略被写入《"十五"规划纲要》。2002 年，党的十六大报告指出实施"走出去"战略是对外开放新阶段的重大举措，鼓励和支持各种所有制企业对外投资，带动商品和劳务输出，形成一批有实力的跨国企业和著名品牌，在更大范围、更广领域和更高层次上参与国际经济技术合作和竞争。

在这一时期，中国企业的国际化在各领域的发展全面提速。例如，2003 年 11 月 4 日，TCL 集团并购法国汤姆逊公司彩电和影碟机业务。2004 年 12 月 8 日，联想集团收购 IBM 个人电脑事业部。虽然这些海外并购让中国企业发现了许多问题，但这对于国际化经验较为缺乏的中国企业是一个逐步学习积累的过程。

2007 年，党的十七大报告中提出要拓展对外开放广度和深度，提高开放型经济水平，首次阐明我国企业国际化的战略方向，即创新对外投资和合作方式，支持企业在研发、生产销售等方面开展国际化经营，加快培育我国的跨国公司和国际知名品牌。

2008 年，由于金融危机，虽然全球对外直接投资流量下降 20% 以上，但是中国的"走出去"战略仍然保持了平稳强劲的发展势头。2008 年中国对外直接投资总额达 521.5 亿美元，同比增长 96.7%，连续 6 年位居发展中国家前列。[②]

在这个阶段，国务院各相关部门制定了相关的管理法规和配套措施，涉及简化审批程序、提供资金支持、扩大进出口经营权范围、财税与外汇管理、外派人员审批、海外经营保险等，为高效实施"走出去"战略提供了有力的保障。

5. "一带一路"发展阶段：2013 年起

2013 年 9 月 7 日，习近平主席在哈萨克斯坦纳扎尔巴耶夫大学发表演讲时提出，为了使各国经济联系更加紧密、相互合作更加深入、发展空间更加广阔，可以用创新的合作模式，共同建设"丝绸之路经济带"。2013 年 10 月 3 日，习近平主席在印度尼西亚国会发表演讲提到，中国愿同东盟国家加强海上合作，共同建设 21 世纪"海上丝绸之路"。随着"一带一路"建设的持续推进，中国企业，尤其是国有企业，积极在

---

① 中国对外经济贸易年鉴编委会. 中国对外经济贸易年鉴 2001，中国对外经济贸易年鉴 2002 [R]. 中国对外经济贸易出版社．

② 第一财经日报．"走出去"推着人们跑 [EB/OL]. http：//www.p5w.net/news/gncj/200910/t2635502.htm，2009 - 10 - 27．

沿线国家和地区进行国际化经营，满足区域发展的多元化需求，为沿线的人民带来了福祉。

2012年，党的十八大报告提出，要全面提高开放型经济水平，加快转变对外经济发展方式，推动开放朝着优化结构，拓展深度，提高效益方向转变；要创新开放模式，坚持进出口并重，提高利用外资的综合优势和总体效益，加快走出去步伐。

2017年，党的十九大报告指出，要以"一带一路"建设为重点，坚持引进来和走出去并重，遵循共商共建共享原则，加强创新能力开放合作，形成陆海内外联动、东西双向互济的开放格局。

2020年，国务院国资委发布的《关于开展对标世界一流管理提升行动通知》，提出了中央企业和地方国有重点企业国际化有关的具体要求，在重点任务的第一条"加强战略管理，提升战略引领能力"当中要求，强化国际化经营，积极稳妥实施"走出去"，构建更加适应国际化经营需要的管理机制，有序融入世界产业链和创新生态圈，不断增强全球话语权和影响力。

这一时期，随着国企参与"一带一路"建设示范效应的显现，以及国家支持企业参与"一带一路"建设的有关支持政策相继落地，我国民营企业也积极在"一带一路"沿线进行国际化经营。2016年，民营企业海外并购呈现爆发式增长，不仅交易数量达到了2015年的3倍，且交易金额首次超越国有企业，其中有51笔并购的交易金额超过10亿美元。民营企业开始取代国有企业，成为中国大陆企业实施海外并购的主体力量。①

二、"一带一路"背景下中国企业国际化战略选择的过程

中国企业在面对"一带一路"机遇与风险的时候，国际化战略选择的逻辑与哲学思考的人生终极问题是一致的，那就是：我是谁？我从哪里来？我要到哪里去？而企业的问题就在于：第一，企业提供什么样的产品和服务？企业的使命是什么？谁是企业的客户、供应商和其他利益相关者？这些是有关"我是谁？"的问题。第二，企业过去和现有拥有哪些竞争优势？具备什么样的核心竞争力？能够调配哪些战略资源？这些是有关"我从哪里来？"的问题。第三，企业的目标是什么？为了达到目标，企业应该有什么样的计划？需要采取哪些行动措施？这些是有关"我要到哪里去？"的

---

① 中国工业新闻网."一带一路"背景下国有企业海外并购的新趋势 [EB/OL]. http：//www.cinn.cn/ydyl/201802/t20180209_171659.html, 2018-02-09.

问题。以下将以结构—行为—绩效模型为基础来分析"一带一路"背景下中国企业国际化战略选择的过程。

（一）结构—行为—绩效分析模型

结构—行为—绩效（Structure - Conduct - Performance，SCP）模型是由美国哈佛大学产业经济学家贝恩（Bain）、谢勒（Scherer）等于1959年在《产业组织理论》一书中提出的。该模型在新古典经济理论基础上提供了一个既能深入具体环节，又有系统逻辑体系的市场结构（Structure）—市场行为（Conduct）—市场绩效（Performance）的产业分析框架。SCP模型的基本含义是：市场结构决定企业在市场中的行为，而企业行为又决定了企业在各个方面的经济绩效。SCP已经成为企业分析竞争战略和政府制定产业政策的重要分析模式。

SCP模型从市场结构、企业行为和企业绩效三个方面来分析企业遭遇外部冲击所产生的影响。外部冲击是指企业外部经济环境，如政治、技术、文化变迁、消费习惯等因素的变化；市场结构是指外部各种环境的变化对企业所处市场可能产生的影响，包括市场份额、市场势力、相对垄断程度等。企业行为是指企业针对外部的冲击和市场结构的变化，有可能采取的应对措施，包括对相关业务单元的整合、业务的扩张与收缩、营运方式的转变、管理的变革等一系列变动。企业绩效指在外部环境发生变化的情况下，企业的经营结果，包括成本、利润、市场份额、客户满意度、员工的学习与成长等。

迈克尔·波特认为，企业的盈利性是由两个因素决定的：行业结构和持续的竞争优势。波特的竞争战略理论实际上是建立在产业组织理论的SCP范式的基础上，这一范式认为产业结构决定了产业内的竞争状态，并决定了企业的战略及其行为，从而最终决定企业的绩效。因此，波特提出企业战略管理的基本过程：第一步，企业需要分析产业结构——五力模型，即产业环境中存在着五种基本的竞争力量，即新竞争对手的进入、替代品的威胁、买方的议价能力、卖方的议价能力和行业内竞争对手之间的竞争这五种力量决定了一个产业的结构及其盈利能力。第二步，识别、评价和选择适合的竞争战略：低成本战略、差异化战略和集中战略。第三步，实施选定的战略，取得竞争优势，获得经营业绩。

按照SCP理论，"一带一路"市场结构的不断变化将影响中国企业的国际化战略决策，从而使其调整经营行为和经营战略，最终将影响企业的经营业绩。从SCP模型的四要素，即外部冲击、市场结构、企业行为和企业绩效来看，中国企业在"一带一路"沿线国家和地区所面临的外部冲击已经在第三章机遇与挑战当中做出了分析，以下将从市场结构、企业行为和企业绩效三个方面进行研究。

(二)"一带一路"国际市场结构分析

市场结构(Market structure),狭义的含义指买方构成市场,卖方构成行业。广义的含义是指某一市场中各种要素之间的内在联系及其特征。市场结构反映的是市场当中企业间的竞争关系,即生产同质性产品的企业的集合中,各企业的市场份额及相对垄断程度。国际市场表明商品交换关系突破了一国的界限。"一带一路"国际市场涵盖了沿线众多的国家和地区,既包括发达国家,也包括发展中国家和新兴市场,因此具有一般市场的普遍特征。当然,具体到不同行业、产品及服务,在不同的国家和地区,其市场差别是巨大的,需要进行细致的市场调研。

1. 一般性市场结构分析

从总体来看,经济学将市场结构简单分为四类:完全竞争市场、垄断竞争市场、寡头垄断市场和完全垄断市场。

(1)完全竞争市场。在完全竞争市场中,买方和卖方的数量都很多,产品和服务的同质性极高,单个买方和卖方之间的交易量同市场全部交易量比起来都很小,没有人可以对市场价格达到一定程度的支配地位。市场进入和退出没有壁垒,任何信息充分流动,不存在不确定性和商业机密,没有企业可以获得超额利润。

(2)垄断竞争市场。在垄断竞争市场中,卖方数量较多,但是产品存在一定的差异性,进入、退出壁垒较低,但并非不存在。部分具备某些竞争优势的卖方对价格有一定的控制能力,可以获取超额利润。该市场接近完全竞争,但有一定的垄断趋势。

(3)寡头垄断市场。在寡头垄断市场中,市场中只存在几家较大的卖方,其产品和服务可以是同质的或者有差异的,但是进入壁垒较高。具有垄断地位的寡头企业瓜分绝大部分市场份额,具备较难复制的市场优势,可以获取垄断利润。

(4)完全垄断市场。在完全垄断市场中,由于自然原因、技术原因或政策限制形成的市场只有一个卖方,其产品和服务不可替代,进入壁垒极高。完全垄断企业对市场价格具有极高的支配地位,能够获得超额垄断利润。

2. "一带一路"国际市场的结构与特征分析

(1)"一带一路"国际市场结构。"一带一路"市场国际市场竞争不断发展,竞争活动密集,规则制度纷繁复杂,但自有其运行机制和内在逻辑。通过"一带一路"协议与市场化合作的联系纽带,"一带一路"国际市场分为沿线各国间市场和各国的国内市场,具体如图4-1所示。

第四章 "一带一路"背景下企业国际化战略选择与实施

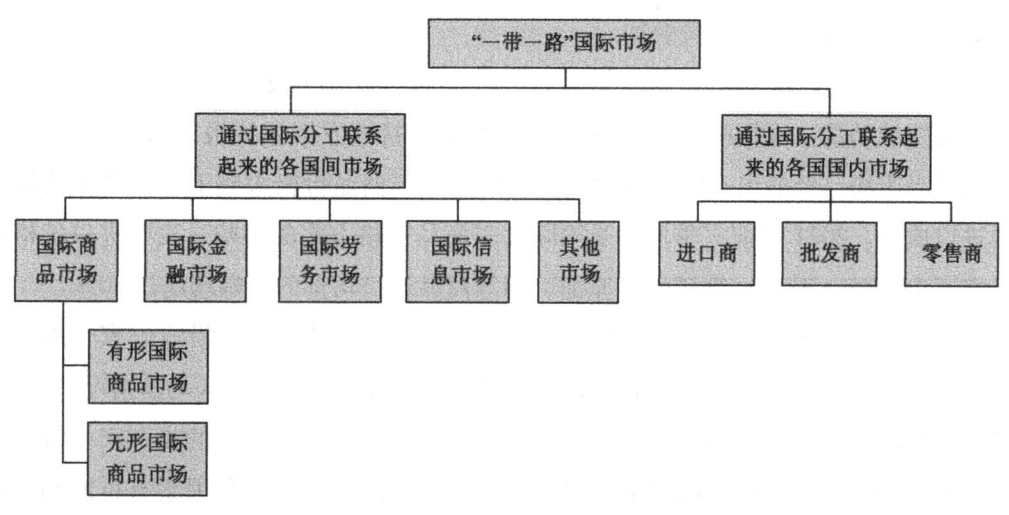

图4-1 "一带一路"国际市场的结构

资料来源：笔者绘制。

其中，国际商品市场包括有形国际商品市场（如商品交易所、拍卖市场、博览会及展览会等）和无形国际商品市场（如补偿贸易、加工贸易、易货贸易、租赁贸易等）。

(2) "一带一路"国际市场特征。

① "一带一路"市场快速增长，经济要素的流动性加强。

其一，"一带一路"市场贸易、投资快速增长。世界银行的一项研究分析了共建"一带一路"倡议对71个潜在参与国的贸易影响，发现共建"一带一路"倡议将使参与国之间的贸易往来增加4.1%，相关国家的外商直接投资总额将增加4.97%。2018年，中国与相关国家货物贸易进出口总额达到1.3万亿美元，同比增长16.4%。[①] 中国企业之前的全球化竞争战略市场一直是美国，但是这种趋势在逐渐减弱，新兴的大规模市场，如东南亚、印度、俄罗斯逐渐崭露头角。

其二，经济要素的流动性加强。在资本流动方面，在"一带一路"资金融通的优惠政策指引下，中国企业积极投资"一带一路"市场，亚投行、丝路基金等金融机构为众多的基础设施国际合作项目提供了融资支持，资本流动性大大增强。在技术流动方面，"一带一路"构建人类命运共同体将加速沿线国家企业之间的技术流动。在劳动力流动方面，通过国际劳务输出、国际工程承包等方式，劳动力在"一带一路"市场上的流动性正在加强。

---

① 王婧，王文博. "一带一路"助力全球贸易和投资持续增长 [EB/OL]. 经济参考报，http://views.ce.cn/view/ent/201904/26/t20190426_31945897.shtml，2019-04-26.

②动荡性攀升,各类风险叠加。

其一,"一带一路"市场动荡攀升。一是全球新冠肺炎疫情引发全球国际贸易、国际投资领域动荡。根据联合国发布的《2020年可持续发展融资报告》,疫情以来投资者从新兴市场已经撤出900亿美元。二是国际大宗商品价格大幅上涨推高了我国企业的进口成本。2021年前三季度,受国际大宗商品价格上涨的影响,我国进口价格同比上涨了11.3%,其中,铁矿砂、原油、铜等商品进口均价的涨幅均超过30%。①

其二,市场动荡叠加政局动荡等其他风险因素。"一带一路"沿线国家受地缘政治、历史、宗教、社会文化的影响,有的国家出现了政府更迭等政局动荡情况。例如,伊拉克、柬埔寨、阿富汗等国的政权更迭,都会对中国企业在当地的投资产生各种影响。此外,还有社会文化领域以及中国企业自身管理的风险等多种因素有可能叠加在一起,值得引起企业的战略决策者的高度关注。具体的风险因素在本书的第三章第二节里面有详细分析。

③竞争格局改变,情形更加复杂。

其一,"一带一路"市场上国家与国家之间竞争越来越激烈。随着中国经济的伟大复兴,中国与其他国家发达国家,尤其是与美国之间的竞争会进一步加剧。当前,美国企业依然在全球多个领域保持强大的竞争优势,而欧盟、日本、韩国、印度、俄罗斯等国家的企业也都有各自的优势,中国企业在"一带一路"国际市场上需要与这些企业展开激烈的竞争。

其二,区域经济之间的竞争加强。随着经济全球化和国际贸易的不断深化,各国(各地区)早已明白,要想在国际竞争中占有一席之地,拥有一定的发言权,必须通过参与区域性组织或集团,借助集团的力量来增强本国实力。

中国不仅通过"一带一路"合作机制积极拓展沿线国家和地区的市场,还于2020年加入了区域全面经济伙伴关系协定(RCEP),形成了全球最大的自由贸易区,而且RCEP的15个成员国中有11个国家(中国和东盟10国)都是"一带一路"沿线国家。一方面,RCEP正在开启世界经济中心多元化的进程;另一方面,随着东北亚、东南亚区域经济一体化水平的不断提高,RCEP与欧盟、《美国-墨西哥-加拿大协定》自由贸易区之间将展开竞争。

其三,"一带一路"市场上的竞争形势更为复杂。体现在市场结构方面,竞争与垄断并存,产品与服务的替代性与互补性并存,相对过剩与结构性供给不足并存,市

---

① 海关总署. 国际大宗商品价格上涨成为推高进口值重要因素 [EB/OL]. 央广网, https://baijiahao.baidu.com/s?id=1713477641648904589&wfr=spider&for=pc, 2021-10-13.

场的复杂性与风险性并存。

④企业竞争优势升级。

其一,产业结构调整升级。全球主要发达国家在产业结构变动中,绝大多数已完成从劳动密集型向资本密集型、技术密集型和信息密集型产业发展的进程。后三者具有国际竞争力强和市场广阔的特点,将成为未来的主导产业。中国企业沿"一带一路"走出去实施企业国际化战略转型升级的过程中,需要在资本密集型、技术密集型和信息密集型产业与发达国家的企业展开竞争。

其二,低成本战略优势减弱,数字经济迅猛发展。有的企业对于"一带一路"沿线国家市场有很深的误解,以为当地经济发展相对滞后,国内企业到当地开拓市场、投资办厂会很轻松,只要采取低成本战略,价格低就行,以为可以"一招鲜吃遍天"。殊不知,"一带一路"市场与国内市场差异巨大,如果不经过前期认真细致的调研论证就贸然进入该市场,很可能遭遇"滑铁卢"。

在新的机遇面前,中国企业走出去时也要审视自己的冲动,"有钱"并不能代表一切,企业需要根据趋势做出正确的战略抉择。伴随数字经济的迅猛发展,数字世界新格局正在构建,产业数字化、网络化、智能化水平不断提升,我国企业在"一带一路"市场上也会遭遇东道国或第三国企业的竞争。中国企业在"一带一路"市场上的竞争优势正在从要素驱动到创新驱动,实现高质量发展。

3. 特定行业/企业在"一带一路"某个特定市场的特征分析

特定行业、特定企业的市场结构是指外部各种环境的变化对企业所处行业可能产生的影响,包括行业竞争的变化、产品需求的变化、细分市场的变化、营销模型的变化等。在某一个企业做出是否进入某个特定国家市场的战略决策之前,需要对该行业或该企业所处的该国市场环境等要素做出科学的分析,从而判断本行业或企业在该市场是否具备竞争优势,而其中一种常用的工具就是钻石模型。

(1) 钻石模型。迈克尔·波特在《国家竞争优势》一书中提出了国家竞争优势理论,又称钻石理论、菱形理论以及产业竞争力理论。产业竞争力,又称为产业国际竞争力,指某国或某一地区的某个特定产业相对于他国或地区同一产业在生产效率、满足市场需求、持续获利等方面所体现的竞争能力。产业竞争力比较的内容就是产业竞争优势,而产业竞争优势最终体现在产品、企业及产业的市场实现能力。

波特提出了全球竞争的基本观点:为什么某个国家在某个产业特别具有竞争力?它是由产业竞争力的四种因素来决定,包括:要素条件、需求条件、相关支持性产业、公司的战略结构和竞争对手。这四种因素构成钻石模型的主体框架,具体如图 4-2

所示。

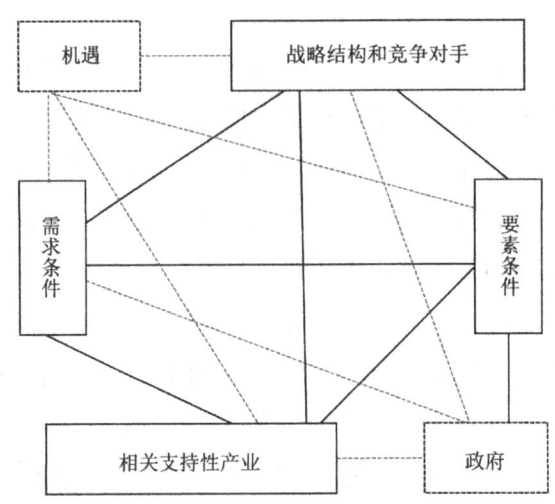

图 4-2　钻石模型的主体框架

资料来源：迈克尔·波特. 国家竞争优势 [M]. 北京：中信出版社，2012.

构成钻石模型的四个因素之间彼此相互影响，形成一个整体，共同决定产业竞争力水平的高低。其中，要素条件（或要素禀赋）指一个国家在生产要素方面所处的地位，包括参与某个行业竞争所必需的熟练劳动力和生产设施。这些要素包括基础要素（如自然环境、气候、地理位置、人口等）和高级要素（如通信设施、技术熟练劳动力、科研设施、技术诀窍等）。需求条件指国内市场对该行业的产品和服务的需求特点，而需求特点对于国内产品特征的形成和促进创新及质量提高尤为重要。相关支持性产业指国内是否有国际竞争力的供货行业和相关产业。一个国家内部的成功行业往往是由许多相关行业组成的行业"群"。公司的战略结构和竞争对手指有关公司的创立、组织和管理规定以及国内的竞争状况。不同国家有不同的管理观念，而这些观念对于建立国家优势可能存在影响。在有的行业，国内竞争的激烈程度与国家竞争优势的创立和保持是密切相关的。

此外，钻石模型在四大因素之外还有两大变数：政府与机遇。机遇是无法控制的，包括：基础科技的发明创造、传统技术出现断层、外因导致生产成本突然提高（如石油危机）、金融市场或汇率的重大变化以及市场需求的剧增等。政府政策对于产业竞争力或国家竞争优势具有重大影响。波特认为，政府能做的只是提供企业所需要的资源，创造产业发展的环境。政府直接投入的应该是企业无法行动的领域，如发展基础设施、开放资本渠道、培养信息整合能力等。

（2）特定行业/企业在"一带一路"某个特定市场的特征分析案例。本节以中国建材行业为例，采用钻石模型，分析中国建材产业在"一带一路"沿线国家进行国际化战略转型的市场特征，判断中国建材产业在这些国家和地区的竞争优势，以便身处该行业的中国建材企业做出正确的战略选择。

第一，从要素条件来分析，中国建材产业适合赴"一带一路"市场投资

在基础要素方面，"一带一路"涵盖44亿人口，所涉及的地域广阔，有些地区甚至处于地理要冲，如中亚5国，辐射范围广；在高级要素方面，"一带一路"国家的通信设施、技术熟练劳动力、科研设施、技术能力等与我国相比，我国建材产业的优势突出，中国建材产业在新型干法水泥、特种水泥、电子玻璃、光伏玻璃、石膏板、玻璃纤维、碳纤维、新型房屋等领域创造了一大批世界一流的技术，在多个主要领域，包括水泥熟料、商品混凝土、石膏板、玻璃纤维、风电叶片等产能规模居世界第一。相比之下，"一带一路"有些国家和地区的建材产业无论是产品、技术、服务和产能规模都相对落后。

第二，从需求条件来分析，"一带一路"市场对于中国建材产品有较大的需求

从"一带一路"南线：中国—东南亚—南亚—东非—南欧来看，东南亚11个国家目前的平均城镇化率为50.39%，[1] 对住宅和建材的需求量较大。近年来，越南、柬埔寨、老挝、泰国等东盟国家基础设施建设和民用住宅建设出现新一轮热潮，而且其建材产品大多依赖进口。在非洲市场，基建需求量大，住房缺口大，当地的劳动力充足而廉价，本土陶瓷供应量远远不足，大量依靠进口。

在东南亚市场，以越南市场为例，越南全国人口约9600万，经济发展迅猛，政治局势稳定。越南GDP增速位居世界前列：2018年7.05%，2019年6.77%，2020年2.911%（全球屈指可数的正增长的国家之一），2021年6.7%（国际货币基金组织预计）。每年越南各城镇住房需求总面积高达3700万平方米，总投资约562万亿越盾（约320亿美元）。目前，越南全国约700万人有购房或租房的需求，所需总面积高达1.5亿平方米。2009—2015年越南需增建2.25万客房以满足旅游业发展的需求。越南作为东盟成员国之一，是中国产品进入东盟5亿人口消费市场的最佳跳板和最便捷通道。[2]

越南未来5~10年内计划投资1400亿美元用于基础设施建设，建筑装饰材料产业每年经济增长率达17%~25%，建材需求兴旺，商机巨大。但由于越南工业基础薄

---

[1] 郑建辉. "一带一路"背景下的海外水泥投资机遇［EB/OL］. 中国水泥网，http：//www.wan-peng.com/newsshow_45.html，2015-08-10.
[2] 晒展网. 2020越南（胡志明）建筑建材及家居展览会［EB/OL］. https：//www.sud.cn/exhibit/show-21892.html，2020-01-05.

弱，生产工艺落后，新产品研发能力不足，价格竞争力较弱，到目前为止越南建材市场大多需要依赖进口。中国已成为越南第一大贸易伙伴，给中国建材企业投资当地市场带来了良好的机遇。中国建材行业在越南市场竞争优势明显，随着中国产品大量涌入越南，部分建材产品占据越南市场份额高达93%，现已有多家中国建材企业在越南投资设厂。①

此外，在非洲建材市场，非洲多国近年来经济快速发展，城镇化进程加速，人口增长较快。2020年，非洲人口为12.85亿人，约占世界总人口的16.7%。为改善人民生活，非洲各国政府大力投资基础设施建设，把改善居民的居住条件和配套设施列为国家发展规划重点，为建材行业带来了巨大的市场需求。非洲大陆是世界陶瓷砖进口的第三大市场。

2017年，非洲进口瓷砖3.05亿平方米，占世界进口瓷砖总量的11%。2018年非洲77%的进口瓷砖来自中国、西班牙与印度三大供应国，总进口面积达2.309亿平方米。② 目前，中国建材企业已开始积极投资、布局非洲建材市场，已有广东、福建、浙江、湖北等多个地区的中国企业到非洲投资建厂，主要投资目的国包括阿尔及利亚、埃塞俄比亚、赞比亚、南非和坦桑尼亚等非洲国家。

以非洲国家埃塞俄比亚市场为例，埃塞俄比亚是非洲人口第二大国，有1.15亿人口，2020年GDP约1100亿美元，人均GDP940美元。该国经济发展迅速，过去10年的GDP平均增长率约10%，政局稳定，社会稳定，犯罪率较低，当地的劳动力充足而廉价。埃塞俄比亚正在进行经济适用住房社区建设工作，减少城市贫民窟，推进商品住宅的开发。2016年，在埃塞俄比亚第二个经济"增长与转型计划"期间，拟建造245万套房屋，其中城镇75万套，农村170万套，③ 催生庞大的新增住房需求。埃塞俄比亚基建需求量大，但是国内建筑材料供应短缺，本土陶瓷供应量也远远不足，大量建材产品依靠进口满足。这为中国建材产业提供了良好的市场机遇。

从"一带一路"中线：中国—中东—中亚—东欧—西欧来看，中国企业已先后在巴基斯坦、乌兹别克斯坦、格鲁吉亚、塔吉克斯坦等国投资了建材产能合作项目。

中东地区绝大多数为伊斯兰教国家，贫富差别较大，近几年中东地区战争不断，建筑破坏严重，战后重建需要大量建筑材料。阿拉伯联合酋长国、约旦、黎巴嫩是目

---

① 领肯会展：机遇之地，越南[EB/OL]. https：//www.sohu.com/a/397786110_120147190，2020-05-26.
② 陶瓷信息网. 数据解读：中国资本加速争夺非洲瓷砖市场[EB/OL]. https：//baijiahao.baidu.com/s?id=1639765515800070041&wfr=spider&for=pc，2019-07-22.
③ 会展之窗网站：2020年埃塞俄比亚国际贸易周2020 China Trade Week Ethiopia[EB/OL]. https：//www.expowindow.com/news/guanzhu_52944.html，2020-03-17.

前中国建材在中东地区的主要出口对象国。

中东国家阿拉伯联合酋长国人口约989万，2019年GDP为4211亿美元。阿拉伯联合酋长国经济发达，已成为中东地区的经济和金融中心，也是北非、南欧、西亚、南亚以及中东地区的商品集散地和转口贸易中心。阿拉伯联合酋长国拥有海湾地区最大的建材市场，对周边地区的影响较大，进入阿拉伯联合酋长国市场是打开海湾地区市场的重要途径。阿拉伯联合酋长国是目前中国建材在中东地区的主要出口对象国。阿拉伯联合酋长国为了发展旅游业，需要建造一系列世界顶级的建筑，如写字楼、度假村、医院等，对建材的需要量很大，需要大量进口。

约旦是中东的一个内陆国家，人口约1000万，2020年GDP为436.98亿美元。虽然约旦国土面积不大，但约旦及其周边国家（如伊拉克等）是一个巨大的建筑承包和建材市场。约旦建材制造业并不发达，依赖进口，并具有贸易集散地的优势，分销至中东其他国家和地区。2018年约旦建材产品全球总进口额达8.76亿美元；自中国进口建材产品达2.1亿美元，增幅达14.8%，占约旦同类产品总进口额的24%。[①]

黎巴嫩是地中海东岸的国家，人口约682万，2020年GDP为333.83亿美元。黎巴嫩人很愿意和中国人做生意，每年参加广交会的人数达3000人，与中国的贸易额也达到4亿美元。[②] 黎巴嫩过去使用的陶瓷砖、洁具大都是欧洲生产的，价格很高，质优价廉的中国建材产品在当地市场上具有较大的竞争优势。

中亚土库曼斯坦、乌兹别克斯坦、吉尔吉斯斯坦、塔吉克斯坦及哈萨克斯坦这5个国家均属发展中国家，近几年经济增速普遍放缓，但中亚五国积极采取了应对措施，通过扩大内需、发展基础设施建设、增加出口等拉动经济发展，经济增速仍高于世界整体经济增长率。中亚五国平均城镇化率为40%，[③] 城镇化处于快速发展阶段，未来基础建设、城乡建设等发展空间巨大，对水泥等建材有极大的需求。

相关资料表明，中亚地区人均水泥消费量处于较低水平，还有巨大的增长空间。在中亚市场，建材零售价格非常高，例如洁具、地砖等装修材料比中国同类产品的价格平均高出2~4倍。由于中国建材产品质优价廉，非常符合中亚的市场需要，已经成为当地建材市场的首选。

以塔吉克斯坦市场为例，塔吉克斯坦东邻中国新疆，是中亚五国中唯一主体民族

---

① 新丝路网站. 约旦建材市场分析报告 [EB/OL]. https://www.me360.com/article/343570.html, 2021-10-16.

② 福步外贸论坛. 中东的建材市场 [EB/OL]. https://bbs.fobshanghai.com/thread-6952130-1-1.html, 2017-06-09.

③ 郑建辉. "一带一路"背景下的海外水泥投资机遇 [EB/OL]. 中国水泥网, http://www.wan-peng.com/newsshow_45.html, 2015-08-10.

非突厥族系的国家。2020年人口953万人，2020年GDP为81.94亿美元（排全球第147名），人均GDP859美元（排全球第185名）。塔吉克斯坦GDP高速增长：2018年7.6%，2019年7.5%，2020年-1.29%（受新冠肺炎疫情影响，GDP负增长），2021年3.7%（世界银行预测）。

塔吉克斯坦建材市场当前仍处于初级发展阶段，以中低档产品为主且大都是进口产品。近几年，包括建筑业在内的五大基础经济部门的产值大幅增长，固定资产投资增长开始逐步加快，塔吉克斯坦大中城市在住房、公共设施、食品加工、轻工业生产、厂房建筑方面和危旧房维修、城市住宅开发方面需求量很大，供不应求。我国建筑材料丰富，价廉物美，建材产品在塔吉克斯坦有相当的竞争力，受到塔建材市场的欢迎，而且建筑材料还可通过中塔边境卡拉苏口岸直接向塔吉克斯坦出口，路途较近、运费低。

目前，中国企业和塔吉克斯坦企业合资兴建的建材企业投产后不仅能够充分满足本国市场的水泥需求，还供应出口，塔吉克斯坦一跃成为地区重要的水泥出口国。为乌兹别克斯坦国家经济发展提供优质的建筑材料，并带动当地物流、运输等相关产业发展。2018年，塔吉克斯坦水泥产量的37%供应出口。①

从"一带一路"北线：中国—蒙古国—俄罗斯—欧洲来看，蒙古国2020年人口336万，2020年GDP为67亿美元，地广人稀，经济来源主要依靠丰富的矿产资源。蒙古国基本不生产建材，所有建材主要靠进口，主要来自俄罗斯、韩国和中国，也有少量德国和土耳其的产品。后来，中国建材种类样式多，质优价廉，现已成为蒙古国市场的主流产品。目前，蒙古国建材市场上石膏板和油漆之类的产品100%从中国进口，塑钢窗和轻钢龙骨也占到90%的份额，已在蒙古国市场占据垄断地位。②但是，蒙古国由于经济体量和人口的原因，建材市场规模有限。

根据《全球建筑2020》报告预测，未来的10年间，全球建筑市场将以年均4.9%的速度增长，而东欧建筑业在2010—2020年年均增长率预计为6.7%，是增长相对较高的地区，引人注目。其中，波兰、俄罗斯将成为建筑业增长的主要阵地。③

俄罗斯建筑市场目前保持高速增长，建材需求旺盛。俄罗斯2020年人口1.44亿，2020年GDP为1.5万亿美元，人均GDP1万美元。由于历史的原因，俄罗斯建材工业

---

① 人民网."一带一路"的八大特征[EB/OL]. https：//baijiahao. baidu. com/s?id = 1650502948156082135&wfr = spider&for = pc，2019 - 11 - 18.

② 镜观中国. 实拍蒙古国乌兰巴托建材市场90%商品来自中国比中国贵2倍[EB/OL]. https：//baijiahao. baidu. com/s?id = 1580786156752049276&wfr = spider&for = pc，2017 - 10 - 09.

③ 中国对外承包工程商会：2009—2020全球建筑市场预测：东欧地区[EB/OL]. https：//news. d1cm. com/2011/04/18/041813455412752. shtml，2011 - 04 - 18.

比较落后，产品质量较差，生产量无法满足自身的需求，需要从国外大量进口建材，如建筑五金、室内装饰材料、玻璃、门窗、地铺材料及洁具等材料主要依赖进口。虽然俄罗斯也从欧洲、美国等发达市场进口建材，但价格昂贵。相比之下，中国建材、装饰材料竞争优势明显，受到俄罗斯及东欧市场的欢迎。俄罗斯建材市场前景广阔，加上"一带一路"倡议以及俄罗斯投入巨资支持国家住房建设发展，这些都是中国建材产业的良好的市场机遇环境。

波兰地处欧洲中心，是联系东西欧的纽带，也是进入中东欧地区的捷径和水陆交通枢纽。波兰2020年人口为约3800万，2020年GDP为5900亿美元，人均GDP1.57万美元。波兰因优越的地理位置，辐射人口可达欧洲总人口的50%。波兰是中东欧地区经济接轨较成功的国家之一，近年来经济一直保持较高的增长态势。波兰房地产行业的蓬勃发展促进了建材行业的发展，在高需求和低利率的刺激下，波兰房地产市场欣欣向荣。同时，波兰经济持续向好，失业率低也促进了房地产行业和建材市场的繁荣。

波兰2018年1月的建筑业投资比去年增长了30.7%，极大刺激了建材及五金产品的市场需求。波兰是欧洲第六大瓷砖消费大国，波兰人会使用中等水平的费用去购买瓷砖和其他的建筑材料。高性价比的中国产品竞争优势明显。2017年波兰建材产品进口有大幅增长，总进口额高达107亿美元，同比增幅14.3%；其中自中国进口相关产品高达11.6亿美元，占波兰总进口额的11%，同比增幅8.2%。[①]

第三，从相关支持性产业来分析，中国建材产业在"一带一路"市场投资具有较大的优势

建材产业涵盖范围很广。建材是土木工程和建筑工程中使用的材料的统称，可分为结构材料、装饰材料和某些专用材料。结构材料包括木材、竹材、石材、水泥、混凝土、金属、砖瓦、陶瓷、玻璃、工程塑料、复合材料等；装饰材料包括各种涂料、油漆、镀层、贴面、各色瓷砖、具有特殊效果的玻璃等；专用材料指用于防水、防潮、防腐、防火、阻燃、隔音、隔热、保温、密封等。广义的五金建材，还包括电气线缆、电动工具、建筑机械机电，劳保工具、各类工具、化工原料、钢材、甚至包括了灯饰厨具、消防器材等。

建材产业及相关支持产业有很多，在钻石模型中，当"一带一路"市场的经济要素条件和市场需求条件都符合投资预期的要求的时候，决定中国建材产业在"一带一路"沿线国家和地区投资成败有三个关键因素：能源消耗、成本与环保。

---

① 新丝路网站. 波兰建材市场分析 [EB/OL]. https：//www.me360.com/article/343576.html，2021-10-15.

从能源消耗的角度看，建材产业属于高能耗产业，主要产品，如水泥、陶瓷、玻璃等高度依赖资源能源。2019 年 1—7 月，我国用电总量约为 40652 亿千瓦时，同比增长 4.6%，其中工业用电量高达 27223 亿千瓦时（占比近 67%）。而同期美国全社会的用电量却下降了 1.5%，总量约为 21620.67 亿千瓦时，其中工业用电量约为 6320.39 亿千瓦时，中国的工业用电量已是美国工业用电量的 4.3 倍。2019 年上半年建材行业用电增长 6.1%。① 水泥则是建材耗电量的大户，研究数据表明，我国水泥能耗占全国建材行业总能耗的 75% 左右，其消耗的煤炭占全国煤炭总消费量的 15% 左右。②

生产水泥的粉磨站外购熟料生产一吨水泥通常按 40 千瓦时电计算成本，全国水泥磨平均工序电耗在 31.5 千瓦时/吨左右，绝大多数水泥粉磨生产线生产一吨水泥的电耗在 25~35 千瓦时，国内电耗相对较高企业在 45~50 千瓦时/吨，部分用陶瓷球的电耗 22 千瓦时/吨左右。而红狮集团水泥工序平均电耗最低达到 17.8 千瓦时/吨，水泥综合电耗可以做到每吨 60 千瓦时左右，达到国际先进指标。③ 我国建材产业在能源消耗方面的技术进步，有助于中国建材产业在"一带一路"沿线国家投资发展。

水泥行业的生产与发电量有关，良好的电力供应才能维持其生产需要。因此，我国水泥企业在进行海外投资时，要将"一带一路"沿线国家基础设施环境中的电力水平作为区位选择的重要评估对象，选择那些发电量相对充足国家，如俄罗斯、伊朗、土耳其、印度尼西亚、泰国、波兰等。

从成本的角度看，建材制造业的成本主要包括原材料成本、制造成本和物流成本三大部分。中国制造业总体成本在全球都具备强大的竞争优势，因此，以下就从原材料成本和物流成本两个方面来分析建材产业中水泥的成本。

从水泥产业投资的原材料成本来分析，石灰石和煤炭资源是生产水泥的主要原料，其储量是水泥工业发展的决定因素。石灰岩矿产覆盖了"一带一路"沿线中大部分国家。据统计，印度石灰石可开采储量约为 684.77 亿吨，印度尼西亚石灰石储量约为 340 亿吨，已探明储量为 280 亿吨，俄罗斯石灰石资源探明储量超过了 200 亿吨。

此外，乌克兰和波兰也有丰富的石灰石资源。而"一带一路"沿线区域的煤炭资源丰富，煤炭资源储量超过全球储量的 35%，其中，独联体煤炭储量最丰富，其次是南亚和西亚地区。俄罗斯、印度、乌克兰、哈萨克斯坦、印度尼西亚、波兰和土耳其

---

① 同花顺财经. 中国水泥耗电量引全球关注！中国建材、华新一个设备每年节省电量 430 万度 [EB/OL]. https：//baijiahao.baidu.com/s?id=16499870323511820928&wfr=spider&for=pc，2019-11-12.
② 肖秋菊，刘继开，陶从喜. 水泥单位产品能源消耗限额标准解析 [J]. 水泥技术，2008 (4).
③ 水泥人网. 牛！水泥厂最低电耗来了！17.8 度/吨！[EB/OL]. https：//www.sohu.com/a/435189910_653352，2020-11-30.

的煤炭资源储量最为丰富。① 因此，从石灰石和煤炭资源的丰富程度、分布地点等来看，中国水泥产业赴"一带一路"沿线国家投资建厂可以获得原材料成本优势。

从水泥产业投资的物流成本来分析，物流成本在水泥产品成本中占较大比重。2018 年，我国企业物流费用率较高的行业为水泥、煤炭和化学工业，分别为 17.2%、13.1% 和 11.3%。② 水泥行业具有明显的销售半径，运费是水泥投资生产必须考虑的重要成本，交通便利性与运输效率和成本关联性很强。由于水泥重量大、价值低，在储存、装卸、运输方面具有较为明显的要求，因此，我国水泥企业在进行海外投资时，要将"一带一路"沿线国家的物流效率作为区位选择的重要评估对象，选择那些物流效率较高国家，如波兰、埃及、越南等。

从环保的角度看，绿色发展是当前全球建材企业发展的共同主题，不仅我国政府和建材消费者高度关注建材产品和制造过程的环保问题，"一带一路"沿线国家政府和消费者也相当重视环保问题，而环保壁垒是中国企业海外贸易投资时常遭遇的壁垒之一。中国建材行业在赴"一带一路"沿线国家投资过程中，把绿色作为底色，推动绿色基础设施建设，把环保和绿色全方位融入"一带一路"。

例如，中材建筑科技集团通过自主研发的高掺量、高性能技术，基于固废资源循环，制备全新一代环保建材，有效缓解资源与能源的匮乏，用科技创新助推中国制造向中国创造升级。2013 年，中国建材集团在蒙古国投资建设绿色水泥厂，厂周围牛羊成群，与自然和谐共处。2018 年，中国建材集团在赞比亚投资建设了全球最先进的新型干法水泥生产线，而且还帮助周边居民打井、修路、建医院、建学校，受到当地居民热烈欢迎。

因此，从中国水泥产业赴"一带一路"沿线国家投资的能源消耗、成本与环保等因素来看，相关支持性产业能够很好地支撑中国有关产业投资的战略决策。

第四，从公司的战略结构和竞争对手来分析，中国建材产业产品质量、产能利用率有待提升。

在"一带一路"背景下，中国建材企业在国家"一带一路"顶层设计的指引下，公司的战略结构，包括有关公司的创立、组织和管理规定等都会在互利互惠的原则下，符合我国与东道国的有关法律法规要求，积极投入"一带一路"建设。

企业的具体战略将在下文"企业战略选择的框架"部分进行研究，这里将以我国水泥产业为例来研究竞争对手分析。我国水泥产业企业多而分散，2016 年，我国水泥

---

① 王诗慧. 中国水泥行业在"一带一路"沿线国家投资环境研究 [D]. 武汉：武汉理工大学, 2018.
② 前瞻产业研究院. 2019 年中国物流行业发展现状及趋势分析 [EB/OL]. https：//www.sohu.com/a/352230624_473133，2019 - 11 - 07.

行业排名前10名的企业集中度达57%，营收在千亿以上的行业龙头仅有海螺水泥以及中国建材集团，其他多为地区性小规模水泥企业。[①]

我国水泥品质与国际水泥平均品质相比，具有熟料含量较少（约62%），混合材掺入量较多（约34%），强度较低的缺陷。我国水泥的等级结构是32.5级占74%，42.5级占21%，52.5级占5%；而发达国家的水泥等级结构却是32.5级：42.5级：52.5级 = 25∶60∶15，这种差别致使我国实物水泥1.36吨才相当于国际平均品质的水泥1吨。在实际工程应用中，制备同标号（强度）的混凝土，其单位水泥需用量比国际的增加了1/3。[②]

从水泥产能利用率情况来看，我国与美国、印度、越南等国相比，还有提升空间。2014—2015年部分"一带一路"国家水泥产能利用率情况如表4-1所示。

表4-1　　　　2014—2015年部分"一带一路"国家水泥产能利用率情况

序号	国别	产能利用率（%）
1	沙特阿拉伯	99.0
2	阿尔及利亚	91.5
3	印度尼西亚	87.0
4	巴基斯坦	82.0
4	菲律宾	82.0
5	波兰	78.7
6	伊朗	78.6
7	印度	77.5
8	土耳其	76.6
9	越南	75.0
10	科威特	71.4
11	中国	69.0
12	马来西亚	66.0
13	泰国	65.6
14	希腊	64.8
15	埃及	64.6

---

① 运联传媒. 扩大销售半径 降低运输成本 水泥行业或将迎来变革［EB/OL］. https://www.ccement.com/news/54619311244965.html，2019-04-07.

② 高长明. 我国水泥工业与世界水泥强国的差距［J］. 中国水泥，2015（9）.

续表

序号	国别	产能利用率（%）
16	俄罗斯	61.0
17	匈牙利	60.5
18	捷克	60.0
19	保加利亚	49.2
20	约旦	48.6
21	罗马尼亚	46.8
22	阿拉伯联合酋长国	40.8

资料来源：高长明. 世界各国水泥产能利用率及其熟料系数调研报告 [J]. 水泥，2016（10）.

表4-1为2014—2015年部分"一带一路"国家水泥产能利用率情况，这是作者目前能够查找到的有关最新的公开数据，仅供有兴趣的企业参考。

第五，从政府与机遇来分析，中国建材产业在"一带一路"市场投资具有较大的优势。

政府的政策对于企业的投资决策具有重大影响，目前中国建材产业在"一带一路"沿线所面对的政府与机遇环境都包含许多积极的因素。

比如，2014年9月，塔吉克斯坦成为第一个支持并签署共建"丝绸之路经济带"谅解备忘录的国家，建材业的快速发展就是中塔"一带一路"合作的重要务实成果。塔吉克斯坦政府已正式制定了住宅建筑计划。2019年，塔吉克斯坦共和国准备庆祝国家独立30周年，在未来三年内，计划建造2万所房屋以及学校、机构和住宅区。此外，塔吉克斯坦通过实施特惠政策，通过政府授权机关鼓励流向优先投资领域的投资，其中包括国家基础设施建设、建筑材料、暖通、家用装修陶瓷、卫浴、洁具、家具等，这对于中国建材产业在当地投资发展具有积极意义。

埃塞俄比亚政府大力投资于基础设施建设，埃塞俄比亚政府的基础设施建设所需资金到位相对及时，世界银行、IMF、非洲发展银行等国际金融机构以及债权国对埃塞俄比亚所进行的债务减免和资金支持在一定程度上保证了当地基础设施项目的实施。在埃塞政府的年度预算中，公路、灌溉和大坝建设等领域是重点投资领域。此外，俄塞俄比亚政府十分重视和学习我国发展经验，注重引进我国的先进技术，被誉为"非洲的中国"。

波兰政府采取减轻企业负担、加大对中小企业扶持力度、扩大基础设施建设投入等措施，促进经济增长和就业。波兰是第一批和中国建交的欧洲国家，也是第一个和中国签署"一带一路"合作备忘录的欧洲国家。中国的建材产业在波兰有较大的发展空间,不仅得益于波兰整体经济的快速发展,还得益于政府在公共消费和投资项目方面的决策,包括建设新的设施,对主要城市内的旧建筑进行现代化改造,以及兴建仓库和办公建筑等。

综上,通过对钻石模型中的要素条件、需求条件、相关支持性产业、公司的战略结构和竞争对手、政府和机遇等领域的分析,中国建材产业,尤其是水泥产业在"一带一路"沿线国家进行投资发展虽然有一些不利的条件,但从整体来看,中国与各国合作的"一带一路"基础设施建设无疑将为中国建材产业带来巨大的历史机遇,中国建材产业在"一带一路"国际市场具备较大的竞争优势。

(三)"一带一路"国际市场企业的战略行为分析

在 SCP 范式中,前文已经分析了中国企业所处的"一带一路"市场结构,这里将分析"一带一路"国际市场中企业的战略行为。在本节当中,企业的战略行为包括愿景与使命的选择以及企业国际化战略的选择。

1. 愿景与使命的选择

企业愿景是一个能够代表或者反映企业追求的共有价值观的理想。它是企业发展方向和战略定位的体现,是企业的发展蓝图,是企业存在的最终目的。企业使命是企业存在的理由和依据,是企业存在的原因。它是企业对自身和社会发展所做出的承诺。

据统计,超过 90% 的财富 500 强企业存在愿景,超过 80% 的中国 500 强企业也具有愿景。[1] 例如,美国通用电气(GE)的企业愿景是使世界更光明。GE 的企业使命是无边界,快速、远大;以科技及创新改善生活品质,在对顾客、员工、社会与股东的责任之间求取互相依赖的平衡;在我们服务的每一个市场中,要成为数一数二的公司,并且改革公司,拥有小企业一般的活力。西门子家电企业愿景是成为行业标杆;使命是为消费者和股东创造价值。迪士尼公司的愿景是成为全球的超级娱乐公司;使命是使人们过得快活。中国移动的愿景是成为卓越品质的创造者;企业使命是创无限通信世界,做信息社会栋梁。

有的企业的愿景与使命长期保持不变,而有些企业的愿景与使命随着时代的变迁和企业的发展也会随之改变。例如,2017 年华为的愿景提法就从此前的"丰富人们的沟通和生活"变为"构建万物互联的智能世界"。这正是随着物联网、大数据、云计算、移动互联、5G 等技术以及数字经济的发展,华为的业务范围从原先的通信及生活

---

[1] 彭涛,王凯.企业愿景与使命陈述对企业绩效的影响[J].管理现代化,2014,34(3).

电器发展到智能化、数字化应用,愿景也随之而变。

现有研究表明,企业的愿景越远大,经营越成功。尤其是为梦想而战的企业,往往能够成为一流企业。例如,中国移动基于"创无限通信世界,做信息社会栋梁"的企业使命,服务"一带一路"建设,积极畅通"信息丝绸之路"。通过促进通信基础设施联通、提供高水平信息通信服务、投资合作开展通信属地运营等举措,中国移动在"一带一路"沿线国家践行"成为卓越品质的创造者"的企业愿景。中国移动巴基斯坦公司在卡拉奇为220辆环卫车辆安装了专业的物联网设备,开发了定制化的软件平台,对车辆进行实时定位、车辆历史轨迹查询、调度管理及车辆运行报告等车队管理服务,协助环卫管理人员更加高效地管理环卫车辆。该项目成功治理了卡拉奇市脏乱差的现状,改善了这个2000万人口的城市居住环境。

2020年,随着数字化、网络化、智能化为特征的新一轮科技革命和产业变革深入演进,中国移动提出了新的战略愿景:面向信息服务开拓发展空间,聚焦科技创新打造竞争优势,跻身世界一流信息服务科技公司前列;着力"两个推进、两个融合",全面推进信息基础设施建设,全面推进全社会数智化转型;加速信息技术的融合创新,加速信息技术与经济社会民生的深度融合。

2. 企业国际化战略的选择

在本书中,中国企业在沿"一带一路"走出去时的企业战略选择包括国际化过程中通用竞争战略的选择、国际化发展战略的选择、国际化市场进入战略的选择。

(1) 国际化过程中通用竞争战略的选择。波特将企业的通用竞争战略分为三种:成本领先战略、差异化战略和聚焦战略。中国企业在沿"一带一路"国际化过程中,需要根据自身的核心竞争力选择适合的通用竞争战略。以下将分析格兰仕、海底捞、传音控股三家企业,这三家企业采用不同的国际化通用战略,分别代表了中国企业的三种极致,即极致的低成本、极致的差异化和极致的聚焦。

以"世界工厂"著称的格兰仕公司以其卓越的成本控制能力,采用成本领先战略开拓"一带一路"市场。格兰仕通过贴牌生产开始创业,坚持国内国际市场齐步走战略,在国内市场高占有率的同时,走出了一条以"全球最大的微波炉制造中心"为目标的国际化经营之路。具备了全球领先制造效率和创新能力的格兰仕,不仅在国内家电市场广受欢迎,还为越来越多的"一带一路"百姓带来质优价廉的产品,提高了当地民众的生活水平和质量。

当前，格兰仕家电年产销逾 5000 万台，其中 1/3 出口到"一带一路"沿线国家。① 近年来格兰仕集团在"一带一路"沿线国家的销售额大幅增长，目前中国市场只占格兰仕集团销售额的 30%，剩下的 70% 基本都来自"一带一路"沿线国家，而在 2013 年时，中国国内销售额还占到 60%。②

与格兰仕截然不同，海底捞采用差异化战略，利用产品差异化和服务差异化建立口碑营销，以人性化管理促成服务差异化。海底捞以"标准化""安全化""多元化"的产品和"创新化""优质化"的"变态"服务奠定了其在中国餐饮业的龙头地位，在 2020 年中国餐饮企业百强榜单上超越了金拱门（麦当劳）位居第二（排名第一的是百胜中国）。海底捞从 2012 年开始国际化战略，目前门店依然主要集中在内地，海外门店占比不到 10%，且一直处于亏损状态。

海底捞在国外共有 43 家门店，其中亚洲地区有 36 家，剩余的分布在纽约、洛杉矶、伦敦、悉尼等城市。2019 年上半年，全部海外门店收入占海底捞总收入的 8.5%，其中亚洲门店收入占总收入 7.3%。虽然海外门店比国内一线城市的客单价高出近 70%，但翻台率却远远不及国内。此外，海外门店的租金、人工、原材料成本又大大高于国内，因而海底捞海外门店的盈利能力与国内相距甚远。③

成立于 2006 年的深圳传音控股有限公司，名气虽然不如格兰仕和海底捞，却在国际化战略中将聚焦做到了极致。2019 年，该公司的手机在非洲市场的销量第一，市场份额高达 52.5%，远远超过三星、苹果、华为、小米等品牌，被称为非洲销量之王。④ 2020 年，传音控股手机出货量已经达到 1.74 亿部，在全球手机市场的占有率为 10.6%，排名第四位。⑤

在成立之初，由于国产手机品牌的竞争激烈，所以传音将市场锁定到竞争压力较小，未来市场可期的新兴市场。最初，传音在中东、南美、东南亚等区域广泛布局，后来进一步缩小范围，2008 年开始进军三星、苹果等手机厂商并不重视的非洲市场。传音手机通过本土化创新、定制化拍照模式、自建渠道等方式，深度聚焦于非洲市场，

---

① 智电网. 格兰仕家电出口到"一带一路"沿线国家年超 2000 万台［EB/OL］. https：//baijiahao. baidu. com/s?id =1647360455482369810&wfr = spider&for = pc，2019 – 10 – 14.

② 人民日报. 格兰仕集团董事长兼总裁："为参与一带一路建设而自豪"［EB/OL］. http：//www. scio. gov. cn/31773/35507/35515/35523/Document/1653759/1653759. htm，2019 – 05 – 06.

③ 高格证券官微. 海底捞的「走出去」［EB/OL］. https：//baijiahao. baidu. com/s?id =1652169498848072619&wfr = spider&for = pc，2019 – 12 – 06.

④ 每日资讯观察. 传音手机称霸非洲 2019 年出货量达 1.37 亿部 全球排名第四［EB/OL］. https：//baijiahao. baidu. com/s?id =1666043527006531085&wfr = spider&for = pc，2020 – 05 – 07.

⑤ 半导体投资联盟官方账号. 传音控股：2020 年手机出货量 1.74 亿部，Q1 净利润大增 126% 至 8 亿元！［EB/OL］. https：//baijiahao. baidu. com/s?id =1698196127415650791&wfr = spider&for = pc，2021 – 04 – 27.

且不在国内销售。或许三星、苹果等手机巨头也想不到,"贫瘠"的非洲市场竟然如此庞大,而传音也在深耕非洲市场中获得了巨大的成功。

比较格兰仕、海底捞和传音控股三家企业,格兰仕无论在国内还国外,保持一贯的低成本战略不变,在国际市场上取得了成功,其竞争力跨出了国门;海底捞的差异化战略在国内市场取得了巨大的成功,获得了国内消费者的青睐,但在国际化的过程中,由于国内外饮食文化的差异,其差异化的优势没有凸显出来,其消费者还是以海外华人华裔居多,并未进入亚洲以外的主流饮食文化圈,还需要在当地"本土化 + 差异化"中继续努力;传音控股从一开始就避开手机产品竞争激烈的国内市场,在开拓国际市场的过程中,找准非洲市场后就高度聚焦,打造了在当地市场上强大的竞争优势。

(2) 国际化发展战略的选择。在本书当中,国际化发展战略的选择是指从企业国际发展的角度,从加强型战略(又称增强型战略)和防御型战略(又称稳定型战略)当中选择其中一种适合自身内外部环境的战略。

中国企业在"一带一路"沿线国家进行企业国际化战略转型的过程中,当企业预测分析某个市场前景较好或者前期国际化战略取得成功之后,一般会选择增加投资或继续投资,会选择加强型战略。当然,当企业面临内外部经营环境的不利变化或前期国际化战略失败之后,一般会选择减少投资或停止投资,会选择防御型战略。以下将分析 TCL 和阿里巴巴两家企业,这两家企业在国际化进程中分别采用加强型战略和防御型战略的案例。

TCL 集团在"一带一路"沿线企业国际化发展战略中选择了加强型战略,包括市场渗透战略、市场开发战略和产品开发战略。TCL 集团经过多年的发展,在"一带一路"市场已经积累了一定的品牌优势和相当的市场份额。同时,通过市场分析和调研,TCL 发现其产品在"一带一路"市场中还没有达到饱和,若采取市场渗透,会相当有潜力,随着营销力度的增加,销售会趋于增加。因此,TCL 利用数个产品领域存在的先入优势和品牌优势,积极进行市场渗透。

目前,TCL 电视在海外市场表现亮眼,2020 年 TCL 品牌电视机销售量同比上升 27.2%,达 1713 万台。在"一带一路"国家的印度尼西亚和俄罗斯市场,TCL 电视机的销量 2020 年分别增长了 40.8% 和 31.4%,[①] 大大超过全球平均增幅。TCL 在"一带一路"市场上的渗透取得了成功,实现了企业和消费者的互利双赢。

---

① 太平洋电脑网. TCL 电视 2020 年海外市场销量同比增长 27.2%,各区域均实现强势增长 [EB/OL]. https://baijiahao.baidu.com/s?id = 1689217201435276172&wfr = spider&for = pc,2021 – 01 – 18.

为了达到拓宽产品市场的目的，使产品生命周期变长，TCL 集团在"一带一路"沿线采用了市场开发战略，积极开拓全新的国际市场领域。要想达到利用现成的旧产品来进入新市场领域的目标，TCL 需要在"一带一路"市场上寻找拥有一样的产品需求的消费者。TCL 在"一带一路"沿线扩大了国际销售网络，在俄罗斯、东欧、中东、印度以及亚太地区进行国际市场开发。

TCL 集团在国际化发展中采用了产品开发战略，通过研发新技术，推出新产品，改善原有产品等方法，使销售量大幅增加。10 多年来，TCL 在电视显示面板领域持续投入数十亿美元，目前已在 LCD、QLED、Mini LED 等技术方面取得显著成果。在量子点（QLED）领域，作为全球最先布局的厂商之一，TCL 在该领域技术专利申请量达 1200 件，位居全球第二。目前 TCL 在国内科技家电企业的专利数排名 TOP1。

在技术积累的同时，TCL 将量子点显示技术在电视等产品上有效落地，大幅优化产品视觉体验。[①] 2021 年上半年，TCL 的全球电视出货量达 1140 万台，同比增长 13%，位居全球第三，排在三星和 LG 后面，稳居中国电视全球销量第一。[②]

阿里巴巴集团在内容国际化领域采用了防御型战略。2020 年，阿里巴巴砍掉了海外新闻聚合产品 UC News 等海外业务，内容国际化战略收缩。UC News 原团队全部并入阿里健康，阿里海外短视频产品 VMate 缩减员工、收紧资金投入。阿里在海外的内容生态几乎只有 UC，包括 4 个海外产品：UC Browser（UC 浏览器海外版）、UC News、VMate（孵化并独立），以及应用分发产品 9Apps。阿里之所以放弃 UC News、收缩 VMate，原因在于其用户、营收数据表现都不佳。而 UC 最重点的海外产品 UC Browser 的表现也不尽如人意，用户量下降，处于维持状态。

阿里巴巴曾将国际化的雄心壮志寄托在 UC 上。2014 年，阿里巴巴将全球化确定为公司的基本战略，并在这一年收购中国领先的移动互联网软件技术及应用服务商 UC 优视科技有限公司，这是当时中国互联网最大的一次并购。2013 年，UC 员工近 3000 人，宣布全球用户过 5 亿、海外用户突破 1 亿。2016 年，UC 正式推出 UC News。这是当时阿里巴巴海外最大的一个战略布局，广纳新员工，斥资几亿美元推广。UC 海外的产品，无论是浏览器、新闻聚合、还是短视频，广告收入都占绝对主体。但它选择的海外重点市场——印度，用户广告价值极低。目前，UC 已经成为下行业务，在海外大幅亏损，随着 UC News 停止运营，VMate 缩减，意味着阿里巴巴海外内容生态尝

---

① 太平洋电脑网. TCL 电视 2020 年海外市场销量同比增长 27.2%，各区域均实现强势增长［EB/OL］. https：//baijiahao. baidu. com/s?id = 1689217201435276172&wfr = spider&for = pc，2021 - 01 - 18.

② 站长之家. 全球电视出货量同比增长 6.8%，TCL 稳居中国电视全球销量第一！ ［EB/OL］. https：//www. chinaz. com/2021/1103/1324447. shtml，2021 - 11 - 03.

试的失败。

比较 TCL 和阿里巴巴的国际化发展战略，TCL 集团在"一带一路"沿线企业国际化发展战略中选择了加强型战略，不断开拓创新，取得了优秀的业绩；阿里巴巴通过并购 UC 公司，希望借此在内容生态领域进行国际化转型，然而在海外，尤其是重点的印度市场却难以发展，只好采取防御型战略。当然，阿里巴巴虽然在内容国际化领域暂时失利，但并不妨碍其在其他领域继续推进全球化战略。

（3）国际化市场进入战略的选择。中国企业在"一带一路"沿线国家进行企业国际化战略转型的过程中，需要根据自身的实际情况科学选择适合的市场进入战略。国际市场进入战略的选择至关重要，选择恰当就可以事半功倍。否则，一旦做出错误的战略选择，将给企业带来巨大的损失。一般来讲，企业的国际化市场进入战略包括贸易式、契约式、国际战略联盟和投资式四种模式。本书将分析联想、海尔、碧桂园、腾讯 4 家企业的国际化进入战略，以研究其中的规律。

联想采用了国际并购的市场进入战略。2004 年 12 月 8 日，在经过了长达 13 个月的谈判之后，联想集团以 12.5 亿美元现金加股票总计 17.5 亿美元全盘收购 IBM 的 PC 业务，从而一跃成为全球第三大 PC 企业。实施该战略两年，联想已在全球约 60 个国家创建了联想部门，拥有全球 160 个国家的销售网络。联想成为超过其他同行的商务电脑、产品研发的佼佼者，其产品明显不同于其他公司，思路新颖并且具备充足的产品种类。

联想收购 IBM 的 PC 业务取得了成功。一是消除了进入国际市场的障碍，拓宽了销售渠道，扩大了客户群，增强了联想的市场竞争优势。二是国际并购带来了联想与 IBM 之间的协同效应，充分运用了各自所擅长的部分，增强了联想的整体竞争优势。三是提升了联想的知名度，联想品牌价值上升。四是联想通过国际化发展战略，分散了市场风险，通过在海外不同市场上的多年经营，联想已经具备了丰富的国际化经验和客户资源。现在，联想已经成为了国际品牌。

海尔的国际化战略经历了出口→建立海外营销网络→海外建厂→国际化战略→全球化战略的发展历程。早在 20 世纪 90 年代，海尔就采用了产品出口的国际市场进入战略，通过出口自有品牌的产品在国际市场站稳了脚跟。此后，海尔逐渐形成了有效的海外营销网络，在海外建立了售前宣传、售中安装、售后服务的全方位营销体系，在 128 个国家和地区注册了 516 个海尔商标，为海外建厂打下了良好基础。

在"一带一路"沿线，1996 年 12 月，海尔在印度尼西亚投资建厂，成立海尔莎保罗有限公司，首次实现跨国生产。1997 年 6 月，菲律宾海尔 LKG 电器有限公司成立。1997 年 8 月，马来西亚海尔有限公司成立。1997 年 2 月，前南斯拉夫海尔生产厂成立。2016年4月，海尔俄罗斯首个制造基地正式投产。

在海外销售网络和海外建厂以后，从1999年起，海尔开始了国际化经营阶段，实现了质量国际化（获得了国际上18类产品认证和多项测试认证）、研发国际化（目前在全球拥有10大研发中心）、市场国际化（基本上实现了"3个1/3"战略，即国内生产国内销售1/3、国内生产国外销售1/3、海外生产海外销售1/3）。

自2005年至今，海尔进入全球化品牌战略阶段。全球化和国际化的不同在于其核心是本土化，这和贴牌生产不同，也和日韩企业派驻本国员工到全球各地不同，海尔创立自主品牌，在海外建立本土化设计、本土化制造、本土化营销的"三位一体"中心。海尔目前在全球拥有10＋N大研发中心、25个工业园、122个制造中心、108个营销中心、全球销售网络遍布160多个国家。[1]

与海尔类似，碧桂园在不同时期采取了不同的国际化市场进入战略。在国际化初期，碧桂园采取了国际战略联盟的方式进入新的海外市场。例如，2012年碧桂园在筹备马来西亚森林城市项目时，选择与当地的企业巨头柔佛苏丹合作进行开发。这是由于当地企业与政府及各类社会团体有较为和谐而深厚的各种联系，而这些因素可以帮助中国企业克服进入陌生海外市场所产生的诸多水土不服问题。同时依靠对方对当地市场的了解，可以规避一些市场风险。这个项目碧桂园只持有60%左右的股份，通过这种模式，减少了企业首次在陌生地区投资的风险，同时在合作伙伴的帮助下轻松打入当地市场。

通过国际战略联盟进行国际化经营之后，由于积累了相当的海外市场开拓经验，2014年碧桂园在开发悉尼莱德花园（Ryde Garden）项目时，就直接在当地设立独资子公司，不再与当地企业直接合作。这是由于碧桂园前期积累的国际经营经验，使其抵御政治、经济、管理等风险的能力逐步增加，具备了海外独立运作资本和项目管理的能力。

腾讯公司采取了多元化的国际化市场进入战略，主要包括参股投资、控股并购、战略合作等。腾讯的海外投资主要集中于2012年之后，投资领域从游戏拓展到社交，从电子商务到工具软件，从消费生活到金融服务，其产业链布局已涵盖了日常生活的方方面面。

首先，腾讯在参股投资方面，由于参股投资相对平等，只需要较少资金投入即可进入细分行业领域。该进入方式既能完善腾讯的产业链布局，又可获得自身发展所需

---

[1] 同花顺财经. 海尔智家：海尔目前在全球拥有10＋N大研发中心、25个工业园、122个制造中心、108个营销中心、全球销售网络遍布160多个国家［EB/OL］. https://baijiahao.baidu.com/s?id=1674969671257051493&wfr=spider&for=pc，2020-08-14.

要的数据资源或平台优势。例如，腾讯投资了新加坡游戏公司 Level Up（持股比率 49%），美国 Epic Game 公司（持股比率 48.4%），美国暴雪（持股比率 6%），日本 Aiming 公司（持股比率 16.84%），韩国 PATI Games 公司（持股比率 20%），瑞典 Paradox 公司（持股比率 5%），法国育碧公司（持股比率 5%）等。

其次，腾讯在控股并购方面，由于海外控股并购可以直接利用被并购公司现成的技术、人力、业务等资源，可以在短时间内迅速进入当地市场，无须再耗费时间精力开发客户群和搭建营销渠道，很适合现金流充足的腾讯公司。腾讯控股并购主要集中在游戏领域，可以有效获得先进游戏开发技术和发行渠道，拓展海外市场。例如，腾讯全资收购了美国拳头公司，控股并购了瑞士 Miniclip 公司，控股并购了新西兰 Grinding Gear Games 公司（持股比率81%），全资收购了瑞典 Sharkmob 公司等。

最后，腾讯在海外战略合作方面，不强调控股权，通过相关产品或业务上开展有针对性的合作实现优势互补，无须投入大量资金，也不用考虑管理和控制权等问题，对腾讯来说是一种高性价比的战略选择。腾讯的战略合作对象多为在业务产品上有很强互补性的公司，例如，腾讯与全球领先游戏开发商和发行商暴雪合作，完善其游戏上的短板；与华纳音乐集团开展合作，满足国内用户对海外音乐的需求等。

从联想、海尔、碧桂园、腾讯这四家企业的案例分析可以看出，联想采用了国际化并购的方式，但也面临业务整合、文化冲突、国际化成本、国际化人才等风险；海尔采用了渐进式的国际化战略，然而自己组建销售网络、自己建厂也需要面对巨大的海外成本压力；碧桂园从国际战略联盟模式到设立海外独资子公司，根据内外部环境的变化灵活转换，但也要承担投资周期较长以及东道国投资环境变化所带来的风险；腾讯则将参股投资、控股并购、战略合作等不同模式组合在一起，但其国际化除了在游戏领域以外，其他领域（如微信、电子商务等）的国际化进展缓慢。

上述案例对其他企业的借鉴意义是：企业国际化市场进入战略的选择没有标准答案，不能生搬硬套其他企业的成功经验。企业需要秉持灵活多变的原则，适合自己的才是最好的，在不同的发展阶段以及不同的市场环境下选择最适合自己的进入战略，或者创造性地进行国际市场进入模式的创新。而企业无论选择何种进入战略，迅速使自己发展壮大、实现自身的国际化战略目标才是企业最需要考虑的焦点，一切市场进入模式都是为企业的最终战略目标服务的。

（四）"一带一路"国际市场的企业绩效分析

企业的绩效是衡量企业的战略行为所达成目标的效果情况。企业绩效是指一定经营期间的企业经营效益和经营者业绩。企业经营效益水平主要表现在盈利能力、资产运营水平、偿债能力和后续发展能力等方面。根据梅森和贝恩提出的 SCP 分析框架，如果知道了企业所处的市场结构和市场行为，就可以推导出企业的绩效，就能了解其中的规律性，分析难以观察的市场行为过程并制定相应的政策。本书将从"一带一路"背景下企业国际化战略对于企业绩效的影响和企业绩效的评价指标两个方面分别进行研究。

1. "一带一路"背景下企业国际化战略对于企业绩效的影响

企业实施国际化战略对于绩效的影响，现有研究的结论是多元的。有的学者认为企业的国际化战略对企业绩效有积极影响（肖鹏和刘明月，2020；潘永明，2019；方鸣和刘函，2020），也有学者认为企业的国际化战略对企业绩效有负面影响（王国顺和胡莎，2006；檀灿灿和殷华方，2018），还有的学者认为企业的国际化战略与企业绩效之间存在非线形关系，如 U 形关系（阚玉月和刘海兵，2020；陈砺和黄晓玲，2018）、倒 U 形关系（周立新，2019）、S 形关系（王静玉和王元月，2018）和 N 形关系（檀灿灿和殷华方，2018）。

有研究表明，对于我国已经走出去的中国境外企业来说，存活率仅为 35.63%。总体规模偏小、实力较弱，境外经营经验不足，抗风险能力差，是这些企业的通病。[①]尤其是在"一带一路"国际投资过程中，中国企业所面临的各类风险使企业国际化战略转型升级充满了各种挑战。然而，也有一些中国企业，不惧"一带一路"的各种挑战，审时度势，取得了卓越的绩效。

例如，作为国内产能过剩的产业之一，水泥行业的龙头企业海螺水泥自 2011 年开始就实施"走出去"发展战略。海螺水泥在东南亚的第一个项目——印度尼西亚南加里曼丹省大巴隆县年产 300 万吨水泥项目，使其成为当地最大的水泥生产商，也是第一家中国水泥厂。项目投产运行后，2016 年销售利润达 8000 万元，产生了良好的经济效益和示范作用。2018 年，海螺水泥在印度尼西亚北苏拉威西省日产 5000 吨熟料的水泥生产线项目启动。目前，海螺水泥总销量已经超过世界排名前列的建材巨头法国拉法基和瑞士豪瑞。[②]

"走出去"发展战略为海螺水泥带来了明显的企业效益增长。在资产总额和营业收入方面，海螺水泥"走出去"前后 2010—2020 年的总资产和营业总收入如图 4-3、图 4-4 所示。

---

① 水泥人网. 海螺水泥海外建线 国际化战略启动 [EB/OL]. http://www.cementren.com/2014/1114/21395.html, 2014—11-14.

② 中国建材报. "一带一路"战略带动水泥行业发展 [EB/OL]. http://www.zctpt.com/home/61015.html, 2018-10-28.

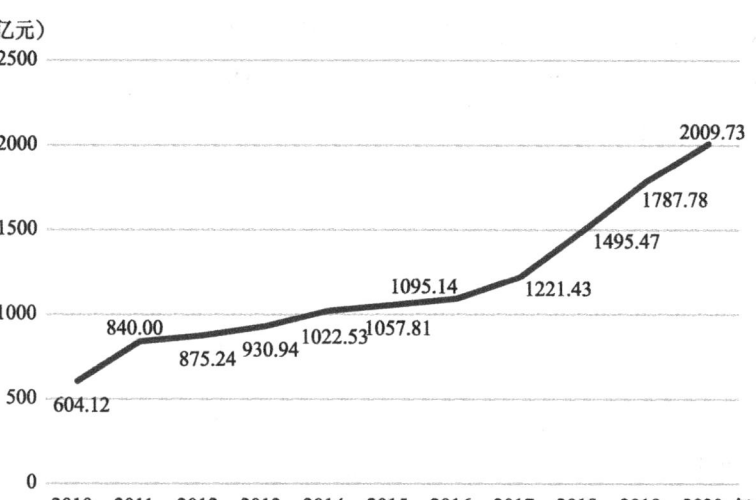

图 4-3　海螺水泥 2010—2020 年的总资产

资料来源：海螺水泥年报。

如图 4-3 所示，海螺水泥的总资产从 2010 年的 604.12 亿元增长到 2020 年的 2009.73 亿元，增长了两倍以上，呈现出逐渐上升的平稳态势，显示国际化战略成为海螺水泥总资产大幅增加的重要因素之一，国际化战略已经成为其做大企业规模的有效的发展战略。

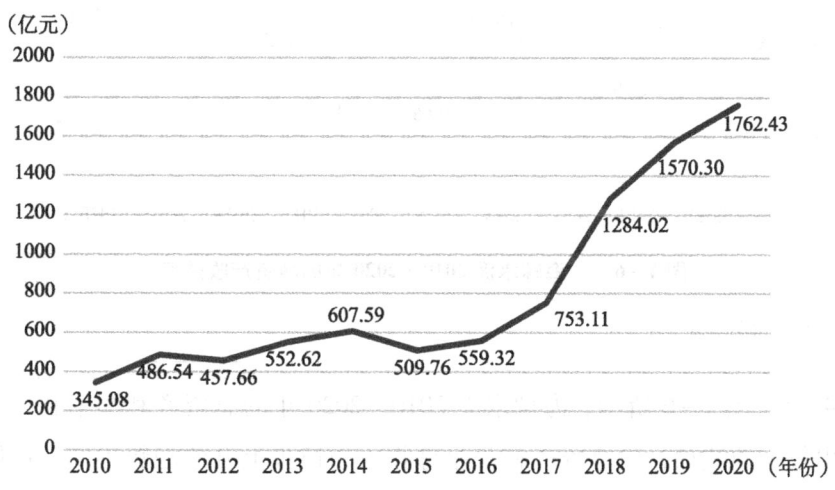

图 4-4　海螺水泥 2010—2020 年的营业总收入

资料来源：海螺水泥年报。

如图 4-4 所示，海螺水泥的营业总收入从 2010 年的 345.08 亿元增长到 2020 年的 1762.43 亿元，增长了四倍以上，中间在 2015 年虽有下跌，但整体呈现出稳步上升的态势，显示国际化战略已经成为海螺水泥营业总收入成倍增加的重要因素之一。

在利润方面，海螺水泥"走出去"前后 2010—2020 年的总资产利润率和净资产收益率如图 4-5、图 4-6 所示。

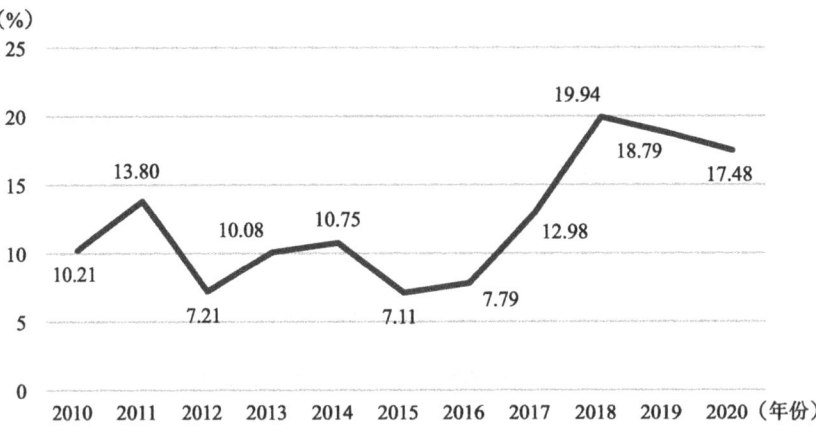

图 4-5　海螺水泥 2010—2020 年的总资产利润率

资料来源：海螺水泥年报。

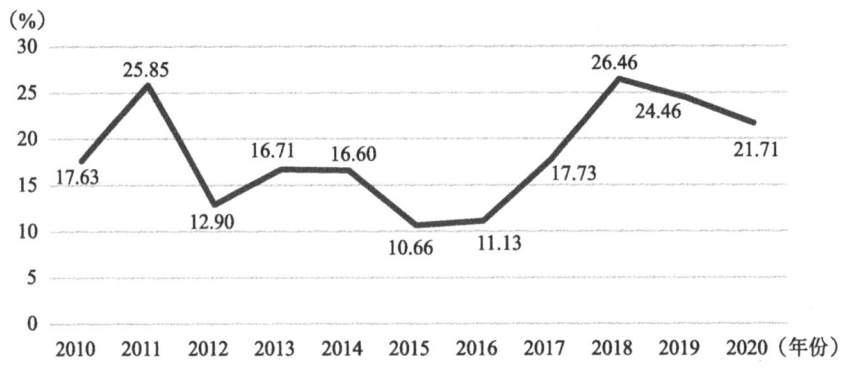

图 4-6　海螺水泥 2010—2020 年的净资产收益率

资料来源：海螺水泥年报。

如图 4-5、图 4-6 所示，海螺水泥 2010—2020 年的总资产利润率和净资产收益率都呈现出较大的波动，与总资产和营业总收入的稳步上升的趋势不同，说明企业的利润情况并不总是跟随营业总收入的增长而增加，而是受到多种因素的影响，比如市场的竞争压力迫使企业降价等，但海螺水泥的整体盈利状况仍然呈波动上升的趋势，净利润从 2010 年的 61.71 亿元增长到 2020 年的 351.30 亿元，增长了近 5 倍。①

---

① 资料来源：海螺水泥年报。

从图4-3、图4-4、图4-5、图4-6中可以看出,作为国内水泥行业龙头企业的海螺水泥,在面对国内市场竞争压力大、内需逐渐萎缩的情况下,通过在"一带一路"沿线市场实施企业国际化战略转型升级,整体取得了较好的绩效,促进了企业的高质量发展。

2. 企业国际化成功的标准

前文分析了"一带一路"背景下企业国际化战略对于企业绩效的影响,中国企业在"一带一路"沿线实施企业国际化战略转型的过程中,企业的绩效有可能增加,也有可能降低。如果一家企业在"一带一路"沿线国家拓展业务取得了财务成功,就可以认为它是一家成功的国际化企业吗?答案是:恐怕不能。判断一个企业是否是一个成功的国际化企业,还需要从各种不同的角度来分析。

(1) 通常的标准。一般来说,衡量一个企业国际化是否成功包括两个维度:一是企业对国际市场的依存度,通常由企业海外收入、海外资产的比重来衡量。二是企业在国际市场运营、竞争的能力,体现在具有国际视野的领导力、全球化运营模式、国际化人才、全球供应链管理、技术国际化以及品牌国际化等。

(2) 全球化智库的标准。全球化智库(CCG)构建了以企业国际化战略、国际化人才、国际化市场、社会责任和国际化绩效为指标的企业国际化评价体系。CCG连续6年(2014—2020年)研究出版了企业国际化蓝皮书《中国企业全球化报告》,推荐了中国企业国际化排行榜单。

(3) 中国企业全球化的七大标准

全球化标准之一:自有品牌全球化营收占比

衡量中国企业全球化的标准之一,是海外自主品牌营收占据的比重。以海尔为例,海外收入自主品牌占比接近100%,在全球160个国家和地区均是自主品牌,甚至已经成为美国、日本、欧洲、澳大利亚等主流市场的主流品牌。

全球化标准之二:整合能力的比拼

阿里巴巴在全球化道路中,是整合跨国企业最多的中国互联网企业之一。阿里巴巴为了更好地提升物流服务,集团旗下的物流企业菜鸟网络与马来西亚机场控股有限公司成立一个合资公司。此外,阿里巴巴先后与印度最大的电子钱包Paytm的母公司、韩国K-Bank银行合作,与泰国正大集团旗下企业、美国速汇金等跨国企业进行整合。

全球化标准之三:向全球输出标准而不仅是品牌

国际标准对于企业的国际化转型至关重要。以海尔为例,海尔已经主导国家标准

96 项、行业标准 36 项、团体标准 20 项,共计 152 项,主导国内标准数量位居家电企业第一。在国际标准输出方面,海尔参与的国际标准达 56 项,在参与过程中提出国际标准制修订提案 90 项。中国家电领域 80% 的国际标准制修订提案来自海尔,80% 的国际标准专家来自海尔。

全球化标准之四:全球化需要用原创证明自己

2020 年,海尔智家再获全球智慧家庭发明专利第一,已连续 4 年保持第一。截至 2020 年 12 月,海尔智家全球累计专利申请 6 万余项,其中发明专利 3.8 万余项,占比超过 63%,在国内行业中排名第一。海尔智家海外发明专利也达到 1.2 万余项,覆盖 28 个国家,是该领域海外布局专利最多的中国企业。①

全球化标准之五:研发中心和服务的全球化

在海外,海尔除了 10 + N 大研发中心之外,还自己建立了 19 个呼叫中心,23 个站点,有 5600 家网点、12000 多名工程师,覆盖全球 6 大洲 40 个国家,支持 27 种语言 32 个产品大类。在这些区域,海尔可以为用户提供 7×24 小时全天候服务。

全球化标准之六:全球化用户满意度和认知度

阿里巴巴全球化的认知度和满意度目前在中国企业中遥遥领先。根据 2021 年度财务报告,阿里巴巴生态全球年度活跃消费者突破 10 亿,达到 11.3 亿,其中海外消费者达 2.4 亿。国内和海外消费者在阿里巴巴平台上创造了 8.119 万亿元的年度交易规模。②

全球化标准之七:本地市场占有率和增长速度

2020 年海尔的国际化业务实现销售收入突破人民币 1000 亿元,同比增长 8.3%;在美国市场,厨电、家用空调、波轮洗衣机份额第一;在澳大利亚和新西兰市场,洗衣机份额第一;在日本市场,冷柜和大中型冰箱份额第一。③

(4)具体的国际化十大标准。刘德良发表的文章《国际化程度评价体系》提出了考察一家企业是否已经真正国际化,不能仅仅看到企业的出口贸易、跨国投资或者国外并购,而要从国际化经营管理的全方位角度去分析。该文章系统地提出了评估企业国际化程度的十个评价指标。

指标一:国外市场销售收入占全部市场销售收入之比

---

① 海尔官网. 海尔智家再获全球智慧家庭发明专利第一,已是 4 连冠![EB/OL]. https://www.haier.com/about_haier/xinwen/20210122_153389.shtml,2021 - 01 - 22.
② 前瞻网. 阿里巴巴发布 2021 财年年报:阿里生态全球年度活跃消费者破 10 亿[EB/OL]. https://baijiahao.baidu.com/s?id=1706509363158815887&wfr=spider&for=pc,2021 - 07 - 28.
③ 海尔智家股份有限公司 2020 年年度报告[R].

说明：销售收入是最直接的评价指标，国外市场销售收入包括国际贸易、在第三方投资国生产产品的销售收入或者服务收入、技术转让收入等。

公式为：国外市场销售收入/全部销售收入

标准为：应该在30%以上。

指标二：国外市场覆盖率

说明：国外市场覆盖率主要评估企业的市场覆盖程度，是营销体系评估指标。覆盖率决定了国际化的成长空间和成熟程度，也决定了国际化的风险程度和企业对于国际市场的熟悉程度。

公式为：实现销售收入的国家数量/世界国家总数量

标准为：应在10%以上，为20~30个国家。

指标三：国外市场渗透率

说明：即使在数十个国家有销售收入或出口贸易，但是如果不能在东道国建设具有控制权和绝对影响力的营销体系，其出口贸易和销售是不稳定、不可持续的。营销体系的掌握与否，是国际化评估的重要指标之一。

公式为：自有或合作营销体系销售收入/国外市场销售总收入×自有或合作营销体系建成年限/国际市场销售年限

标准为：应不低于30%。

指标四：生产国际化程度

说明：国际化意味着企业不仅要把产品销售到国际市场，还应在国际市场将各种资源优化调配，充分利用其他国家的资源、劳动力、技术等，将生产、技术开发真正形成国际化。

公式为：国外生产产值/全部总产值

标准为：应不低于20%。

指标五：发达国家市场覆盖率

说明：分析国际化市场分布的成熟程度，发达国家市场覆盖率越高，就说明企业进入和占领发达国家成熟市场的能力越强，国际竞争力就越强。

公式为：发达国家销售收入/国外市场销售总收入

标准为：不低于30%。

指标六：国际化人才储备

说明：国际化人才是企业国际化重要的工具之一，经营管理团队的国际化程度决定了企业现在国际化的成熟程度和未来国际化的发展潜力。

公式为：具备3年以上国外市场经营管理经验的中高层人员/全部中高层管理团队

标准为：应不低于10%。

指标七：技术国际化程度

说明：技术开发是否国际化意味着利用和引进国外先进技术的能力以及对国外技术人才的吸引力，在国际化竞争日趋激烈的今日，技术是国际化竞争的重要基础之一。技术开发指标评估可以按照项目、投入、人员数量等。

公式为：企业年度国外技术开发项目/企业年度技术开发项目总和

标准为：应不低于20%。

指标八：国际化资金管理能力

说明：国际化是企业各种经营活动的总和，自然少不了资金的管理，资金管理包括了外汇处理能力、国外贷款能力、国与国之间资金调配能力等因素。简单来说，可以按照年度国际货币（主要考虑以美元、欧元计算）资金周转量对应全部资金周转量的方式评估。

公式为：年度国际货币（主要考虑以美元、欧元计算）资金周转量/年度全部资金周转量

标准为：应不低于20%。

指标九：国际化资产

说明：国际化资产是指在其他国家投资设立的生产工厂、服务机构、销售机构、技术开发机构等实物性资产，由于中国企业品牌资产目前尚处于起步状态，所以暂不考虑品牌、商誉等无形资产。

公式为：其他国家资产总量/全部资产总量

标准为：应不低于10%。

指标十：国际化市场服务能力

说明：服务能力主要指运输服务、安装服务、培训服务、调试服务、售后服务、重大事件处理、危机处理等，产品销售后到客户使用中的过程其实是关系到企业长期生存的重要因素，如果无法在这一过程中建立良好的商誉、口碑、品牌、形象，即使进入了一个国家的市场早晚也会被淘汰。评估服务能力，可以按照服务体系投入与销售收入比值。

公式为：年度国外服务体系投入/年度国外市场销售总收入

标准为：不同行业和产品差异很大，但不应为0。

综上所述，以上四类评价企业国际化成功与否的标准是从各种角度来分析研究企业国际化的规律，或简或繁，都是对于企业在国际市场的各方面表现做出评价分析。由于各企业所处的行业具体的情况各不相同，不宜生搬硬套上述指标，可以根据自身

情况进行适当调整。

3. "一带一路"背景下中国企业国际化绩效评价指标体系

评价企业绩效一般采取财务指标评价法。企业绩效的财务评价指标包括：收入、成本、净收益与现金流量，杜邦分析法中的投资报酬率（ROI）和权益报酬率（ROE），以及基于剩余收益思想的 EVA（Economic Value Added）经济增加值指标等。

但是，仅仅用财务评价指标来衡量一个企业的整体绩效是不够的。1992 年，两位学者诺顿和卡普兰提出了平衡计分卡（Balanced Score Card，BSC），从财务、客户、内部运营、学习与成长四个角度，将企业的战略落实为可操作的衡量指标和目标值。平衡计分卡采用财务指标来揭示已采取的行动所产生的结果，用顾客满意度、内部程序、组织的学习和能力的提高来补充财务衡量指标、平衡传递和强调企业的战略目标，并在各方面均设立具体的评价指标来反映各自为支持战略目标而须达到的业绩要求，同时将组织创新与过程创新的要求体现在各方面的绩效评价指标中，以获取企业的持久竞争优势。

平衡计分卡分为四个方面：客户角度、财务角度、内部运营角度、学习与成长角度，代表了三个利害相关的群体：股东、客户、员工，确保企业组织从系统观的角度进行战略的实施。具体如图 4-7 所示。

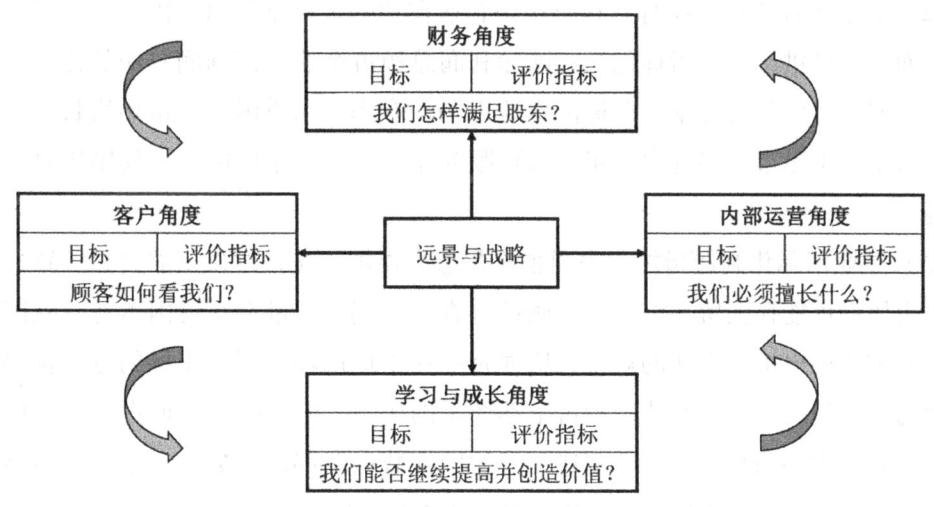

图 4-7 平衡计分卡四个角度的关系

资料来源：彼得·德鲁克，等. 公司绩效测评 [M]. 李焰，江娅，译. 北京：中国人民大学出版社，1999.

平衡计分卡把企业的战略和远景而不是控制置于中心位置，因此企业的内部评价也逐渐向战略性绩效评价发展和演变，也更加注重企业各种指标，包括财务和非财务指标的平衡，内部运营与外部要素的平衡，企业短期财务状况与长期成长之间的平衡。这种定量与定性结合的企业绩效评价方法，比较适合在复杂的竞争环境下对企业的业绩做出综合而全面的度量。

因此，本书的中国企业国际化绩效评价采用平衡计分卡的方法，在评价"一带一路"背景下中国企业国际化战略转型的过程中，只看企业的财务表现是远远不够的，需要综合各方面的因素来衡量。本书根据平衡计分卡理论，借鉴上述评价标准，构建了"一带一路"背景下以企业国际化整体战略、国际化市场、国际化制造、国际化人才、国际化技术、国际化资本运营、国际化品牌和国际社会责任等八类指标所构成的企业国际化绩效评价体系，用以评估中国企业在"一带一路"沿线市场企业国际化战略的实施成果。具体如下：

（1）企业国际化整体战略指标。科学的国际化战略制订过程、国际化战略规划是否与企业整体发展战略匹配、企业国际化战略调整机制等对于中国企业在"一带一路"沿线国家实施企业国际化战略至关重要。可供企业选择的企业国际化整体战略指标包括：完善的企业国际化战略、国际化战略规划与企业整体发展战略匹配度、企业管理层参与国际化战略规划方向制定与决策情况、集团层面设立国际部门或类似机构情况、集团制定的国际化分工岗位设置及职责情况、企业国际化战略调整机制等。

（2）企业国际化市场指标。评价中国企业在"一带一路"沿线国际化的市场指标是多方面的，可供选择的指标包括：国际利润总额占企业全部利润总额的比率、国际营收占企业全部营收的比率、东道国本地市场占有率、东道国本地市场增长率、国际市场覆盖率、国际市场渗透率、年度国际服务体系投入占年度国际市场销售总收入的比率等。

（3）企业国际化制造指标。中国企业要想实现国际化，仅仅依靠出口、贸易等方式赢得市场有可能存在贸易壁垒、反倾销调查等弊端，通过在东道国本地建立国际制造中心的方式可以扩大企业的规模，增强企业在本地市场及周边市场的竞争优势。可供选择的指标包括：国际制造产量占全部产量的比率、国际制造产值占全部产值的比率、国际制造中心的数量、国际制造覆盖的国家数占全部国家数的比率、国际制造的产品品类占企业全部品类的比率、国际制造成本与国内制造成本的比率等。

（4）企业国际化人才指标。人力资源是第一资源，做好"一带一路"沿线国际化人力资源管理可以帮助中国企业建立、巩固、扩大竞争优势。可供选择的指标包括：国际员工占全部员工的比率、具备3年以上国外市场经营管理经验的中高层人员占全部中高层管理团队比率、国际员工满意度、国际员工生产效率、东道国本地员工升职率、本地企业员工业务达到标准率、本地员工流失率、本地员工建议数、本地员工培训时间等。

（5）企业国际化技术指标。拥有技术优势是很多中国企业进行国际化战略转型的动因之一。可供选择的指标包括：国际研发中心占企业全部研发中心的比率、国际研发人员占企业全部研发人员的比率、企业年度国外技术开发项目占企业年度技术开发项目总和的比率、申请的国际专利数量占企业全部专利数量的比率、企业申请的国际专利数量占全球该行业全部专利数量的比率、国际技术转让件数、国际技术转让金额、国际技术转让覆盖的国家数占全部国家数的比率、参与的国际标准制定与修改数量、提出的国际标准制定与修改被接受的数量、国际标准专家占全球该行业标准专家总数的比率等。

（6）企业国际化资本运营指标。好的国际化资本运营可以帮助企业在国际化经营过程中事半功倍，支持企业的国际事业高速发展。可供选择的指标包括：国际资产占企业全部资产的比率、国际资产覆盖的国家数占全部国家数的比率、年度国际货币资金周转量占年度全部资金周转量的比率、国际融资占全部融资的比率、国际并购的件数、国际并购的市值、企业年度国际并购的总市值占该行业全球年度并购的总市值的比率等。

（7）企业国际化品牌指标。品牌不仅能够为企业带来更高的溢价，也是塑造企业知名度和美誉度的重要方式。品牌国际化是衡量企业国际化的重要标准之一。可供选择的指标包括：国际服务中心占全部服务中心的比率、国际自主品牌营收占全部营收的比率、国际品牌申请国家数占全部国家数的比率、国际自主品牌在东道国当地的知名度和美誉度、国际自主品牌在东道国本地销售税前价格与国内销售税前价格的比率等。

（8）企业的国际社会责任指标。企业在国际化的过程中，仅仅关注市场和利润还远不足够，这种认识淡化了国际企业的"国际责任感"，使其成为"国际掠夺者"。中国企业在"一带一路"沿线国际化转型的道路上，要贯彻"构建人类命运共同体"的理念，切实履行企业的国际社会责任。可供选择的指标包括：企业绿色采购标准与绿色供应链管理战略、参与国际公平竞争情况、服务东道国当地社区情况、遵守国际劳工组织公约、企业员工廉洁自律情况、遵守联合国反腐败公约情况、执行联合国可持续发展目标情况、企业 ESG 投资资产规模、绿色金融投资情况等。

第二节 "一带一路"背景下中国企业国际化战略实施

国际化战略是企业做大做强的有效途径。企业的国际化战略制定出来之后还需要落地实施,这样才能实现企业的战略目标。战略实施就是将企业战略付诸实践的过程,把战略制定阶段所确定的意图性战略转化为具体的组织行动,保障战略实现预定目标。企业战略的实施是战略管理过程的实践行动阶段,有人认为战略实施甚至比战略制定更加重要。在前文已分析中国企业的国际化战略选择的基础上,本节将从企业运营的视角,主要从国际化战略的实施路径、国际化战略实施保障及战略调整等三个方面分析中国企业在"一带一路"沿线国家企业国际化战略实施的有关问题。

一、企业国际化战略的实施路径

中国企业沿"一带一路"国际化发展是促进区域经济一体化的重要推动力量。面对"一带一路"的历史发展机遇,中国企业需要以国际化的视野将企业国际化战略付诸实施。中国企业可以从国际化人才战略、国际化技术创新战略、国际化资本运营战略、国际化品牌战略四个方面来实施国际化经营,最终到达企业的整体国际化战略目标。

1. 国际化人才战略

21世纪国家与国家之间、企业与企业之间的竞争归根结底是人力资源的竞争。已有越来越多的中国企业从重视资本、设备转为重视国际人力资源的引进和开发,将对员工成本的关注转移到对员工产出的关注。

中国企业在"一带一路"国际市场实施人才国际化战略的时候,首先,需要加强企业国际化人才战略管理,制订符合企业自身情况的国际化人才战略的规划,加大企业对国际人才的招募与吸引力度,强化企业对国际化人才的系统化培训与开发。同时,政府有关部门需要加大对企业国际化人才获取和使用的政策扶持力度。其次,国内高校需要促进国际化人才培养的多元化与灵活性,加强校企合作,培养应用型人才;调整课程设置,提升师资队伍国际化水平;加强与"一带一路"沿线国家高校之间的合作办学,促进文化交流;加强在校大学生职业生涯规划,践行社会主义核心价值观;

加强对留学生的培养，塑造国际人才。最后，政府有关部门需要大力扶持人力资源服务业，促进企业沿"一带一路"国际化转型。此外，还可以发挥商会、行业协会的作用，建立起国际人才信息的共享机制，建立"一带一路"国际化人才信息库，信息库包括专家人才库、项目库、企业数据库等，以便及时了解掌握国际人力资源和企业发展动态，提升国际化人才管理和服务水平。

2. 国际化技术创新战略

人类社会已经从工业经济时代进入知识经济时代，决定企业在市场竞争中胜负的规则发生了重大变化。中国企业过去依靠成本领先战略在国际市场上获得竞争优势已难以长期持续，而具备技术创新能力的企业才能在市场竞争中立于不败之地。技术国际化战略已成为企业国际化经营的核心战略之一。

中国企业在"一带一路"国际市场实施技术国际化战略的时候，首先需要从有形的实体的合作到无形的知识产权共享转型升级。中国企业要从经贸合作、基建合作、产能合作、资本合作升级到知识产权共享，从输出产品升级到输出技术标准。其次，中国企业实施技术国际化要坚持科技创新道路，坚持以市场为导向。一方面，企业技术国际化要坚持科技创新道路；另一方面，不能盲目投资，要以市场需求为导向。此外，技术国际化要尊重科技创新的规律。再次，中国企业要高度重视知识产权保护。进一步提高中国企业对国际知识产权保护的法律意识，既要防范中国企业的知识产权在海外被他人侵犯，又要防范中国企业侵犯他人的知识产权。政府有关部门要采取措施继续加强对中国企业国内外知识产权的保护。最后，中国企业要大力发展绿色科技。建设"绿色丝绸之路"，中国企业要始终践行绿色发展理念，高度重视东道国当地的生态环境保护。中国企业在技术国际化的过程中，不仅要坚持以绿色科技来带动当地经济的发展，更要加强舆论宣传，加深当地社区和老百姓对中国企业投资项目的绿色环保技术的了解和信任。

3. 国际化资本运营战略

国际化资本运营是中国企业沿"一带一路"进行企业国际化战略转型升级的一个核心环节。中国企业要缩小与世界一流企业的差距，需要依靠国际化资本运营的方式来赶上和超过国际竞争对手。中国企业通过资本运营国际化战略，可以建立整合国际资源的新模式，优化配置企业全部资本和生产要素，充分挖掘企业发展潜力，实现低成本高效率的国际化发展。

中国企业在"一带一路"国际市场实施技术国际化战略的时候，首先，需要对东道国投资环境做出科学评估，在避免各类投资风险的基础上，制订适合自身的资本运营国际化战略，避免实施太过激进的投资规划，产生过度投资的行为，以免带来损失。其次，中国企业要建立多元化投融资主体，加快资金周转，在融资渠道的选择上，打造多渠道、多元化的融资体系，可加强与亚洲基础设施投资银行、金砖国家开发银行等金融平台的合作。探索债券市场、资产支持证券、种子基金、信托等融资渠道，创新融资模式。最后，中国企业可以与第三方公司共同合作投资"一带一路"项目，也可以通过引入东道国当地战略投资者或在当地证券市场上市的方式，增加资本投入，加速资本金回流，降低投资风险，实现滚动开发和可持续发展。

4. 国际化品牌战略

中国企业要想在"一带一路"国际市场上长期发展，就必须增强品牌意识，创建符合自身情况的品牌国际化战略，加大建设品牌国际化的力度，而国际化的品牌也是企业国际化的重要成果之一。

首先，中国企业在"一带一路"国际市场实施品牌国际化战略的时候，需要加强品牌国际化战略管理，提升品牌竞争力。中国企业需要制订国际化品牌的战略规划，做好市场细分，找准品牌定位，重视品牌推广，任用懂得品牌国际化知识的专业人才，加大与国际广告公司和当地公关公司的合作，以增强自身的品牌国际化管理能力。

其次，中国企业需要选择适合自身的品牌国际化的市场进入方式。品牌国际化应是一个企业品牌与海外目标市场需求乃至全球市场需求动态匹配的一个阶段性过程。无论企业选择"标准化""本土化"或"球土化"，符合企业自身情况的才是最适合的。

再次，中国企业需要塑造卓越的品牌文化。中国企业在"一带一路"沿线要弘扬诚信守法、精益求精的品牌文化，促进中华文化与沿线当地各种文化的互融，提高中国品牌包容性。

最后，中国企业需要加强国际化品牌维护。中国企业需要提高中国产品的质量，优良的质量能够为中国品牌国际化打下良好的基础。此外，还需要重视中国品牌的维护，建立健全符合国际规则的品牌管理制度。

综上所述，中国企业在"一带一路"沿线的企业国际化战略实施途径，包括人才国际化、资本运营国际化、技术创新国际化、品牌国际化这四个方面都属于职能层级的战略，能够从各自的领域具体实施企业的国际化战略。本书后面的第五章至第八章将详细研究上述四种国际化战略。

二、企业国际化战略实施保障

首先,一家企业的国际化战略能否顺利实施并达到预期的目标,与其国际化战略制定是否正确有关,按照错误的战略规划执行出来的效果可想而知,除非企业在执行的过程中能够发现战略制定的错误并予以修正。其次,企业的国际化战略能否成功实施与企业所提供的保障措施息息相关。保障措施需要符合企业国际化战略发展的根本需求,而国际化战略的保障措施需要在国际环境中的风险与挑战充分评估下制订并采取相应的措施,才能起到真正的保障作用,更加能够保证措施的行之有效。一般来讲,企业国际化战略的顺利实施需要依靠企业的组织保障、制度保障、资金保障和人员保障。

1. 组织保障

组织结构是实施企业国际化战略的一项重要工作,中国企业在"一带一路"沿线实施企业国际化战略转型升级需要相适应的组织结构去开展与完成战略方案,才有能力顺利推进战略实施。通过国际化战略规划方案对企业组织结构进行分析,对于组织中纵向结构的管理层次、管理幅度和横向结构中国际部门设置等组织岗位设置,无论是新建还是改变原有的组织架构,都需要考虑企业国际化战略的实际需求,对企业现有组织结构架构进行相应调整。此外,在企业国际化战略的实施过程中,企业的组织架构还需要保持一定的灵活性,以便适应企业国际化战略调整的需求。

2. 制度保障

制度保障是企业国际化能够深入进行并取得成功的重要保障之一。中国企业在"一带一路"沿线的企业国际化战略要成功实施,与之相适应的具备国际视野且符合国际规则的配套的制度保障必不可少。在影响企业制度的外部因素中,中国企业的战略制定者除了要遵守我国的法律法规之外,还应当遵守东道国当地的法律以及国际通行的规则,树立起中国企业遵纪守法的国际形象。在影响企业制度的内部因素中,中国企业的国际化战略制定者应当留存目前企业文化中能够支持企业国际化战略的部分,并建立起完善的国际化的制度来支撑战略的有效实施。否则,再健全的管理制度如果没有切实贯彻执行,其成效也极为有限。

3. 资金保障

企业无论采取哪种国际化进入战略,无论是自建销售网络、自建工厂,还是通过国际并购进入"一带一路"市场,抑或是投入"一带一路"基础设施建设,充足的资金都是企业国际化战略成功的重要因素。随着企业国际化战略的发展,企业海外项目不断增多,企业需要对海外资金进行有效管理,优化和改善资金流动性管理。企业可以采用现金池等管理方式,统一调拨企业的全球资金,实现资金的集中控制,以便实现对企业国际化战略实施的资金保障。

4. 人员保障

中国企业在"一带一路"沿线的企业国际化战略要成功实施,需要掌握企业国际化经营的管理和执行人员。人员的素质与理念是企业国际化战略实施的保障。目前,中国企业中具备国际化经营管理经验的人才较少,影响企业国际化经营和管理水平的进一步提升。中国企业需要进一步增强"一带一路"国际化相关专业人才的引进、培育,同时还需要加强对现有人才进行必要的国际化相关知识和技能的培训。

三、企业国际化战略调整

企业的战略管理过程是在完成具体目标时对不确定因素做出的一系列判断。战略管理是一个不确定的过程,随时有可能受到企业内外部的各类突发事件的影响。中国企业在"一带一路"沿线国家实施企业国际化战略的过程中,当遇到企业内外部环境变化或者企业自身的核心竞争力发生了巨变时,就需要对其企业国际化战略进行调整。这样才能使企业的国际化运营管理不断适应所处的内外部环境的变化,进而保持企业国际化战略定位的持续先进性。企业的战略调整包括调整机制、调整步骤和调整方式。

1. 企业国际化战略调整机制

企业国际化战略调整是建立在企业内外部条件分析的基础上,外部条件分析包括行业分析、供应市场和竞争对手分析等;内部条件分析包括企业资源与能力分析、企业发展战略与竞争策略分析。企业国际化战略调整是对于企业国际化战略规划制订与执行的支撑体系的总体调整,不仅包括企业国际化战略规划本身的调整,而且还要对支撑企业国际化战略执行的组织规划、人力资源规划、企业文化规划及管理信息系统规划进行系统调整,才能实现企业国际化战略调整的目标。企业国际化战略调整机制如图4-8所示。

2. 企业国际化战略调整步骤

企业国际化战略调整分为以下四个步骤:

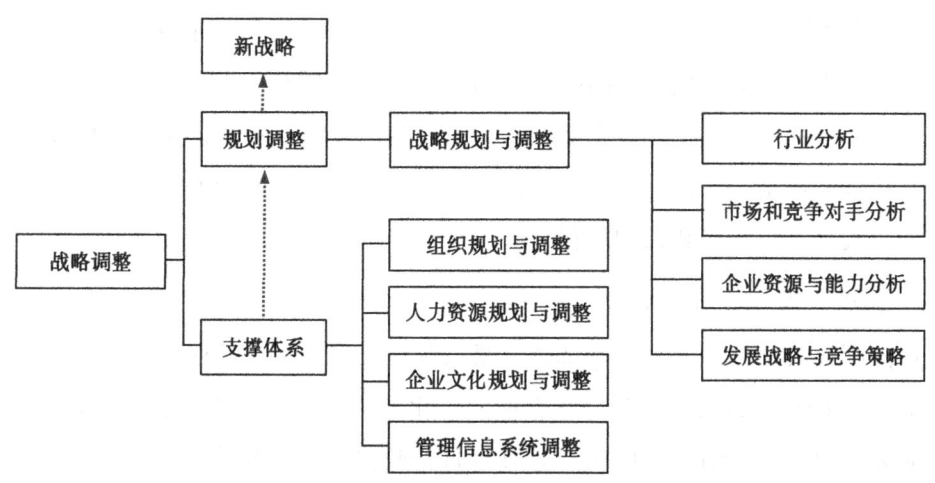

图4-8 企业国际化战略调整机制

资料来源：笔者绘制。

（1）步骤一：厘清环境的变化

厘清适应环境变化的新战略考虑的问题是企业未来"做什么"和"如何做"的问题。中国企业在"一带一路"沿线实施企业国际化战略最终必然要体现到企业的日常运营管理活动上。任何企业在国际化进程中未来所面临的机会、威胁及所拥有的优势和劣势也必然要落到其具体的业务流程上。因此，在进行企业国际化战略规划调整前，企业需要做好战略环境分析。

（2）步骤二：制订新的企业国际化战略规划

在确定了企业在"一带一路"市场所面临的机会、威胁及所拥有的优势和劣势的基础上，企业需要制订出是否应该进行企业国际化战略调整以及如何调整的决策，明确企业未来可能采用的实施计划及相应的管理流程。

（3）步骤三：调整组织结构

一旦企业的战略规划发生了变动或调整，想要实现不同于原来的运营管理和服务流程，其外部组织架构（与供应商和客户之间）和内部的组织架构（企业集团总部与海外各分公司或子公司之间）都要发生相应的变化。只有组织结构发生了变化，组织职能在原有基础上改变，企业才能实施新的企业国际化战略规划。

（4）步骤四：采用新的领导管理和信息管理控制方式

在新的企业国际化战略的实施过程中，对于变化了的集团内、外部组织架构与管理职能，需要采用新的领导管理和信息管理控制方式才能使其合理地运行。此外，在企业战略规划调整的全过程，都需要与企业文化相结合，加强新的企业国际化战略规划的宣贯，使企业各层级的管理者在新的企业国际化战略规划与实施方面达成共识。

上述企业国际化战略调整四个步骤之间构成了一个非常重要的闭环关系，该闭环关系可以总结为：环境变化→新的战略规划→调整组织结构→新的领导管理和信息管理控制方式→新的环境变化。在企业国际化的发展过程中，随着企业所处环境的变化，企业国际化战略调整的步骤是不断循环往复的，这也是企业不断调整自身经营活动流程、不断自我修复与发展壮大的过程。

3. 企业国际化战略调整方式

企业国际化战略调整分为日常调整、紧急调整和定期调整三种方式。

（1）日常调整。日常调整就是在企业国际化战略执行的过程中，通过日常的监测发现有必要做出调整的情况。例如，通过每月行政例会、半年度工作会议等发现企业国际化战略及运营计划需要调整时，由企业国际化战略规划部门进行评估分析并报战略委员会通过后，形成企业国际化战略规划调整文件，上报企业董事会审批后，由企业国际化战略规划部门组织修订。

（2）紧急调整。紧急调整就是当企业的整体战略做出重大调整或者东道国当地环境发生重大变化时，由企业国际化战略规划部门对企业的整体发展战略规划及外部环境进行分析和评估，做出是否进行企业国际化战略调整的建议，经企业董事会同意后，由企业国际化战略规划部门组织修订。

（3）定期调整。企业国际化战略定期调整是企业每半年或年底定期对企业国际化战略规划进行调整和修订。越来越多企业开始采用年底滚动调整的方式进行企业国际化战略修订。企业国际化战略滚动调整即每年底依据原来的企业国际化战略目标的要求、当年的企业国际化战略完成情况总结及未来内外部环境发展的新趋势，滚动调整并制订未来几年的企业国际化战略规划。它的特点是每年都滚动产生一个固定周期的企业新国际化战略规划，保持企业国际化战略的完整和连续性，在保障企业国际化战略准确性的同时也顾及了企业国际化战略的前瞻性。

本章参考文献

[1]［美］罗伯特·帕尔斯坦，珍妮特·格雷戈里. 企业国际化之道［M］. 崔增娣，蒋兰，徐鹏，译. 中国人民大学出版社，2018.

[2]张磊. 中国企业国际化发展战略研究［D］. 厦门：厦门大学，2006.

[3] 郄永忠. 出海——中国企业国际化经营战略 [M]. 北京：中国经济出版社, 2010.

[4] 孙兆. 中国经济时报：中国企业国际化历程 [EB/OL]. https://baijiahao.baidu.com/s?id=1620115633601512189&wfr=spider&for=pc, 2018-12-18.

[5] [美]. 迈克尔·E. 波特, 戈登·肖, 等. 战略前沿 [M]. 胡左浩, 余伟萍, 等, 译. 北京：中国人民大学出版社, 2004.

[6] BEIN J S. Industrial Organization, First Edition [M]. New York：John-Wiley & Sons. Inc., 1959.

[7] [美]. 迈克尔·波特. 竞争战略 [M]. 陈小悦, 译. 北京：华夏出版社, 2004.

[8] 袁政慧. 竞争战略、供应链协同与企业绩效 [D]. 厦门大学, 2010.

[9] 秦亚敏. 轻工企业研发行为与市场结构、市场绩效的作用机制研究 [D]. 西安：陕西科技大学, 2021.

[10] 王娟. 国际市场竞争立体化的新特点及应对策略 [J]. 现代企业, 2016 (6).

[11] [美] 迈克尔·波特. 国家竞争优势 [M]. 李明轩, 邱如美, 译. 北京：中信出版社, 2012.

[12] 领肯会展：机遇之地, 越南 [EB/OL]. https://www.sohu.com/a/397786110_120147190, 2020-05-26.

[13] 璟畅：建材行业比任何时候都更需要"走出去" [EB/OL]. https://baijiahao.baidu.com/s?id=1639935508227434875&wfr=spider&for=pc, 2019-07-24.

[14] 中华人民共和国商务部网站. 塔商：塔吉克斯坦建筑工程市场简析 [EB/OL]. http://tj.mofcom.gov.cn/article/ztdy/200512/20051201151393.shtml, 2005-12-23.

[15] 会展之窗网站. 2020年埃塞俄比亚国际贸易周 2020 China Trade Week Ethiopia [EB/OL]. https://www.expowindow.com/news/guanzhu_52944.html, 2020-03-17.

[16] 盈拓展览. 波兰：BUDMA 2019, 进军波澜壮阔的欧盟建材市场 [EB/OL]. https://baijiahao.baidu.com/s?id=1608945848614436948&wfr=spider&for=pc, 2018-08-16.

[17] 王诗慧. 中国水泥行业在"一带一路"沿线国家投资环境研究 [D]. 武汉：武汉理工大学, 2018.

[18] 中材建筑：一带一路国际日｜中材建筑借力政策风口 建筑美好未来［EB/OL］. https：//www. 163. com/dy/article/FU1UO8O00538AZJI. html，2020 - 12 - 17.

[19] 企业思想家：走进绿色工厂 触摸科研前沿 看中国建材持续转型升级［EB/OL］. https：//www. sohu. com/a/415223978_644547，2020 - 08 - 27.

[20] BEIN J S. Industrial Organization, First Edition［M］. New York：John - Wiley & Sons. Inc.，1959.

[21] 同花顺财经：中国移动筑就"一带一路"信息高速路［EB/OL］. https：//baijiahao. baidu. com/s?id = 1637447734055719590&wfr = spider&for = pc，2019 - 06 - 27.

[22] 李季鹏，杜美珊. 企业国际化战略选择的学术史梳理及研究动态［J］. 江苏商论，2021.

[23] 黎诗韵. 阿里砍 UC News 等海外业务，内容国际化战略收缩［EB/OL］. https：//new. qq. com/rain/a/20200602A0O02H00，2021 - 9 - 27.

[24] 刘娟. 联想集团的发展历程及其国际化战略，《经营与管理》，2019.

[25] 梦工场商业设计机构：海尔品牌国际化营销历程［EB/OL］. https：//www. sohu. com/a/426329223_647875，2020 - 10 - 21.

[26] 张洁宇. 碧桂园国际化战略的思考与启示［EB/OL］. https：//www. fx361. com/page/2019/0530/5167506. shtml，2019 - 05 - 30.

[27] 杜静彩. 我国互联网企业国际化战略研究——以腾讯为例［D］. 天津：天津商业大学，2021.

[28] 蓝科技：2017 年中国企业全球化跨越七大标准谁站到潮头？［EB/OL］. https：//www. sohu. com/a/213633666_800039，2017 - 12 - 29.

[29] 刘德良. 国际化程度评价体系［EB/OL］. http：//www. mie168. com/read. aspx，2006 - 09 - 28.

[30]［美］罗伯特·卡普兰，维·P. 诺顿. 综合记分卡一种革命性的评估和管理系统［M］. 王丙飞，温新年，尹宏义，译. 北京：新华出版社，1998.

[31]［美］彼得·德鲁克，等. 公司绩效测评［M］. 李焰，江娅，译. 北京：中国人民大学出版社，1999.

[32] 正睿咨询集团：企业战略调整步骤有哪些［EB/OL］. https：//www. sohu. com/a/378122119_100249013，2020 - 03 - 06.

[33] 白成柱，高沣. 如何进行战略调整［EB/OL］. https：//wenku. baidu. com/view/88625d4a2e3f5727a5e9625f. html，2012 - 05 - 11.

第五章
国际化人才战略——企业国际化的根基

21世纪国家与国家之间、企业与企业之间的竞争归根结底是人力资源的竞争。中国企业在投资建设"一带一路"的过程中，取得了诸多丰硕的成果，但同时也存在一些风险和隐忧，包括由于对"一带一路"沿线东道国的政治、经济、法律、社会、历史、文化、宗教信仰、投资环境等缺乏足够的了解，存在投资风险较高乃至投资失败等情形。

这些问题最根本的原因就在于中国企业缺乏既掌握专业技能又熟悉"一带一路"沿线国家有关政治、经济、投资政策等知识的国际化专业人才。因此，已有越来越多的中国企业从重视资本、设备转为重视国际人力资源的引进、培养和开发。这对于提升中国企业国际化的素质和能力，促进中国企业在"一带一路"沿线国家实施企业国际化战略转型升级具有重要意义。

第一节 "一带一路"背景下中国企业人才国际化的现状

"一带一路"作为中国打造的中国版本的全球化，我国企业在积极投身于"一带一路"建设的过程中遭遇的挑战之一就是国际化人才瓶颈。国际化人才的数量和质量难以满足中国企业国际化发展战略的要求，成为中国企业在海外实现高质量发展的制约因素之一。

一、国际化人才的含义

关于国际化人才的定义，众说纷纭。在企业管理实务界，有些中国企业对国际化人才的理解还停留在较浅的层面。一些企业在招聘公告中对国际化人才提出的要求包括：了解一些国际文化、精通外语、有留学经历、有外企工作经验、有海外工作经历、担任过外企高管、有外籍身份等，不一而足。

在学术界，学者们也提出了自己的看法。丁进（2010）提出国际化人才指本科及本科以上，懂得国际通行规则，熟悉现代管理理念，具有丰富而踏实的专业知识和较强的创新能力以及跨文化沟通能力的个人或群体。才宇舟（2014）认为国际化人才应该具有国际视野或全球意识，熟练掌握一门以上国际语言，精通某领域的专业知识或娴熟技能，具有较强的跨文化交流能力和社会交往能力，具有较强的实践操作能力、创新能力和团队合作能力。韩方明（2015）认为新时代的国际化人才应当具备开放化、数据化、智慧化、生态化的特点。曾力（2015）提出国际化人才要具备国际化的视野、国际化的资源、国际化的积累以及海外生活的能力。

那么，究竟什么是国际化人才呢？国际化人才指具有国际化意识和胸怀以及国际一流的知识结构，视野和能力达到国际化水准，在全球化竞争中善于把握机遇和争取主动的高层次人才。

关于国际化人才的素质，《国家中长期教育改革和发展规划纲要（2010—2020年）》提出，"要开展多层次、宽领域的教育与合作，提高我国教育国际化水平，要培养大批具有国际视野、通晓国际规则、能够参与国际事务和国际竞争的国际化人才"。这为国际化人才需要具备的基本要素进行了界定，主要包括以下三方面含义：

其一，具有国际视野。国际视野要求掌握外语，不仅掌握本行业国内国际的知识技能，还了解不同国家的政治、经济、社会、历史、文化、民族、宗教信仰、风土人情等各方面的情况。

其二，通晓国际规则。共建"一带一路"倡议相关的国际规则标准众多，主要包括国际公法、国际私法、国际经济法三大类国际规则标准。在国际经济法的标准里，最重要的当属投资贸易的标准。在投资贸易标准里，又涉及贸易、投资、知识产权保护、劳工等各个方面，每个领域里面都有若干国际条约、国际公约和国际协定。

其三，参与国际事务和国际竞争。要求要熟悉国际交往的程序和礼仪，知晓本行业国际有关现状、问题和发展趋势，有较强的现代信息应用能力以及国际团队沟通协调与合作能力，能够在国际竞争中为企业持续创造价值。

二、"一带一路"背景下国际化人才培养的基本路径

目前，中国企业的国际化人才的获取和培养途径主要有依托国内外高校、企业自主培养以及从国外引进三种。

1. 依托国内外高校

首先，国内的外语类院校是培养国际化人才的重要基地。外语类院校要求在熟练掌握外国语言技能的基础上，全面了解对象国的人文和社会科学知识和基础理论，培养具备国际沟通交往能力，在各领域从事外事、翻译、教育、管理、研究等各种工作的国际化人才。除了专业课程设置，有的外语类院校还开设了第二课堂的学习，与政府及企事业单位合作，让大学生在学习期间利用各种机会参加国际会议、国际赛事的翻译与语言社会实践。

其次，国内高水平的综合大学也培养了大量具有国际视野的人才。多所高校，如北京大学、清华大学、复旦大学、南京大学、厦门大学、暨南大学等较为重视学科的国际视野，提高了对大学生外语水平的要求，要求大学生能用外语对外交流、阅读学科专业国际前沿著作、参加本学科专业的国际学术研讨会等。这些高校通过建设优质课程，培养具有宽广国际视野及外语沟通能力的大学生，如在各类专业的培养方案中，一些专业的核心课程开设了双语教学。

最后，留学生群体也是中国企业国际化人才的重要来源之一。留学生群体分为两类：一类是中国赴国外高校留学后的回国人员，还有一类是外国来中国高校留学后留在中国发展的人员。这两类的留学生群体因为具备较好的外语沟通能力和国际化的视野，以及对于中国文化的高度认同，易于培养为中国企业需要的国际化人才。

2. 企业自主培养

中国企业在"一带一路"沿线国家实施企业国际化战略的过程中,对于急需的国际化人才,很多企业依靠自身的力量从内部培养国际化人才。企业从内部培养国际化人才的优势包括:企业对于人才的胜任力、价值观等很了解;人才的忠诚度较高、对企业情况很熟悉,培养的内容针对性较强,符合企业国际化的工作要求;企业培养成功后能够立即用得上,甚至很多时候边干边学,比较容易学以致用。

企业从内部培养国际化人才的劣势包括:企业自己培养的速度较慢,如果企业处在国际化战略的高速发展期,则难以满足企业对人才的大量需求;内部培养难免使人才的视野更多地局限于企业内部,国际化的视野较为有限;国际经验及国际资源的积累也需要一定时间,不是短期培训就可以达到。

3. 从国外引进

除了从企业内部培养之外,从外部吸纳引进人才也是企业人才的一个重要来源。从国外引进国际化人才的优势包括:由于"一带一路"沿线各国在政治、经济、社会、文化、宗教、习俗等方面存在巨大的差异,可以利用东道国的人才来分析这些国家和地区的市场需求及风险,开发与生产适销对路的产品;管理当地的供应商、经销商及雇员;处理当地的公共关系等。

从国外引进国际化人才的劣势包括:从国外引进的人才能否认同企业文化,能否留得下,能否真正融入企业,与企业共成长;引进国际化人才的成本往往较高等。

三、"一带一路"背景下国际化人才培养的现状

国际化人才的获取和培养有上述三种途径,从现状分析的角度,企业自主培养不仅耗时长,人才评价标准不统一且涉及企业情况较为复杂,本节仅从中国留学生、来华留学生及中国引进和培养国际人才三个方面进行分析。

1. 中国留学生现状分析

从 1978—2012 年底,我国各类出国留学人员总数达 264.47 万人,已成为世界上最大的留学生生源国,大部分在外留学人员集中分布在美国、澳大利亚、日本、英国、加拿大等国家。[①] 据国家教育部统计,2019 年中国出国留学人员总数为 70.35 万人,

---

[①] 王茜. 中国已成为全球最大留学生生源国 [EB/OL]. 新华网, https://china.huanqiu.com/article/9CaKrnJBDwG, 2013 - 08 - 02.

较 2018 年同比增长 6.25%。我国 2013—2019 年出国留学人数具体如图 5-1 所示。

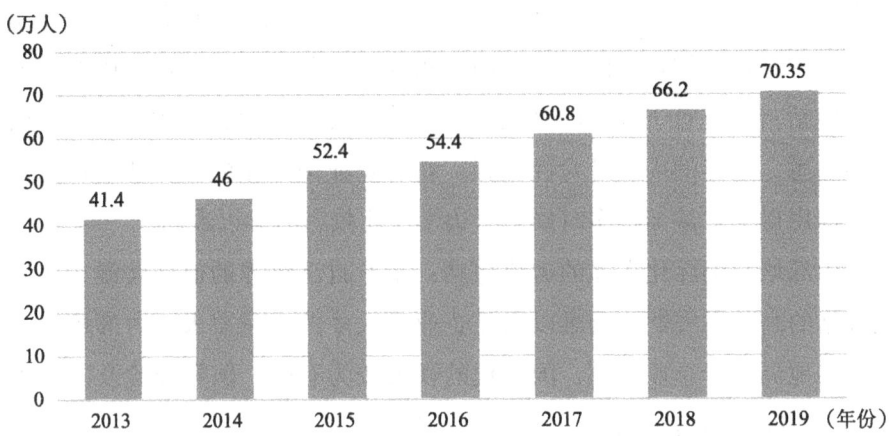

图 5-1　2013—2019 年中国出国留学人数

资料来源：教育部、智研咨询。

根据全球化智库（CCG）与西南财经大学发展研究院共同研究编著的《中国留学发展报告（2020—2021）》蓝皮书，留学目的地国主要集中在美国、英国、中国、澳大利亚、法国、加拿大、俄罗斯、德国等 8 个国家。全球八大留学目的地国接受高等教育国际学生人数如表 5-1 所示。

表 5-1　　　　　全球八大留学目的地国接受高等教育国际学生人数

排名	国家	2016—2017学年人数	2017—2018学年人数	2018—2019学年人数	2019—2020学年人数
1	美国	1078822	1094792	1095299	1075496
2	英国	501045	506480	496570	—
3	中国	442773	489200	492185	—
4	澳大利亚	327606	371885	420501	—
5	法国	323933	343386	343400	—
6	加拿大	312100	370710	435415	—
7	俄罗斯	296178	313089	334497	—
8	德国	251542	265484	282002	—
八大留学目的国总人数		3533999	3755026	3899869	—

资料来源：《中国留学发展报告（2020—2021）》蓝皮书。

从表 5-1 中可以看出，除了中国以外，"一带一路"沿线国家仅俄罗斯进入全球八大留学目的地国。但是，近年来随着全球政治经济格局的变化，留学目的地国逐渐呈现出多元化发展态势。根据2020年发布的《启德教育新常态下的留学现状报告》中的统计数据显示，选择赴日本、新加坡、新西兰的留学生比例均出现小幅提升，占比分别为4.54%、3.84%、2.51%。近年来，美、英、法等国接受高等教育国际学生的增长迎来了拐点，增速放缓，甚至出现负增长，全球八大留学目的地国接受高等教育国际学生增长情况如表5-2所示。

表5-2　　　　　　　全球八大留学目的地国接受高等教育国际学生增长情况

排名	国家	2016—2017年同比增幅	2017—2018年同比增幅	2018—2019年同比增幅	2019—2020年同比增幅
1	美国	3.4	1.5	0.05	-1.8
2	英国	0.9	1.1	-2.0	—
3	中国	11.4	10.5	0.6	
4	澳大利亚	12.1	13.5	13.1	—
5	法国	4.6	6.0	0.0	
6	加拿大	18.3	18.8	17.5	
7	俄罗斯	4.7	5.7	6.8	
8	德国	6.6	5.5	6.2	
八大留学目的国总人数		6.36	6.25	3.86	

资料来源：《中国留学发展报告（2020—2021）》蓝皮书。

作为中国企业最重要的国际化人才来源之一，由于国内经济快速发展及各地出台吸引海外人才回国计划，中国赴国外留学回国人员高速增长。2008—2012年平均年化增长率为41%，2012—2018年平均年化增长率为11%。[①] 根据教育部的数据显示，2016—2019年，我国出国留学人数251.8万人，回国201.3万人，学成回国占比达八成。2019年我国各类留学回国人员总数为58.03万人，较上一年度增加6.09万人，增长11.73%。海归群体由2000年的13万人增长到2019年的423.17万人，增幅超过31倍。2005—2018年学成回国留学人数及同比如图5-2所示。

海归群体学历较高，除了外语语言沟通能力较强以外，拥有国际视野成为海归群体新的核心竞争力。在求职过程中，海归群体选择回国发展的原因包括经济发展快、国际化程度高、具有多元文化、产业基础好、人才政策吸引等，具体如图5-3所示。

---

① 中国产业信息网.2019年中国留学行业发展现状及2020年行业发展前景分析［图］［EB/OL］. https://www.chyxx.com/industry/202004/852506.html，2020-04-16.

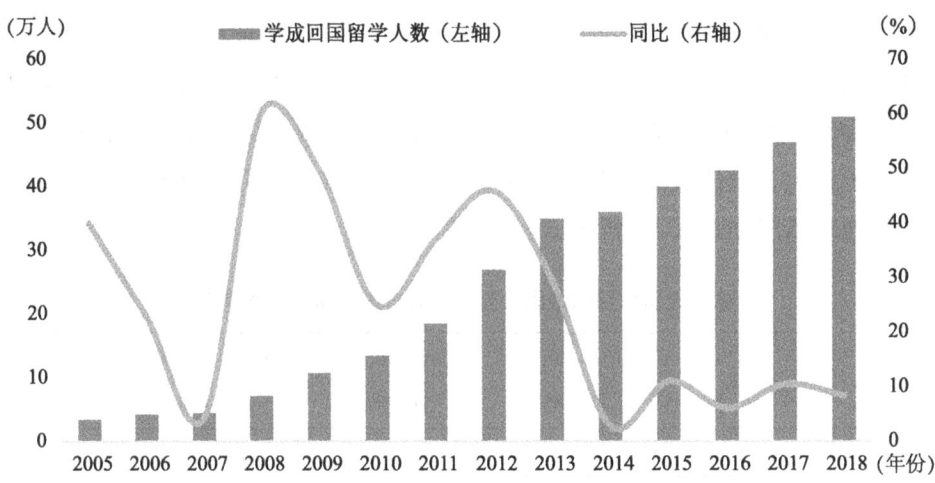

图 5-2 2005—2018 年学成回国留学人数及同比

资料来源：中国产业信息网。

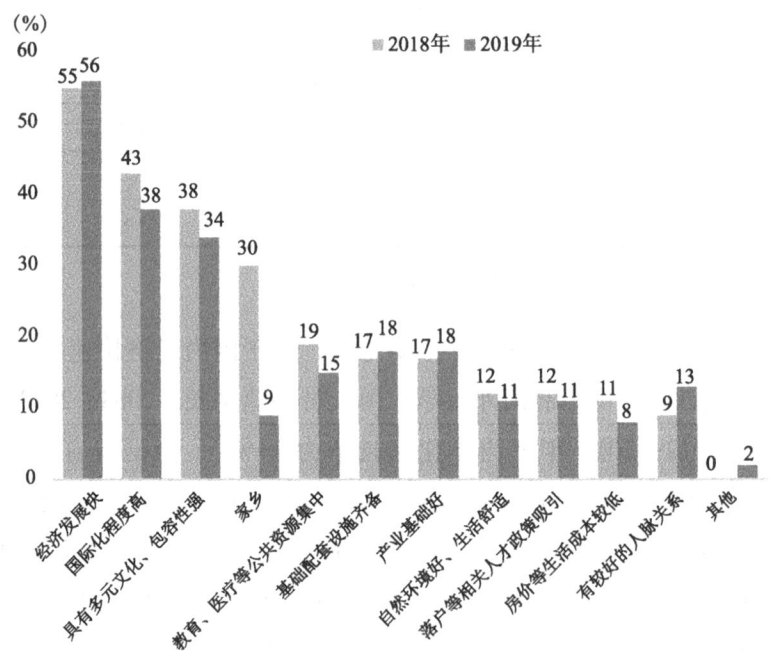

图 5-3 受访海归选择回国发展的主要原因

资料来源：全球化智库（CCG），《2019中国海归就业创业调查报告》。

对于有志于推进企业国际化战略转型升级的中国企业来讲，海归群体对于中国本土企业的认可显得尤为重要。《中国留学发展报告（2020—2021）》指出，海归群体比较认可中国企业全球化发展的成果，特别是对于中国本土化领军企业有较高的认可度。海归群体在求职时看重企业的支持覆盖度、品牌影响力、技术影响力、全球影响力和求职影响力，受访海归对中国本土领军企业全球化发展的评价如图5-4所示。

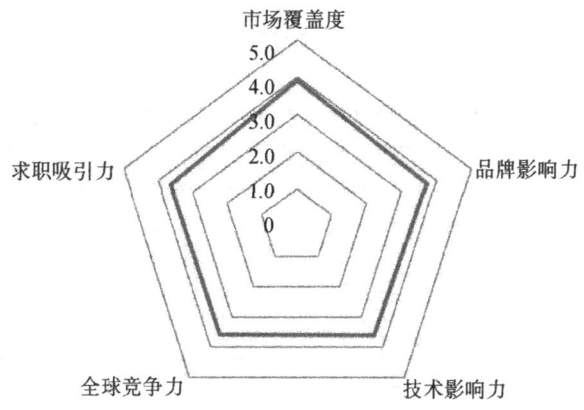

图5-4 受访海归对中国本土领军企业全球化发展的评价

资料来源：全球化智库（CCG），《2019中国海归就业创业调查报告》。

2020年，受新冠肺炎疫情影响，海归尤其是留学生群体回国趋势明显。据智联招聘发布数据显示：疫情促使2020年留学生回国求职同比增长67.3%，二季度同比增幅高达195%，同时2020年国内求职的海归人数同比增长33.9%。2018—2020年在国内求职的海归数量增速如图5-5所示。

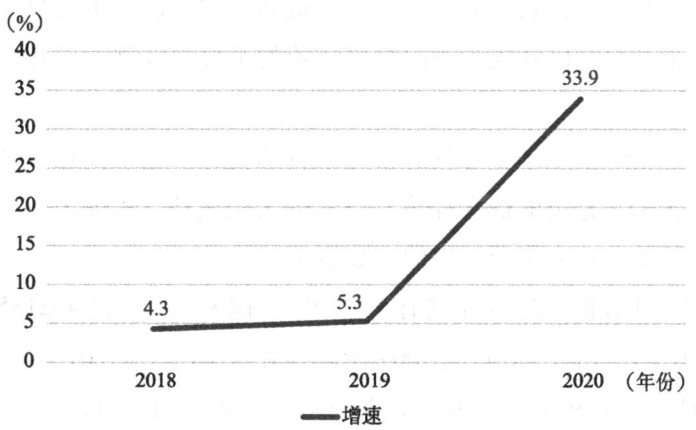

图5-5 2018—2020年在国内求职的海归数量增速

资料来源：智联招聘、智研咨询整理。

改革开放以来，中国的国际化人才教育与培养取得了卓越成就，国家相关政策及经济的支持对留学教育市场的良性发展起到了较好的推动作用。2014年以来，中国留学教育中央本级公共财政支出及预算增长迅速，2019年中国留学教育中央本级公共财政支出预算 92.51 亿元，而实际支出为 92.49 亿元；2020 年中国留学教育中央本级公共财政支出预算 86.93 亿元。2014—2020 年中国留学教育中央本级公共财政支出情况如表 5-3 所示。

表 5-3　　　　2014—2020 年中国留学教育中央本级公共财政支出情况

年份	留学教育中央本级公共财政支出预算（亿元）	留学教育中央本级公共财政支出（亿元）
2014	52.5	52.5
2015	52.5	47.26
2016	58.88	58.88
2017	66.81	66.81
2018	82.72	84.65
2019	92.51	92.49
2020	86.93	—

资料来源：财政部、智研咨询整理。

2. 来华留学生现状分析

自新中国成立以来，政府就高度重视来华留学生教育。1950 年，第一批来自捷克、波兰、罗马尼亚、保加利亚、匈牙利 5 国的 33 名东欧学生抵华，进入清华大学"东欧交换生中国语文专修班"学习，开创了新中国接收外国学生的先河。伴随着中国经济的高速发展和社会文化生活水平的日益提高，中国已经成为世界第三、亚洲最大留学目的国。来华留学已经成为我国教育事业的重要组成部分，是一种独特的战略资源。

中国吸引各国留学生来华学习具有自身独特的优势，包括高速发展的经济、自然科学领域的领先技术、稳定的社会环境、深厚的文化底蕴、秀丽的自然风光、中国政府的留学激励政策等，让来华留学生的人数逐年增长。

根据教育部统计数据，2018 年共有来自 196 个国家和地区的 492185 名各类外国留学人员在全国 31 个省（区、市）的 1004 所高等院校学习，比 2017 年增加了 3013 人，增长比例为 0.62%。2019 年共有来自 202 个国家和地区的 397635 名各类外国留学人员在 31 个省、自治区、直辖市的 811 所高等学校、科研院所和其他教学机构中学习（以上数据均不含中国港、澳、台地区）。

2018 年按洲别统计，来中国留学的亚洲学生最多，亚洲学生总数为 295043 人，占 59.95%，非洲学生总数为 81562 人，占 16.57%；欧洲学生总数为 73618 人，占 14.96%；美洲学生总数为 35733 人，占 7.26%；大洋洲学生总数为 6229 人，占 1.27%。具体如表 5-4 所示。

表 5-4　　　　　　　　　2018 年来华留学生洲别情况

排序	洲别	人数	占比（%）
1	亚洲	295043	59.95
2	非洲	81562	16.57
3	欧洲	73618	14.96
4	美洲	35733	7.26
5	大洋洲	6229	1.27

资料来源：教育部《2018 年来华留学统计》，笔者整理。

从国别情况来看，2018 年来华留学生排名前 15 名的国家包括韩国、泰国、巴基斯坦、印度、美国、俄罗斯等，具体排名及人数如表 5-5 所示。在排名前 15 名的国家中，除了韩国、美国、日本、法国四个国家以外，其余都是"一带一路"沿线国家。

表 5-5　　　　　　　　　2018 年来华留学生国别排名

排序	国别	人数
1	韩国	50600
2	泰国	28608
3	巴基斯坦	28023
4	印度	23198
5	美国	20996
6	俄罗斯	19239
7	印度尼西亚	15050
8	老挝	14645
9	日本	14230
10	哈萨克斯坦	11784
11	越南	11299
12	孟加拉	10735
13	法国	10695
14	蒙古国	10158
15	马来西亚	9479

资料来源：教育部：《2018 年来华留学统计》，笔者整理。

一个国家留学生的学历结构是衡量该国留学吸引力和留学质量的一个重要指标。学历教育（本科教育、硕博研究生教育）比非学历教育（短期访问，语言进修等）更受留学生的重视，因为选择在一个国家攻读学位，往往代表了对该国教育的认可与信赖。因此，高等教育比较发达的国家留学生中学历生的数量和占比普遍较高，而我国来华留学生接受学历教育的比率也在增加。

据教育部统计，2018年接受学历教育的外国留学生总计258122人，占来华生总数的52.44%，比2017年增加了16579人，同比增加6.86%。2019年，来华留学学历生比例达54.6%，比2016年提高7个百分点。

改革开放以来，特别是近10年，国家越来越重视来华留学生的教育管理工作，我国来华留学生规模迅速扩大，来华留学教育中央本级公共财政支出及预算也随留学生规模的扩大而增长。2014—2020年中国来华留学教育中央本级公共财政支出及预算如表5-6所示。

表5-6　　2014—2020年中国来华留学教育中央本级公共财政支出及预算

年份	来华留学教育中央本级公共财政支出预算（亿元）	来华留学教育中央本级公共财政支出（亿元）
2014	19	19
2015	22	21.96
2016	23.88	23.88
2017	28.6	28.6
2018	33.2	33.25
2019	39.2	39.19
2020	38.04	—

资料来源：财政部、智研咨询整理。

随着"一带一路"倡议的不断发展，中国正在大力发展软实力，通过促进文化、教育、旅游等交流，加强与全球发展中国家的连通和合作。2016年4月，中共中央办公厅、国务院办公厅印发《关于做好新时期教育对外开放工作的若干意见》，开创更有质量更高水平的教育对外开放新局面。2016年7月，教育部印发《推进共建"一带一路"教育行动》，力争推动教育发展和经贸合作并驾齐驱。2019年2月，教育部与辽宁省、山东省、重庆市、宁波市签署《推进共建"一带一路"教育行动国际合作备忘录》，以推动相关省市积极对接"一带一路"倡议，发挥教育在共建"一带一路"中的先导作用。

截至2019年2月，我国已与24个"一带一路"沿线国家签署高等教育学历学位互认协议，共有60所高校在23个沿线国家开展境外办学，16所高校与沿线国家高校建立了17个教育部国际合作联合实验室。① 2018年，通过实施共建"一带一路"教育行动，沿线国家有40700多名学生通过接受"丝绸之路"中国政府奖学金来华学习，占到奖学金生的65%。②

2019年，在我国学习的"一带一路"沿线国家留学生占比达54.1%，中国与俄罗斯双向留学交流人员规模突破10万人。"十三五"期间，我国新签11份高等教育学历学位互认协议，已累计覆盖54个国家和地区。③

近年来，国际学生在华实习就业及创新创业的政策取得新的突破。全国各地纷纷出台新政，突破了现行留学政策中外籍留学生毕业以后在我国就业或创业的严格限制，为引进外籍青年人才、推动国家创新创业发挥了巨大的作用。"一带一路"沿线国家来华留学的快速发展不仅为"一带一路"建设提供了人才支撑，也为中国企业"走出去"实现企业国际化战略转型升级提供了良好的发展机遇。

3. 中国引进和培养国际人才情况

1983年，邓小平同志发表"利用外国智力和扩大对外开放"重要谈话，提出"要利用外国智力，请一些外国人来参加我们的重点建设，以及各方面的建设。对这个问题，我们认识不足，决心不大，搞现代化建设，我们既缺少经验，又缺少知识"。邓小平同志的重要谈话，明确提出了外国智力的概念、利用外国智力和加速现代化建设的重要思想，并将引进国外智力提升到国家战略方针的高度。

外国专家的数量和质量，一定程度上反映了一个国家的开放和文明程度。中国坚持"高精尖缺"导向，大力引进高层次外国人才，带动各领域各行业嵌入全球产业链、价值链、创新链，为经济社会发展提供有力的人才支持，推动我国在关键核心技术和自主知识产权上实现突破。截至2018年1月，已有70个国家和地区的1549名外国专家荣获中国政府友谊奖。④

当前，引进国外智力事业蓬勃发展，引进国外智力的规模不断扩大，渠道不断拓宽。每年来中国大陆工作的外国专家的数量从20世纪80年代不足1万人次到2007年

---

① 教育部网站. 教育部：全面推进共建"一带一路"教育行动［EB/OL］. http：//www.gov.cn/xinwen/2019-02/20/content_5367017.htm，2019-02-20.
② 澎湃新闻. 教育部副部长：积极推动"一带一路"沿线国家中外合作办学［EB/OL］. https：//baijiahao.baidu.com/s?id=1631795352853623854&wfr=spider&for=pc，2019-04-25.
③ 彭瑶，教育部. 来华留学生结构不断优化 2019年学历生比例达54.6%［EB/OL］. 中国网，http：//news.china.com.cn/txt/2020-12/22/content_77039169.htm，2020-12-22.
④ 央广网. 全国引进外国人才和智力工作会议在京举行［EB/OL］. http：//www.mohrss.gov.cn/SYrlzyhshbzb/dongtaixinwen/buneiyaowen/201801/t20180117_286958.html，2018-01-17.

的 48 万人次，再到 2016 年的超过 90 万人次，与国家外国专家局有长期合作关系的外国政府机构、国际组织、著名大学、民间团体由 10 多个扩展到遍及 60 多个国家和地区的 300 多个机构。

中国国际人才交流大会自 2001 年创办以来，吸引了包括顶尖专家学者、外籍人才、外国留学生、海归人才和国内高端人才在内的各类人才，参会外籍人才也逐年增长，覆盖国家数量逐年增多：2001 年，外籍人才来自 21 个国家和地区，2008 年来自 40 个国家和地区，2016 年来自 73 个国家和地区。① 截至 2005 年 3 月，中国吸引海外人才总量已突破 250 万人次，最近三年引进海外人才数已超过新中国成立后 52 年的总和。②

在"一带一路"沿线国家，中国组织开展的援外培训是中国实施"一带一路"倡议的重要举措之一。中国已为"一带一路"沿线国家培养各类人才 10 万余名。中国在北京大学设立了南南合作与发展学院，面向发展中国家政府官员和社会精英进行国家发展专业学历学位教育培训。中国还举办了轨道交通、钢铁、电力、金融、农业、教育、医疗、减贫等领域专题培训班，帮助"一带一路"沿线国家创造就业。

2004 年，全球第一所海外孔子学院在今天的韩国首尔正式挂牌。根据第十二届孔子学院大会的数据，截至 2017 年 12 月，我国已在全球 146 个国家和地区建立 525 所孔子学院和 1113 个中小学孔子课堂，推动着中国文化的传播与推广。③ 截至 2018 年 12 月，"一带一路"沿线 54 个国家设立了 153 所孔子学院和 149 个中小学孔子课堂，根据"一带一路"国家产业发展和当地需求，开设了"汉语+"相关职业培训课程，并承担提供咨询、法律、翻译等方面服务的工作，为"一带一路"沿线国家和中外合资企业培养了人才。④

自《中外合作办学条例》（国务院令第 372 号）颁布以来，截至 2020 年底，我国现有中外合作办学机构和项目 2332 个，其中本科以上 1230 个。⑤ 截至 2020 年 9 月，

---

① 新华社. 国家外国专家局：去年来中国大陆工作的外国人员超 90 万人次 [EB/OL]. http：//www. thepaper. cn/baidu. jsp?contid = 1663730，2017 - 04 - 16.

② 中国新闻网. 中国引进海外人才稳步增长 总量已突破 250 万人次 [EB/OL]. https：//www. chinanews. com/news/2005/2005 - 03 - 27/26/555598. shtml，2005 - 03 - 27.

③ 深度优成（UD DataResearch）. 近 50 万：2018 年来华留学统计数据公布！[EB/OL]. http：//www. uddata. com. cn/article - 2228 - 21963. html，2019 - 04 - 15.

④ 大公网. 孔子学院为"一带一路"国家培养"中国通" [EB/OL]. http：//www. takungpao. com. hk/international/text/2018/1204/215302. html，2018 - 12 - 04.

⑤ 封面新闻，教育部. 中外合作办学机构和项目达 2332 个 本科以上 1230 个 [EB/OL]. https：//baijiahao. baidu. com/s?id = 1686743707021180797&wfr = spider&for = pc，2020 - 12 - 22.

中国已与 188 个国家和地区、46 个重要国际组织建立了教育合作与交流关系。① 据不完全统计，我国有 14 个省市的 87 所高校与"一带一路"沿线国家高校开展了中外合作办学，由教育部和地方审批的机构、项目总数达 200 个。②

第二节　中国企业参与"一带一路"建设过程中国际化人才培养的机遇与挑战

目前，中国国际化人才培养现状喜忧参半。一方面，我国已经拥有大量的各类国际化人才，拥有良好的国际化人才招募、培养与留用的政策环境；另一方面，"一带一路"建设急需的高端国际人才在人才供给、培养及引进方面还面临一些现实的挑战。

一、机遇

1. 中国经济国际化程度较高，与"一带一路"国家合作密切

自秦汉以来，中国历史上大部分时间都是对外开放的经济体。从汉朝的古"丝绸之路"到明朝的郑和下西洋，中国人民历来重视对外贸易与文化交流。当代改革开放以来，我国累积了相当的制度优势、贸易投资、基础设施、物流通道、华人华侨及民间交流等各方面的优势，有助于中国企业利用国际国内两个市场、两种资源，汇集客流、物流、资金流、信息流，提升资源全球配置能力，努力成为"一带一路"沿线国家的要素集聚地。

"一带一路"倡议自 2013 年提出以来，中国与"一带一路"沿线国家坚持共商共建共享的原则，在经贸、投资、基础设施建设以及文化交流等领域多方面推进密切合作，在各方的共同努力下，"一带一路"正沿着高质量的方向发展，取得了显著成效。

人才的流动与经济的发展是紧密连接的，中国与"一带一路"沿线国家包括贸易、投资、技术、资金等各类要素的交汇必然导致对国际化人才的大量需求，同时，

---

① 中国日报网. 中国已与 54 个国家签高教学历学位互认协议 [EB/OL]. https://baijiahao.baidu.com/s?id=1677232613721609892&wfr=spider&for=pc, 2020-09-08.
② 熊建辉，陈慧荣. 合作办学走出"中国路"[J]. 神州学人，中外合作办学 2018（专刊）.

这些要素的汇集及对国际化人才的需求又有效地带动了人才的供给。在资源密集的情况下，技术的溢出效应又使人才的能力与素质能够很快地得到提升。

2. 全球化人才流动成为主要趋势，中国政府发布相关人才政策

当前，全球化人才流动逐渐成为主要趋势，中国需要抓住国际移民的红利，促进经济发展。我国既是移民输出国，同时又是移民输入国。根据《联合国移民署世界移民报告2020》发布的数据，截至2019年，中国已成为世界第三大国际移民来源国，居住于中国以外的移民人数为1070万，排在印度（1750万）、墨西哥（1180万）之后。[①]

中国的外国人口数量相对较少但有所增加。随着跨国公司来华发展，来自不同国家的外籍员工被派遣到中国。中国经济的快速发展吸引了越来越多的外籍专业人士，从2000—2013年，中国的国际移民总量增长了超过50%。[②] 据联合国估计，中国境内有接近100万的国际移民，占全部居民的0.07%。[③]

我国现已发布了一系列涉及国际人才的有关政策，鼓励国际人才来中国发展，包括：国家层面开始实行更加灵活的外国人永久居留服务制度；中关村先行先试20项出入境政策措施，为来华创新创业的外籍高层次人才提供出入境便利；多地试点外国人来华工作许可制度等；各自贸区以及北京纷纷对各项重点改革举措先行先试，引领示范和推进人才对外开放。

此外，2018年，我国成立了国家移民管理局，为中国建立健全移民管理机制、吸引国际人才迈进了一大步。习近平总书记指出"广纳天下英才"，广大的国际人才能为中国的创新发展奠定基础，为人类文明进步做出贡献。

3. 国家政策支持人力资源服务业共建"一带一路"

2021年，人社部、国家发改委、财政部、商务部、市场监管总局共同印发了《关于推进新时代人力资源服务业高质量发展的意见》，提出以下重点任务：大力提升人力资源服务水平，进一步推动创新发展；不断强化人力资源支撑经济高质量发展作用，进一步推动协同发展；健全完善高水平人力资源服务产业园体系，进一步推动集聚发展；着力促进人力资源服务助力共建"一带一路"，进一步推动开放发展；抓紧建设

---

① 搜狐网. 解读《世界移民报告2020》[EB/OL]. https：//www.sohu.com/a/415298543_120235986，2020－08－28.
② 新华网. 中国已成为新的国际移民目的地[EB/OL]. http：//www.xinhuanet.com/world/2016－03/29/c_128843975.htm，2016－03－29.
③ 南方日报. 企业"走出去"带动国际化人才需求[EB/OL]. http：//news.sina.com.cn/c/2017－04－27/doc－ifyetxec6658015.shtml，2017－04－27.

高标准人力资源市场体系,进一步推动规范发展。同时,还提出了实行财政支持政策、落实税收优惠政策、拓宽投融资渠道、完善政府购买服务、夯实发展基础、加强人才保障等政策措施。

为服务于"一带一路"背景下我国人力资源市场对外开放的需要,目前我国已经在上海等11个自贸区及中关村国家自主创新示范区等地开展人力资源市场进一步向外资扩大开放的政策措施试点。此外,多家国际知名的人力资源服务机构已进入我国,在猎头、管理咨询、外包等高端服务业态中取得了较好的发展。

例如,福建厦门和台湾开通了全国第一个台湾人才招聘网——海峡两岸联合猎才网。这是两岸人才服务机构首次联合运作的专业人才猎头网站,为两岸企业和高级人才的交流对接搭建的网络平台。该网站由厦门市人才服务中心和台湾泛亚人力资源集团共同运营,整合两岸资源建立人才流通平台,以台北和厦门为中心,辐射海峡两岸更多的城市,开展两岸专业人才推荐业务。因此,在相关政策的支持下,人力资源服务业取得了突破性的发展。

4. 全球华人华侨人才的回归潮流

得益于中国更好的生活和工作环境,以及更多的就业、创业和投资机会,近年来越来越多移居国外的华人华侨选择回国发展。中国综合国力的增强,也吸引了大量的留学人员回国。党的十八大以来,中国形成了史上最大规模的"海归潮",逾八成留学人员选择学成归国,人数超过231万,学成归国者占改革开放后回国总人数的七成。[①]我国政府通过"春晖计划""千人计划""万人计划"等一系列政策,吸引了众多的国际化高端人才回国,比如,战略科学家黄大年,国际著名的结构生物学家施一公、量子物理学家潘建伟、世界著名计算机学家姚期智等。

在当前复杂的国际形势下,尤其是美国政府对于华人华裔科学家无端怀疑与打压,加强了对在美华人的监视与排挤。比如,曾在美国国家海洋和大气管理局(NOAA)任职的海洋专家王春在同时期里为中国政府工作,在美国被判刑。前美国埃默里大学遗传学家李晓江教授被美方指控参与国内人才计划未如实披露个人税收被判缓刑一年,罚款35089美元。前阿肯色大学教授、著名电器工程学华裔科学家洪思忠因未透露他在中国的大学和公司的职务而被美国司法部逮捕。前得克萨斯大学MD安德森癌症中心吴息凤教授,因与中国科研机构的合作遭解雇。

根据哈佛商学院威廉·克尔教授的研究,如今美国超过10%的发明是由华裔科学

---

① 中国教育报. 中国教育的世界舞台 [EB/OL]. http://www.nies.net.cn/gzdt/jydt/201812/t20181212_334528.html, 2018 - 12 - 12.

家创造的。据美国麦克罗波洛智库的研究结果,美国大部分人工智能科学家是来自中国的移民。① 目前,中国科学家大批回国已经成为潮流,中国需要抓住华人华侨高端人才回国的红利,促进我国科学技术和经济发展。

二、挑战

1. "一带一路"高端国际化人才供给出现瓶颈

中国企业沿"一带一路"实施企业国际化战略转型升级的过程中,需要大量的国际人才。据调查结果显示,75%的中国公司都缺乏具备国际经验的管理团队,这也是其进军国际市场的重要阻力之一。②

中国是人口大国,但不是人才大国,尤其是高层次的人才较为缺乏。中国的人才结构中,高层次人才仅占人才资源总量的5.5%左右,高级人才中的国际化人才则更少,我国在国际化人才培养方面的政策扶持及投入力度还远远不够。③

随着"一带一路"建设的推进,中国企业在能源、工程、金融等方面对国际化人才的需求大增,但是人才的外语能力、专业知识、行业规则等并没有与"一带一路"国际化实现真正对接,现有人才融入经济全球化的能力与专业素质仍然存在许多问题。

改革开放以来,我国一直注重引入国际化的高端人才,比如千人计划、长江学者等,也取得了丰硕的成果。但是,这类计划相对偏重技术性和学术性人才,而不是国际化实用型和管理型人才,中国企业沿"一带一路""走出去"急需的实用型经营型国际人才在数量和质量上都存在较大缺口。

中国企业在"一带一路"沿线国家进行企业国际化战略转型升级的过程中,大量需要高素质且具备国际管理经验的国际化人才。这类人才既要懂外语,懂国际化经营管理,懂东道国政治、经济、社会、文化,又要有国际沟通交流交往经验,而这类高端复合型人才在全世界都属于稀缺人才。

鉴于全球各主要移民目的国都在大力吸引高素质复合型的国际化高端人才,而中国现在也相当缺乏此类急需的国际化人才,只能寄希望于来华留学生。原因在于:一是大量的"一带一路"国家使用非英语语言,而中国的外语教育体系中非英语语种的

---

① 中国侨网,港媒. 美国政府打压华人科学家是愚蠢之举 [EB/OL]. https://oversea.huanqiu.com/article/9CaKrnKmc7S, 2019 – 08 – 14.
② 潘晴. 中国企业跨国并购成败的影响因素研究——基于logistic模型的实证分析 [D]. 济南:山东大学,2018.
③ 吴雪. "一带一路"战略的人才瓶颈与对策 [N]. 金融时报,2017 – 6 – 2 (10).

外语人才较少；二是在目前中国的高等教育体系中，还缺乏培养"一带一路"国际人才的详细规划。

2. 高校人才培养体系与企业的国际化运营需求脱节

首先，从人才的语言沟通能力来看，掌握"一带一路"沿线国家语言的人才总量有限，人才的语言基础薄弱。据统计，"一带一路"沿线64个国家中，除波黑未在宪法中明确规定其官方语言外，其余63个国家明确存在78种官方语言，排除同一种语言作为多个国家官方语言的情况，"一带一路"沿线国家的官方语言（不包括华语）共计54种，涉及汉藏、印欧、乌拉尔、阿尔泰、闪－含、高加索及达罗毗荼等主要语系，掌握单一英语技能的国际化人才在此时就显得就相形见绌。[①] 因此，国际化人才想要在"一带一路"沿线国家进行国际沟通交流，掌握当地官方语言对于中国企业业务的开展很有必要。

其次，我国高校对人才的培养多注重理论水平的提高，高校毕业人才的实践操作能力不足，理论联系实际不够，难以适应企业之间激烈的国际竞争的要求。

最后，国内高校虽已认识到一流人才应具备国际视野的重要性，但在培养理念与培养实效之间，还存在相当的距离。例如，偏重语言技能训练，在国际经济管理等应用型知识的系统化掌握方面尚有不足，对于国际通行规则、跨文化沟通与融合、国际政治经济形势等方面的知识比较欠缺。

3. 企业在国际化人才培养中出现难题

中国企业在"一带一路"沿线实施企业国际化战略转型升级过程中，在培养国际化人才方面，面临以下难题：

一是人才总量不足。中国企业在"一带一路"沿线国家进行企业国际化战略转型升级的过程中，国际化人才储备相对不足，难以适应企业海外业务高速发展的需要，结构性缺员问题比较突出。

二是人才梯队建设缺乏长期规划。在人才梯队建设方面，有的企业缺乏人力资源管理的长期规划，只关注当下的国际化人才需求，没有做好国际化人才的储备、激励、培育工作。当企业国际化业务发展迅速，急需国际化人才的时候，才临时到处找人补充和顶替上去，而这批接班人因缺乏适当的培训或锻炼，突然被派到海外的重要业务岗位上，未必能很快胜任新的工作，造成人才断层现象，不利于企业国际化战略转型升级目标的实施。

[①] 搜狐网. "一带一路"沿线国家的语言国情——欧风在行动! ［EB/OL］. https：//www.sohu.com/a/141204742_791295，2017－05－17.

三是人才结构需要进一步完善。人才结构不合理,体现在基础人才多,中高端人才少;单一技能的人才多,复合型人才少;在高科技领域,从事应用型研究的人才多,从事基础研究的人才少。国际化人才队伍的业务分布、知识技能结构还需要进一步优化,中国企业在"一带一路"沿线国家生产经营所需高层次、高素质、高专业技能的人才很难及时配置齐全。

四是人力资源管理制度有待优化。企业现有的人力资源管理制度的不足也阻碍了中国企业在"一带一路"沿线国家的企业国际化战略实施。例如,在企业技术国际化战略实施过程中,中国企业所需的国际化基础研究的人才激励不足是导致该领域人才缺乏的重要原因之一。有时在同一个项目中,实施走出去战略的员工福利待遇与同等外籍员工福利待遇相差甚大,不利于吸引战略人才,也不利于稳定队伍。

4. 国际人力资源合作的规则标准对接任重道远

我国与"一带一路"沿线国家在学历学位互认和职业资格互认方面还有较大的发展空间。根据教育部教育涉外监管信息网的披露,截至2021年7月13日,我国与57个国家签署了学历学位互认协议,具体如表5-7所示。其中"一带一路"国家仅24个,占65个"一带一路"国家全部数量的37%。

表5-7 与中国签署学历学位互认协议的国家

美国	塞浦路斯	丹麦	英国	希腊
荷兰	爱尔兰	马来西亚	挪威	南非
新加坡	澳大利亚	德国	法国	芬兰
韩国	加拿大	日本	瑞典	瑞士
新西兰	意大利	波兰	乌克兰	俄罗斯
埃及	菲律宾	奥地利	泰国	保加利亚
比利时	西班牙	匈牙利	古巴	葡萄牙
罗巴尼亚	喀麦隆	阿尔及利亚	白俄罗斯	毛里求斯
斯里兰卡	吉尔吉斯斯坦	拉脱维亚	列支敦士登	以色列
卢森堡	马耳他	捷克	牙买加	克罗地亚
哥斯达黎加	摩纳哥	斯洛文尼亚	格林纳达	阿拉伯联合酋长国
立陶宛	斯洛伐克			

资料来源:教育部教育涉外监管信息网。

目前,我国与"一带一路"很多国家还没有实现律师、医师、工程师等专业职业资格互认,这在一定程度上阻碍了跨国人力资源的合作,降低了国际化人才的流动性。

此外,虽然政府已出台有关政策促进人力资源服务业共建"一带一路",但是人力资源服务业发展也面临较多挑战。目前存在的问题包括：产业整体水平、规模与发达国家相比还存在一定差距；产业的国际化程度不高；产业集聚程度不高；缺少人力资源服务领军企业等，而这些都制约了我国人力资源服务业支持企业沿"一带一路"实施企业国际化战略发展的能力。

第三节 "一带一路"背景下中国企业国际化人才战略的建议

党的十九大报告提出，"人才是实现民族振兴、赢得国际竞争主动的战略资源"。习近平总书记指出，千秋基业，人才为先。中国正在形成全面开放的新格局，优秀的国际化人才能够形成中国企业参与国际竞争的核心竞争优势。面对中国在"一带一路"建设过程中国际化人才领域的机遇和挑战，本书提出以下三个方面的建议，供国际化企业、高校、政府有关部门和行业协会参考。

一、加强中国企业国际化人才战略管理

（一）加强中国企业国际化人才战略的规划

凡事预则立，不预则废，在企业的国际化人力资源管理方面尤其如此。"十年树木，百年树人"，一个人才的成长不是一朝一夕可以完成的，而一个企业国际化人才梯队的建设也非短期之内可以成功。因此，制订并完善中国企业国际化人才战略的规划对于企业国际化战略的成功实现具有重要作用。

1. 制订与企业国际化战略配套的国际化人才战略

中国企业需要根据自身在"一带一路"沿线国家的企业国际化战略制订配套的国际化人才战略，这样才能实现人岗匹配与人事相宜，为企业可以预期的国际业务的高速发展提前储备具备合格胜任力的国际化人力资源。

2. 制订国际化人才的长中短期规划

中国企业需要在国际化人才战略的指引下，制订科学的国际化人才的长中短期规划。企业除了要关注国际业务短期急需人才的选人育人用人留人以外，还需要未雨绸缪，做好中长期的国际人才规划。同时，企业还需要做好国际化人才梯队建设，这样

才能避免国际化人才断层现象给企业的国际业务发展造成不利的影响,有利于中国企业在"一带一路"实施企业国际化战略目标。

3. 做好国际化人才结构调整规划

针对企业现有"一带一路"有关国际化人才结构不合理的问题,中国企业的国际人力资源管理部门需要事先做好人才结构调整规划并落实执行。一是要广泛吸收小语种人才,培养国际化员工。二是要改善人才的知识结构,培育"外语+专业技能+经营管理能力+国际化视野"的国际化高端复合型人才,满足企业建设"一带一路"的迫切需求。

(二) 加大企业对国际人才的招募与吸引力度

为解决国际化人才不足的问题,企业的人力资源管理部门要转变观念,将对国际化人才成本的关注转移到对人才产出的关注。中国企业在引进国际化人才的过程中,需要做到以下几点:

1. 制订具有国际竞争力的薪酬激励制度

中国企业在"一带一路"沿线国家拓展海外业务、实施企业国际化战略的过程中,需要根据国际人才的价值和贡献制订有吸引力的报酬体系,实施能者多得的分配制度,制订具有国际竞争力的薪酬激励制度,促使薪酬体系与国际接轨。这样才能为国际化人才提供经济动力,保证这些人才获得与其劳动和贡献相适应的报酬,最大限度地激发国际化人才的积极性和创造力。

2. 打造多元化国际引智渠道

中国企业在"一带一路"沿线国家发展国际业务的过程中,除了注重自行招募与吸纳东道国当地人才之外,还需要打造多元化国际引智渠道。例如,中国企业可以与国际知名人力资源服务公司合作,利用其全球分公司/子公司的网络,物色企业所需的国际高端人才。同时,中国企业还可以加强与东道国当地劳务中介、会计师事务所、律师事务所、技术服务机构等各种中介服务机构的合作,通过技术服务、业务咨询、劳务派遣等形式,拓展国际化引智渠道。

(三) 加强国际化人才培训与开发的针对性和系统性

为解决国际化人才总量不足与素质不高的问题,中国企业需要设计更加有针对性的国际化人才的培训与开发体系。中国企业在"一带一路"国际化人才培训与开发的过程中,需要做到:

1. 加强外籍人才中国企业文化的培训

中国企业在培养外籍国际化人才的过程中，无论是企业直接在"一带一路"沿线国家招聘的当地大学生，还是通过国际中介机构推荐招募的海外高端人才，都需要注重对他们进行企业文化的系统培训。培训内容包括对于企业内部的使命、愿景、价值观、宗旨、精神、经营理念、奋斗历程以及品牌故事等，以及企业外部的中国历史、文化、社会习俗、风土人情等，以培养他们对于中国企业的高度认同感，取得与中国企业内部上下的思想理念上的一致。这样才能做到"统一思想、统一认识、统一行动"，这些外籍国际人才能够与中国企业内部其他员工一起为了共同的目标而努力工作，贡献出自己的才智。

例如，2015年新希望六和集团就将其在"一带一路"沿线国家招聘的当地优秀人才聚集到福建闽江学院新华都商学院培训学习了一年，其中包括来自马来西亚、印度尼西亚、孟加拉、埃及等新希望六和集团海外业务部门新招聘的当地管理人才。这些外籍人才除了学习国际MBA等企业管理知识之外，还学习了中文和中国传统文化。此外，集团人力资源管理部不仅派出高层管理者专门培训他们的企业战略、使命、愿景、价值观、宗旨等企业文化，还带领他们参观了集团在国内的工厂，游览了国内的一些风景名胜。这些人才结束培训后，回到当地新希望六和集团海外分公司工作，建立了对集团企业文化的高度认同，在各自的国家和工作岗位上为集团做出了贡献。

2. 提升中国企业内部人才国际化领导力的培训

中国企业如果想进入"一带一路"国际市场，成为国际化的企业，企业的中高层管理者必须具备"国际化领导力"。因此，针对中国企业内部人才专业能力不强、国际视野不够等问题，致力于国际化的中国本土企业应加强对内部中高层管理者的相关知识与技能的培训，包括企业国际战略管理、国际市场与品牌管理、国际财务管理、国际人力资源管理、跨文化沟通等管理技能，使他们拥有建立在国际化准则基础之上的判断力、专业知识能力与品格魅力等国际化领导力，这样他们才能带领企业在企业国际化战略转型升级方面走向成功。

例如，2018年安踏集团董事局主席丁世忠带领了近70名集团系统高管去哈佛大学进修学习，进行了一场浸润式的高管人才特训——哈佛·安踏新十年高管特训营。这些安踏集团的高管团队除了四天的课程学习外，还参观考察了星巴克、亚马逊、波音、微软等具有代表性的国际公司，实地探讨经营战略、管理经验和企业文化，站位国际格局高标准对标，积极思考、碰撞、反思安踏自身现状和未来发展，凝聚了安踏集团新十年的创业共识，助力集团品牌国际化高速发展。

二、促进国内高校对国际化人才培养的针对性与多元化

(一) 制订"一带一路"国际人才培养的顶层设计

针对目前中国高等教育体系缺乏培养"一带一路"国际人才的详细规划的问题，建议有关部门牵头制订"一带一路"国际人才培养的顶层设计。立足于"一带一路"建设中具体企业和具体项目的需求情况，在深入实践调查的基础上，分析研究"一带一路"国际化人才的缺口数量、人才结构、未来需求趋势、培养计划等，为"一带一路"国际化人才的健康发展做好准确规划，指明方向，最终服务于"一带一路"建设的高质量发展。

(二) 加强校企合作，有针对性地培养应用型人才

1. 根据企业需求调整有关课程设置

南非前总统纳尔逊·曼德拉曾说过，"如果你用别人能理解的语言与对方谈话，你的话会进入对方的脑中。如果你用对方的母语与之谈话，你的话会进入对方的心里"。中国企业在"一带一路"进行企业国际化战略转型升级的过程中，企业团队内有精通当地语言的人才对于跨文化沟通有很大的帮助。针对目前国内英语人才过剩而小语种人才不足的问题，各开设小语种专业的高校需要在深入调查研究的基础上，调整课程设置，增加"一带一路"建设中企业急需的小语种人才的培养。

2. 多渠道培养国际化应用型人才

高校需要进一步深化校企合作，注重人才培养质量，注重在校学习与企业实践的融合，注重人才的实用性与实效性，培养企业急需的应用型人才。企业应以"一带一路"建设中的实践项目为契机，挑选优秀在校生赴企业开展社会实践，在服务"一带一路"建设中培养高水平人才。校企双方联合共建实习基地，实施双导师培养等，让学生在项目的实践过程中综合能力得以提升。校企双方可以发展国际企业订单式培训项目，共同建设国际化人才培训基地。

(三) 继续加强与"一带一路"沿线国家高校之间的合作办学

近年来中外合作办学模式已经为我国培养了大量的具有国际视野的专业人才。教育在促进"一带一路"民心相通方面具有基础性的作用，而与"一带一路"沿线国家

高校之间的合作办学对于培养企业急需的国际化人才具有重要意义。

有关高校在与"一带一路"国家高校联合开展在校生双学位项目的基础上,可以进一步扩大合作办学,加大中外合作办学改革力度,与"一带一路"国家的高校开展学分互认联合培养项目,派出优秀大学生赴"一带一路"国家留学与交换,鼓励"一带一路"沿线国家优秀青年人才来华培训学习,允许中国高校在"一带一路"国家开展境外办学,扩大教育国际公共产品供给。

(四)加强对"一带一路"沿线国家留学生的培养

有关部门需要高度重视对"一带一路"沿线国家来华留学生的教育培养,充分认识来华留学生教育在经济、政治和文化等多领域的积极作用。为进一步落实《推进共建"一带一路"教育行动》及推进实施"留学中国"品牌,有关高校需要加强对留学生的培养,提高"一带一路"来华留学生教育与国家"一带一路"顶层设计的契合度,将来华留学生教育纳入总体框架并加以科学规划。

有关高校可以为留学生设置科学技术、经济、管理、中国历史、中国文化等多元化的相关课程,培养具有跨文化交往能力的专业人才。此外,高校还需要帮助留学生做好职业生涯规划,搭建"一带一路"沿线国家留学生与中国企业之间沟通的桥梁,允许优秀的"一带一路"国家留学生毕业后留在中国就业和创业。

三、加大对企业人才国际化的政策扶持力度

(一)加大对企业人才国际化的政策扶持力度

虽然我国政府长期以来都非常重视人才问题,包括对国际人才培养方面,也推出了许多政策,从促进"一带一路"国际人才高质量发展的角度,有关的政策还可以从以下两方面加强:

1. 从对外人才交流的层面

针对前述国际人力资源合作的规则标准对接的问题,政府有关部门要进一步加快与"一带一路"沿线有关国家在学历学位互认和职业资格互认方面的合作,促进双边、多边的国际人才交流。

2. 从对内有关政策的层面

政府有关部门要做好"牵线搭桥"引智的工作,为国际化人才流动搭建线上线下

的平台；精简有关国际人才引进手续，以更加开放、有效的人才政策，消除外籍人才来华就业创业的政策壁垒；加大对企业在国际化人才获取、培养和使用方面的政策扶持力度，提供有关财税政策的支持。

（二）大力扶持人力资源服务业的国际化发展

1. 鼓励人力资源服务企业在"一带一路"沿线的国际网络建设

人力资源服务业作为生产服务业，对于企业国际化人力资源战略具有重要意义。在中国企业沿"一带一路"实施企业国际化战略转型的过程中，需要重点扶持我国人力资源服务业的国际化发展。政府部门可以出台相关政策鼓励国内人力资源服务企业"走出去"在"一带一路"沿线国家建立国际网络，扩大规模，提升其国际服务水平。

2. 加大对人力资源服务业的政策扶持力度

政府有关部门可以加大对人力资源服务业的扶持力度，以政府购买服务或服务外包等方式，培育一些具有国际化运营能力的国内人力资源中介服务机构做大做强；还可以通过财政、税收、金融政策的支持，培育行业龙头企业，使之能够为中国企业"一带一路"国际化人才战略的实施提供更好的服务。

综上所述，在"一带一路"建设过程中，中国企业能否成功"走出去"，能否走得稳健，在企业国际化战略转型升级过程中能否取得最终的胜利，关键的问题还在于企业是否拥有足够的国际化高端人才。中国企业在国际化双向引才的过程中，要根据"一带一路"沿线国家的国情，采取多种方式，争取多方的合作与支持，培养出一批跨文化的实用型复合型人才，为中国企业的国际化战略转型提供智力保障。

本章参考文献

[1] 刘涛."一带一路"战略下国际化人才的内涵及需求分析 [J]. 现代营销（信息版），2020（2）.

[2] 丁进. 浅析国际化人才的定义 [J]. 人才资源开发，2010（3）.

[3] 才宇舟. 国际化人才培养模式的构建——以中外合作办学机构为例 [J]. 沈阳师范大学学报（社会科学版），2014（3）.

[4] 刘涛."一带一路"战略下国际化人才的内涵及需求分析 [J]. 现代营销

（信息版），2020（2）．

[5] 曾力．中兴通讯全球化人才发展之路［EB/OL］．https：//mp. weixin. qq. com/s/ABzRGjPfKC8OpHtpCdhV4Q，2015-12-22.

[6] 厦门市工商业联合会、厦门市民营经济工作领导小组办公室．厦门民营经济发展报告（2018—2019）［R］．

[7] 韩方明．破解中国的国际化人才匮乏困境［EB/OL］．http：//www. china. com. cn/opinion/think/2016-2/22/content_37839813. htm，2016-02-22.

[8] 康金禄，应卫平．聚焦"一带一路"战略 培养国际化ICT人才［EB/OL］．http：//www. xinhuanet. com/politics/2016-11/29/c_129382876. htm，2016-11-29.

[9] 中国产业信息网行业数据．海归回国趋势明显，国内海归求职人数大增，同比增长33.9%［图］［EB/OL］．https：//www. chyxx. com/shuju/202103/938249. html，2021-03-15.

[10] 中国与全球化智库．CCG发布《中国留学发展报告（2020—2021）》蓝皮书 我国学生留学目的地多元化时代即将到来［EB/OL］．https：//mp. weixin. qq. com/s/WXBN63gO6xkFZlShZVNzoQ，2021-03-02.

[11] 魏礼庆．来华留学事业的历史回顾与未来展望［J］．世界教育信息，2015（20）．

[12] 王辉耀，苗绿，西南财经大学发展研究院，全球化智库（CCG）．国际人才蓝皮书《中国留学发展报告（2017）》［R］．北京：社会科学文献出版社，2017.

[13] 张建国．引进国外智力，服务科学发展［J］．国际人才交流，2009（1）．

[14] 中国新闻网．中国已为"一带一路"沿线国家培养逾10万人才［EB/OL］．http：//www. xinhuanet. com/fortune/2017-05/11/c_129601758. htm，2017-05-11.

[15] 论道芳华苑·高端．"一带一路"战略需培养专业化国际人才［N］．中国企业报，2015-07-23（T02）．

[16] 徐蔚冰．"一带一路"要培养国际化人才4.0［N］．中国经济时报，2015-12-11（002）．

[17] 李凤发．联合早报网年度中国经济论坛在广州举行．专家提出推进"一带一路"，中层的发展非常重要［N］．企业家日报，2015-08-04（001）．

[18] 巴合提努尔·尔斯别克，杨多利．一带一路下的高校大学生培养分析［J］．经贸实践，2017（12）．

[19] 李小彤．"一带一路"：人力资源服务业踏上新征程［N］．中国劳动保障报，2017-12-16（003）．

［20］韩旭．加强"一带一路"人力资源合作研究［J］．中国经贸导刊，2020（13）．

［21］雪球．安踏丁志忠带领近70名高管哈佛进修！为品牌国际化赋能［EB/OL］．https：//xueqiu.com/5157077147/107319723，2018-05-17．

［22］黄阳平，姜枫．"十四五"时期应加快推动人力资源服务业高质量发展［EB/OL］．https：//baijiahao.baidu.com/s?id=1707780004485644916&wfr=spider&for=pc，2021-08-11．

第六章
国际化技术创新战略——企业国际化的核心

国家之间的经济竞争实质上是综合国力的较量，而综合国力主要体现在以科学技术水平和实力为基础的国家竞争优势上，因此科学技术成为国际经济竞争的制高点。科学与技术实力决定着世界政治经济力量对比的变化。在技术开发和外向型经济之间往往存在着密切联系。人类社会已经从工业经济时代进入知识经济时代，决定企业在市场竞争中胜负的规则发生了重大变化。中国企业过去依靠成本领先战略在国际市场上获得竞争优势已难以长期持续，而具备技术创新能力的企业才能在市场竞争中立于不败之地。技术国际化战略已成为企业国际化经营的核心战略之一。

"一带一路"独特的区位优势和沿线国家产业发展的特点将使其成为中国企业从以低成本优势参与国际竞争到依靠技术优势参与国际竞争，从 OEM 到 ODM、OBM，从中国制造到中国智造的升级转型的良好契机。本章聚焦于在"一带一路"背景下，中国企业如何克服现有的困难，在"一带一路"建设过程中努力实现技术国际化，发挥科技创新的引领作用，为中国企业国际化战略转型升级发展奠定坚实的基础。

第一节 中国企业参与"一带一路"建设过程中技术国际化的现状

在建设"一带一路"的过程中,中国企业取得了显著成就。在基建工程、高铁、通信、家电等行业,中国企业已取得了明显的技术优势。然而,部分中国企业的技术创新还没有上升到国际化的水平,在国际市场竞争中难以取得竞争优势。企业的品牌是企业做大做强的外在形象表现,而企业的技术水平就是企业持续健康发展的重要保证。因此,为了进一步开拓"一带一路"沿线市场,中国企业需要重视技术国际化这个核心问题。

一、技术国际化的含义

随着技术创新复杂化和国际政治经济形势动荡加剧,技术民族主义在全世界范围内崛起。技术民族主义通过保护和补贴本国企业,限制外部投资和市场机会,赶走他国人才,限制与其他国家的技术合作从而使本国企业的利益最大化。相反,技术全球主义通过与他国企业合作,吸纳他国优秀人才,获取全球创新动力,为本国企业带来更多的技术优势。

近年来,一些西方国家针对中国高科技企业如中兴、华为等展开"技术围剿"。为了赢得技术竞争优势或者维护其既有技术优势,一些国家正在试图调整其贸易政策、供应链管理、出口管制、投资规则、研发战略,甚至签证准则,而这些举措严重影响了我国有关企业的生存与发展。

企业的技术国际化是一个渐进的组织学习过程,企业通过获取、整合和使用国外的技术知识,能在更广的范围进行知识学习和能力积累。企业的技术国际化通过有效利用全球技术资源,更容易扩张技术能力范围,并产生所需要的资源来维持大量的研发投入,以便维持企业在多个技术领域保持持续创新的能力。

现阶段,中国企业迫切需要掌握多个技术领域的知识,以便更好地开展产品或工艺创新,提升企业绩效。因此,中国企业技术国际化与技术全球主义的理念是一致的,即以开放的视角和国际的视野来对待技术的研发、使用及转移,让更多更好的技术能造福全人类。

面对当前国内经济新常态的长期发展及中国企业参与"一带一路"建设的情况，一方面，中国企业需要从国际市场上通过专利购买、企业并购等方式获取各类急需的技术；另一方面，中国企业也要尽可能使自身的技术优势在全球范围内得以充分发挥，努力提升企业的国际化竞争优势。

目前，技术国际化主要体现在技术使用国际化、技术合作国际化、技术生产国际化三个方面。

1. 技术使用国际化

在国际上使用中国企业自己的技术，可以分为两种情况：一种是企业自己内部使用，另一种是将技术提供给其他方使用。在第一种情况下，企业往往具备核心技术优势，且申请了国际专利许可，而拥有全球领先的行业核心技术也成为企业国际化的重要驱动力量之一。这类企业或在国内大规模生产将包含有核心技术的产品出口国外，或在国外建立（自主建设或并购）制造基地，利用核心技术取得市场竞争优势。在第二种情况下，企业所拥有的核心技术也可以通过转让许可证等方式独立于产品出口而在国外得到使用。

对于技术使用国际化而言，企业申请专利保护是至关重要的，学术界把企业在国外的专利申报相对数作为衡量技术使用国际化的重要指标之一。

2. 技术合作国际化

加强国际技术合作，积极融入全球创新网络，是我国实施创新发展战略，转变经济发展方式的重要途径。技术合作国际化的含义包括广义和狭义。广义的技术合作国际化是指不同国家（或地区）的企业或技术研究开发机构进行技术联合，实现技术资源共享与交流，缩短技术开发期的一种方式。狭义的技术合作国际化是指相关国家、国际组织、法人和非法人经济组织以及自然人通过有偿或无偿的方式，使技术成果跨国界扩散、推广和移植的过程。

狭义的国际技术合作包括国际商业性技术合作和国际非商业性技术合作。国际商业性技术合作，即国际技术贸易，指技术所有者或持有者通过某种特定的形式将其所持有的生产、经营技术以及相关的权利有偿转让给他国的技术需求者的过程，包括技术所有权的转让、技术使用权的转让、含有技术转让内容的设备买卖、含有技术转让内容的对外直接投资、补偿交易、特许经营、技术咨询和技术服务。国际非商业性技术合作，包括国际技术援助、交换技术信息资料文献、交换仪器与样品、互派专家学者讲学、召开科学技术研讨会、共同研究设计实验技术项目以及联合建立科技研究机构等。

技术合作国际化已不仅是科技创新的手段和保障措施,同时也日益成为科技创新的重要任务和有机组成部分。在过去相当长的时间内,技术引进是我国开展国际科技合作的主要形式和目的。在"十三五"时期及以后,我国坚持以全球视野谋划和推动创新,主动融入全球创新网络,推动中国科技界和世界各国科学家在基础研究、全球性问题等多个领域开展科技交流合作,共同增加人类社会的公共知识和集体智慧。

3. 技术生产国际化

技术生产国际化是伴随跨国企业的国际化生产经营逐渐发展起来的。随着全球科技竞争的加剧以及技术生产要素的加速流动,我国企业也在不断寻求将技术生产过程(包括技术研究开发、技术创新等)在全世界范围内进行资源的高效配置。

技术生产国际化是指技术的产生超越国家的疆界,在国际范围内形成一个相互依赖的有机整体的过程。它包括在技术生产过程中"请进来"和"走出去"两种模式。在我国技术生产国际化的初期,随着跨国企业纷纷在中国建立生产基地,跨国公司的技术研究开发也同生产一起不断由母国中心主义转向区域中心主义或国际分散化主义,许多跨国企业也相继在中国设立了研发中心。随着中国企业国际化程度的加深,中国企业的研究开发机构出现国际化分布趋势,越来越多的中国企业"走出去"在海外设立独立的研发中心,更加注重人才、技术、资本等创新要素的流动。同时,中国企业强调在全球范围内"配置"技术研究开发资源,形成"以要素流动促配置""以开放格局参与全球治理"的环境。

研究表明,德国企业的海外研究开发活动主要集中在欧洲和美国,美国企业海外研究开发经费的绝大部分流向欧洲和日本,日本企业在海外进行研究开发活动的首选国家是美国,其次是欧洲。美国是外国研究开发支出最大的受益国。

二、"一带一路"背景下中国企业技术国际化的路径

"一带一路"倡议的实施为中国企业转型升级与突破发展,带来了前所未有的新格局与新机遇。挖掘并满足"一带一路"沿线不同发展水平层次国家和地区企业的发展需求,开创中国企业技术国际化战略转型发展的新格局。在"一带一路"背景下,中国企业主要通过并购、国际使用和自建研发中心等三种主要方式进行技术国际化。

1. 并购沿线发达国家的技术领先企业

企业要想进入一个全新的技术领域,不外乎两种方式:自主研发或购买别人的技术。自主研发完全依靠企业的一己之力,费时费力,人才、资金、技术水平缺一不可,

还需要承担研发失败的风险。而并购则相对简单，它是购买已经研发成功的技术，在市场经济条件下，如果不考虑到其他的限制条件，如政治因素等，企业只需要具备足够的资金即可。

中国企业利用资金与市场优势并购"一带一路"沿线发达国家的技术领先企业，通过并购获取先进技术资源，促进中国企业技术的培育与塑造，一方面可以提升技术水平用于国内市场，另一方面也有机会与发达国家的优质企业共生共荣。

中国企业非常注重通过并购来提升国内技术水平，侧重于高精尖领域的制造业并购，这表现在对生命科学与医疗领域的投资热度不减，尤其是在"一带一路"沿线的发达国家市场，如新加坡和以色列。

2018年，在深圳上市的全球规模最大的一次性PVC手套生产企业蓝帆医疗股份有限公司以58.96亿元收购新加坡柏盛国际集团93.37%股份，拥有其介入性心脏手术器械研发、生产及销售业务。蓝帆医疗并购柏盛国际后，将新增心脏介入医疗器械产品线，获得柏盛国际的先进专利技术和研发储备、全球化销售网络、国际化的业务平台和品牌，实现心脏支架业务与医疗手套和健康防护手套业务的互补，迈出向高附加值业务延伸、产业升级的关键一步。

2011年，中国化工通过下属子公司中国化工农化总公司收购全球第七大农药生产商以色列上市公司ADAMA（安道麦）并完成私有化。2016年，中国化工将安道麦注入A股上市公司沙隆达，沙隆达以发行股份方式购买安道麦100%股权。2017年9月，安道麦与沙隆达合并。ADAMA是世界最大的非专利农药生产企业，拥有种类齐全的高品质高效的除草剂、杀虫剂和杀菌剂产品，公司业务遍及全球，通过主要的60余家子公司将农药产品销售至全世界100多个国家。

近年来，数字经济、信息产业成为大部分"一带一路"沿线国家产业发展与升级的重点，这为中国企业并购沿线国家信息企业创造了良好的政策环境和行业环境。

2016年，上海巨人网络科技有限公司出资44亿美元收购以色列Playtika公司。该公司是一家以人工智能及大数据分析技术为驱动的高科技互联网公司，团队分布于以色列、乌克兰、白俄罗斯、罗马尼亚、美国、加拿大等国家。Playtika主要将人工智能及大数据分析技术运用于休闲社交类网络游戏的研发、发行和运营，并正在尝试拓展游戏以外的B2C互联网领域，目前业务分布在美国、欧洲、澳大利亚等海外市场。依托于大数据分析、人工智能、深度学习及云计算等先进互联网技术的积累和应用，Playtika已经成为世界知名的网络游戏开发商和发行商。

因此，跨国并购已经成为中国企业技术国际化的有效路径之一。中国企业通过并购"一带一路"沿线发达国家的技术领先企业，可以在较短的时间内获得全球领先的行业技术资源,同时获得国际销售渠道和市场资源,将有助于中国企业的国际化战略转型升级。

2. 利用先进技术帮助沿线欠发达地区进行基础设施建设

高铁技术作为中国的"新四大发明"之一,是"一带一路"上"中国技术"的一张名片。目前,中国国家铁路集团有限公司(简称"中国中铁")与沿线国家已共同建设一系列标志性铁路工程,如印度尼西亚的雅万高铁、连接中国和老挝的中老铁路、连接中国和泰国的中泰铁路、欧洲的匈塞铁路等。中国中铁在高速铁路、高原铁路、重载铁路、电气化铁路、桥梁工程、隧道及地下工程、铁路道岔、盾构制造等八大领域保持国际先进水平。中国中铁在孟加拉帕德玛大桥的建设中,有好几项技术都属于世界首创。这些技术优势可以帮助中国企业在"一带一路"市场转换为胜势。

2017年,在非洲肯尼亚,连接蒙巴萨到内罗毕的蒙内铁路建成通车。这部分铁路长约480千米,是肯尼亚独立后首条新建铁路,蒙内铁路让内罗毕到蒙巴萨的运输时间由10小时缩短到4~5小时、东非货运成本下降79%,商务成本下降40%。这条铁路由中国交通建设股份有限公司(简称"中国交建")的全资子公司中国路桥工程有限责任公司承建。中国交建是全球领先的特大型基础设施综合服务商,是世界最大的港口设计建设公司、世界最大的公路与桥梁设计建设公司、世界最大的疏浚公司、世界最大的集装箱起重机制造公司、世界最大的海上石油钻井平台设计公司。

作为我国基础设施国际化领域的排头兵,中国交建在"一带一路"沿线65个国家投资承建了10320千米公路、2080千米铁路、10座机场、95个深水码头、152座大桥等一系列互联互通的项目。[①] 中国交建是全球领先的特大型基础设施综合服务商,依靠自主创新,在许多领域实现了关键技术的重大突破。例如,新一代港口集装箱起重机关键技术,千米级斜拉桥结构体系、设计及施工控制关键技术,高原多年冻土地区公路工程成套技术等。

中国交建所拥有的先进技术在"一带一路"基础设施建设中发挥了重要作用,助力其"五商中交"的战略转型升级。"五商"即把企业打造成全球知名的工程承包商、城市综合体开发运营商、特色房地产商、基础设施综合投资商、海洋重型装备与港口机械制造及系统总承包商。

此外,在能源电力基础设施方面,2016年,中国电力技术装备有限公司(简称"中电装备")总承包建设的埃及EETC500千伏主干网升级工程项目第一阶段3条输电线路建成投运。不仅为当地提供了急需的电力和六七千人的就业岗位,更为埃及带去

---

① 史爱苹. 中国交建:交出"一带一路"成绩单 [J]. 现代国企研究, 2017 (11).

了中国先进的技术和理念。

中电装备公司是国家电网公司的全资子公司，截至2020年底，国家电网累计拥有专利超过9万项，获得国家科学技术奖85项；在特高压输电、大电网运行控制、柔性直流输电技术、新能源并网、智能电网、高压电缆绝缘材料等领域取得众多具有自主知识产权、引领世界电网技术发展的重大成果。

中电装备海外在建工程达20多项，项目金额累计超过360亿元人民币，覆盖了非洲、东亚、南亚等区域，向世界展示了国家电网公司的特高压、直流工程、跨国联网等电网技术、装备和建设的实力。

中国企业利用资金和技术优势帮助"一带一路"沿线发展中国家和地区进行基础设施建设，不仅让中国技术"扬帆出海"，让先进的中国技术通过国际使用实现技术国际化，完成中国企业的国际化战略转型升级，还可以让沿线国家的老百姓享受中国经济与技术发展的"红利"，实现互融互通。

3. 在"一带一路"沿线设立数据中心和研发中心

随着中国互联网产业迅猛发展和快速出海，中国云计算企业逐渐崛起，新加坡的国民级应用EZ-Link公交卡引入阿里云飞天技术，借助这个将全球百万级服务器连接成一台超级计算机的技术，来改变传统的社会治理方法。阿里云的飞天大数据平台不仅是当前国内规模最大的计算平台，还是全球领先的大数据计算平台，算力世界第一。在"一带一路"沿线，阿里云不惜重金设立中国香港、新加坡、迪拜、欧洲等数据中心，推动自主研发的大规模计算操作系统飞天走向全球。

目前，阿里巴巴在欧洲、中东地区、印度和印度尼西亚等"一带一路"沿线设立了信息中心。2017年，阿里巴巴宣布公司将投资150亿美元用于建设被称为"达摩院"的研发中心项目，涉及人工智能、量子计算机、金融科技、物联网等颠覆性技术领域。初期将在中国、以色列、美国、俄罗斯和新加坡设立8个研发中心"达摩院"，吸引上百名科研专家共同致力于能促进阿里巴巴未来发展的关键项目。

中国第一大体育用品集团——安踏体育用品有限公司高度重视培育技术创新的核心竞争力，坚持"创新为企业生存之本"，不断地加大研发投入。除了在国内建立中国首家国家级运动科学实验室之外，为了更好地研发当今体育用品界的前沿技术，满足国际消费者的需求，安踏体育先后在意大利、日本、韩国、中国香港等地建立全球设计研发中心，吸纳了近200名来自20个不同国家和地区的设计研发专家，打造多元化国际性研发团队。

此外，除了单个企业独自在海外建立自己的研发中心以外，中国企业还组团赴

"一带一路"沿线建立集群式研发基地。2015年,由万科公司牵头在阿拉伯联合酋长国马斯达尔城建立中国企业研发中心,联合深圳低碳环保、智能机器人、生物科技等领域企业,成为深圳在海外的首个集群式旗舰研发中心。该研发中心通过东西方交通枢纽、信息和展示中心的迪拜城,成为深圳企业的创新技术进入中东、欧洲、印度、北非市场的桥头堡和跳板,成为"一带一路"中具有重要意义的里程碑项目。在这个新型集群式研发基地里面,不但万科将投入绿色建筑、机器人技术的研发项目,还将引进深圳及中国企业的海外研发团队,已经加盟研发中心的有招商新能源、华大基因等国内新兴行业领军企业。

中国企业通过在"一带一路"沿线设立数据中心和研发中心这种方式,不仅把企业的产品、服务输送到"一带一路",还进一步推动了企业的产品力和技术创新,有助于整合国际优质研发资源,吸引国际优秀的研发人才,推动企业国际化战略转型升级,促进中国企业高质量发展。

三、"一带一路"背景下中国企业技术国际化的现状

"一带一路"倡议提出以来,得到国际社会广泛支持。企业之间频繁的贸易往来带动了技术领域日益密切的交流。面对技术民族主义的挑战,我国坚持奉行多边主义与技术全球主义,通过"一带一路"建设,努力实现"技术引进"与"技术出海"。目前,中国企业在"一带一路"沿线国家的技术国际化现状主要有以下几个方面:

1. 出口产品的技术含量持续提升

我国制造业正在加快企业转型升级的步伐,不断进行技术革新,提高产品质量,使产品由低端向高端迈进,高新技术产品蓬勃发展。高新技术产品具有较高的技术含量、良好的经济效益和广阔的市场前景,包括改进型产品和创新产品。高技术产品分为七大类:计算机与通信产品、电子产品;生命科学制品;计算机;航天航空产品;光电产品;生物技术产品;新材料及其他高技术产品等。低技术产品包括:食品、饮料和烟草;纺织品和纺织产品;皮革、皮革制品和鞋类;木材和软木制品;纸浆、纸张、纸制品、印刷和出版物;橡胶和塑料;一般制造产品;电力、天然气和供水以及建筑物等。

我国传统劳动密集型产品出口占贸易总额的比率呈下降趋势,而高新技术产品后来居上。美国国家科学基金会(National Science Foundation)发布的《美国科学与工程指标2018》数据显示:随着企业持续投资研发设施并与学术界的合作增加,中国的工

业有望向新兴和复杂的技术方向发展。在中端高科技产业，中国现在占主导地位，其全球份额在过去10年几乎增长了两倍，达到32%，在2009年超过了美国，2012年又超过了欧盟。

亚洲开发银行的《2015年亚洲经济一体化报告》显示，中国在亚洲高端科技产品出口中所占份额从2000年的9.4%上升至2014年的43.7%，位居亚洲第一，远超日韩，以高铁、核电和卫星等为代表的中国高端科技产品深受亚洲各国欢迎。①

根据中国科学技术部公布的2018年中国高技术产品贸易状况统计分析，2018年中国高技术产品贸易总量继续增长，中国当年高技术产品贸易进出口总额达14085.7亿美元，同比增长12%。中国2018年高技术产品贸易中，高技术产品出口额为7430.4亿美元、进口额为6655.2亿美元，分别较上年增长10.8%、13.4%，高技术产品进出口贸易占商品贸易比重与上年基本持平，为30.5%。从技术领域看，中国高技术产品贸易以计算机与通信技术、电子技术为主，其中，计算机与通信技术仍居绝对主导地位，2018年出口额达5050.3亿美元，较上年增长9.6%，占高技术产品出口总额68%。生物技术增长最快，在出口和进口方面的增幅明显高于其他技术领域。②

中国制造产品的技术升级改变了对外贸易格局，2016—2019年中国主要出口商品构成如表6-1所示。2019年，中国机电产品出口占比达62.7%，高新技术产品占比22.2%。其中，集成电路、汽车整车等高质量高技术高附加值产品出口分别增长25.3%和8.2%。③中国企业的对外竞争优势正伴随着科学技术进步的脚步稳步提升。

表6-1　　　　　　　　　　2016—2019年中国主要出口商品　　　　　　　　单位：百万美元

时间 品类	2016		2017		2018		2019	
	金额	占比(%)	金额	占比(%)	金额	占比(%)	金额	占比(%)
农产品	49637.70	1.80	51699.44	1.71	53124.83	1.59	52637.31	1.60
矿产品	4293.54	0.16	6485.82	0.21	6896.68	0.21	4637.34	0.14
钢铁及有色金属	77304.25	2.81	79413.50	2.63	90836.38	2.72	82647.54	2.51
化工造纸建材业	75290.49	2.73	85361.69	2.82	101087.65	3.02	107699.79	3.27

---

① 央广网. 中国在亚洲高端科技产品出口中所占份额位居亚洲第一［EB/OL］. http://china.cnr.cn/news/20160104/t20160104_521011054.shtml，2016-01-04.
② 中国新闻网. 科技部：2018年中国高技术产品贸易进出口总额逾1.4万亿美元［EB/OL］. https://baijiahao.baidu.com/s?id=1665406700886760935&wfr=spider&for=pc，2020-04-30.
③ 中国经济时报. 2019年度数据解读③中国外贸逆势增长、稳中提质［EB/OL］. https://baijiahao.baidu.com/s?id=1656397817841122018&wfr=spider&for=pc，2020-01-22.

续表

时间 品类	2016 金额	占比(%)	2017 金额	占比(%)	2018 金额	占比(%)	2019 金额	占比(%)
纺织业	152610.12	5.54	150977.49	4.99	150942.18	4.52	143012.10	4.35
机电产品	1712182.15	62.15	1893856.27	62.62	2097716.88	62.76	2063390.12	62.70
高新技术产品	603573.47	21.91	667443.67	22.07	746816.22	22.34	730713.84	22.20
其他产品	79807.12	2.90	89018.05	2.94	95219.98	2.85	106127.34	3.22

资料来源：Wind 数据库、笔者整理。

近年来，中国企业对高新技术制造业投资的不断增加，提高了企业在"一带一路"出口时的国际竞争力，让"一带一路"沿线国家和地区的企业和消费者能够受益于我国生产的高新技术产品。中国对"一带一路"沿线国家的出口贸易不仅金额逐年提高，商品结构也持续升级，高新技术产品比重逐年增高。中国企业对"一带一路"沿线国家的出口产品正由以往的"纺织、玩具、皮革制品及家电"等劳动密集型产品向"电子、电子通信、计算机及医疗器械"等资金密集型、技术密集型产品转变。

2018 年中国对"一带一路"国家的高技术产品出口额为 1609.1 亿美元，较上年增长 13%，从"一带一路"国家进口 1149.6 亿美元，较上年增长 16.4%。[①] 中国对"一带一路"沿线国家出口的比重达到了 30.1%。2019 年前 8 个月，中国对"一带一路"沿线国家出口的产品中，机电产品的出口占比已经达到了 57.9%，高新技术产品出口占比达到 28.3%。[②]

2. 知识产权布局保持良好发展势头

以技术要素为核心的知识产权已日益成为当今经济增长的主导要素。在国际化的过程中，企业所拥有的技术在国际上受保护的程度对企业国际化的影响巨大。近年来，中国实施了更加严格的知识产权保护制度，加强了知识产权保护国际合作，不仅鼓励中国企业"走出去"申请国际专利，也高度重视国际企业在华发明专利申请。

2020 年，我国发明专利授权 53.0 万件。截至 2020 年底，我国国内（不含港澳台地区）发明专利有效量达 221.3 万件。中国高新技术企业已达 10.5 万家，拥有有效发明专利 92.2 万件，占国内企业有效发明专利拥有量的近六成。2020 年，我国共受理 PCT 国际专利申请 7.2 万件。2020 年，我国实用新型专利授权 237.7 万件，外观设计

---

① 中国新闻网. 科技部：2018 年中国高技术产品贸易进出口总额逾 1.4 万亿美元 [EB/OL]. https://baijiahao.baidu.com/s?id=1665406700886760935&wfr=spider&for=pc, 2020-04-30.

② 证券日报. 中国对"一带一路"沿线国出口比重攀升：机电产品出口占大头 高新技术后来居上 [EB/OL]. http://finance.sina.com.cn/stock/relnews/cn/2019-11-08/doc-iicezzrr7991689.shtml, 2019-11-08.

专利授权 73.2 万件。2020 年，全国知识产权系统共处理专利侵权纠纷行政裁决案件超 4.2 万件。知识产权保护社会满意度得分首次超过 80 分，达到 80.05 分。①

近年来，中国企业海外知识产权布局能力进一步增强。2020 年，我国受理国内申请人提交的 PCT 国际专利申请同比增长 17.9%，收到国内申请人提交的马德里商标国际注册申请同比增长 16.1%。相关统计数据显示，2020 年 1 月至 11 月，我国知识产权使用费出口额为 74.7 亿美元，同比增长 24.2%。② 这些数据说明中国企业在全球的知识产权布局能力有了较大提升，企业的技术国际化战略实施能力有了长足进步。

中国的知识产权保护制度有助于持续改善国内营商环境，不仅鼓励了中国企业投资兴业的积极性，还提振了国际企业在华投资的信心。2019 年，国外在华发明专利申请量达到 15.7 万件，较上年增长 6.0%。全球共有 186 个国家（地区）的市场主体在中国申请专利商标，较上年增长 12 个。③ 国外在华专利申请量多年来持续保持增长态势，一方面显示了我国继续对外开放的决心，履行了知识产权保护制度；另一方面也说明了国际企业持续看好中国市场，积极在华投资兴业，持续不断地在华投入技术研发创新。

随着"一带一路"建设步伐的不断深入，中国企业在"一带一路"沿线知识产权布局能力持续提升。2019 年，中国企业在签订"一带一路"协议的国家专利申请公开量为 5293 件，同比增长 8.5%，共进入 24 个国家。其中，中国企业在"一带一路"沿线专利申请公开量排名前五位的国家如表 6-2 所示。位居前五的国家申请公开量占中国在沿线国家专利申请公开总量的 86.8%，专利申请布局持续呈现高度集中态势。根据世界知识产权组织公布的 35 个技术领域分类标准，2019 年，数字通信居中国在沿线国家专利申请公开技术领域之首，公开量为 840 件；计算机技术和有机精细化学分别以 480 件和 287 件居第二、三位。④

2019 年，中国企业在沿线国家专利授权公告量为 3557 件，同比增长 8.0%，共计进入 22 个国家。其中，中国企业在"一带一路"专利授权公告量排名前五位的国家如表 6-3 所示。位列前五的国家授权公告量占中国在沿线国家专利授权公告总量的

---

① 人民网-知识产权频道. 2020 年我国知识产权主要指标符合预期 事业发展再上新台阶 [EB/OL]. http://ip.people.com.cn/n1/2021/0122/c136655-32008813.html, 2021-01-22.
② 人民网-知识产权频道. 2020 年我国知识产权主要指标符合预期 事业发展再上新台阶 [EB/OL]. http://ip.people.com.cn/n1/2021/0122/c136655-32008813.html, 2021-01-22.
③ 国家知识产权局. 2019 年国知局统计数据！发明授权率 44.3% [EB/OL]. https://www.sohu.com/a/370289505_465968, 2020-01-15.
④ 国家知识产权局. 2019 年我国在"一带一路"沿线国家知识产权布局保持良好发展势头 [EB/OL]. https://www.sohu.com/a/389177255_120044144, 2020-04-18.

第六章　国际化技术创新战略——企业国际化的核心

表6-2　2019年中国企业专利申请公开量排名前五位的"一带一路"国家

排名	国家	专利申请公开量（件）
1	韩国	2676
2	越南	571
3	新加坡	557
4	俄罗斯	434
5	南非	355

资料来源：国家知识产权局，笔者整理。

85.2%，同样也呈高度集中的态势。计算机技术位居中国在沿线国家专利授权技术领域之首，公开量为369件；数字通信和电气机械设备分别以328件和218件居第二、三位。①

表6-3　2019年中国企业专利授权公告量排名前五位的"一带一路"国家

排名	国家	专利授权公告量（件）
1	韩国	1549
2	俄罗斯	753
3	南非	343
4	波兰	205
5	新加坡	180

资料来源：国家知识产权局，笔者整理。

专利申请量和授权量是知识产权、专利管理工作中重要的评价指标，它反映一个国家或地区的科技创新能力和技术市场的发达程度，体现一个国家或地区的科技竞争实力。同理，企业的国际专利申请量和授权量是一家企业科技创新能力和全球科技竞争实力的体现。2019年，中国企业在"一带一路"沿线国家专利申请公开量排名前五位的企业如表6-4所示。这五家公司在"一带一路"沿线国家的国际知识产权布局能力和技术国际化能力名列前茅，从而为其在"一带一路"区域获得市场竞争优势奠定了坚实的基础。

---

① 国家知识产权局. 2019年我国在"一带一路"沿线国家知识产权布局保持良好发展势头［EB/OL］. https：//www.sohu.com/a/389177255_120044144，2020-04-18.

表 6-4　　2019 年中国企业在"一带一路"国家专利申请公开量前五位

排名	企业	专利申请公开量（件）
1	华为技术有限公司	786
2	OPPO广东移动通信有限公司	166
3	平安科技（深圳）有限公司	127
4	华星光电技术有限公司	108
5	美的集团有限公司	105

资料来源：国家知识产权局，笔者整理。

在中国企业沿"一带一路""走出去"进行国际知识产权布局的同时，"一带一路"沿线国家的企业也在"走进来"积极谋划在华发展，有效整合利用技术资源。2020 年，"一带一路"沿线国家加大在华专利布局力度，其中在华发明专利申请为 2.3 万件，同比增长 3.9%，高于国外来华同比增速。其中，新加坡同比增长 21.0%、韩国同比增长 4.4%。①

3. 与"一带一路"沿线企业国际技术合作持续深化

随着"一带一路"建设的不断推进，中国企业跨国发展的步伐不断加快，中国企业与"一带一路"国家的企业合作更加深入，有利于将中国制造、装备、技术等输出至海外，开拓海外市场新渠道。

中国目前实施的知识产权保护制度，不仅提振了国际企业在华投资的信心，还助力知识产权保护国际合作日趋频繁。目前，中国国家知识产权局已经与"一带一路"沿线 40 余个国家建立了正式合作关系，与海湾阿拉伯国家合作委员会专利局、东盟、欧亚专利局等地区性组织开展了深入合作，与世界知识产权组织签署了《关于加强"一带一路"知识产权合作政府间协议》指导性文件，中国专利在更多国家得到认可。截至 2020 年 1 月，专利审查高速路（PPH）合作伙伴已经增加到 29 个，海外知识产权纠纷应对指导中心正在建设中。②

我国主动融入全球创新网络。目前，我国已经与 161 个国家和地区建立了科技合作关系，签订了 114 个政府间的科技合作协定，参与了涉及科技的 200 多个国际组织和多边机制。截至 2020 年 10 月，我国已启动建设 33 家"一带一路"联合实验室，与 8 个国家建立了官方的科技园区合作关系，建设 5 个国家级的技术转移平台，在联合

---

① 人民网-知识产权频道. 2020 年我国知识产权主要指标符合预期 事业发展再上新台阶 [EB/OL]. http://ip.people.com.cn/n1/2021/0122/c136655-32008813.html, 2021-01-22.

② 中国知识产权报/中国知识产权资讯网. 国家知识产权局发布 2019 年度主要工作统计数据——我国知识产权质量效益持续提升 [EB/OL]. http://www.iprchn.com/Index_NewsContent.aspx?newsId=120735, 2020-01-16.

国南南合作框架下,建立了技术转移南南合作中心,基本形成"一带一路"技术转移网络。①

近年来,中国与"一带一路"沿线国家在知识产权教育、宣传培训、信息化建设等方面开展了广泛务实的合作。中国的专利审查授权在部分"一带一路"沿线国家获得直接认可。以柬埔寨为例,中国国家知识产权局与柬埔寨工业和手工业部于2017年签署知识产权领域合作谅解备忘录,根据协议,中国授权的发明专利可直接在柬埔寨办理登记生效手续。此举增强了中国投资者和发明人在柬埔寨发展的热情。

政府搭台,企业唱戏。随着中国与"一带一路"国家之间技术合作机制的不断完善,中国企业与"一带一路"沿线国家的企业之间的技术合作已取得初步成果。国家统计局北京调查总队在2016年对参与"一带一路"建设的31家中国企业进行了问卷调查,结果显示,这些企业与"一带一路"国家的企业之间的合作形式包括货运贸易(51.6%)、参与东道国基础设施建设(25.8%)、提供信息化服务(12.9%)、技术合作(9.7%)等。在问及"高峰论坛将为企业带来哪些利好"时,93.5%的企业认为将"助力企业进一步做大海外市场",认为能"提供更多投资机会"和"促进企业转型升级"的认同率也相对较高,分别为51.6%和41.9%。此外,90.3%的被调查企业表示在"一带一路"高峰论坛的带动下,今后将进一步拓展与沿线国家和地区的业务合作领域和范围。

在沿"一带一路""走出去"进行企业国际化战略转型的中国企业当中,不乏在沿线进行国际技术合作成功的例子。例如中国本土综合实力强大的大型IT企业浪潮集团,近年来就为越南、印度尼西亚、埃及、南非等"一带一路"沿线国家培训了上万名技术专家和官员。在技术输出方面,浪潮集团把在中国20余年税务系统建设和税务理念也传播到20多个"一带一路"沿线国家,比如在泰国推广"教育云",通过"一人一生一号"实现了中小学学籍管理的统一自动化。浪潮集团在参与"一带一路"建设的过程中,不仅推动产品"走出去",而且成功实施"技术出海",在非洲、拉美、美国都在做本地化研发,推动与当地企业的技术合作,联合创新。

福州宏东远洋渔业有限公司在"一带一路"沿线国家缅甸、印度尼西亚等投资兴建了9个集渔船停泊、维修、制冰、加工等设施为一体的境外远洋渔业基地。该公司的理念之一就是促进当地渔业发展,针对他们的需求培养人才。比如,针对捕鱼技术水平落后的非洲渔民,该公司专门建造了100条简易捕捞船,并派技术人员指导他们

---

① 新华网客户端. 我国与161个国家和地区建立科技合作关系 [EB/OL]. https://baijiahao.baidu.com/s?id=1681755187562715169&wfr=spider&for=pc, 2020-10-28.

进行捕捞。同时，公司建设了融码头、冷库、加工厂、鱼粉厂、造船厂等为一体的产业基地，带动了当地产业发展。该公司打造了完整的渔业产业链，给远洋渔业基地所在的东南亚和非洲国家培养了渔业人才，带去了先进技术，推动了产业提升，带动当地协同发展。甚至非洲加纳、肯尼亚、坦桑尼亚等国都主动提供优惠政策，邀请该公司到该国投资合作，共谋协同发展。

第二节 "一带一路"背景下中国企业技术国际化的机遇与挑战

科技创新是支撑基础设施互联互通、产能合作、人才合作与交流的有效手段，也是深化与相关国家和地区开放合作的桥梁纽带，这对中国企业的技术国际化既创造了新的发展机遇，也提出了新的问题。因此，在"一带一路"背景下，技术国际化为广大中国企业带来了巨大的挑战和发展机遇，中国企业能否抓住机遇，不断加强国际技术合作，以积极的态度参与技术国际化进程，是中国企业赢得技术国际化所带来利益的关键，也是中国企业整体的企业国际化战略转型升级发展的历史时机。

一、机遇

自中国推动共建"一带一路"愿景与行动以来，随着对沿线国家贸易的增长与基础设施建设的不断开展，中国与沿线国家在国际技术合作领域取得的累累硕果提振了各方的信心，为中国企业在"一带一路"沿线国家和地区进行技术国际化提供了良好契机。

1. 中国企业技术国际化能力不断提升

2019 年，我国研究与试验发展（R&D）经费投入总量为 22143.6 亿元，比上年增长 12.5%，连续 4 年实现两位数增长；R&D 经费投入强度（即 R&D 经费与 GDP 之比）为 2.23%，再创历史新高。自 2013 年以来我国 R&D 经费投入总量一直稳居世界第二，与美国差距逐步缩小。R&D 经费投入强度稳步提升，已接近欧盟 15 国平均水平。[1]

---

[1] 新华社. 2019 年我国 R&D 经费投入超 2 万亿元［EB/OL］. https：//baijiahao. baidu. com/s？id = 1676169552139989039&wfr = spider&for = pc, 2200 - 08 - 27.

根据世界知识产权组织（World Intellectual Property Organization，WIPO）的有关报告，中国在2019年全球创新指数中的排名较2018年上升3位，提升至第14位，在中等收入经济体中稳居首位。在2020年中国仍位居第14位，在一些关键产出指标中保持世界第一的地位，包括本国人专利申请量、实用新型、商标、外观设计和创意产品出口。

2019年，中国通过世界知识产权组织（WIPO）《专利合作条约》（PCT）途径提交了5.899万件专利申请，超过美国（5.784万件）跃升至第一位，成为提交国际专利申请量最多的国家。自1978年PCT体系投入运作以来，美国均位居首位，2019年中国首次超过美国。

按照《专利合作条约》（PCT）提出的申请称为PCT国际申请，作为企业对外专利布局的重要途径，其规模和质量可用于反映以专利为竞争手段开拓国际市场的实力，目前PCT专利申请数量已经被多个国家政府和国际组织作为重要的科技创新指标，来评估国家和地区的科技进步增速和创新能力表现。2019年全球PCT国际专利申请量排名前十位的国家如图6-1所示。

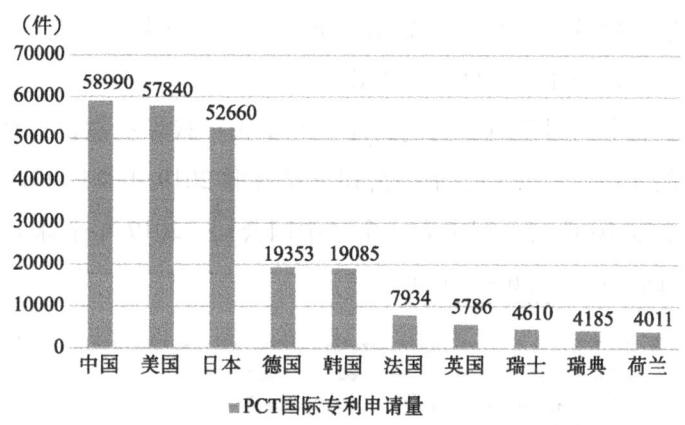

图6-1 2019年全球PCT国际专利申请量排名前十位的国家

资料来源：WIPO。

2012年，党的"十八大"明确提出："科技创新是提高社会生产力和综合国力的战略支撑，必须摆在国家发展全局的核心位置。"强调要坚持走中国特色自主创新道路、实施创新驱动发展战略。我国企业与科研机构以全球视野谋划和推动自主创新，增强创新驱动发展新动力。2013—2019年中国申请人通过PCT途径提交的国际专利申请量呈稳步增长之势，具体如图6-2所示。

"一带一路"背景下中国企业国际化战略转型升级研究

图 6-2 2013—2019 年中国申请人通过 PCT 途径提交的国际专利申请量

资料来源：WIPO。

2018 年，我国专利密集型产业增加值达到 10.7 万亿元，占 GDP 的比重达到 11.6%，对 GDP 增长的贡献率达到 15.7%，成为经济高质量发展的重要支撑。[①] 专利密集型产业是指发明专利密集度和规模达到规定标准，更多依靠知识产权参与市场竞争，符合创新发展导向的产业集合，如信息通信、新装备制造、新材料、医药医疗、环保产业等，反映了创新驱动发展的新成效。

近年来，中国企业与科研机构的创新能力和知识产权保护意识持续提升，企业也更加重视在海外的知识产权布局。华为公司继续蝉联 2019 年全球 PCT 国际专利申请量第一名，而排名前 10 位的公司中有 4 个是中国公司。2019 年全球 PCT 国际专利申请人排名前 10 位的企业如图 6-3 所示。

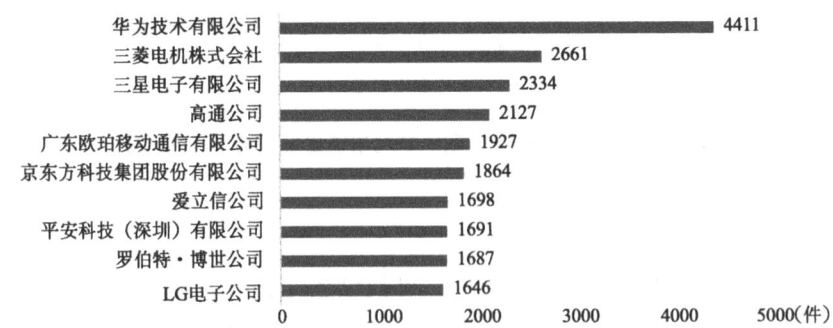

图 6-3 2019 年全球 PCT 国际专利申请人排名前 10 位的企业

资料来源：WIPO。

[①] 新华网客户端. 2019 年中国 PCT 国际专利申请量首次跃居全球第一位 中国专利"含金量"越来越高 [EB/OL]. https://baijiahao.baidu.com/s?id=1664813230277466128&wfr=spider&for=pc, 2020-04-24.

根据 WIPO 发布的《国际专利分类号（IPC）与技术领域对照表》，将专利技术分成 35 个技术领域，目前计算机技术在已公布 PCT 国际专利申请中占比最高，2019 年申请数量达 21449 件，占 PCT 国际专利申请总量的 8.7%，其次为数字通信、电气机械和医疗技术领域。2019 年全球 PCT 国际专利申请量排名前 4 位的技术领域如图 6-4 所示。

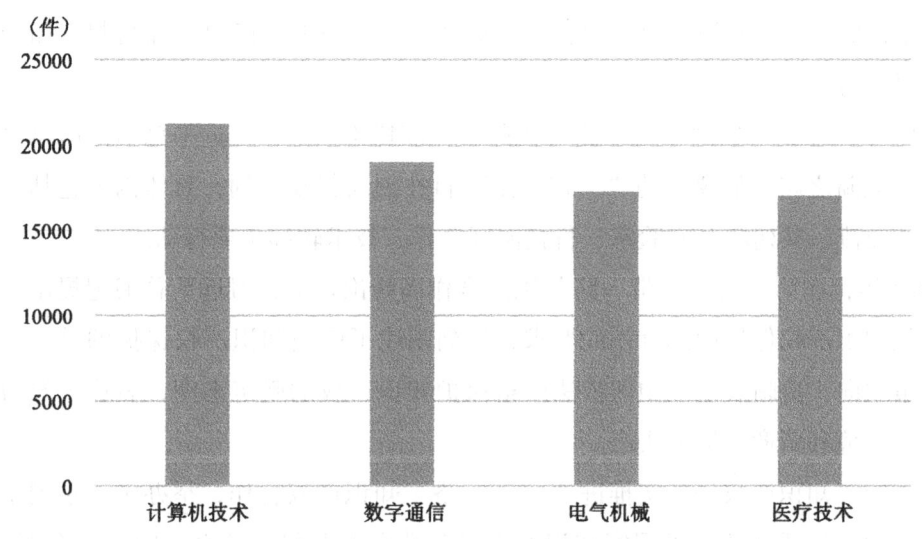

图 6-4　2019 年全球 PCT 国际专利申请量排名前 4 位的技术领域

资料来源：WIPO。

随着我国科技创新已经从跟跑为主的阶段，发展到跟跑和并跑、领跑的"三跑并存"阶段，中国制造的技术溢出效应开始显现。在高速铁路、核电等基建领域以及电动汽车、风电设备、多晶硅、光伏电池等新兴领域，我国已形成了一批具有核心竞争力的技术，其中一些实用技术、先进技术已经实现了从产品出口到知识产权共享的跨越，并在少数领域有能力共享中国标准和中国服务。因此，部分中国企业已经具备在"一带一路"沿线国家实施技术国际化的能力。

2. 政府高度重视科技创新和知识产权国际合作

近年来，中国在科技创新和知识产权国际合作方面取得了长足的进展，为中国的对外贸易发展、投资和科技合作的发展提供了可靠的保障。2016 年，中国科技部、国家发展改革委、外交部、商务部出台《推进"一带一路"建设科技创新合作专项规划》，提出要充分尊重沿线国家发展需求，积极对接沿线国家的发展战略，共同参与"一带一路"科技创新合作，共享科技成果和科技发展经验，打造利益共同体和命运共同体，促进可持续发展和共同繁荣。

我国于 2008 年颁布实施《国家知识产权战略纲要》，提出到 2020 年"把我国建设成为知识产权创造、运用、保护和管理水平较高的国家"。这一目标已基本实现。2007—2019 年，国内（不含港澳台地区）有效发明专利拥有量从 8.4 万件增长至 186.2 万件。在国内，已经建立起了一个符合国际通行规则、门类较为齐全的知识产权法律制度；在国际上，中国已与全球 80 多个国家和地区及国际组织建立了知识产权合作关系，成为世界知识产权组织、世界贸易组织等知识产权国际规则制定和全球治理的重要参与者。①

2017 年，在第一届"一带一路"国际合作高峰论坛上，习近平总书记提出"一带一路"是创新之路，倡议启动"一带一路"科技创新行动计划，具体内容包括，开展科技人文交流、共建联合实验室、科技园区合作、技术转移 4 项行动。

2019 年，在第二届"一带一路"国际合作高峰论坛上，习近平总书记提出了更大力度加强知识产权保护国际合作的要求，深刻阐述了中国知识产权保护的重大原则立场和政策取向，清晰表明了中国依法严格保护知识产权的坚定态度，表达了努力营造良好创新环境和营商环境的决心。

中国国家知识产权局扎实推进"一带一路"知识产权合作，举办了一系列重要国际合作活动，包括召开中国国家知识产权局与欧洲专利局局长会、中国－东盟"1＋10"知识产权局局长会，积极参与中美欧日韩五局合作、金砖五局局长会、中日韩局长会、中蒙俄局长会，加强与世界主要知识产权组织和国外知识产权部门合作。

目前，我国已经建立起"一带一路"知识产权合作的常态化机制，实施了 8 个方面的务实合作项目，包括宏观政策沟通、知识产权审查、基础能力建设、信息数据交换等。国家知识产权局会同有关部门成功举办 2016 年、2018 年"一带一路"知识产权高级别会议，积极参与世界知识产权组织、世界贸易组织框架下的多边事务，深化与国际植物新品种保护联盟等国际组织合作，推动完善知识产权国际规则，与世界知识产权组织合作建设技术与创新支持中心，推动《视听表演北京条约》早日生效，批准或加入该条约的国家已达 23 个。我国在 2018 年首届中国国际进口博览会期间成功举办全球知识产权保护和创新发展大会。我国专利审查结果在老挝直接得到认可。

2020 年，中共中央政治局就加强我国知识产权保护工作举行第二十五次集体学习。习近平总书记在主持学习时强调，知识产权保护工作关系国家治理体系和治理能力现代化，关系高质量发展，关系人民生活幸福，关系国家对外开放大局，关系国家

---

① 新华网客户端. 我国与 161 个国家和地区建立科技合作关系 [EB/OL]. https：//baijiahao.baidu.com/s?id = 1681755187562715169&wfr = spider&for = pc，2020 - 10 - 28.

安全。习近平总书记指出,要统筹推进知识产权领域国际合作和竞争。要坚持人类命运共同体理念,坚持开放包容、平衡普惠的原则,深度参与世界知识产权组织框架下的全球知识产权治理,推动完善知识产权及相关国际贸易、国际投资等国际规则和标准,推动全球知识产权治理体制向着更加公正合理方向发展。要讲好中国知识产权故事,展示文明大国、负责任大国形象。要深化同共建"一带一路"沿线国家和地区知识产权合作,倡导知识共享。

3. 国际科技人才合作交流日渐深入

科学无国界,科学技术的发展具有渗透性、扩展性等特征。科学技术本身的特点就需要加强国际合作,汇集众智,整合各类智力资源。人作为技术的载体,国际技术合作离不开人才交流。2018年,我国组织了500多名"一带一路"相关国家的青年科学家来华开展短期科研,发展中国家技术培训班招收"一带一路"相关国家学员超过1200人次。[①] 截至2020年10月,我国已累计支持8300多名各国青年科学家来华工作,培训学员18万人次。[②]

例如,位于宁夏的中国—阿拉伯国家技术转移中心与中国多个科研机构合作,围绕北斗卫星、旱作节水、防沙治沙等专项技术转化应用和技术转移专业经理人培育,先后举办各类国际研修班10期,培训了近20个阿拉伯国家和"一带一路"沿线国家的200多名学员,为中阿技术转移播下了种子。

例如,华为公司2019年海外销售额占比41%,截至2019年底,华为在全球共持有有效授权专利85000多件,而这与华为积极吸纳国际化科技人才有着密不可分的关系。[③] 截至2019年底,其全球员工总数达19.4万人,其中研发员工约9.6万人,占比49%。华为的员工来自全球157个国家和地区,该公司始终坚持为员工创造一个和谐发展的、包容性的工作环境,给予不同员工足够的发展空间。作为一家国际化公司,华为一直以积极的态度推动海外员工本地化进程。2019年,华为在海外聘用的员工总数超过3.7万人,海外员工平均本地化率约67%。华为公司围绕业务战略,以全球视野、用世界级课题持续吸纳"顶尖人才"和"天才少年"。该公司在2019年提出,要从全世界招进20~30名天才少年,2020年还计划从世界范围招进200~300名,吸纳

[①] 王志刚. 大力推进与"一带一路"沿线国家的科技合作 [EB/OL]. http://www.xinhuanet.com/politics/2019lh/2019-03/11/c_1124219734.htm,2019-03-11.

[②] 新华网客户端. 我国与161个国家和地区建立科技合作关系 [EB/OL]. https://baijiahao.baidu.com/s?id=1681755187562715169&wfr=spider&for=pc,2020-10-28.

[③] 华为投资控股有限公司2019年年度报告 [R].

更多的国际顶尖技术人才。①

例如，美的公司在国际化战略转型过程中，开放整合全球优质资源。2018年，美的集团对"一带一路"沿线国家的出口额超过620亿元人民币，同比增长12%以上，在"一带一路"沿线的业务规模已占其海外业务总体规模的55%。美的集团在全球建立了34个制造基地，海外制造基地设在德国、白俄罗斯、意大利、埃及、印度、泰国、日本、越南、美国、巴西、阿根廷等国家。美的集团员工国籍涉及20多个国家，海外员工超过3万人，外籍资深专家超过500人。美的集团站在技术制高点布局全球研发中心，在全球11个国家设立了28个研发中心，通过开放式创新全球融智。②

科技人才合作交流是促进国家之间民心相通、企业之间友好合作的有效途径。在"一带一路"倡议下，我国与沿线国家和地区已经建立了多领域、多层次、多渠道的人才交流合作机制和网络，既扩大了我国科学工作者的国际视野、拓宽了研究领域，也为沿线国家和地区培养了一批科技人才，巩固和深化了已有的国际科技合作基础，为"一带一路"建设有效推进创造了良好的人文社会环境。

二、挑战

伴随着中国企业在"一带一路"沿线国家企业国际化战略转型升级的进程，中国企业以积极的态度参与科技全球化进程，不断加强国际技术合作。中国企业的技术国际化在赢得诸多机遇的同时，也面临着种种艰难的挑战。

1. 整体科技创新能力不强

"一带一路"沿线国家大多数是发展中国家，科技创新水平发展不均衡，"一带一路"沿线国家中，除少数几个传统上科技力量较强的国家如中国、俄罗斯、印度、以色列、新加坡以外，大多数国家的科技创新能力普遍不强，这一点无论在国家还是企业主体上都比较明显。发展中国家作为低收入和中等收入经济体的创新体系普遍面临着各种问题：教育水平低、科学与技术投资水平低、科学和产业的联系通常较弱、内向知识流动有限、国内企业吸收和创新能力低下、商业环境充满挑战且获取金融资源的机会不足、风险投资市场规模不足以及知识产权使用有限等。

作为衡量一个国家和地区的科技创新能力的重要指标，世界知识产权组织（WI-

---

① 新浪科技. 华为全球员工总数达19.4万人：研发占比49% [EB/OL]. https：//baijiahao. baidu. com/s?id=1671609765282914663&wfr=spider&for=pc, 2020 - 07 - 07.

② 进出口经理人. 美的集团：真正的全球企业 [EB/OL]. https：//www. fx361. com/page/2020/0225/6397432. shtml, 2020 - 02 - 25.

PO）每年发布全球创新指数（The Global Innovation Index，GII）报告，2020 年全球创新指数总排名前 20 名的国家（地区）如表 6-5 所示。

表 6-5　　　　　2020 年全球创新指数总排名前 20 名的国家（地区）

国家/经济体	全球创新指数总排名	国家/经济体	全球创新指数总排名
瑞士	1	中国香港	11
瑞典	2	法国	12
美国	3	以色列	13
英国	4	中国内地	14
荷兰	5	爱尔兰	15
丹麦	6	日本	16
芬兰	7	加拿大	17
新加坡	8	卢森堡	18
德国	9	奥地利	19
韩国	10	挪威	20

资料来源：WIPO《2020 年全球创新指数报告》，笔者整理。

在表 6-5 中可以看到，在 2020 年全球创新指数总排名前 20 名的国家和地区中，除了新加坡、中国香港、中国内地和以色列以外，没有其他"一带一路"国家上榜。除了新加坡、中国香港、中国内地和以色列以外的其他大多数"一带一路"国家无论是在该创新指数的总排行榜的排名，还是在各支柱的排名，包括创新投入（制度、人力资本和研究、基础设施、市场成熟度、商业成熟度等五个支柱）和创新产出（知识和技术产出、创意产出等两个支柱）都比较靠后，甚至垫底，如也门、缅甸、老挝等。

2019 年，国外在华发明专利申请共计 15.7 万件。分国别看，日本、美国、德国位居在华发明专利申请前 3 位，申请量依次为 4.9 万件、3.9 万件和 1.6 万件，分别同比增长 7.9%、1.5% 和 6.4%。[①] 从企业的角度来看，2019 年 PCT 国际申请进入中国国家阶段的专利数量排名前 100 名的外国企业中，排名前三名的是日本三菱电机（1957 件），韩国 LG（1944 件），美国高通（1509 件）。[②] 这些排名前 100 名的外国企业分别来自 11 个国家，具体如图 6-5 所示。

[①] 国家知识产权局网站. 国家知识产权局就 2019 年主要工作统计数据及有关情况举行新闻发布会 [EB/OL]. http：//www.gov.cn/xinwen/2020-01/15/content_5469519.htm，2020-01-15.
[②] IPRdaily 中文网与 incoPat 创新指数研究中心联合发布. 2019 年国外企业「PCT 中国国家阶段」专利申请排行榜（TOP100）[EB/OL]. http：//www.iprdaily.cn/article_24200.html，2020-03-20.

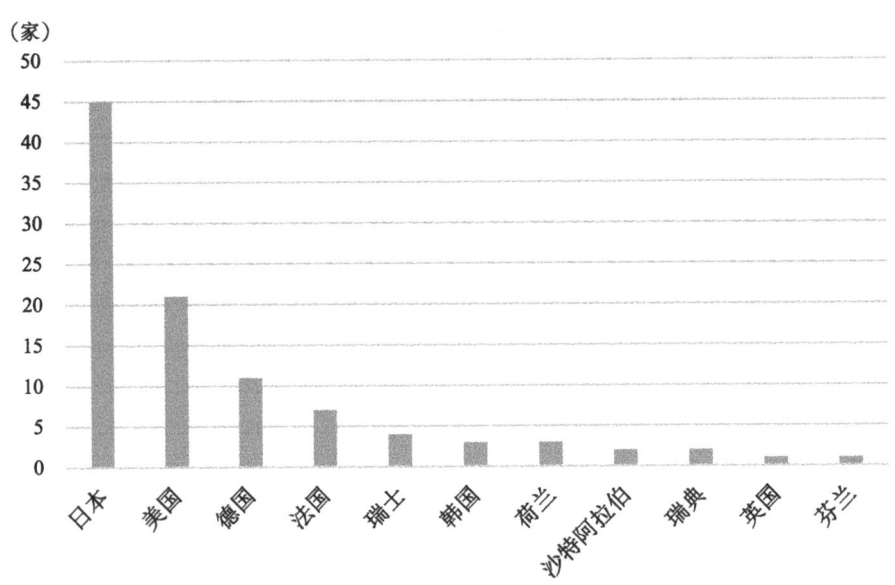

图 6-5 2019 年外国企业在 PCT 中国国家阶段专利申请排名前 100 名所属国家

资料来源：incoPat 全球科技分析运营平台，笔者整理绘制。

2019 年在 PCT 中国国家阶段专利申请排名前 100 名的外国企业当中，"一带一路"沿线国家仅有沙特阿拉伯的两家公司上榜，分别是沙特基础工业公司（SABIC）和沙特石油公司，这两家公司都属于石油石化行业。上述专利申请数据表明，"一带一路"沿线国家的企业总体的科技创新能力不强。

从科技经费投入的角度来看，中国的科技经费投入规模持续增加，结构逐步优化，但中国 R&D 经费投入强度①与美国（2.83%）、日本（3.26%）等科技强国相比尚显不足，基础研究占比与发达国家普遍 15% 以上的水平相比差距仍然较大。② 国际企业界的实践经验表明，研发强度在 5% 以上时，企业的竞争力可以充分发挥；比重为 2% 时，仅能够基本维持；比重低于 1%，企业则难以生存。③

然而，"一带一路"沿线国家和地区的研发强度总体来看都不高。在"一带一路"沿线国家和地区当中，中国的科技研发强度是最高的，高于东南亚、东欧、南亚、西亚及中亚等地区。具体如表 6-6 所示。

---

① 作者注：科技研发经费投入强度即科技经费支出额占 GDP 的比重。
② 新华社. 2019 年我国 R&D 经费投入超 2 万亿元 [EB/OL]. https://baijiahao.baidu.com/s?id=1676169552139989039&wfr=spider&for=pc, 2200-08-27.
③ 沧州临港经济技术开发区管理委员会. 推动科研成果转化，这几项工作不落实就没戏 [EB/OL]. http://www.czcip.gov.cn/zhengcejiedu/r-14599.html, 2018-07-25.

表6-6 "一带一路"沿线地区2018年GDP和人口数及2016年研发总支出

地区	GDP（亿美元）2018年	人口（万）2018年	人均GDP（美元）2018年	研发总支出（百万美元）2016年	研发强度（%）
中国	136082	139273	9771	372696	2.739
东南亚	29690	65390	4540	61391	2.068
东欧	36697	33714	10885	60817	1.657
南亚	34578	181438	1906	55652	1.609
西亚	40827	44063	9266	45507	1.115
中亚	2904	7566	3838	1069	0.368

资料来源：《"一带一路"沿线国家科技竞争力》报告。

在"一带一路"沿线国家中，创新水平最高的国家是以色列、新加坡等发达国家，其次是以印度、越南等为代表的新兴国家。根据统计，除了新加坡和以色列之外，研发投入占GDP比较高的国家还有斯洛文尼亚等国家，研发投入占GDP的比重超过2%。研发投入比重大于1%的国家还包括俄罗斯、捷克、爱沙尼亚、匈牙利、斯洛伐克、立陶宛、波兰、马来西亚和土耳其，其他"一带一路"沿线国家研发投入比重均不足1%。其中，中亚的哈萨克斯坦、吉尔吉斯斯坦和塔吉克斯坦，西亚的巴林和伊拉克，东南亚的越南、菲律宾和柬埔寨，以及蒙古国、斯里兰卡等国家，研发投入比重不足0.2%。这些国家经济发展主要依赖资源出口或者初级产品出口，技术投入或需求严重不足。[1]

从科技论文发表的数量来看，根据中国国家科技图书文献中心（NSTL）2019年发布的《"一带一路"沿线国家科技竞争力》报告，"一带一路"沿线国家在全球的科研地位有了较大提升，沿线国家科技论文数量的全球份额从2009年的15.6%增加到了2018年的22.7%。该报告指出，"一带一路"沿线国家科研能力、科研水平、规模差异性较大，呈现不均衡发展的状态。"一带一路"沿线国家的科技论文发表数量与中国相比，没有任何优势。2019年，中国发表高质量国际论文59867篇，占世界份额的31.4%，排在世界第2位；排在首位的美国发表论文62717篇，占32.9%。[2] 2019年发表高质量国际论文数排名前20位的国家（地区）如表6-7所示。

---

[1] 亚布力论坛研究中心."一带一路"沿线国家的环境状况与主要问题[EB/OL]. http://www.dg.gov.cn/dgsmch/gkmlpt/content/3/3428/post_3428930.html#1540, 2020-12-22.
[2] 科技日报. 2019年度中国科技论文统计结果出炉！高质量国际论文数排名世界第二[EB/OL]. https://baijiahao.baidu.com/s?id=1687394472328589924&wfr=spider&for=pc, 2020-12-29.

表 6-7　　2019 年发表高质量国际论文数排名前 20 位的国家（地区）

国家/地区	高质量国际论文数（篇）	占高质量国际论文比例（%）	位次
美国	62717	32.89	1
中国	59867	31.40	2
英国	19875	10.42	3
德国	16515	8.66	4
加拿大	11232	5.89	5
法国	11204	5.88	6
澳大利亚	10990	5.76	7
西班牙	8760	4.59	8
意大利	8418	4.42	9
日本	7927	4.16	10
韩国	7126	3.74	11
荷兰	6955	3.65	12
瑞士	6010	3.15	13
印度	5410	2.84	14
瑞典	4761	2.50	15
巴西	4539	2.38	16
伊朗	3689	1.93	17
比利时	3669	1.92	18
丹麦	3603	1.89	19
新加坡	3114	1.63	20

资料来源：刘垠.2019 年度中国科技论文统计结果出炉！高质量国际论文数排名世界第二［N］.科技日报.

在表 6-7 的排名当中，除了中国以外的"一带一路"沿线国家当中，仅有印度、伊朗和新加坡 3 个国家进入 2019 年发表高质量国际论文的国家（地区）论文数排名的前 20 名，表明其他"一带一路"沿线国家的科学技术研究能力较弱。

2009—2018 年，中国与"一带一路"沿线 65 国合作科技论文 16.7 万篇，"一带一路"沿线国家的科技论文被引频次全球占比平均为 19.76%。① 这个数据与"一带一路"沿线国家（地区）人口占全球人口总额的 60%，占全球 GDP 的 32% 相比，显得

---

① 央广网.2018 年"一带一路"沿线国家科技论文数量全球占比逾 1/5［EB/OL］. http：//www.cnr.cn/list/finance/20191129/t20191129_524878155.shtml，2019-11-29.

较为落后,表明沿线国家科技论文的质量和受欢迎程度有待提高。因此,综合在华专利申请、科技研发投入、国际优秀论文发表与引用等,总体来讲,"一带一路"沿线国家整体科技创新能力不强。

2. 与"一带一路"沿线国家科技合作相对较少

长期以来,我国企业的国际技术合作对象以美国、日本、欧洲等发达国家为主,与发展中国家,包括"一带一路"沿线国家的合作相对较少。这种局面的形成一方面是由于我国科学技术长期相对落后,需要向西方发达国家学习引进先进技术,比如改革开放初期的"以市场换技术";另一方面也与"一带一路"沿线国家的经济社会情况与科学技术发展情况有关,在"一带一路"沿线国家中,除了以色列、新加坡等少数国家之外,大多数国家是发展中国家,自身的科学技术创新能力薄弱。

比如,在论文合作方面,根据 SCI 数据库统计,2019 年收录的中国论文中,国际合作产生的论文为 13.01 万篇。根据中国科学技术信息研究所 2020 年中国科技论文统计结果,2019 年中国作者为第一作者的国际合著论文共计 96157 篇,占中国全部国际合著论文的 73.9%,合作伙伴涉及 167 个国家(地区)。中国论文与外国合作排前 6 位的国家分别为美国、英国、澳大利亚、加拿大、德国和日本,具体如表 6-8 所示。其中,中国作为第一作者与排名前 6 位国家的作者合著的论文就占全部中国作为第一作者国际合著论文的 76%,仅与美国的合著论文就占 40%,具有显著的集聚效应。

表 6-8 中国作为第一作者合著论文较多的六个国家(地区)

排序	国家(地区)	论文数(篇)
1	美国	39089
2	英国	9696
3	澳大利亚	8922
4	加拿大	6444
5	德国	4650
6	日本	4386

资料来源:中国科学技术信息研究所:《中国科技论文统计结果 2020 中国卓越科技论文报告》,笔者整理。

中国作者参与工作、其他国家作者为第一作者的合著论文共计 33968 篇,涉及 190 个国家(地区),合作伙伴数量排在前 6 位的国家分别为美国、英国、德国、澳大利亚、日本和加拿大,具体如表 6-9 所示。

表6-9　中国作为参与方产出合著论文较多的六个国家（地区）

排序	国家（地区）	论文数（篇）
1	美国	15385
2	英国	5758
3	德国	4164
4	澳大利亚	3825
5	日本	3300
6	加拿大	2741

资料来源：中国科学技术信息研究所：《中国科技论文统计结果2020 中国卓越科技论文报告》，笔者整理。

根据经济合作与发展组织统计，2014年在中国申请的有国外合作参与的PCT专利申请数为1911件，其中与美、日、欧合作的就占到1760件，占比高达92.1%。即使在我国与"一带一路"国家的合作上，也有相似的集聚效应。如我国国家自然科学基金委员会（NSFC）从1986年成立到2014年的国际科技合作中，与新加坡的合作最多，达到4139篇，比排名第2位的俄罗斯（2297篇）高出80.2%。

但是，即使排名第1位的中新论文篇数也仅相当于中美合作的9.46%，占中日合作的49.12%。① 总体来看，目前中国与美国、英国、澳大利亚、加拿大、德国和日本等发达国家之间的科技合作较多，与"一带一路"国家之间的科技合作还比较少。

3. 面临从中低端产品出口向高端知识产权共享的转型升级困境

自20世纪80年代以来，中国制造业产业集群被锁定于全球价值链的低端环节，造成这种困境的原因在于中国企业规模小、技术水平相对较低、资金和人才短缺、企业自身科技研发实力较弱、品牌运营能力不足等，企业难以承受科技创新的财务风险和市场风险。中国制造曾经一度成为低质低价的地摊产品的代名词，产品质量和企业形象有待提升。

目前，一些中国企业在"一带一路"市场的国际竞争中处于相对劣势，主要原因是技术滞后，缺乏创新，技术装备有待提升。以中国的纺织品为例，中国纺织品三大行业（纺织业、服装业、化学纤维制造业）产值占比约分别为61%、28%、11%。除化学纤维生产技术和服装骨干企业的缝纫设备接近国际先进水平以外，纺纱、织造、染整等传统工艺与世界先进水平有较大差距。中国的纺织企业大多还处于产业链的中低端生产阶段。大约有80%的企业生产中低档产品、6%的企业生产中高档产品，4%

---

① 闫春，李斌. "一带一路"背景下深化中国国际技术合作的对策[J]. 河北大学学报（哲学社会科学版），2018，43（2）.

的企业生产质量低价格低产品,仅有10%的企业生产高质量产品①,呈现出传统纺织产品居多,缺乏高附加值的高端纺织品的局面。

根据世界产权组织2020年全球创新指数报告,中国高端、中高端技术生产占比46.4%,在全球排第13名。这与当年我国全球PCT国际专利申请量排名第一的情况还有较大差距,说明从科技研发水平到产业化,再到产品的实际生产销售,这中间还有一些产业环节有待突破,需要向美国、欧盟、日本等国家和地区学习,提升科研成果的转化率,进一步提高科技成果的产业化水平。

从代表全球价值链高端的高技术高附加值的专利密集型产业来看,近年来,欧美等发达国家和地区越来越重视专利密集型产业发展。2019年,欧盟专利密集型产业占GDP比重已达16.1%。与欧美国家相比,我国这一比例暂时落后4.5个百分点。②

根据美国国家科学基金会(National Science Foundation)发布的《美国科学与工程指标2018》,随着中国企业不断加大对科技研发投入,积极与学术界开展更为紧密的合作,中国的工业有望向新兴和复杂的技术方向发展。在中端高科技产业,中国现在占据了主导地位,全球份额在过去10年几乎增长了两倍,达到32%,在2009年超过了美国,2012年又超过了欧盟。

近年来,尽管中国在中等技术产品上的表现日益突出,但是,中国离高科技制造业前沿仍有很大距离,中国企业朝高端知识产权共享的升级转型还有很长的路要走。在大部分中等技术产品市场竞争的领域,中国企业的出口产品主要依靠价格取胜,依靠高性价比战胜竞争对手,产品质量并不一定是全球最高水平,配套服务水平也有待提升。

虽然中国高科技产业正在逐步崛起,然而中国高技术产业参与全球价值链的环节还是处于加工组装等下游环节,对于高科技含量的上游关键零部件的研发制造能力较为落后,这与中国对外贸易的主要方式为加工贸易有关,使中国高技术产业的低端锁定效应十分明显。

中国企业在全球价值链中的低端锁定效应不仅影响了企业的产品和品牌形象,更为重要的是,中国企业长期依靠高污染、高能耗、高原材料、高劳动力消耗的投入,却产出了低技术、低附加值的出口产品,这样的制造业模式很难长期可持续发展。

因此,在前期积累了一定的资本、管理经验和技术之后,随着中国教育和科研水平的提升,中国企业朝低碳环保、资金密集型、技术密集型的高科技产业转型,朝全

---

① 纺织干货.我国纺织行业现状调查[EB/OL]. https://www.sohu.com/a/335858116_348647,2019-08-23.
② 新华网客户端.2019年中国PCT国际专利申请量首次跃居全球第一位 中国专利"含金量"越来越高[EB/OL]. https://baijiahao.baidu.com/s?id=1664813230277466128&wfr=spider&for=pc,2020-04-24.

球价值链高端的高技术高附加值的专利密集型产业转型，从有形产品的出口向无形的高端知识产权共享的转型升级显得尤为必要。

第三节 "一带一路"背景下中国企业国际化技术创新战略的建议

相对于技术民族主义阻遏科技发展，而中国则鼓励外向型开放型的经济发展，鼓励中国企业积极参与全球化，积极投入"一带一路"建设。中国企业在建设"一带一路"过程中，在技术国际化方面，如何才能做得更好呢？为了解决中国企业在技术国际化过程中遭遇的困难，本节从以下四个方面提出相关的建议。

一、从有形的实体的合作到无形的知识产权共享转型升级

目前，中国企业与"一带一路"沿线国家的企业合作的主要领域在经贸、基建、产能等具体的有形产品以及资本合作方面，科技合作的意愿和基础还十分薄弱，需要大力向高技术、高附加值的无形的知识产权共享发展。

1. 从经贸合作、基建合作、产能合作、资本合作到知识产权共享

经济增长要素在不同的经济发展阶段发挥着不同的作用，并有高低之别。人口劳动力要素、自然资源与生态环境要素属于促进经济发展的低端要素；产品、产能、资本等属于中端要素；而人才、技术、标准、服务等属于高端要素。

中国产业的增长也正沿着低端——中端——高端的路径向前迈进，由过去的出口低端的原材料等初级产品和劳动密集型产品发展到如今的出口中端产品，以及产能和资本的国际合作，未来将走向以人才、技术、标准、服务等高端要素驱动的国际知识产权共享。

随着我国与"一带一路"沿线国家在经济领域的全方位合作不断推进，中国企业与"一带一路"沿线国家的经贸合作、基建合作、产能合作即资本合作都取得了较大的进展，不仅拓展了国际市场，也造福了"一带一路"沿线国家和人民。但是，中国企业过去的"以产品换能源""以高铁换大米"以及为对方项目提供贷款支持等，这些原本出于善意的互利互惠的经济合作在某些国外媒体的渲染下就变成了掠夺对方资源或者增加对方债务负担的所谓"债务陷阱"，而这些消息虽然事后被证实为扭曲的

传言，但难免给一些不明真相的人留下一丝怀疑的心理。

因此，转变中国企业与"一带一路"沿线企业的合作方式，从经贸合作、基建合作、产能合作、资本合作到更高端的知识产权共享，以企业之间的公平公开的市场合作为基础，以知识产权的合作与转移为载体，生产出高技术含量的产品，为"一带一路"沿线企业和消费者提供更好的服务，提高中国企业及技术的美誉度，让"一带一路"沿线当地企业和百姓切实感受到国际技术合作带来的益处，消除某些人的疑虑。

实际上，中国企业与"一带一路"企业的合作并不仅是单纯的产品出口、资本投入或产能合作，而是越来越多地呈现出与知识产权共享相结合的形态。比如，我国的高铁与核能出口，就属于技术出口、产能合作和资本投入相结合的打包模式。

如今，我国与"一带一路"国家之间的国际合作已经历了 8 年时光，我国作为科技水平发展领先的国家和全要素生产率优势的国家，加速中外企业之间的知识产权共享将使国际科技合作与经济合作得到全方位的提升。

2. 从输出产品到输出技术标准

过去，我国因实力落后无法主导和参与全球治理和规则制定，许多国际竞争领域的制高点都已被欧美发达国家分割完毕并形成了重重壁垒，尤其是一些产品的行业标准，往往由欧美国家所把持。随着近年来全球贸易保护主义升温、全球经济增长乏力，特别是中美贸易摩擦的不断升级，导致我国面临的外部经济环境有所恶化，使中国企业在推动产品、产能和资本出口时遭遇到更大挑战，屡屡遭遇包括高技术标准等技术壁垒在内的各种贸易壁垒。

因此，中国企业在"一带一路"沿线国家和地区实施企业国际化战略转型升级的过程中，不仅要扩大中国产品与服务的市场，更要扩大与"一带一路"沿线企业技术合作的深度，加大中国拥有自主知识产权产品和技术标准的输出，用过硬的质量赢得信任，推动国际技术合作的不断深化。中国企业要从西方规则的跟随者向经济发展的引领者和规则制定者角色逐渐转变。

技术标准是从事科研、设计、工艺、检验等技术工作以及商品流通中共同遵守的技术依据，是根据不同时期的科学技术水平和实践经验，针对具有普遍性和重复出现的技术问题，提出的最佳解决方案。技术标准的对象既可以是物质的（如产品、材料、工具），也可以是非物质的（如概念、程序、方法、符号）。技术标准一般分为基础标准、产品标准、方法标准和安全、卫生、环境保护标准等。

当今全球技术标准的竞争越来越激烈，国外众多领先企业已将标准竞争作为一种基本的竞争战略，并通过标准竞争建立其他方式难以获取的核心竞争力。谁制定的标准为世界所认同,谁就会从中获得巨大的市场和经济利益。因此,发达国家政府都争先恐后地加大力度进行标准化战略研究,试图在技术标准竞争中牢牢掌握主动。目前,欧盟拥有的技术标准就有10万多个,德国的工业标准约有1.5万种,日本则有8200多个工业标准和400多个农产品标准。[①]

目前,在"一带一路"技术标准输出方面,一些优秀的中国企业已经取得了进展。例如,2014年,由北京城建集团承建的马尔代夫易卜拉欣-纳西尔国际机场改扩建工程,除机场飞行区按照国际民航组织的规范和标准进行设计、建造与验收外,所有建筑都按照中国的有关规范和标准进行设计、建造和验收。这是中国标准在国际机场舞台的首次应用。2017年,中兴通讯与巴基斯坦国家电视台签署中巴双方在数字电视领域深化合作的文件,中国自主知识产权的数字广播电视标准DTMB将在巴基斯坦得到推广应用。此外,以银联为代表的中国金融技术标准和金融基础设施正逐步走向"一带一路"国家和市场。银联芯片卡标准已成为泰国、缅甸银行业的推荐标准,银联还是亚洲支付联盟的统一跨境芯片卡标准,新加坡、韩国、马来西亚、印度尼西亚、菲律宾等国的7家主流转接网络已获得授权,把银联芯片卡标准作为受理、发卡业务的技术标准。

但是,在标准输出方面我国还有很长的一段路要走。建议中国企业不断完善技术标准的制定与流程,科学合理地向"一带一路"沿线国家输出和转移。对于我国技术标准领先的领域,如高铁、核电、长输管道等,建议企业参考国际通用标准完善成套标准体系,在产品、工程走出去的同时把中国技术标准推出去。利用具有示范效应的竣工项目,打造中国技术标准成功典范,宣传我国高水平的技术标准,提高国际知名度和认可度。

此外,政府要鼓励我国企业在对外合同谈判中优先推荐采用中国技术标准,对于采用我国标准的项目,给予我国参与企业在利率、税收方面的优惠。通过微观层面企业的市场化运作,推动中国技术标准在"一带一路"沿线国家更广泛地应用。

二、技术国际化要坚持科技创新道路,坚持以市场为导向

中国企业在"一带一路"沿线国家技术国际化的过程中,要始终坚持科技创新道路,坚持市场导向,尊重科技创新本身固有的规律,防范市场风险及财务风险,避免为企业造成重大损失。

---

① 资料来源:百度百科:技术标准。

1. 技术国际化要坚持科技创新道路

根据哈佛大学商学院教授迈克尔·波特的国家竞争优势理论，国家竞争力发展可分为四个阶段：第一个阶段为生产要素导向阶段，主要依靠资源或者廉价劳动力；第二个阶段为投资导向阶段，主要依靠大规模产能扩张；第三个阶段为创新导向阶段，主要依靠知识创造和应用；第四个阶段为财富导向阶段，依靠金融资本运作。

中国目前整体上正处于第三阶段，而企业在各阶段的竞争优势并不相同。第一阶段，企业竞争优势在资源独占和价格竞争上；第二阶段，企业竞争优势在规模经济和产业集群；第三阶段，企业竞争优势在技术及商业模式上的创新；第四阶段，企业竞争优势在于品牌。

因此，随着国家竞争优势的变化，企业依靠过去的成功路径很难继续走下去，企业要谋划在科技创新和品牌创造领域进行突破，这样才能从依靠廉价土地、劳动力、大规模扩张产能等传统模式走向更高端的依靠技术与品牌的模式转型升级。

科技是第一生产力，中国企业在参与建设"一带一路"的过程中应努力从全球价值链低端的劳动密集型产业向高附加值的专利密集型、技术密集型和资本密集型产业转型升级。全球最新的科学技术是企业获得竞争优势并占领全球价值链高端的基础，中国企业应大力投资于当今全球产业前沿的新技术，率先实现产业化，努力挣脱全球价值链低端锁定的枷锁，实现从有形产品的出口向无形的高端知识产权共享的转型升级。

同时，政府要继续鼓励企业技术创新，给予技术国际化企业更大的激励，持续加大对参与"一带一路"建设的高新技术企业在金融、财政、税收政策方面支持力度，实现对关键技术和核心领域的精准扶持。营造良好的创新环境，扶持科技服务产业的发展，打造科技创新国际化服务的全产业链，包括科研项目的需求、研发、专利申报、知识产权保护、融资、人才交流、技术推广、技术交易等，鼓励企业形成科技服务产业集群。

2. 技术国际化要以市场为导向

首先，技术国际化以市场为导向需要企业保证产品不能出现质量缺陷问题。有个别的中国企业和商人由于企业社会责任感和企业家精神的缺失，不仅在国内市场采取低成本的竞争战略，在走出国门，在"一带一路"沿线市场销售产品和提供服务的过程中，也采取低质低价的策略，甚至于利用有的国家监管不严的缺陷，将在国内滞销的低质产品销往当地市场，给当地消费者和政府监管部门留下了不良印象，也有损中国产品和中国企业的形象。这种个别的负面形象为中国技术的整体形象抹了黑，使一些"一带一路"国家的企业在选择国际技术合作的时候转而投向欧、美、日等西方国家的怀抱。因此，中国企业技术国际化要以市场为导向，维护好自身产品、质量、品牌形象，这样才能在当地市场保持长远发展。

其次，中国企业沿"一带一路"进行技术国际化的过程中，不能盲目投资，需要在前期市场调研和现有技术水平的支撑下，立足于当地产业、企业、市场和消费者的需求，坚持市场化的道路，尽量避免技术国际化的市场风险。

中国企业要根据沿线国家的产业结构、市场容量、产业升级趋势和未来市场变化，选择具有升级潜力的传统优势产业作为国际技术合作的目标。中国企业在国际化的过程中，要将国际化与本土化有机结合，着力构建本地化研发、生产和营销体系，提高企业的技术和管理水平。中国企业可以通过并购、入股、自建设施等多种形式，通过优化产业链分工布局，推动上下游产业链和管理产业协同发展，以此提升当地产业配套能力和综合竞争力，将中国企业的技术优势与当地的资源优势结合起来，实现经济上的双赢。

最后，中国企业在创新与"一带一路"沿线企业之间的技术合作的过程中，要规划好利益分享机制。中国企业需要以长远的眼光看待利益分配问题，任何一方长久地独占绝大部分利益的市场交易行为都不可能持续。因此，中国企业需要本着市场原则，兼顾自身利益与提高合作方的积极性，这样才能在保证互惠互利的原则上对技术创新所创造的共同利益进行公平的共同享有。

3. 技术国际化要尊重科技创新的规律

在大力推进中国企业与"一带一路"沿线国家的企业之间的科技合作过程中，中国企业要尊重科技创新的规律。科技的发展与合作在相当长的时期内具有一定的路径依赖或发展惯性，新的科技中心的形成也不是短期内顷刻出现的。这背后是国家和地区的科技研发基础、经济实力、教育水平、市场体制、产业基础等各种要素的支撑。企业投资科技就是投资明天，科技研发能力的形成是厚积薄发的结果，而科学技术成果具有相对滞后性。如果企业没有做好超前的战略部署，就很难产生理想的成果。企业之间的国际技术合作往往是基于市场需求和企业长久利益的强强联合，不能为国际化而国际化。

同时，企业科技创新取决于人才积极性、创造性的发挥。因此，在企业技术国际化的过程中，要解决人才国际化的问题。如何整合及高效配置国际人才资源，如何调动"一带一路"沿线国家当地人才的积极性为企业做出贡献，是企业技术国际化首先要解决的问题。

中国企业在"一带一路"沿线进行技术国际化的过程中,既要善于捕捉投资机遇,又要防范投资风险,要切实做好技术国际化的可行性研究。企业在投资国际技术合作项目之前,需要在技术本身可行的基础之上,做好财务可行性分析。无论是国有企业还是民营企业,任何投资都需要考虑投资成本、投资收益、投资回收期、资金来源等,避免技术国际化的财务风险。尤其是跨国的技术投资,除了财务风险之外,还要考虑投资安全性的问题,要将东道国的政治、社会、宗教、安全等问题纳入考虑之中,权衡风险与收益,以便最终取得企业技术国际化的预期收益。

三、高度重视知识产权保护

"一带一路"是我国发起的共商规则、共建平台、共享资源、共同发展的联动发展倡议。因此,要想在"一带一路"沿线国家推进技术国际化,除了要参与制定技术标准等国际规则,还需要遵守这些规则。无论是企业还是政府都需要履行知识产权保护的权利和义务。

1. 进一步提高中国企业对国际知识产权保护的法律意识

知识产权是支持企业创新、效益增长以及经济和社会发展必要的工具。知识产权是科技创新企业最重要的无形资产,也是科技创新企业的核心竞争力,专利、商标等知识产权的有效综合使用,可以大大提升企业产品的含金量,是企业参与国际竞争的有效手段。同时,知识产权是各国企业之间创新合作的桥梁,也是国际贸易、投资合作的保障。

中国已经成为知识产权大国,然而,中国企业在海外发展也面临知识产权方面的挑战。中国企业在"走出去"的过程中,知识产权被侵犯和侵犯他人知识产权的问题时有发生。

一方面,少数中国企业知识产权保护意识淡薄,海外侵犯中国企业知识产权的纠纷时有发生,如有超过80个中国企业的商标在印度尼西亚被抢注。根据国家知识产权局发布的《2019年中国专利调查报告》,中国专利申请(含PCT)进入国外的比例仅为3.5%,高达96.5%的中国专利未向境外提交专利申请(含PCT)。而2016年,日本专利在境外申请的比例高达60%,美国的比例约为36%,韩国的比例约为33%。[①]一些中国企业因为在国外申请专利的成本比国内更高而放弃在国外进行专利布局,造

---

① 佑斌. 2019年中国专利申请进入国外的比例是3.5% [EB/OL]. https://3g.163.com/dy/article_cambrian/F8FI121I0511TCAU.html, 2020-03-24.

成知识产权无法在国外受到法律保护，使企业蒙受损失。

另一方面，有些中国企业因不具备自主知识产权而引发纠纷。已有超过百家中国企业被美国发起"337"调查（主要是针对知识产权），大批中国商品因知识产权纠纷被欧盟海关扣押，中国企业痛失销售、参展良机。早在2009年，中国企业因海外知识产权诉讼支付的赔偿金就已超过10亿美元。即便是在"一带一路"沿线国家印度，小米公司也遭到爱立信的诉讼。

因此，需要进一步提高中国企业知识产权法律意识及运用能力。首先，企业应加强研发，掌握自主知识产权并在目的国注册或登记，这样中国企业的知识产权才会得到目的国的法律保护；其次，中国赴海外投资企业应加强对知识产权保护的投资，成立企业内部知识产权管理部门负责知识产权管理事宜；最后，企业应主动进行"一带一路"知识产权布局，委托知识产权专业服务机构进行海外市场知识产权预警，掌握知识产权防护的主动性，维护中国企业的合法权益。

2. 政府有关部门要继续加强对中国企业国内外知识产权的保护

由于企业在知识产权投入过程中具有高投入、高风险和外溢性等特征，如果对于知识产权的保护不力，将极大地打击企业在科技创新方面的积极性，甚至给有的企业造成毁灭性的打击。因此，政府有关部门要从国内国外两个角度出发，对内进一步加强知识产权保护，对外继续积极推进国际知识产权保护合作。这不仅符合我国企业自身发展的需要，也有助于进一步完善法治化、国际化、便利化的营商环境，促进经济高质量发展。

一方面，加强知识产权保护是完善产权保护制度重要的内容，也是提高中国企业竞争力的重大激励。习近平总书记指出，创新是引领发展的第一动力，保护知识产权就是保护创新。加强对知识产权保护的力度，打击侵权行为，大幅提高侵权违法成本，保护企业投资产业新技术的积极性，为中国企业构建全球价值链奠定良好的科学技术基础。在知识产权保护的体制机制方面，建议出台更加完善的产权保护制度，加强各部门协作配合、地方联合行动、多方共同参与的工作格局。

另一方面，在与"一带一路"沿线国家的科技合作的同时，也要大力推进与"一带一路"沿线国家的知识产权保护合作，完善涉外知识产权法律，进一步完善国际知识产权保护合作长效机制。中国有关部门与"一带一路"沿线国家继续在宏观政策沟通、知识产权审查、基础能力建设、信息数据交换等各个方面推进务实合作，坚持知识产权保护国际合作的理念，这不仅有利于中国企业"走出去"，也有利于将"一带一路"沿线国家企业的产品或技术"请进来"，促进中国与"一带一路"沿线国家和地区经济的共同繁荣。

有关部门还可以建立中国企业海外知识产权拓展激励机制,在打击知识产权侵权的同时,还要鼓励企业创造知识产权。本书建议,为了弥补一些中国企业由于成本问题而放弃赴国外申请的遗憾,可以设立知识产权财政专项资金或者由银行提供知识产权专项贷款,给予企业投资于知识产权申请方面的资金支持。

此外,各地政府有关部门和政府驻外机构可以针对当地中国企业的实际情况,主动靠前服务,建立知识产权境外保护工作站,为我国企业海外知识产权保护提供有针对性的鼓励和指导。尽早建立知识产权预警机制,协助中国企业提早防范国际知识产权风险,为中国企业在"一带一路"沿线国家拓展市场、投资兴业及国际技术合作创造一个良好的发展空间。

四、大力发展绿色科技

科学无国界,同样,环保也无国界。保护我们人类赖以生存的地球已经成为全世界各国政府和人民的共识。中国企业在"一带一路"沿线国家技术国际化的过程中,需要高度重视环境问题,为建设"友谊之路""和平之路""共赢之路""科技之路""绿色之路"做出自己的贡献。

1. 建设"绿色丝绸之路"

中国企业要始终践行绿色发展理念,高度重视东道国当地的生态环境保护。环境问题是中国企业在"一带一路"沿线国家投资的重要问题,一旦处理不当,将给企业和项目造成重创,不仅造成巨大的经济损失,严重时甚至影响中国企业的国际形象乃至整个国家的国际形象。

比如,中国电力投资集团公司(简称"中电投")云南国际电力投资有限公司投资开发的"海外三峡"——缅甸密松水电站,2009年12月21日举行了前期工程开工典礼,中电建、中能建及缅甸的一些工程公司参与了具体施工,但2011年9月30日缅甸总统吴登称将根据人民的意愿,在本届政府任内搁置密松水电站项目。该项目停工涉及缅甸国内复杂的政治、军事、经济问题,但"破坏自然环境""可能出现溃坝""企业社会责任不达标"等成为项目停建的争论焦点。该项目给中电投带来了巨大的经济损失,截至2013年3月,该公司已投入资金73亿元,且费用还在以每年3亿元人民币的速度增加。

中国企业应致力于建设"绿色丝绸之路",严格按照国际通行的环境技术和环境政策办事，不能将"一带一路"作为输出高能耗、高污染的过剩产能的途径。有的中国企业错误地认为，"一带一路"沿线多为发展中国家，环保法规和监管力度相对松懈，而现实情况却是各国对于环保都高度重视，有些国家则是移植了西方的法律体系，对于外国投资者的环保限制也越来越严苛。

因此，中国企业在"一带一路"投资、并购项目实施之前要充分了解东道国的环保要求，认真评估项目的环保风险和环保成本。中国企业应开展国际第三方环境评估，对基础设施建设、资源能源开发、油气管网及设备投运等给当地带来的生态环境风险进行充分论证，注重企业运营与东道国生态环境之间的平衡。

"一带一路"相关国家和地区自然地理条件复杂、生态系统多样，中国企业需要深入研究其生态环境的规律，针对沿线国家的生物多样性、环境复杂性开展相应的环境保护、产业发展、技术交流合作研究。中国企业在技术国际化的过程中，要大力倡导生态文明理念，加大对绿色科技的投入，坚持走绿色发展的道路，在满足当地消费者的同时，通过绿色发展来提升企业科技竞争实力，推动绿色低碳发展，实现企业国际化战略转型升级的目标。

2. 加强对绿色科技的宣传力度，增强社区和谐

合作共赢是"一带一路"倡议追求的长期战略目标。中国企业在技术国际化的过程中，不仅要坚持以绿色科技来带动当地经济的发展，更要加强舆论宣传，加深当地社区和老百姓对中国企业投资项目的绿色环保技术的了解和信任，把技术的安全性和"敬畏自然、尊重生命"的理念广泛传扬开来，有助于提升中国企业在当地的美誉度。

中国企业在邀请国际第三方进行环境评估之后，不仅要将环评报告的结果通过适当的渠道公布，让当地的老百姓了解环境评估的情况，而且还要主动扩大宣传，让当地老百姓能够充分信任中国企业的技术可靠性和环境友好性，分析投资项目带给当地老百姓的具体的福利，增强当地老百姓的信任感和获得感。同时，中国企业可以通过实际行动让当地老百姓看到，中国技术真正是为当地老百姓创造福利，用普惠、稳定、成熟、绿色的技术改变人们的生活。

有些中国企业在海外投资之前，注重与东道国当地政府之间的联系，跟社区老百姓接触不多。而西方国家的企业则不同，他们会先跟社区建立友好的联系，比如，在项目开始之前先在当地开展一些慈善活动以获取当地老百姓的信任和好感。当地社区也会推荐一些代表与企业接触，而企业向这些代表介绍项目并请求支持。

在中国企业技术国际化的过程中，环保与社区问题掺杂了政治、军事、经济、文化传统与民族感情等多重因素，已远远超出普通法律的范畴。一旦出现问题，单凭企

业的力量将很难解决。因此,中国企业应进一步提高环保意识,加大绿色科技投入力度,平衡好环保成本与企业盈利之间的关系,努力构建和谐社区关系,避免环保与社区风险,这样才能塑造中国企业在"一带一路"沿线国家的良好形象,顺利完成企业的投资目标,最终实现共享繁荣的目标。

总之,要想实现合作共赢的长期战略目标,中国企业在"一带一路"沿线国家进行企业国际化战略转型升级的过程中,单纯依靠传统的低成本战略,以薄利多销来占领市场的方式将面临诸多局限性,只有坚持走技术国际化的道路,不断提高产品的技术含量,加强知识共享,继续加强国内外知识产权保护,维护企业合法权益,坚持绿色发展,才能更有力地发挥我国企业的技术引领作用,实现与"一带一路"沿线国家的企业的深度合作,获得长期的发展优势。

本章参考文献

[1] 肖卢安. 技术全球化和研究开发国际化 [J]. 全球科技经济瞭望, 1998 (8).

[2] 常州日报. 中国技术在"一带一路"震撼全世界 [EB/OL]. http://news.bjtu.edu.cn/info/1003/26733.htm, 2017-07-25.

[3] 杜雅文. 万科招商新能源华大基因联手在马斯达尔城开启联合研发中心 [EB/OL]. http://www.cs.com.cn/ssgs/gsxw/201512/t20151213_4861084.html, 2015-12-13.

[4] 观察者网综合. 外媒: 中国出口向价值链上游攀升 中端高科技产业占全球主导地位 [EB/OL]. https://www.guancha.cn/internation/2018_09_28_473743.shtml, 2018-09-28.

[5] 姚琦. "一带一路"倡议对中国制造业品牌国际化的影响 [J]. 企业经济, 2019 (4).

[6] 海外网. 中国经验推动知识产权合作 助力"一带一路" [EB/OL]. https://baijiahao.baidu.com/s?id=1631732616651726742&wfr=spider&for=pc, 2019-04-25.

[7] 国际在线. "一带一路"国家知识产权合作取得积极成果 [EB/OL]. https://baijiahao.baidu.com/s?id=1610040817867213762&wfr=spider&for=pc, 2018-08-28.

［8］中国新闻网. 调查：北京企业看好与"一带一路"沿线国家业务合作［EB/OL］. https：//www. chinanews. com/cj/2017/05 – 10/8220220. shtml，2017 – 05 – 10.

［9］央广网. 中国 IT 企业发力 与"一带一路"沿线各国产业融合发展［EB/OL］. http：//www. cankaoxiaoxi. com/china/20170515/1993111. shtml，2017 – 05 – 15.

［10］新华社. 中国企业深耕"一带一路"与沿线国家共致富［EB/OL］. http：//www. scio. gov. cn/m/31773/35507/35510/35524/document/1536187/1536187. htm，2016 – 12 – 16.

［11］华经情报网. 2019 年全球 PCT 国际专利申请量，中国超越美国成最大 PCT 专利申请国［EB/OL］. https：//www. sohu. com/a/388686371 _ 120113054，2020 – 04 – 17.

［12］封颖. 在"一带一路"国际科技合作中：知识产权共享将占据关键地位［N］. 光明日报，2018 – 12 – 26（14）.

［13］国家知识产权局网站. 国家知识产权局就 2019 年主要工作统计数据及有关情况举行新闻发布会［EB/OL］. http：//www. gov. cn/xinwen/2020 – 01/15/content_5469519. htm，2020 – 01 – 15.

［14］王方."一带一路"知识产权合作常态机制建立［N］. 中国科学报，2019 – 04 – 30（1）.

［15］新华网. 习近平在中央政治局第二十五次集体学习时强调 全面加强知识产权保护工作 激发创新活力推动构建新发展格局［EB/OL］. http：//www. iprchn. com/Index_NewsContent. aspx? NewsId = 126199，2020 – 12 – 01.

［16］新华社新媒体. 中阿技术转移深化"一带一路"科技交流与合作［EB/OL］. https：//baijiahao. baidu. com/s?id = 1632046488133105853&wfr = spider&for = pc，2019 – 04 – 28.

［17］世界知识产权组织：2020 年全球创新指数摘要版.

［18］王罗汉. 对"一带一路"沿线国家科技合作的现状分析与展望［J］. 全球科技经济瞭望，2019（5）.

［19］闫春，李斌."一带一路"背景下深化中国国际技术合作的对策［J］. 河北大学学报（哲学社会科学版），2018，43（2）.

［20］［美］迈克尔·波特. 国家竞争优势［M］. 李明轩，邱如美，译. 北京：中信出版社，2012.

第七章
国际化资本运营战略——企业国际化的支撑

国际化资本运营是中国企业沿"一带一路"进行企业国际化战略转型升级的一个核心环节。中国企业要缩小与世界一流企业的差距，除了要提高人才、技术、品牌等水平之外，还可以通过依靠国际化资本运营的方式来赶上和超过国际竞争对手。中国企业通过资本运营国际化战略，可以建立整合国际资源的新模式，优化配置企业全部资本和生产要素，充分挖掘企业发展潜力，实现低成本高效率的国际化发展之路。

第一节 中国企业在"一带一路"沿线资本运营国际化的概述与案例

在"一带一路"国际市场竞争过程中,中国企业不仅要与当地企业竞争,还面临着来自发达国家的竞争对手。这些来自第三方国家的竞争对手依托强大的技术实力、先进的管理理念和国际化的资本运作模式,给中国企业带来了巨大的竞争压力。随着"一带一路"建设的逐步推进,越来越多的中国企业开始从国际视野来考虑企业的资本运营模式,通过对国际资源和国际市场的整合,提高企业的国际竞争能力。

一、国际化资本运营的含义

(一)资本运营的含义

资本,在经济学意义上,指的是用于生产的基本生产要素,即资金、厂房、设备、材料等物质资源。在金融学和会计领域,资本通常用来代表金融财富,特别是用于经商、兴办企业的金融资产。广义上,资本也可作为人类创造物质和精神财富的各种社会经济资源的总称。运营包含了运筹、谋求和治理等含义。

资本运营(Capital Operation)又称"资本运作""资本经营",是指运用市场法则,通过资本本身的技巧性运作和科学性运动实现价值增值,效益增长的一种经营方式。企业资本运营是以资本增值最大化为根本目的,以价值管理为特征,通过企业全部资本和生产要素的优化配置和产业结构的动态调整,以充分挖掘企业发展潜力、提高企业市场价值的一种经营战略,是企业迅速实现低成本扩张的有效方式。

资本运营是一个较为广泛的概念,资本运营的对象包含了企业内部和外部资本的有效利用、优化配置。经营者不仅要发挥企业内部资本的最大效用,还需要充分利用企业外部的优势资本,摆脱只注重生产经营、自身资本低效率积累的观念,建立借助外部资本高效迅速扩张的理念。

资本运营是对资本及其运动所进行的运筹和经营活动。从宏观来看,资本运营是社会配置资源的一种重要方式,通过资本层次的资源流动来优化社会的资源配置结构。从微观来看,资本运营通过科学运作,帮助企业扩大市场占有率,形成规模经济,降低风险,实现资本保值增值,促进企业效益增长。

资本运营活动主要有两大功能：一是通过各种合法融资渠道，以尽可能低的成本，从金融市场融资，以保证企业生产经营和投资活动的正常开展。二是通过合理使用各种金融工具，以最优风险收益比率，盘活资本存量或进行投资，增加收益。

（二）资本运营国际化的含义

资本运营国际化就是企业资本运营的地域范围超越了一国的边境，在全球范围内科学决策资本的筹措和运用的过程。企业资本运营国际化与国内的资本运营相比，具有本质的区别。企业资本运营国际化所参与的市场体量庞大、市场经营环境复杂多变、政治经济等不确定因素很多，自身的发展受到诸多制约，与国内资本运营所遵循的法律法规不同。

资本运营国际化与企业国际化相伴而生，相辅相成。企业国际化化本质上就是资本运营国际化。从生产的角度讲，资本运营国际化实质上就是资本要素实现国际流动与优化配置的过程，同时，它也是一个不断延伸与扩展的历史过程。

20世纪80—90年代初，我国企业资本运营国际化主要是通过吸收外资的方式，通过外资在华设立合资、合作、独资企业，被动合资。从20世纪90年代开始，相当一部分外资企业开始购买中国国有企业资产或股权。与此同时，中国企业也开始投资国际资本市场，主要采取上市交易和发行债券的方式为企业筹资。

自本世纪初开始，尤其是中国加入WTO之后，中国企业赴海外进行资产并购的脚步明显加速。这表明，中国企业在资本运营国际化上，已从被动合资转向主动筹资，从内向型的国际化资本运营转向了外向型的国际化资本运营。

二、资本运营的模式

与企业国际化发展战略分为加强型战略和防御型战略类似，企业资本运营的模式分为扩张型资本运营模式和收缩型资本运营模式两种。

（一）扩张型资本运营模式

资本扩张是指在现有的资本结构下，通过内部积累，追加投资，吸纳外部资源即兼并和收购等方式，使企业实现资本规模的扩大。根据产权流动的不同轨道，可以将资本扩张分为以下三种类型：

1. 横向型资本扩张

横向型资本扩张是指交易双方的产品相同或相似，都属于同一产业或部门，为实现规模经济而进行的产权交易。横向型资本扩张不仅增强了企业在资本市场中的支配能力，还减少了竞争者的数量，并从一定程度上改善了行业结构，解决了市场有限性与行业整体生产规模不断扩大的矛盾。

2. 纵向型资本扩张

纵向型资本扩张是指在处于产业链上下游的不同的生产经营阶段的企业之间，或者不同行业部门之间，发生的产权交易。纵向资本扩张将关键性的投入产出关系纳入自身控制范围，能够通过销售渠道和原料以及对用户的控制来提高企业对市场的控制力，同时还增强了企业抗风险能力和自身的竞争力。

3. 混合型资本扩张

混合型资本扩张是两个或两个以上相互之间没有直接投入产出关系和技术经济联系的企业之间进行的产权交易。在实施混合型资本扩张的企业之间既不是同行业的竞争对手，又不是产业链上下游关系，而是企业投资了非原主业的其他行业。混合型资本扩张适应了现代企业集团多元化经营战略的要求，而能否产生收益在一定程度上取决于多元化经营能否为企业创造更多的价值。多元化经营促进了混合型资本扩张的发展，通过对新产业的扩张和产业的调整，提高企业在不同领域的核心竞争能力。

（二）收缩型资本运营模式

收缩型资本运营是指企业把自己本身的一部分资产、某一部门或者一个分支机构转移到公司之外，缩小公司规模。收缩型资本运营缩减企业原来贡献较小或协同效应较少的业务，将这部分业务的资源转移到支持企业剩余的重点发展项目，使企业能够集中力量开发核心业务，有利于企业的主流业务的发展，改善了企业的资本结构。收缩型资本运营分为以下四种：

1. 资产剥离

资产剥离指把企业所属的一部分不适合企业发展战略目标的资产出售给第三方，这些资产可以是固定资产、流动资产，也可以是整个子公司或分公司。资产剥离的适用条件：一是不良资产的存在恶化了公司财务状况；二是某些资产明显干扰了其他业务组合的运行；三是行业竞争激烈，公司急需收缩产业战线。

2. 公司分立

公司分立是指公司在法律和组织上将子公司的经营从母公司的经营中分离出去。通过公司分立，形成一个与母公司有着相同股东和股权结构的新公司。在分立过程中，不存在股权和控制权向第三方转移的情况，母公司的价值实际上没有改变，但子公司却有机会单独面对市场,有了自己的独立的价值判断。公司分立通常可分为标准式分立、换股式分立和解散式分立。

3. 分拆上市

分拆上市指一个母公司在法律上和组织上将子公司的经营从母公司的经营中分离出去。分拆上市有广义和狭义之分,广义的分拆包括已上市公司或者未上市公司将部分业务从母公司独立出来单独上市;狭义的分拆指的是已上市公司将其部分业务或者某个子公司独立出来,另行公开招股上市。分拆上市后,原母公司的股东虽然在持股比例和绝对持股数量上没有任何变化,但是可以按照持股比例享有被投资企业的净利润分成,并且子公司分拆上市成功后,母公司将获得超额的投资收益。

4. 股份回购

股份回购是指股份有限公司通过一定途径购买本公司发行在外的股份,进行股本收缩的内部资产重组行为。通过股份回购,股份有限公司达到缩小股本规模或改变资本结构的目的。股份公司进行股份回购的主要原因包括:一是保持公司的控制权;二是提高股票市价,改善公司形象;三是提高股票内在价值;四是保证公司高级管理人员认股制度的实施;五是改善公司资本结构。股份回购与股份扩张一样,都是股份公司在公司发展的不同阶段和不同环境下采取的经营战略。因此,股份回购取决于股份公司对自身经营环境的判断。

三、"一带一路"背景下中国企业资本运营国际化的动因

中国企业在"一带一路"沿线国家进行资本运营国际化主要是基于获取企业发展所需资源、提高企业国际运营效率、"一带一路"沿线市场存在的投资机遇等三方面的原因。

1. 获取企业发展所需资源

中国作为制造业大国,以往的模式是依靠大量进口原材料、矿产、能源等各类资源,在国内制造加工后再大量出口国外。中国经济的高速发展使企业对资源的消耗加剧,国内现有资源已远远不能满足市场的庞大需求。安全可靠的资源来源是企业的核心竞争力之一,而"一带一路"沿线国家具有丰富的资源,中国企业资本运营国际化通过控股、并购、国际战略联盟等各种方式,能够缓解国内对于资源、能源等供应不足的矛盾,保证我国资源供应安全。此外,中国企业通过国际化资本运营,还可以获得国际化的市场、技术及人才等各类企业所需的资源。

2. 提高企业国际运营效率

企业通过扩张型资本运营模式，如并购等，能够提高企业国际经营绩效，增加社会福利，具体体现在：

(1) 规模经济

企业通过并购扩大经营规模，可以降低平均成本，提高利润。国际并购活动的主要动因之一在于谋求扩大企业经营规模，从而使平均成本下降。而规模的扩大可以使企业所处市场行业结构发生改变，提高中国企业在世界行业中的地位，增加企业自我的市场话语权，增加企业的竞争优势。

(2) 交易成本

交易双方为了能够达成交易，在交易之前必然会花费时间、精力寻找相关交易信息，并且还会在谈判、签约及合同履约方面花费时间、精力和金钱，这些都是交易成本。在产业链上下游企业之间的并购中，并购企业将自身的权益调整到"最优"的状态，形成对被并购企业的经营管理控制，可以使并购企业与被并购企业之间的交易成本费用降低到趋近于"0"。

(3) 协同效应

协同效应（Synergy Effects），即"1+1>2"的效应。它是指企业之间并购后使企业市场规模扩大，产品和服务范围增加，因而收入增加，企业竞争力增强。同时，并购后企业间重复的部门、职能、人员的减少可以有效地降低总成本。在企业国际化经营方面，协同效应主要包括四个方面：用户协调、收入协同、效率协同与数据协同。

3. 利用"一带一路"沿线市场的投资机遇

根据价值低估理论，并购活动的发生主要是因为目标公司的价值被低估。当买方公司对卖方公司的估值比卖方公司对自己的估值更高时，买方公司就有可能投资买下后者。目标公司的价值被低估一般有以下两种情况：一是卖方公司经营管理能力并未发挥应有的潜力。二是买方公司拥有卖方公司所不具备的资金、技术、人才、市场等优势。在"一带一路"沿线市场，中国企业与东道国本土企业相比，具备较强的管理、资金、技术、人才、市场等优势，因而中国企业具有较大的动力去投资并购当地一些优质的、价值被低估的企业，提高企业经营效率，为当地社会带来福利，实现合作共赢。

四、中国企业在"一带一路"沿线资本运营国际化的路径与案例

"一带一路"背景下中国企业资本运营国际化的路径包括了前面所分析的扩张型

资本运营模式和收缩型资本运营模式里面的各种方式,而中国企业经常采用的路径有三种,即跨国并购、合资控股和权益投资。

(一) 跨国并购

1. 跨国并购概述

从企业战略目标的角度来看,企业并购活动根据并购双方在市场上的经营范围可以划分为以获取规模效应或垄断市场为战略目标的横向并购、以降低交易费用为战略目标的纵向并购以及主要以降低经营风险为战略目标而采取多元化经营的混合并购三类。

跨国并购本质上是一种对其他国家企业(称为"被并购企业")的经营管理权实施的控制行为。近年来跨国并购已成为中国对外直接投资的重要方式,中国企业多年来已经在国际并购中积累了很多经验,国际化资本运营更加成熟,在"一带一路"建设中发挥着越来越重要的作用。不少中国企业通过跨国并购成功地实现了业务扩张和国际化战略转型,为并购双方带来了丰厚的利益。但也有很多中国企业虽然完成了前期并购交易的相关流程,但后期的资源业务整合、巨额债务负担以及由于并购而造成的资金紧张等问题却使并购企业疲于应对甚至被拖垮。

过去,中国企业的并购项目大多集中在矿产、能源、基建、制造等领域,但近年来,中国企业投资的重心已有所改变,开始专注于高科技、医疗保健以及软件与信息技术服务业等行业。

2. "一带一路"背景下中国企业跨国并购案例

本书选取复星医药并购"一带一路"沿线国家印度的 Gland 制药公司的案例进行分析,该并购于 2017 年 10 月完成,交易价格为 10.91 亿美元。

(1) 并购双方介绍

并购方复星医药(股票代码:600196.SH,02196.HK)成立于 1994 年,主要从事医疗健康领域的产品生产和提供服务,目前处于中国医药行业的领先地位。复星医药在药品生产,经销和零售,高端诊疗和医疗器械等方面均有涉猎。复星医药集团 2015 年营业收入约为 19 亿美元,截至 2015 年 12 月 31 日,复星医药集团市值高达 83 亿美元。

被并购方印度 Gland Pharma(格兰德制药)成立于 1978 年,主要为全球各大型制药公司提供注射剂仿制药品的生产制造服务,产品主要面向美国市场,部分产品也在印度本土销售。格兰德制药公司年收入约为 130 亿印度卢比(约 1.75 亿美元),近几年保持着年均30%复合平均增长率。

(2) 并购动机

首先,该项并购符合复星医药的整体战略。复星医药的 4 IN 战略(创新、国际化、智能化、整合)其中之一就是国际化,并且坚持内生式增长、外延式扩张和整合式发展,"用心做好药"。因此,该项并购属于横向型资本扩张的横向并购,聚焦于集团核心竞争力的发展。

其次,该项并购可以使复星医药获得格兰德制药的先进技术。格兰德制药是生产美国 FDA[①] 批准的注射剂药品生产制造企业,核心产品肝素和肝素钠的研发和生产均处于印度的先进水平,而印度是全球仿制药大国。在 GDUFA 法案[②]之后,格兰德制药可以 10 个月完成仿制药的注册,而国内的仿制药企业一般需要 25~30 个月,格兰德仿制药的注册速度远超国内药企。

再次,复星医药通过并购可以入驻印度市场,且格兰德制药拥有广泛的国际化销售网络。全球注射制剂市场约达到 1440 亿美元,美国注射制剂市场达 84 亿美元,且预计会以每年 10% 增速增长,美国市场有超过 65 种格兰德制药产品,其他新兴市场有超过 150 种产品在流通。[③] 该项并购将会进一步提升复星医药的国际市场占有率。

最后,复星成功收购格兰德,将会极大提高其产能和产品供应能力。印度市场在药物研发、临床试验和制造环节上有符合全球标准的成本优势。将格兰德制药的产品纳入复星医药的产品网络之后,也为复星医药产品的大批量生产和供应奠定了基础。

(3) 并购过程

2016 年,复星医药首次提出,希望通过不超过 12.61 亿美元的价格收购格兰德制药约 86.08% 的股权。但是,跨国并购手续繁杂,需要获得格兰德制药股东大会、中国政府、印度反垄断部门、美国反垄断部门的批准,因此交易终止的时间总共延期了三次。交易拖延的主要原因在于,印度政府根据法律可以阻止收购印度企业超过 75% 的股份,因此审批一直不通过。2017 年 9 月 18 日,复星医药公告称,收购印度药企股权比例从 86.08% 下调到为 74%,收购金额从 12.61 亿美元降到 10.91 亿美元。2017 年 10 月 3 日,复星医药完成了这起国内药企最大海外并购案,创下中国对印投资单笔最大数额纪录。

[①] FDA 是 Food and Drug Administration 美国食品药品管理局的简称。
[②] GDUFA 法案即《仿制药使用者付费法案》,于 2012 年 7 月 9 日生效,要求制药企业向 FDA 支付仿制药申请的审查费和检查设施成本费。
[③] 兰迪律师事务所 Landing 的博客. 评述"中国复星 Fosun 巨资收购印度格兰德制药 Gland Pharma" [EB/OL]. http://blog.sina.com.cn/s/blog_14a804d190102xe4t.html,2016-09-24.

(4) 并购的财务效应分析

在财务效应方面,虽然该项并购完成后复星医药短期内财务收益并不明显,盈利能力并没有得到显著提高,但是在随后 2020 年格兰德制药在印度分拆上市后,复星医药获得了丰厚的投资回报。

在总资产方面,复星医药在并购格兰德制药前后,总资产高速增长,随后增速放缓。2017 年复星医药总资产规模达 619.71 亿元,比 2016 年增长了 41.59%,2018 年增速为 13.8%,2019 年增速为 7.9%。在营业收入方面,复星医药在并购格兰德制药前后,营业收入逐年递增。复星医药 2016 年营收为 146.29 亿元;2017 年为 185.34 亿元,增长 26.7%;2018 年 249.18 亿元,增长 34.4%;2019 年为 285.85 亿元,增长 14.7%。从总资产和营收来看,复星医药在并购格兰德制药前后都在逐年增长,但增速呈放缓趋势。

在利润方面,复星医药并购格兰德制药前后的总资产利润率和净资产收益率如图 7-1、图 7-2 所示。

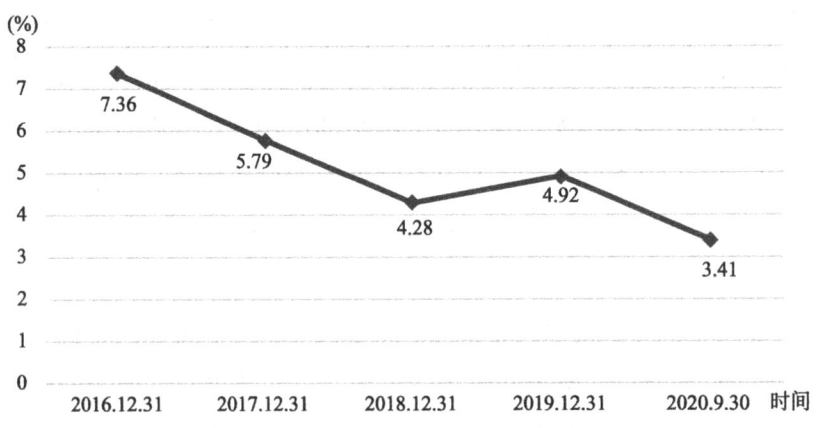

图 7-1　复星医药并购格兰德制药前后的总资产利润率

资料来源:裴晓苗. 复星医药并购印度 Gland 制药效应分析 [D]. 2021.

如图 7-1、图 7-2 所示,复星医药并购格兰德制药前后的总资产利润率和净资产收益率都呈逐年下降的趋势,说明该项并购并没有给复星医药带来显著的财务收益。

但是,复星医药的收益下滑并非由于格兰德制药给其带来的损失,恰恰相反,根据复星医药 2019 年年报,其海外营业增长 12.12%,其中,格兰德制药净利润同比增长 52.2%。

2020 年 11 月 20 日,复星医药下属控股子公司 Gland Pharma Limited(格兰德制药)在孟买证券交易所及印度国家证券交易所上市。此次分拆上市由新股发行公开发售和现有股东发售股份方式组成,募集资金总额约 8.72 亿美元。格兰德制药是第一家

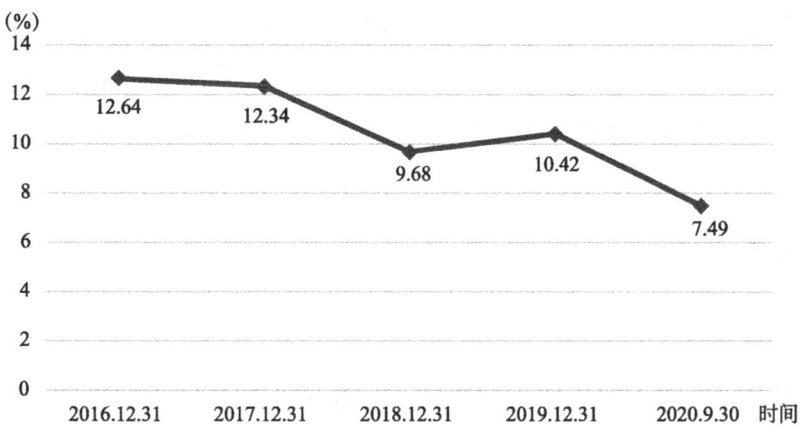

图7-2 复星医药并购格兰德制药前后的净资产收益率

资料来源：裴晓苗. 复星医药并购印度 Gland 制药效应分析 [D]. 2021.

在印度上市的中国控股公司，这也是印度医药企业历史上最大规模的 IPO 项目。复星医药 2017 年以 10.91 亿美元收购格兰德制药，在其分拆上市后，仍为复星医药及复星国际的附属公司。复星医药的该项跨国投资的资本回报丰厚。

（5）并购的非财务效应分析

在非财务效应方面，复星医药通过并购格兰德制药提升了研发创新能力，开拓了海外市场，优化了专业人才结构，因此并购为企业带来的长期效益十分可观。

首先，从研发创新能力来看，格兰德制药是印度第一家获得美国 FDA 批准的注射剂药品生产制造企业，还获得全球各大市场的 GMP① 认证，仅 2019 年就有 15 个仿制药产品获得美国 FDA 上市批准。复星医药通过并购获得了格兰德制药所拥有的研发创新能力。

其次，从海外市场开拓来看，格兰德制药通过多年积累，在印度和欧美建立了良好的销售网络，拥有了稳定的上下游客户资源。复星医药可以借此在印度市场推广业务，巩固并提升在印度及国际市场的市场份额。2018 年复星医药海外营业收入达 59 亿元，同比大幅增长 76.26%，海外营业收入占总营业收入的 23.69%。2019 年，复星医药海外营业收入为 66.22 亿元，同比增长 12.12%。

最后，从优化专业人才结构来看，复星医药通过收购，吸收了格兰德制药一批优秀的研发团队，此举提高了复星医药科研人才储备。2019 年复星医药研发人员的数量为 2147 人，占总体员工数量的 6.8%。

---

① GMP 是英文 GOOD MANUFACTURING PRACTICE 的缩写，中文含义是"良好生产规范"。世界卫生组织将 GMP 定义为指导食物、药品、医疗产品生产和质量管理的法规。

总体来分析，虽然该跨国并购没有给复星医药带来显著的企业运营收益，但是通过拆分上市给企业带来了巨大的投资收益。同时，复星医药还获得了研发创新能力、海外市场、专业人才等。此次跨国并购基于复星医药的国际化战略目标而产生，有利于企业整体战略发展和长期收益的增加。

（二）合资控股

1. 合资控股概述

合资控股又称注资入股，即由并购方和目标企业各自出资组建一个新的法人单位。目标企业以资产、土地及人员等出资，并购方以技术、资金、管理等出资，占控股地位。目标企业原有的债务仍由目标企业承担，以新建企业分红偿还。这种方式严格说来属于合资，但实质上出资者收购了目标企业的控股权，应该属于企业并购的一种特殊形式。

合资控股战略的主要优点包括三个方面：一是以少量资金控制大量资本，节约了控制成本。合资控股公司以合资和合资管理为主要功能，通过兼并、收购、重组等资本运营手段实现子公司的战略性调整和资源优化配置，与子公司的资产管理、实业经营相结合，充分发挥规模经济的优势，共同促进集团公司的利益最大化。二是通过合资获得原有企业与当地政府的支持。以合资的方式让当地的原有股东享有一定的权益，同时合资企业仍向当地缴纳税收，有助于获得当地政府的支持，从而突破区域限制等不利因素。三是将目标企业的经营性资产剥离出来与优势企业合资，规避了目标企业历史债务的积累以及隐性负债、潜亏等财务陷阱。

合资控股的缺点在于合资的过程中需要面对合资控股企业的双重摩擦。一方面，合资控股企业要处理与企业外部经营环境所产生的摩擦，如基础设施不完备、法律法规不够完善、官僚主义、自主权无保障、外汇管制等。另一方面，在合资控股企业内部，合营双方在决策和日常经营管理过程中也会产生矛盾和摩擦，如经营目标分歧、人员及工作安排分歧、企业文化冲突等。

2. "一带一路"背景下中国企业合资控股案例

本书选取中国招商局港口控股有限公司（简称"招商局港口"）合资控股"一带一路"沿线国家斯里兰卡的汉班托塔港的案例进行分析，该投资协议于2017年7月签署，投资金额为11.2亿美元。

（1）合资控股双方介绍

投资方：招商局港口（股票代码：00144HK）是招商局集团的重要子公司。招商局集团成立于1873年，是百年央企、综合央企、驻港央企。招商局港口现为世界领先的港口开发、投资和营运商，在中国沿海主要枢纽港建立了较为完善的港口网络群，并成功布局南亚、非洲、欧洲地中海及南美等地区。截至2020年12月31日，共投资参资26个国家地区的50个港口。

被投资方：斯里兰卡港务局持有的汉班托塔港国际港口集团公司（HIPG）和汉班托塔港国际港口服务公司（HIPS）。汉班托塔港位于斯里兰卡最南端，是一座综合性人工深水海港，处于距离亚洲至欧洲主要航道10海里范围内的黄金位置，往来亚洲、欧洲、非洲的货船在此经过。作为斯里兰卡的全方位深水港口，汉班托塔港码头及导航通道水深17米，港区面积达11.5平方千米，未来将发展成为综合性枢纽港口并附带工业区。项目包括三期，其中第一、二期建设工程已经完成，共有10个泊位，专门处理集装箱、散货、滚装货、液体散货及一般货物等。

(2) 合资控股方式

2017年7月29日，中国招商局港口控股有限公司与斯里兰卡港务局在科伦坡正式签署了汉班托塔港特许经营协议，招商局港口收购汉班托塔港港口及海运相关业务，总投资额11.2亿美元。根据协议内容，中斯双方将成立两家合资公司——汉班托塔国际港口集团有限公司（HIPG）和汉班托塔国际港口服务有限责任公司（HIPS），负责汉班托塔港的商业管理运营和行政管理运营。

其中，招商局港口向斯里兰卡港务局支付9.74亿美元，用于收购HIPG的85%股权。这一交易的前提是，HIPG须已持有HIPS58%的股权。余下1.46亿美元需在一年内存入公司名下于斯里兰卡的银行账户，将用作汉班托塔港口及海运相关业务。如果一年后招商局港口未能与斯里兰卡政府就该笔资金用途达成协议，招商局港口可取回这笔资金。

招商局港口将在这两家公司中分别占股85%和49.3%，斯里兰卡港务局分别占股15%和50.7%，中资在两家合资公司中的总占股比例将达到70%。协议有效期为99年，10年后双方将逐步调整股权比例，最终调整为各占50%。

根据特许经营协议，斯里兰卡港务局及斯里兰卡政府将授予HIPG唯一及独家权利发展、经营及管理汉班托塔港，授予HIPS唯一及独家权利发展、经营及管理公共设施，以营运汉班托塔港。各方约定，特许经营协议生效日期起前15年内，斯里兰卡政府和斯里兰卡港务局须确保于有关期内并无（即不得获取）任何新投标，授出任何权利予任何第三方，或与任何第三方讨论、磋商或订立任何安排或协议，不得发展任何在汉班托塔港周边方圆100千米范围内与汉班托塔港所进行的港口服务及业务构成直接竞争的港口/码头业务。

2017年12月9日,斯里兰卡政府正式把汉班托塔港的资产和经营管理权移交给招商局港口。12月18日HIPG迎来开港后的第一艘船舶靠泊。

(3) 合资控股动机

首先,招商局港口对汉班托塔港的投资原因包括以下三个方面:

其一,汉港区位优势显著

斯里兰卡地理位置优越,自古就有"东方十字路口"之称,是"一带一路"沿线重要的海上交通枢纽。斯里兰卡既是中东石油经印度洋运往亚洲的海上要塞,也是通往中国及印度东部的重要中转站。汉班托塔港位于斯里兰卡南端,北临孟加拉湾,西与印度隔海相望,是经由南亚至阿拉伯海的必经之路,与印度洋欧洲至远东国际主航运线相距仅10海里。该航线容纳全球2/3石油运输,1/2集装箱货运和1/3的散货海运。

汉班托塔港具备深水避风良港的必要条件。首先,汉班托塔港临岸水深,码头及导航通道水深17米,少台风,方便大型船舶停靠。其次,汉班托塔港海岸线绵长,总长度约20千米,利于建设专业化大型码头泊位。最后,该港陆域土地资源丰富,便于港口及配套设施建设和临港工业发展。此外,还有便利的公路交通连接港口和斯里兰卡内地,有利于水陆交通一体化建设,带动斯里兰卡内地经济发展。汉班托塔港布局图如图7-3所示。

图7-3 汉班托塔港布局图

资料来源:百年招商局,一带一路:招商局港口入股汉班托塔项目,2017.

其二,汉港项目发展潜力巨大

除了优越的地理位置,汉班托塔港的经济发展潜力巨大。斯里兰卡作为"一带一路"沿线的发展中国家,汉班托塔地区还处于经济发展起步阶段,工业基础薄弱,具有巨大的投资潜力。其次，汉班托塔地区廉价劳动力资源丰富，经专业培训后，可为港口建设和运营提供劳动力和人才保障。另外，斯里兰卡政府大力支持汉班托塔地区经济发展，汉班托塔港的建设是斯里兰卡"两翼一廊"发展规划的重要组成部分。由于斯里兰卡国内建设资金缺乏，政府大力招商引资，为汉班托塔港的建设提供有力的政策支持。

其三，有望取得预期投资收益

汉班托塔港的地理位置优良，是"一带一路"重要节点。由于印度和孟加拉国均缺乏优良的深水港，汉港在印度洋区域具备较高的商业价值。2021年上半年，汉港港口货物吞吐量同比增长186.9%。[1]

汉班托塔港项目的庞大土地使其具有未来扩充的巨大潜力，凭借招商局集团在全球大力推广的"前港＋中区＋后城"模式，其腹地将覆盖南亚地区，并作为区内的航运枢纽。截至2021年8月，汉港园区吸引了来自中国、斯里兰卡、英国、新加坡、日本、马尔代夫等国企业入驻，覆盖了金融、物流、海事服务、汽车配套、电子家电、油气能源、政府一站式服务机构等。其中，来自斯里兰卡本地和国际外资数量占9成。汉港园区已成为世界外资在斯投资的重要目的地。

此前，招商局港口在斯里兰卡的科伦坡港口已经成功投资发展并运营科伦坡国际集装箱码头有限公司（CICT），再加上汉班托塔港，两大主要港口未来将实现重大协同效应。

其次，斯里兰卡转让汉班托塔港股权的目的包括以下三个方面：

其一，经济状况欠佳

2014年斯里兰卡经济增长4.9%，2015年为4.8%，2016年却只有4.4%。这种增长速度在亚洲比较起来是较差的。贸易逆差扩大，债务稳步上升：2011—2015年，斯里兰卡外债及利息已经翻倍，而出口收入却没有同步增长，2015年债务偿还利息增加至47亿美元，而2011年是18亿美元，上升了160%，而同期的出口收入只增长了24%。[2]

2010年11月18日，汉班托塔港初步建成，由斯里兰卡港务局负责经营。截至2017年，港口亏损高达3.4亿美元。2016年4月，斯里兰卡政府因债务问题，向中方提出以"债转股"的方式将汉班托塔港交给中方的请求。为协助斯方解决债务问题并确保由中方控制汉班托塔港的运营管理权，中国政府决定以全面收购汉班托塔港资产

---

[1] 资料来源：斯里兰卡小妞［EB/OL］. https://www.sohu.com/a/482572715_141139, 2021-08-10.
[2] 唐鹏琪. 斯里兰卡汉班托塔港股权转让的背景、目的及其意义［J］. 南亚研究季刊, 2017 (3).

的方式协助斯方解决债务问题。

其二，借汉港股权转让搭上中国"一带一路"发展的顺风车

斯里兰卡的国家梦想是成为印度洋经济中心。自2009年起，斯里兰卡结束了近30年的内战，迎来了和平建设时期，举国正在进行各项基础设施建设。斯里兰卡的梦想是围绕航空、航运、能源、商业和知识领域发展"五个中心"经济，成为印度洋的经济中心。

2016年，斯里兰卡政府启动了大型的经济基础设施建设项目——康提-科伦坡-汉班托塔经济走廊建设。该走廊建设包括5个独立的项目：康提大型开发项目、瓦亚姆巴西北工业和旅游开发项目、西部大城市开发项目、南部旅游和工业开发项目、汉班托塔经济开发工程。

中国的"一带一路"倡议给斯里兰卡实现国家梦想带来良好的发展机遇。"一带一路"连接了亚太经济圈和欧洲经济圈，被认为是"世界上最长、最具有发展潜力的经济大走廊"。参与"一带一路"合作使斯里兰卡经济从中受益，斯里兰卡国家经济增长的宏伟目标与中国的"一带一路"规划结合，可以实现双方互利互惠，合作共赢。

其三，希望复制中国"港-产-城"的港口发展模式

"港-产-城"模式，即PIC模式，其含义为：P（Port）港口，就是通过打造深水港，建设综合交通运输体系，连接生产基地和世界各国原材料产地；I（Industry）产业，代表临港产业集群，以港口优势形成规模经济和低成本优势，建设临港产业，承接世界经济的产业转移；C（City）城市，以港口和产业为依托，加速劳动力、资本、信息和技术等各种资源在此汇集，形成城市化。

汉班托塔港的并购方招商局港口公司实力雄厚，且有经验丰富的"前港、中区、后城"的港口发展模式，以港口先行、产业园区跟进、配套城市新区开发为基本内容，实现港口、产业、城市联动发展，并将政府、企业和其他各类社会资源协调起来，进而实现城市成片区域的整体发展，打造一个港口产业区。这个模式在深圳蛇口港已发展得较为成熟，也称之为"蛇口模式"。

斯里兰卡对中国深圳蛇口港的建设模式高度认可，目前汉班托塔港的基础设施已基本建立起来，港口已初具规模。斯里兰卡政府对汉班托塔港的建设寄予厚望，希望在不远的将来把汉班托塔港建立成为一个自由贸易区，通过自贸区向非洲、中东等地区扩展，促进当地经济发展，加快和推进斯里兰卡经济对外开放步伐。

（4）合资控股收益

汉港项目目前还处在投入期。汉港项目一、二期已建成10个泊位，码头岸线长度3487米，包括集装箱、散杂货、滚装汽车以及油品码头；未来将重点开发临港工业

区，发展港口综合服务业，努力发展成为腹地覆盖南亚的综合性深水枢纽港。汉港现有资产总额约 14 亿美元。①

在汉班托塔国际港口集团运营管理之下，汉港已成为斯里兰卡最繁忙的港口之一。作为斯里兰卡的自由港，汉班托塔港拥有政策、税收和港口物流配套优势，是斯里兰卡产业升级发展的重要平台，斯政府将持续支持该港发展。

未来，港口集团将汉班托塔发展成为面向世界的国际工业园区，中斯双方有望在港口资源、码头设施、园区资源、总体规划方面深化合作，互利共赢。

（三）权益投资

1. 权益投资概述

权益投资是指将资金投资于能够带来收益的各类权益项目品种，如基础设施收费权、公共交通营运权等，从而获取其他企业的权益或净资产的投资行为。企业进行这种投资是为取得对另一企业的控制权，或实施对另一个企业的重大影响，或为了其他目的。权益性投资形成投资方与被投资方的所有权与经营权的控制，投资方拥有与股权相对应的表决权。

权益投资较之股权投资，范围更大。股权投资是投资者持有某企业的普通股或优先股，代表在该企业中享有所有者权益。权益投资和股权投资的区别主要包括三个方面：一是股权投资的对象一定是企业，而权益投资的对象是收费权、营运权、项目分红权等能够产生收益的项目或权利；二是除非发生股权转让，否则股权投资通常是没有期限的，而权益投资一般是有期限的；三是在股权投资中，股权拥有者可以以股东的身份参与企业管理，而权益投资者不一定参与管理，即使参与管理也是以权利拥有者的身份行使管理权，其管理权的范围、大小由投资合同规定。

企业进行权益投资主要考虑接受投资企业的获利能力，是否能够获得较高的回报以及影响或控制被投资企业是否有利于本企业的长远利益。

2."一带一路"背景下中国企业权益投资案例

本书选取中国石油天然气集团有限公司（简称"中国石油"，英文缩写：CNPC）权益投资"一带一路"沿线国家阿拉伯联合酋长国的阿布扎比国家石油公司（简称"阿布扎比石油"，英文缩写：ADNOC）的案例进行分析，该投资协议于 2017 年 7 月签署，投资金额为 18 亿美元。

---

① 资料来源：招商局港口公司官网。

(1) 权益投资双方介绍

投资方：中国石油（股票代码：601857.SH，0857.HK，PTR.NY）是全球主要的综合性国际能源公司，从事国内外油气勘探开发和新能源、炼化销售和新材料、支持和服务、资本和金融等业务，在全球35个国家和地区开展油气投资业务。2021年，中国石油在《财富》杂志全球500强排名中位居第四。2020年，在世界50家大石油公司综合排名中位居第三。

被投资方：阿布扎比石油成立于1971年，是阿拉伯联合酋长国国有公司，当今世界一流的石油和天然气产业集团化公司，其产品涉及石油、天然气及石油化工的几乎所有领域和每一品种。ADNOC现已发展为拥有油田勘探、原油开采、石油精炼、天然气、液化石油气、石油化工生产、远洋运输、石油工程建设、国际销售8大子公司的集团化企业，年产值300亿美元。[①]

(2) 权益投资方式

2017年2月19日，中国石油与阿布扎比石油签署了阿布扎比ADCO陆上油田开发项目相关购股协议。根据协议，中国石油将斥资18亿美元收购项目联合作业公司阿布扎比陆上作业公司ADCO8%的股份。同时阿布扎比政府、阿布扎比石油将授予中国石油阿布扎比ADCO陆上油田开发项目8%的权益，合同期40年。此次投资是中国石油在中东地区收购的首家石油公司的权益。中国石油也由此加入日韩企业之列，成为该项目的第三家亚洲合作伙伴。

阿布扎比ADCO陆上油田开发项目是阿布扎比政府公开招标项目。阿布扎比石油持有项目60%权益，其余40%的权益全部出让，分别归入英国BP（10%）、法国道达尔（10%）、日本Inpex（5%）、韩国GS能源（3%）以及中国石油（8%）与中国华信（4%）囊中。2018年12月9日，阿布扎比石油发布公告，将其陆地油田区块4%的权益，转让给中国北方工业有限公司旗下振华石油公司的子公司——北方石油国际公司。这4%的权益此前由中国华信所持有。

(3) 权益投资动机

首先，中国石油对阿布扎比陆上作业公司ADCO的投资原因包括以下四个方面：

其一，中国石油自身国际化战略发展的需要

中国石油的企业愿景是"建设基业长青世界一流综合性国际能源公司"，企业发展战略是"创新、资源、市场、国际化、绿色低碳"。国际化作为中国石油的战略重

---

① 海外网. 中石油与阿布扎比国家石油公司合作 获8%开采权[EB/OL]. http://m.haiwainet.cn/middle/352345/2017/0221/content_30746233_1.html, 2017-02-21.

点之一，在海外业务的拓展中，中国石油管理层指出，海外石油业务的规模化发展需要深入分析及检测五大油气公司（中油管道、中油工程、中油资本、中油油服、中油国际）的发展状况，同时在海外市场中成立油气运营中心，这样才能有效确保国内石油储量的持续化增长，提升国内企业在海外石油拓展过程中的竞争力。为此中石油还提出了"市场-资源-国际化"为一体的发展战略目标。

此次中国石油的权益投资有助于推动中国石油海外业务的稳定化发展。中国石油与ADNOC签约后，在未来40年势必在ADCO的油田开发、运行管理等方面发挥重要的作用。除了2017年获得的陆上特许经营权协议外，2018年中国石油还通过旗下股份公司获得了ADNOC离岸特许经营权10%的权益。中国石油国际化战略稳步发展。

其二，稳定的原油供应渠道

近年来，我国国内石油产量呈下降趋势。解决我国石油短缺问题主要有三种途径：强化国内石油资源的勘测力度、以贸易的方式直接从国外购买石油、石油企业进行对外直接投资。实践证明，对海外石油资源进行对外直接投资符合全球化的发展趋势和国际能源合作的战略要求，此次权益投资将使中国石油获得来自阿拉伯联合酋长国这个重要产油国稳定的原油供应。阿布扎比拥有整个阿拉伯联合酋长国石油储量的95%，占全世界石油储量的6%。ADNOC的石油产量又占阿布扎比石油年总产量的96%以上。[1]

其三，获取预期投资收益

阿布扎比ADCO陆上油田总资源达到200亿~300亿桶原油。这次签约获取的区块包含14个油田，位于中东油气富集的鲁卜哈里盆地，是阿布扎比已开发的最大油气区块，并处于提高产量的黄金时期。中国石油获得阿布扎比ADCO陆上油田8%特许权，将为中国石油带来近2.3亿~2.6亿吨原油的储量。以当时国际油价55美元/桶计算，阿布扎比ADCO陆上油田8%权益背后的原油价值高达880亿~1300亿美元。[2]

其四，发挥协同效应

这次合作不是单纯的财务投资，长期稳定的阿布扎比陆上石油权益投资将使双方在石油和天然气的上游勘探开发、石油储备及公开市场贸易方面建立更深入的合作，这将有利于中国石油打造并完善从上游设计能力到下游市场分销在内的国际化全产业链。此外，还能促进中国石油增加供给、扩大市场份额、学习ADNOC的石油产业链的有关先进技术、强化国际化管理能力、培养国际化人才等。

---

[1] 张众. 中国石油企业海外并购问题研究［D］. 北京：北京外国语大学，2019.
[2] 岚璿青. 中石油开启海外"扩张结缘"，机缘不断闪现［EB/OL］. https：//www.sohu.com/a/126977241_607407，2017-02-22.

其次，ADNOC 转让 ADCO 的股份和权益的原因包括以下四个方面：

其一，ADNOC"2030 战略"发展的需要

ADNOC"2030 战略"的核心是在全产业链上扩大与国外投资者的合作，拓展新型合作模式，以积极开发公司的整体价值，提升公司的业务规模和营利能力，稳固并进一步提升公司在国际原油市场的地位。ADNOC 希望全面提高公司整条产业链的水平，包括油气资源开采的上游业务及利润空间更高的下游业务，而中国石油也具有类似的目标，共同的目标使双方相向而行，合作共赢。

其二，ADNOC 需要寻找需求的增长极

随着页岩油、南美深水石油等新兴石油群体的崛起，全球石油市场竞争日趋激烈，美国已经从原油进口国变成了出口国，这些竞争因素对中东地区产油国造成一定的市场压力。中东石油的传统客户美、欧、日、韩等需求增长有限，ADNOC 需要寻找需求的增长极，而中国的需求还会继续上升。因此，ADNOC 将总计 12% 的股份和权益转让给了中国公司，是所有国别投资者中最高的份额。

其三，ADNOC 过去与中国石油合作的成功经验

中国石油与 ADNOC 在本次并购前，就已有过多次成功合作的经验，双方对彼此的总体情况及业务能力都很熟悉。2008 年，中国石油工程建设有限公司就成功获得了 ADNOC 授予的大型 EPC 总承包合同——阿布扎比原油管线项目，是当时中国石油最大的海外 EPC 总承包项目。[①] 该项目不仅规模大，且技术、环保等方面全部符合国际标准。2015 年，中国石油再次中标 ADCO 曼德油田开发项目。该项目是 ADCO 实现石油日产量从 140 万桶增至 180 万桶的重要工程之一。曾经的成功合作经历促进了彼此增信，进一步深化了合作的动力。

其四，阿拉伯联合酋长国积极参与"一带一路"合作

阿拉伯联合酋长国等中东国家传统上与美、欧、日、韩等国家合作较多，随着中国的崛起和"一带一路"倡议的发展，中阿两国在共建"一带一路"、能源、基建等领域开展了多项产能合作。阿拉伯联合酋长国作为连接中西方地理上的桥梁，中国约有 60% 的对中东地区出口的货物通过阿拉伯联合酋长国的港口中转，双方还可以继续深化包括海上运输等更多领域更加全面的合作，发挥各自的比较优势。此次中国石油与 ADNOC 的合作是"一带一路"倡议的成果之一。

（4）权益投资收益

2018 年上半年，ADCO 项目完成交割。中国石油 2018 年年报显示，国内原油产量

---

① EPC 是指对工程建设项目的设计、采购、施工、试运行等实行全过程或若干阶段的承包。

1.01亿吨,较2017年同比减少1.5%,延续了国内原油产量下降的趋势;海外原油产量7534.9万吨,较2017年同比增加了9.5%。此外,在原油储量方面,2018年中国石油原油证实储量为76.41亿桶,增长2.1%,远高于2017年0.6%的增幅。[①] 由此可见,中国石油对于ADNOC的权益投资成为其海外原油产量及储量增长的有利因素之一,中国石油在海外原油市场的战略布局已初见成效。2016—2020年中国石油油气产量数据如表7-1所示。

表7-1　　　　　　　2016—2020年中国石油油气产量数据

单位		2020年	同比增长(%)	2019年	同比增长(%)	2018年	同比增长(%)	2017年	同比增长(%)	2016年
原油产量	万吨	17864.2	-1.32	18102.7	2.64	17636.6	2.93	17133.8	5.13	16297.8
其中:国内	万吨	10225.3	0.48	10176.9	0.74	10101.7	-1.48	10253.7	-2.76	10545.0
海外(权益)	万吨	7638.9	-3.62	7925.8	5.19	7534.9	9.52	6880.1	19.60	5752.8
天然气产量	亿立方米	1603.5	6.69	1503.0	8.90	1380.2	7.22	1287.3	6.13	1213.0
其中:国内	亿立方米	1306.0	9.93	1188.0	8.62	1093.7	5.91	1032.7	5.26	981.1
海外(权益)	亿立方米	297.5	-5.59	315.1	9.98	286.5	12.57	254.5	9.75	231.9
原油加工量	万吨	19182.7	-7.76	20796.7	2.06	20376.2	2.80	19822.1	3.42	19166.6
其中:国内	万吨	16001.6	-5.00	16844.0	3.74	16236	6.50	15244.6	3.64	14709.2
海外	万吨	3181.1	-19.52	3952.7	-12.17	4500.2	-1.69	4577.5	2.69	4457.4

资料来源:中国石油历年年报。

在资产总额和营业总收入方面,中国石油权益投资ADCO项目前后2016—2020年的总资产和营业总收入如图7-4、图7-5所示。

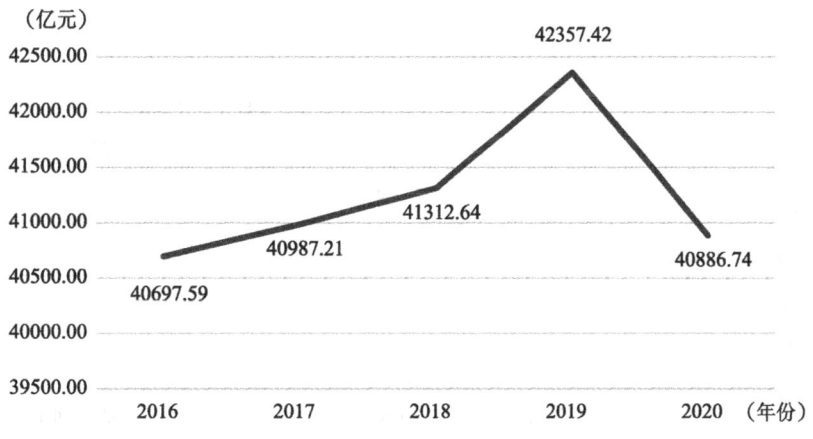

图7-4　中国石油2016—2020年的总资产

资料来源:《中石油年报》。

---

① 张众. 中国石油企业海外并购问题研究 [D]. 北京:北京外国语大学,2019.

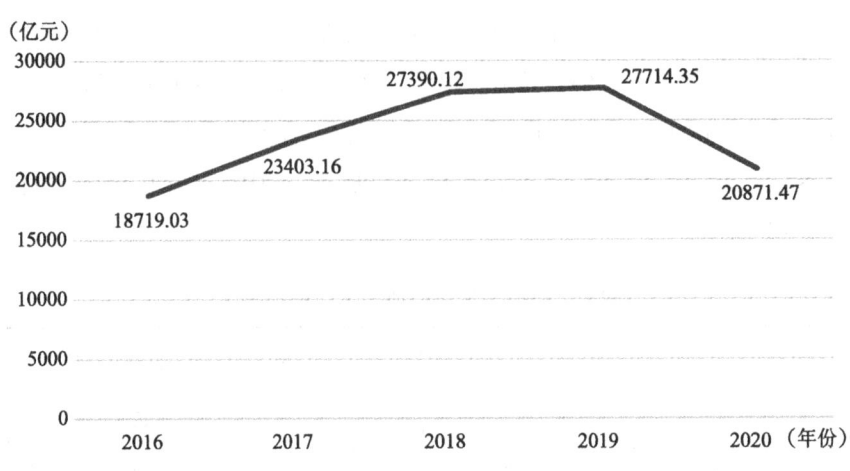

图 7-5 中国石油 2016—2020 年的营业总收入

资料来源:《中石油年报》。

从图 7-4、图 7-5 中可以看出,中国石油自 2017 年权益投资 ADCO 项目后,总资产和营业总收入呈现上升的趋势,在 2019 年达到高峰,说明该投资项目对于中国石油扩大资产规模、增加营业收入等具有积极的影响。2020 年的业绩受新冠肺炎疫情和国际油价走势等不利因素的影响,总资产和营业总收入二者均出现大幅下滑。

在利润方面,中国石油权益投资 ADCO 项目前后 2016—2020 年的总资产利润率和净资产收益率如图 7-6、图 7-7 所示。

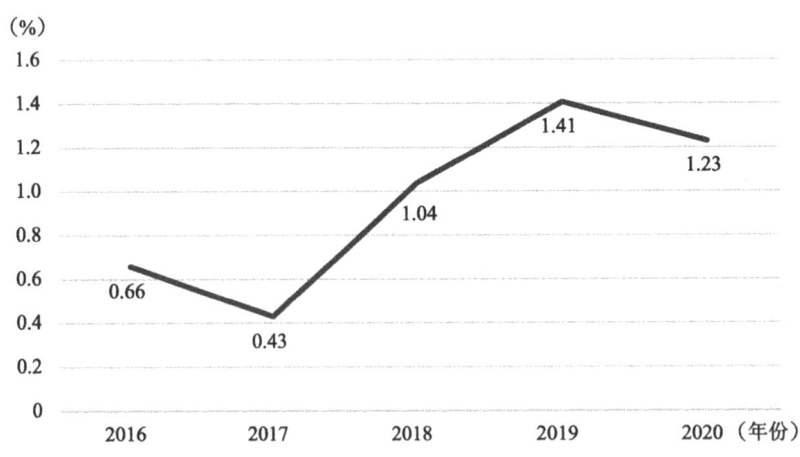

图 7-6 中国石油 2016—2020 年的总资产收益率

资料来源:《中石油年报》。

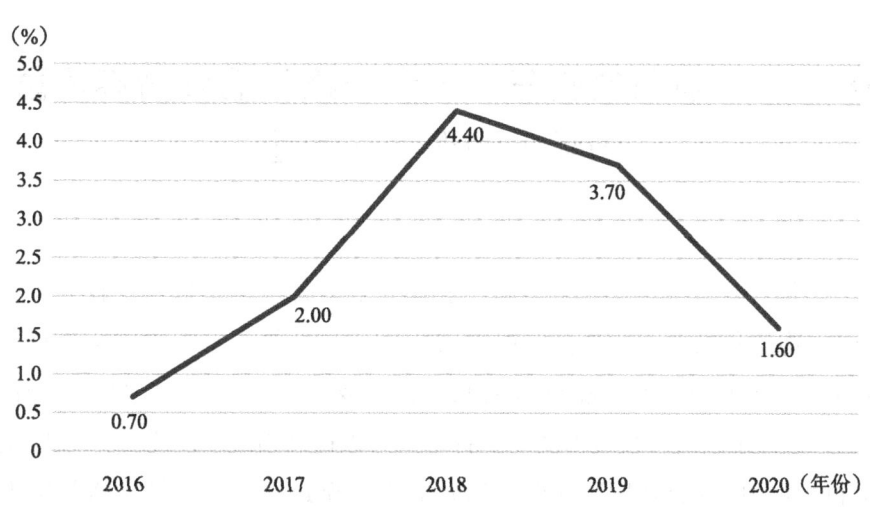

图7-7 中国石油2016—2020年的净资产收益率

资料来源:《中石油年报》。

从图7-6、图7-7中可以看出,在2017年权益投资ADCO项目后,中国石油的总资产收益率在2017年下调后、2018年和2019年两年连续显著增长,2020年有所下滑。净资产收益率2017年和2018年两年连续显著增长,2019年有所回调,2020年大幅下降。这说明该投资项目在短期内有助于提高中国石油的盈利能力。但是,从长期来看,尤其是2020年,总资产收益率和净资产收益率伴随着总资产和营业总收入的下跌而一起下跌,这也是由于受到了疫情及国际原油价格波动等外部经济环境因素等的不利影响。

根据2020年美国《石油情报周刊》(简称"PIW")公布的世界最大50家石油公司综合排名,中国石油连续7年保持世界第3大石油公司排名。其中,油气储量列第7位,原油产量列第4位,天然气产量列第3位,炼油能力列第2位,油品销售量列第11位。[1] 总体来看,中国石油对于ADCO项目的权益投资对于其业绩增长具有积极的影响。

---

[1] 石化产业走出去联盟:最新产储量数据!2020世界50家"大块头"石油公司排行榜[EB/OL]. https://www.sohu.com/a/437276279_120032696,2020-12-09.

第二节 中国企业在"一带一路"沿线资本运营国际化的现状与问题

随着"一带一路"建设的不断推进,我国企业对外投资也取得了较大发展。绿地投资和跨国并购是我国企业对外投资的主要模式。绿地投资是指我国企业对"一带一路"沿线国家投资过程中依照该国的法律设立部分或全部资产所有权归属于我国投资者所有的企业,是传统的对外投资形式。这种模式可以提高当地生产能力、产出和就业。

跨国并购作为中国企业国际化资本运营的主要模式,在"一带一路"资本运营的过程中发挥了重要作用,本节将从跨国并购的角度来分析"一带一路"资本运营国际化的现状与问题。

一、中国企业在"一带一路"沿线跨国并购的现状

1. 中国企业对"一带一路"沿线企业跨国并购呈震荡上升趋势

从总体上看,2008—2018 年中国企业跨国并购在数量及金额方面都有较大增长。2008 年中国企业海外并购成功案例数为 247 起(已经完成的并购),而 2018 年成功完成海外并购 618 起,并购金额也呈现波动增长的态势,到 2016 年达到峰值。2008—2018 年中国企业对"一带一路"沿线国家并购成功案例数及金额如图 7-8 所示。

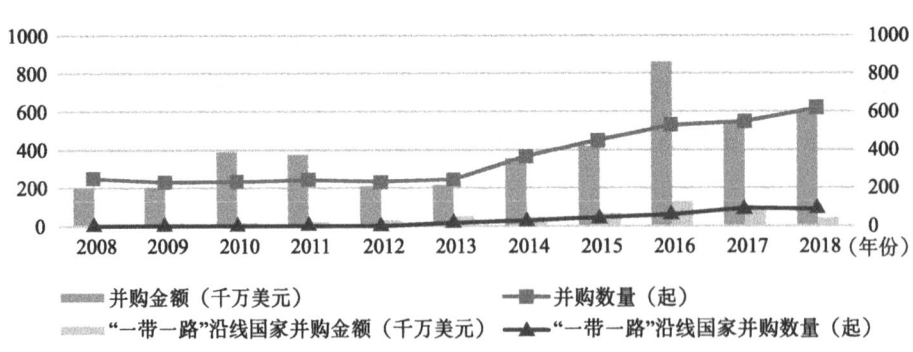

图 7-8 2008—2018 年中国企业跨国并购成功案例数及金额

资料来源:孙文莉,解晓怡,连增. 中国企业在"一带一路"沿线国家的并购:现状、机遇与风险[A]//制度型开放与"一带一路"高质量发展论文集(上)[L]. 2019.

如图 7-8 所示，我国企业跨国并购的金额在 2016 年达到峰值，从 2017 年开始呈下降趋势。我国企业跨国并购交易数量减少是并购活动交易总额下降的主要原因。从内因来分析，2017 年国务院发布《关于进一步引导和规范境外投资方向的指导意见》，规范了鼓励、限制、禁止开展的境外投资行为，促使企业从被动性资产①和炫耀性资产转移至战略性投资；从外因来分析，国际经济不确定性上升、境外发达市场对中国境内企业跨国并购审核趋严。

中国企业跨国并购的对象多以欧美等发达国家的企业为主，但自 2013 年"一带一路"倡议提出来以后，我国企业对"一带一路"沿线企业的并购明显增多，但也远不及对欧美企业的并购。2008—2012 年，我国企业对"一带一路"沿线国家的企业并购金额占总量之比平均为 6.98%，而 2013—2018 年，该比值达到了 13.80%。②

2010—2018 年中国企业对"一带一路"沿线国家的企业的跨国并购数量与金额如图 7-9 所示。

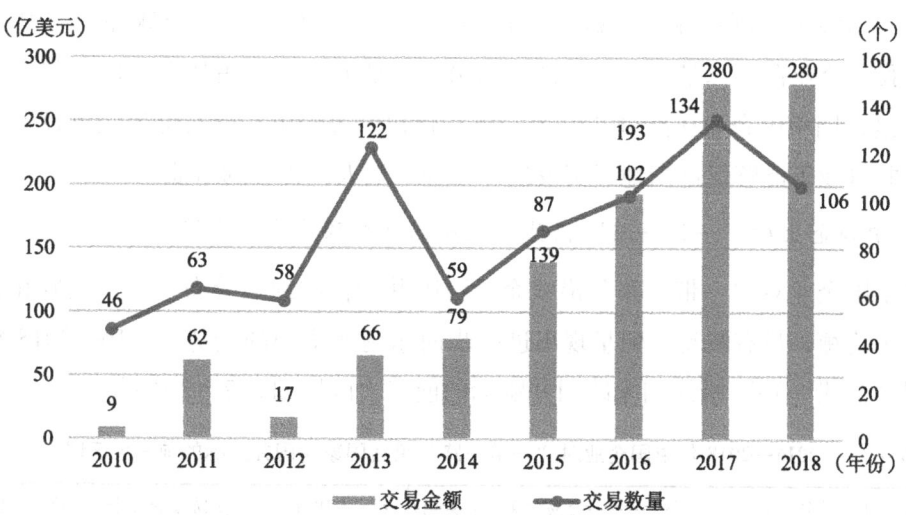

图 7-9　2010—2018 年中国企业对"一带一路"沿线国家的企业的跨国并购数量与金额

资料来源：前瞻产业研究院. 2018 年中国境内企业一带一路沿线跨境并购行业市场规模与发展趋势分析 未来并购热度有望提升，2019.

如图 7-9 所示，2010—2018 年中国企业对"一带一路"沿线国家的企业的跨国并购数量与金额整体呈震荡上升趋势。根据 2017 年《"一带一路"跨境并购研究报

---

① 被动性资产指投资者无法主动干预、只能被动接受投资收益的资产。
② 孙文莉，解晓怡. 连增：中国企业在"一带一路"沿线国家的并购：现状、机遇与风险 [A]. 制度型开放与"一带一路"高质量发展论文集（上）[C]. 2019.

告》，中国在 2016 年超过美国及日本，成为"一带一路"沿线国家最主要的并购方。①自 2017 年《关于进一步引导和规范境外投资方向的指导意见》出台之后，鼓励"重点推进有利于'一带一路'建设和周边基础设施互联互通的基础设施境外投资"，中国企业对"一带一路"沿线国家的企业的跨国并购金额明显上升。

2. 中国企业对"一带一路"沿线企业跨国并购的产业分布情况

从跨国并购的行业分布来看，全球对"一带一路"国家跨国并购金额排名前五的行业分别是：金融、能源、电信服务、工业和原材料。其中，美国对金融行业的跨国并购数量最大，日本对工业和原材料行业并购数量较多，而中国更偏好能源行业、电力和原材料行业的并购。

从 2008—2018 年中国企业的跨国并购情况来看，无论是在全球还是在"一带一路"沿线国家，金融和保险行业、制造业都占据主导地位，其他新兴产业，如科学技术等专业服务、企业管理等也占有一定比重。相对于全球并购而言，我国企业对"一带一路"沿线国家制造业的并购投入较多，占比达 39%，而在全球并购中制造业占 26%。我国企业在"一带一路"沿线国家公共事业并购金额占比在全球并购中提高了 9%。②这说明中国企业在推进"一带一路"倡议的过程中，相对更加注重投资于制造业和公共事业等能够促进当地经济发展、增加当地人民福祉的事业。

3. 中国企业对"一带一路"沿线企业跨国并购的地域分布情况

从中国企业对"一带一路"沿线企业跨国并购标的地域分布来看，地域和金额的分布很不均衡，虽有波动，但呈现出进一步向东南亚集中的趋势。2016—2018 年中国企业对"一带一路"沿线国家跨国并购标的前三大区域如表 7-2 所示。

表 7-2　2016—2018 年中国企业对"一带一路"沿线国家跨国并购标的前三大区域

年份	排名	地区	交易金额（亿美元）	金额占比（%）	交易数量（个）	数量占比（%）
2016	1	东南亚	88	45.6	42	41.2
	2	中东	61	31.6	14	13.7
	3	欧洲	42	21.8	38	37.3
2017	1	东南亚	99	35.4	74	55.2
	2	中东	95	33.9	13	9.7
	3	印度次大陆	48	17.1	14	10.4

---

① 金辉. 报告. 中国对"一带一路"跨境并购呈上升趋势 [EB/OL]. 经济参考报，http://district.ce.cn/newarea/roll/201706/01/t20170601_23375309.shtml，2017-06-01.

② 孙文莉，解晓怡，连增. 中国企业在"一带一路"沿线国家的并购：现状、机遇与风险 [A] //制度型开放与"一带一路"高质量发展论文集（上）[C]. 2019.

续表

年份	排名	地区	交易金额（亿美元）	金额占比（%）	交易数量（个）	数量占比（%）
2018	1	东南亚	237	84.6	55	51.9
	2	中东	19	6.8	17	16.0
	3	欧洲	15	5.4	16	15.1

资料来源：前瞻产业研究院. 2018 年中国境内企业一带一路沿线跨境并购行业市场规模与发展趋势分析 未来并购热度有望提升，2019.

2018 年，东南亚在"一带一路"沿线跨国并购中的数量占比 51.9%，金额占比达 84.6%，而排名第二的中东占比仅 6.8%。从具体国家来看，新加坡和印度尼西亚在"一带一路"国家中并购标的金额排名前两名，分别为 210 亿美元和 20 亿美元。这说明了东南亚由于与我国地缘相近、外交关系整体较好而成为了中国企业在"一带一路"沿线国家跨国并购的重要目的地。

二、中国企业在"一带一路"沿线跨国并购存在的问题

中国企业在"一带一路"沿线国家实施资本运营国际化过程中，既充满机遇，又存在一些问题。我国企业对沿线国家公共事业（电力、能源）的并购单笔交易金额重大，一旦并购失败，会严重影响企业的经营。此外，跨国并购投资的国别差别很大，成功的概率也不同。因此，中国企业在"一带一路"沿线国家进行跨国并购时，除了要关注本书第三章中所阐述的政治、经济、社会文化等中国企业普遍面临的风险与问题之外，还需要关注以下三个方面的问题。

（一）跨国并购前缺乏完备的前期准备

1. 缺乏国际化资本运营战略规划

自改革开放以后，中国企业的跨国并购伴随着企业的国际化战略进程迅速发展起来。与西方发达国家的企业相比，中国企业的跨国并购发展相对时间较短、经验不足，并购成功率相对较低，成功率甚至低于国际并购的平均水平。例如，2008—2018 年，中国企业对俄罗斯发起并购共 86 起，其中只有 33 起并购顺利完成，成功率不到 40%。[①]

---

① 孙文莉，解晓怡，连增. 中国企业在"一带一路"沿线国家的并购：现状、机遇与风险 [A]. 制度型开放与"一带一路"高质量发展论文集（上）[C]. 2019.

有的企业在"一带一路"国际市场进行跨国并购之前，没有事先对东道国投资环境做出科学评估，没有制订符合自身情况的科学的长远的资本运营国际化战略，盲目从众投资；或者制订了与自身条件不符的过于激进的投资规划，产生了一些"蛇吞象"式的过度投资的行为。国际化资本运营战略规划的缺失，使有的中国企业并购了一些与自身战略不匹配的海外资产，为企业的国际化经营增加了包袱，带来重大经济损失，为企业未来的国际化发展蒙上阴影。

2. 并购对象的选择与估值问题

由于在"一带一路"沿线国家进行跨国并购存在地理的隔断和时间上的延迟，中国企业往往由于信息流通不畅而产生信息不对称问题，无法正确评估标的企业，尤其是对其隐含的或潜在的风险无法正确识别。有的中国企业对尽职调查缺乏足够的重视，在企业自身不具备相关专业能力的情况下，又不聘请具有国际并购经验的专业机构来协助其调查与研究，为未来的并购埋下巨大的隐患。一旦选择了错误的不适合企业自身情况的并购标的，企业将遭受重大的经济损失。

除了要选准并购标的企业之外，中国企业在"一带一路"沿线国家跨国并购时还需要对企业进行正确估值。中国企业在国际并购市场往往给人一种"财大气粗"的印象，其隐含的意思就是中国企业对标的企业的估价偏高，而导致这种现象的原因之一就是前期尽职调查得不充分，标的企业很有可能隐瞒自身困状，使其在价格虚高的情况下被收购。

例如，2004年10月28日，上汽集团以5亿美元的价格收购了韩国双龙汽车48.92%的股权。上汽集团本想借此次收购利用双龙的品牌并快速提升技术，但是，并购并未达到上汽的预期目标，最终以失败告终。

此次并购遭遇了两个主要问题：一是对并购的收益估计过高，双龙汽车虽然在技术和研发方面具有优势，但市场需求在减少；二是在并购之前，上汽集团对自身的管理能力和对双龙工会文化认识不足，导致在并购后两个企业的文化难以融合，无法真正展开合作与经营拓展。

此次失败的并购案例的启示就在于上汽集团并购前的准备工作不足，没有对并购标的进行深入细致的调查研究，导致了三方面的不良后果：一是并购对象的选择错误，对双龙潜在的管理、文化等方面存在的问题识别不清，没有认识到上汽与双龙两种截然不同的企业管理方式，尤其是对双龙强势的工会文化缺乏认知；二是估值过高，没有预估双龙汽车在韩国国内及欧美市场需求减少的后果；三是上汽集团收购之后的整合能力不足，不能及时解决出现的问题。

（二）跨国并购中缺乏专业能力

1. 缺乏精通国际资本运营的专业人才

国际资本运营作为一项复杂的交易系统，团队成员不仅需要掌握国际金融、国际贸易、东道国法律与财税政策、跨国企业管理等各方面专业知识和技能，还要熟悉国际政治、经济、人文、地理，具备国际化眼光和思维，更要熟练掌握国际市场的运作规则和跨国并购的业务流程。

中国企业在"一带一路"沿线国家实施国际资本运营的时候，既精通专业知识又能熟练运用外语进行国际资本运营的人才明显匮乏。由于运营团队对于跨文化、跨法系的国外市场不了解，对于国际市场的运作规则和跨国并购的业务流程不熟悉，边干边学，缺乏经验的积累和知识的沉淀，因此有时会出现决策失误，降低了跨国并购的成功率，增加了投资风险和投资后的整合风险。

2. 融资及支付风险

首先，从融资风险的角度来分析，跨国并购涉及金额较大，多数企业需要通过融资活动来满足资金需求。从资金来源的角度，企业融资分为内部融资和外部融资两种。一般情况下，企业内部融资的金额相对较小，在跨国并购时需要通过外部融资来弥补自有资金的不足，通过加杠杆来满足融资需求，所以有"杠杆并购""融资并购"的说法。有的中国企业在"一带一路"沿线国家融资并购的过程中，加杠杆过于激进，没有考虑并购标的盈利能力与企业自身的偿债能力，给企业带来巨大的财务风险。

其次，从融资方式多元化的角度来分析，目前中国企业在"一带一路"沿线国家进行跨国并购的时候，大多采用从国内商业银行贷款融资的方式，融资方式单一，利息支出较高，加重了企业财务负担。

最后，从支付风险的角度来分析，目前中国企业在"一带一路"沿线国家进行跨国并购的时候，多采取现金支付的方式，支付风险较大。而西方发达国家的跨国企业在并购的时候多采取"现金+股权"或"现金+股权+债权"等，企业支付风险相对较小。

3. 缺乏国际资本运营中介机构的支持

西方发达国家的企业在进行国际并购的时候，即便遭遇人才储备不足的困境，也会寻求具备丰富专业经验的国际资本运营中介机构协助其完成有关工作。发达国家的中介机构发展成熟，包括法律、金融、财务、审计、企业管理、公共关系等多个领域，在企业缺少相应的资源时可以以己所长提供专业化的服务,协助其了解标的企业的外部信息和内部经营管理情况,避免投资陷阱。

相比之下,一些中国企业在这方面的重视程度不够。主要原因有三点:一是市场上国内中介的数量虽然很多,但我国本土中介机构的专业能力与国外同行相比存在一定的差距,团队在提供信息的时间效率和准确度方面有待提升;二是对于聘请国际上的中介机构存在顾虑,如语言沟通不便,对对方所持立场及信息保密等存疑,妨碍了中国企业聘请国际专业的中介机构为其国际资本运营服务;三是有的中国企业不重视获取国际资本运营中介机构的支持是因为不愿意支付中介费用,认为太过昂贵。

(三) 跨国并购后缺乏资源整合能力

跨国并购涉及将资产状况、产业结构、管理水平、企业文化等完全不同的企业融合在一起,难度较大。并购后的整合是关键,有些并购虽然交易成功了,但后面的整合失败了,最后也以失败告终。因此,整合成功,整个并购才能成功。

1. 运营管理整合的问题

在跨国并购中,并购双方企业的运营管理方式、品牌形象等存在差异,在处理不好的情况下极易导致运营管理风险。两家企业需要在不同的管理模式和品牌形象之间做出权衡、取舍甚至折中融合。此外,对于标的企业如何保持原有业务及客户,如何保留标的企业原有品牌的特色和优势,乃至进行新的业务拓展,都存在诸多的变数。例如,有的中国企业在并购后的整合中强势同化标的企业原有品牌及运营模式,不仅没有提高效率、降低成本、开拓新市场,反而致使原有客户不认可,客户流失,增大运营风险。

2. 企业文化整合的问题

企业文化是企业所创造的独具特色的精神财富和物质形态,包括企业愿景、企业制度、企业精神、价值观、历史传统、行为准则、道德规范等。企业文化与一个国家的社会、历史、文化等紧密相连。在跨国并购中,国家之间的文化不同,企业之间的文化差异在所难免,如何整合不同的企业文化对企业管理者的智慧是一个很大的考验。有的中国企业在跨国并购的过程中,对并购后的整合问题还缺乏足够的认知,特别是对于文化软实力方面的整合还缺乏科学的评估与规划。例如,上汽集团并购韩国双龙汽车失败的重要原因就在于对双龙汽车的工会文化在并购前了解不深,在并购后整合不力,两家企业的文化自始至终无法融合,最后导致该并购失败。

第三节 "一带一路"背景下中国企业国际化资本运营战略的建议

"一带一路"建设为我国企业跨境并购打开了更加广泛的区域市场,为中国企业走出去提供了良好的契机。中国企业可以通过资本运营国际化战略扩大产能规模和提升自身在国际市场中的地位,但必须重视中国企业在跨国并购中容易发生的问题,提前加以规划,做好准备,规避及减少风险,提高在"一带一路"沿线国家跨国并购的成功率,为企业国际化战略转型升级提供有力的支撑。

一、制订国际化资本运营的战略规划,做好前期准备工作

(一)制订中国企业国际化资本运营的战略规划

1. 企业国际化资本运营战略与企业整体战略协同发展

中国企业在"一带一路"沿线国家实施跨国并购,不仅涉及企业外部的政治、经济、社会文化等风险,还涉及企业内部的资金、管理、法律等各个方面,是一项复杂的系统交易,需要企业在整体战略发展目标的指引下,提前做出明确而详细的资本运营战略规划,包括国内和国际两方面的战略规划。这样才能与企业长期的战略方向保持一致,把国际资本运营与企业自身战略相结合,协同发展,最终实现企业的整体目标。

2. 保持战略定力,减少盲目投资

在我国"一带一路"倡议的倡导下,很多企业积极投入国际化运营。在此过程中,企业需要保持自身的战略定力,不要为了国际化而国际化,不跟风行动,坚持理性投资,减少随意性和盲目性,这样才能实现企业国际化战略转型升级的目标。

(二)"知己知彼",精准选择并购对象

中国企业制订"一带一路"国际化资本运营战略需要对企业所处的内外部环境进行全面的准确评估,了解国内国际形势,通过对东道国当地市场的充分调研以及对自

身的资金、技术、人才、经营管理等各方面进行评估,分析自身的优势和劣势,最终通过重重对比和分析选定适合企业自身情况的并购目标。

1. 做好前期的尽职调查工作

在选择并购对象之前,需要进行深入的尽职调查,克服信息不对称问题。尽职调查对于确定合适价格的评估以及为并购后的整合做好准备而言至关重要。全面的尽职调查需要在企业、行业和国家三个层面上收集信息。从企业的层面,需要调查标的企业的技术创新能力、市场网络搭建、人才配备情况、财务情况、管理水平、企业文化等是否适合被收购。从行业的层面,需要分析标的企业所处行业的现状和未来发展前景,分析现有的竞购对手和潜在的竞争对手,以及分析标的在其产业链、供应链当中的地位与议价能力等。从国家的层面,需要研究东道国的政策、法律、社会、历史、文化、宗教等背景。

2. 研究标的企业未来发展趋势

跨国并购不仅需要了解标的企业的历史经营情况,还需要研究其未来的发展趋势,毕竟并购就是投资于该企业的未来发展及盈利预期。对于标的企业的正确估值就是建立在对其过去的经营情况和未来发展趋势的正确判断和预估之上。这些调查和研究需要企业在前期投入大量的时间、精力,但却是在"一带一路"沿线国家进行跨国并购交易的必要前提。

3. 关注其他战略细节

除了在"知己知彼"的情况下准确选择并购对象并进行准确估值,企业还需要确定并购时机、支付方式等,做好风险防范预案,随时准备根据突发情况灵活调整国际资本运营的各项战略细节。

二、提升中国企业国际化资本运营的专业能力

(一) 吸纳及培养精通国际资本运营的专业人才

中国企业要想在"一带一路"沿线国家成功实施国际化资本运营战略,必须突破高端专业人才不足这一瓶颈。中国企业在"一带一路"沿线国家实施国际资本运营的时候,要解决国际资本运营的专业人才缺乏的问题,需要大力吸纳及培养精通国际资本运营的专业人才。

1. 认真细致做好外部人才的选人育人工作

从企业吸纳外部人才的角度来分析，在企业国际化整体战略的指引下，有志于长期从事国际资本运营的中国企业需要通过对外招聘的方式，大力吸纳全球国际资本运营的高端人才，让这些专业人才"进得来、留得住、用得上"。中国企业尤其要重视对引进的高端人才的胜任力和价值观进行评估，要留下那些认同企业文化的人才，否则国际资本运营涉及大量企业内外部敏感信息且需要做出重大投资决策，一旦用人失误则将给企业带来巨大损失。

2. 加速内部人才培育工作

从企业内部培养人才是提升中国企业国际资本运营专业能力的重要途径，也是中国企业在"一带一路"沿线国家实施国际资本运作持续成功的根本保障。这些从企业内部成长起来的人才，经历了企业的长期考验，价值观一般没有问题，能够留下来与企业一同发展也说明其认可企业文化。但是，这类人才由于视野及能力的局限，国际资本运营专业水平有待提升。企业需要制订有针对性的培训计划，如通过出国培养、考察学习等方式提升其专业技术水平。

（二）防范融资及支付风险

1. 防范融资风险的建议

针对融资风险方面存在的问题，一方面，中国企业在开展融资并购的时候，需要合理规划融资方式和融资成本，控制好内部融资和外部融资的比例，选择与企业自身偿债能力相符的杠杆率；另一方面，企业还需要进一步审视自身业务结构的合理性，在国际资本运营过程中不断调整自身资本结构，控制各种资本的商业价值和所占比例，以此提升自身举债能力和融资实力，避免因融资并购活动而给企业带来财务风险。

2. 多元化融资方式的建议

针对融资方式单一的问题，中国企业要建立多元化投融资主体，加快资金周转，在融资渠道的选择上，打造多渠道、多元化的投融资体系，如利用股权融资、双边及多边贷款、债券融资等，并且使这些融资方式搭配组合，达到最优配置，满足企业国际资本运营的需求。中国企业可以通过在"一带一路"沿线东道国引入当地战略投资者或者在当地证券市场上市等，增加资本投入，加速资本金回流，降低投资风险，实现滚动开发和可持续发展。此外，中国企业还可以探索通过国际债券市场、资产证券化、种子基金、信托、PPP等融资渠道，创新融资模式。

中国企业到"一带一路"沿线国家实施企业国际化战略转型升级，要善于利用多种融资方式,可以与亚洲基础设施投资银行、金砖国家开发银行等金融平台合作,还可以与中资企业境外融资服务平台(简称"境外融"平台)等金融机构合作。境外融平台与境外有关金融机构合作,提供"开发贷""工程贷""设备贷""并购贷"等贷款型产品和"贸易融资"产品,丰富了中国企业的融资方式。

3. 防范支付风险的建议

针对支付风险的问题,一方面,中国企业在赴"一带一路"沿线国家实施国际化资本运营战略的时候,要减少采用单一依靠现金来支付的方式,尽量采取"现金+股权""现金+股权+债权"等组合支付方式,减轻企业融资利息成本与财务风险;另一方面,中国企业可以采用多股权模式来避免政治风险,通过与东道国本土企业或者与第三方国家企业共同开发的模式,利益共享,风险共担,减轻或避免东道国反对势力针对中国企业的反对措施,达到合作共赢的目标。

例如,中国石油集团东南亚管道有限公司主要从事中国—缅甸天然气、石油双线管道缅甸境内管线的施工建设及运营工作。该公司管理两个合资公司,分别是东南亚原油管道有限公司、东南亚天然气管道有限公司。其中,东南亚原油管道有限公司,中国石油股比为50.9%,缅甸油气公司股比为49.1%;东南亚天然气管道有限公司,中国石油股比为50.9%,韩国大宇国际集团股比为25.041%,印度石油海外公司股比为8.347%,缅甸油气公司股比为7.365%,韩国燃气公司股比为4.1735%,印度燃气公司股比为4.1735%。①

(三) 积极获取国际资本运营中介机构的支持

1. 选择专业水平较高的我国本土中介机构

企业要谨慎选择中介机构,选择信誉度较高的咨询公司、会计师事务所等机构,以免受其误导而做出错误的投资决策。针对我国本土中介机构的专业能力的问题,企业需要制订选择中介机构的评估标准,根据国际资本运营的需求与企业自身的情况,选择专业水平高且与企业自身需求匹配的本土中介机构进行长期合作,利用外部专业团队的能力,提升国际资本运营的整体水平,实现企业国际资本运营目标。

2. 加强对国际资本运营中介机构的管理

国际中介机构在国际资本运营中十分重要,涉及诸多指标和细节,比如,标的企业的市场份额、发展前景、财务状况、关联交易、员工素质等,以及东道国当地的政

---

① 武义民,朱澂,郎晓彤,等. 中国石油国际化案例研究[J]. 北京石油管理干部学院学报,2020 (6).

治、经济、产业政策、财税法规等，国际中介机构可以利用其全球分公司子公司的网络优势提供相关信息。它们提供的信息质量直接影响企业的国际资本运营决策和绩效。对于聘请国际资本运营中介机构的疑虑，企业在对其进行科学细致的评估的基础上，可以在与其签订的协议中明确要求对方不得出现立场的偏差以及恪守保密协议，以法律的、制度的手段来保障我国企业的合法权益。

3. 正确看待国际资本运营中的咨询费与中介费

在企业内部团队的专业能力无法满足国际资本运营要求的时候，企业可以将这部分工作外包出去，让专业的人做专业的事。对于咨询费与中介费用的问题，与跨国并购一旦失败所付出的高昂代价相比，支付给资本运营中介机构的咨询费和中介费成本相对低很多。而且，这部分咨询和中介费用并非只是企业付出的一种成本，这部分费用也是我国企业在"一带一路"沿线国家进行国际资本运营很有必要的一项投资。一方面可以解决企业的国际资本运营的需求，另一方面还可以通过外部团队来带动内部团队的成长，提升内部团队的专业水平。

三、大力提升跨国并购后的资源整合能力

（一）加强运营管理整合

跨国并购交割之后的整合工作作为一项复杂的系统工程，涉及法律、资金、企业运营管理、品牌管理等多方面，需要企业进行科学的规划。

1. 科学规划并购后的整合工作

中国企业在"一带一路"沿线进行跨国并购的时候，需要全面深入地了解被并购企业的各项具体情况及东道国政治、经济及人文地理等情况，在对被并购企业的定位和发展战略规划的基础上，做好整合工作的详细规划。

2. 迅速启动对并购资产的介入

当并购交割手续完成之后，企业就要迅速启动对并购资产介入的战术，通过科学的治理机制来对被并购企业实施有效管理，对被并购企业的权力制衡关系和决策系统做出适当的制度性安排，保障中国企业的合法权益。

3. 组建专业团队来衔接与整合各项资源

并购企业必须尽快组建一个熟悉当地政策法规、社会文化等的专业管理团队，及时处理好并购后的一些具体细节问题，在做好有关衔接工作的基础上，积极全面开展

企业运营、销售渠道维护及品牌管理等各项资源的整合工作，使被并购企业的各方面运营尽快步入正轨。

（二）积极实施企业文化整合

1. 并购之前做好跨文化整合的规划

中国企业在跨国并购的前期准备工作当中，就需要仔细研究并购交割手续完成之后可能出现的企业文化之间的冲突，分析并购在双方业务模式、人员配置、管理理念、价值观等各方面的不同，并做出企业文化能否融合及如何融合的决策。对于不能融合的情况，企业需要谨慎对待并购活动乃至放弃此次并购；对于可以融合的情况，企业需要做好规划，采用合理、系统和科学的方法，寻求双方之间的最佳契合点，逐步调整和改变，实现企业文化融合的目标。

2. 尊重被并购企业的企业文化

企业文化的整合不是一个企业对另一个企业的完全同化，而是需要并购企业双方通过深入的了解和沟通协商确定一致的行为准则和工作目标。中国企业在"一带一路"沿线国家投资并购的过程中，一方面要遵守东道国当地的法律法规，将原有的企业文化做出适应当地情况的调整；另一方面，中国企业要发挥企业的主动性，尊重被并购企业的文化与当地的社会习俗、宗教习惯等，主动加强沟通，消除误解，赢得对方的信任。这样即便双方的文化不同也不会造成严重对立，依旧可以做到和而不同，求同存异，双方为了达到共同的经营目标而实现整体的和谐。

本章参考文献

［1］百度百科：资本运营。

［2］张鹏. 全球化环境下中国企业国际化资本运营战略研究［D］. 青岛：中国海洋大学，2004.

［3］韩涛. 浅析企业的资本运作模式［J］. 科教导刊，2011（6）.

［4］刘珊. 基于 EVA 与 BSC 相结合的并购绩效评价分析——以四维图新并购 Mapscape 为例［D］. 厦门：厦门国家会计学院，2018.

［5］裴晓苗. 复星医药并购印度 Gland 制药效应分析［D］. 石家庄：河北师范大

学，2021.

［6］赵志锋．基于加强合资控股企业管理的探讨［J］．现代商业，2015（12）．

［7］中国招商局港口控股有限公司官方网站．

［8］翟智高．丝路战略 中国获汉班托塔港99年特许经营权［EB/OL］．http：//www.chinavalue.net/Management/Blog/2017-7-27/1432805.aspx，2017-07-27.

［9］人民网．招商局港口正式入股斯里兰卡汉班托塔港［EB/OL］．http：//hm.people.com.cn/n1/2017/0726/c42272-29428613.html，2017-07-26.

［10］孙艺．中国对"一带一路"沿线国家基础设施建设及投资策略研究——以斯里兰卡汉班托塔港为例［J］．中国商论，2017（13）．

［11］唐鹏琪．斯里兰卡汉班托塔港股权转让的背景、目的及其意义［J］．南亚研究季刊，2017（3）．

［12］招商港口官网等．招商局港口出资65亿拿下斯里兰卡汉班托塔港项目85%股权［EB/OL］．https：//www.guancha.cn/Neighbors/2017_07_27_420258.shtml，2017-07-27.

［13］中国"一带一路"网．中斯合营汉班托塔国际港口集团与斯里兰卡投资局签署战略合作文件［EB/OL］．https：//m.thepaper.cn/baijiahao_15116747，2021-10-28.

［14］百度百科：权益投资．

［15］数豆子学习网：权益性投资包括什么？［EB/OL］．http：//www.shudouzi.com/zhishi/3616.html，2019-04-02.

［16］中国石油官方网站．

［17］张众．中国石油企业海外并购问题研究［D］．北京：北京外国语大学，2019.

［18］石油商报．中石油获阿布扎比ADCO陆上油田8%权益，与你我何干？［EB/OL］．https：//www.sohu.com/a/126958056_158724，2017-02-22.

［19］孙文莉，解晓怡．连增：中国企业在"一带一路"沿线国家的并购：现状、机遇与风险［A］．制度型开放与"一带一路"高质量发展论文集（上）［C］．2019.

［20］王静．我国企业跨国并购的现状、问题及对策建议［J］．技术经济，2020（2）．

［21］金辉．报告：中国对"一带一路"跨境并购呈上升趋势［EB/OL］．经济参考报，http：//district.ce.cn/newarea/roll/201706/01/t20170601_23375309.shtml，2017-06-01.

[22] 潘晴. 中国企业跨国并购成败的影响因素研究——基于 logistic 模型的实证分析 [D]. 济南：山东大学，2018.

[23] 时刻头条. 中企境外融资服务平台：助力解决中资企业海外融资难题 [EB/OL]. https：//baijiahao. baidu. com/s?id = 16975274629270110005&wfr = spider&for = pc，2021 - 04 - 20.

[24] 周新军. 中国经济时报 - 中国经济新闻网：中国石油企业如何防范海外并购风险 [EB/OL]. https：//lib. cet. com. cn/paper/szb_con/75353. html，2005 - 11 - 25.

第八章
国际化品牌战略——企业国际化的成果

在经济全球化的时代,企业之间的竞争已不仅是技术、质量、价格、品种以及服务的竞争,而是进入品牌制胜的时代。品牌国际化是企业进入国际市场、参与国际竞争的重要手段,是中国企业获取超额收益的实现方式。中国本土企业要走向国际市场,就必须实施品牌国际化战略,以适应激烈的国际竞争和持续发展的需求。同时,品牌国际化也是中国企业应对"逆全球化"经济局势的解决方案之一。

品牌话语权是国家强盛的标志。随着"一带一路"建设的逐步推进,中国企业在企业国际化战略转型升级的过程中,有哪些切实可行的方式能够将品牌国际化?将面临哪些机遇与挑战?应当如何把握机遇、克服困难,让中国品牌牢牢地在"一带一路"沿线国家扎根并茁壮成长?本章将分析中国企业的国际化品牌升级问题。

第一节 中国企业参与"一带一路"建设过程中品牌国际化的现状

品牌,作为企业保持基业长青的一种持久性资源,是企业决胜商场的核心竞争力之一。中国企业在"一带一路"沿线进行企业国际化战略转型升级的过程中,品牌国际化是一个无法回避的历史选择。

一、品牌国际化的含义

(一)品牌的含义

关于品牌的定义很多,本章选取三个经典的定义。广告之父,20世纪世界广告界公认大师,奥美广告的创始人大卫·奥格威对于品牌的定义,"品牌是一种错综复杂的象征,它是企业属性、名称、包装、价格、历史、声誉、广告方式的无形总和"。

品牌同时也因消费者对其使用的印象,以及自身的经验而有所界定。美国学者亚历山大·贝尔认为,"品牌是一种无形资产,是一种超越生产、商品及所有有形资产以外的资产——品牌带来的好处是未来预期收益超出品牌培育成本的现值"。

中山大学卢泰宏教授给予品牌的定义,"品牌既是短期营销工具,又是具有潜在价值的无形资产和长远的竞争优势;品牌既是一个区分的名称,又是一个综合的象征;品牌既是符号,又赋予形象个性和生命;品牌既掌握在企业手里,又取决于消费者的认同和接受"。

综合上述三种定义,可以看出,品牌的内涵包括:

1. 品牌是一种战略管理行为

品牌既是企业创造价值的手段,又是企业创造价值的结果。品牌既是企业长期经营的成果,又是企业努力追求的长远目标。它是企业在市场竞争中的核心竞争优势之一,与企业的战略管理密不可分。企业品牌战略作为企业战略管理的一部分,与企业的战略环境分析、战略目标设定、战略实施行为高度相关。能否塑造成功的品牌形象是衡量一个企业是否成功的重要指标之一。

2. 品牌是一种市场营销行为

从市场营销学的角度，品牌塑造的目的就是为了扩大销售，实现企业利润的最大化。市场营销是企业在创造、沟通、传播和交换产品的过程中，为顾客、客户、合作伙伴以及整个社会带来经济价值的活动。而品牌是一种市场营销的工具，它能够在商业上为企业创造可持续发展的成功。

3. 品牌与消费者行为学有关

美国著名品牌与营销学家利维指出，未来消费者行为更多的是受到其自我以及他所觉察到的产品体现的形象（品牌形象）影响，即消费者行为受到与消费者自我和与其相联系的产品或品牌形象的交互影响。学术界与实务界也往往将品牌个性与消费者的个性（人格）连接起来。品牌消费心理理论提出，品牌是消费者情感欲望和价值的外化，其购买的品牌体现了他所认同的清晰完整的生活方式。品牌是个人的选择，体现了个人的品味，又表明了个人所属的阶层和文化群，从而使个人产生一种对自身认可的群体的归属感。

（二）品牌国际化的含义

品牌国际化是指使品牌成为国际品牌，即在国际上有较大影响力的品牌的行为过程。品牌国际化的根基是企业国际化，企业国际化步入高级阶段就会实现品牌国际化。企业的一般国际化包括产品国际化、生产国际化、品牌国际化等多个方面。其中，品牌国际化是一般国际化的高级阶段，强调的是品牌形象、品牌价值、品牌忠诚度以及品牌信仰的国际化，更加注重消费者对该企业品牌的信任与忠诚。

在刚开始的产品国际化阶段，中国企业的出口往往通过低廉的价格来打开国际市场的大门，以大批量和低价格取胜。在生产国际化阶段，通过为当地或邻近市场提供高性价比的产品和服务，以产品和服务的实用性功能取胜。在品牌国际化阶段，企业需要在国际市场建立品牌资产，它是企业在国际市场上传播品牌文化的过程，更多的是以口碑和信任进行国际渗透，更加注重消费者的心理需求。

实现品牌国际化，不仅可以获得规模经济、扩大市场份额、提高企业影响力，还可以通过培养消费者对品牌认知度、美誉度、偏好度、忠诚度以及对品牌的信仰和依附感来获得企业在国际市场的核心竞争力。在国际化过程中，企业品牌的认知度、美誉度、偏好度、忠诚度及信仰和依附感是逐步深入推进的，具体如图 8-1 所示。

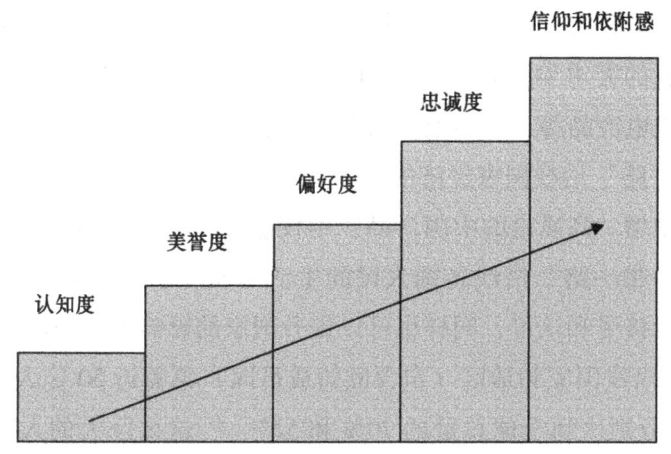

图 8-1 品牌国际化深度拓展图

资料来源：陈亚楠."一带一路"背景下中国品牌国际化路径研究［D］. 2019.

品牌认知度代表消费者对品牌的了解程度，它是衡量消费者对品牌内涵及价值的认识和理解度的标准。仅有消费者的认知还不够，除非消费者别无选择，否则恶名昭彰的企业及产品是无法令消费者买单的。品牌的美誉度指消费者对某一品牌的好感与信任程度。

仅有美誉度还不够，虽然消费者对品牌产品有好感，但与其他竞争性产品相比，消费者更愿意买哪一个产品，这就是偏好度。品牌的偏好度指某一市场中消费者对该品牌的喜好程度，是对消费者的品牌选择意愿的了解。消费者购买了产品之后，是否还愿意再次购买，这就与忠诚度有关。品牌忠诚度是指消费者对品牌偏爱的心理反应，因而在不断购买此类产品时，仅仅认品牌而放弃对其他品牌的尝试。

比忠诚度更进一步，品牌信仰和依附感是从消费者的角度对于品牌的认可、信任与依赖，从消费者心理的角度，对品牌产生如宗教般的信仰，而消费者对品牌的这种信仰会使消费者产生共同感、归属感，使消费者会想要保护品牌，并对品牌产生依赖。

二、"一带一路"背景下中国企业品牌国际化的动因

区别于品牌全球化，中国企业在"一带一路"沿线国家推行品牌国际化主要是基于"一带一路"市场需求、国内产能过剩、中国企业国际化、基础设施建设的带动以及文化融合等原因。

1. "一带一路"市场的需求

"一带一路"沿线国家和地区大多为发展中国家，工业化水平较低，对我国资金、

技术和产品的需求量较大。此外,从总体上看,"一带一路"沿线国家消费者的市场偏好与我国消费者的需求偏好相似,中国制造的产品由于价廉物美,如服装、鞋帽、家具、日用品及机电产品等,在当地市场上广受消费者欢迎。

随着"一带一路"沿线国家经济的发展,人民生活水平的提高,对于国际市场产品多样化的需求激增。高质量的中国产品,不仅能让中国人民迈进美好生活,同时也能改变与提升"一带一路"沿线各国人民的生活品质。中国产品出现在世界的舞台,被更多国家消费者接受和认可,同样也可以提升国家的影响力,增加国家的话语权。

"一带一路"沿线国家和地区(包含欧盟成员国)覆盖近50亿人口,经济总量约为39万亿美元,分别达到全球总量的70%和52%。① 这么巨大的人口基数和经济总量,市场需求可观,有潜力成长为未来最大的国际消费市场,吸引中国企业"走出去"满足当地的市场需求。

"一带一路"沿线国家要素禀赋各异,发展水平不一,与中国经济的互补性很强。我国产业门类齐全,是世界最大出口国,而"一带一路"沿线国家产业门类较少,多以资源类原材料出口为主。2019年,我国对"一带一路"国家出口商品以机电产品和劳动密集型产品为主,机电产品所占比重接近六成。2019年,我国对"一带一路"沿线国家出口机电产品10.06万亿元,增长4.4%,占出口总值的58.4%。其中,电器及电子产品出口4.63万亿元,增长5.4%;机械设备2.87万亿元,增长1.4%。同期,纺织服装等7大类劳动密集型产品出口3.31万亿元,增长6.1%。在"一带一路"国家进口方面,铁矿砂、原油、天然气、大豆等大宗商品进口量增加。2019年,我国从"一带一路"国家进口铁矿砂10.69亿吨,增加0.5%;进口原油5.06亿吨,增加9.5%;进口天然气9656万吨,增加6.9%;进口大豆8851万吨,增加0.5%。此外,肉类产品进口增长比较快,全年进口猪肉210.8万吨,增加75%;进口牛肉165.9万吨,增加59.7%。②

建设"一带一路",有利于中国与沿线国家进一步发挥各自比较优势,促进区域内要素有序自由流动和资源高效配置。这一倡议一旦落实,将成为世界上跨度最长的经济大走廊,发展前景十分广阔。

中国是不少沿线国家的最大贸易伙伴、最大出口市场和主要投资来源地。过去10年,我国与沿线国家贸易额年均增长19%,对沿线国家直接投资年均增长46%,均明

---

① 曾赛星,林翰."一带一路"基础设施建设的中国担当[EB/OL].光明日报,http://www.qstheory.cn/economy/2017-04/25/c_1120869718.htm,2017-04-25.
② 中国网.2019我国对一带一路沿线国家进出口9.27万亿增10.8%[EB/OL].http://finance.sina.com.cn/china/gncj/2020-01-14/doc-iihnzahk3980061.shtml,2020-01-14.

显高于同期我国对外贸易、对外直接投资总体年均增速。"一带一路"倡议的实施为中国企业"走出去"国际化，实现要素和资源的全球流动和全球配置提供了更多的选择和更大的自由度。

中国经济当前的增长乏力是经济系统转型的必然过程，中国即使无法在短期内升级产业结构、提升经济效率，也可以借助"一带一路"来重建现代的共同市场，为中国品牌"走出去"国际化创造了良好的契机，这将为中国经济增长提供强劲助力。

2. 化解国内产能过剩的矛盾

自20世纪90年代以来，中国经济告别了短缺经济，由于大量低水平重复建设，中国已进入了产能过剩的经济周期，这对中国的经济发展是一个较大的隐患。究其原因，与美国日本等国的产能过剩发生情况类似，美日产能过剩是由于其经济前期经历了较快速的发展，然后遭遇了巨大的外部危机导致，而中国的产能过剩也是由于中国经济前期发展迅速，创造了全世界最长时间的经济高速增长历史，又叠加了全球金融危机，再加上人民币汇率的大幅上升，导致内外部需求萎缩，使中国的产能过剩问题更加凸显出来。

中国政府近年来力推供给侧改革，试图解决产能过剩带来的问题和困难。供给侧系统改革绝非一蹴而就，产业结构调整短期内并非易事。如何将剩余产能的效益发挥出来是我国企业面对的一个重大问题。因此，在国内竞争进入超竞争环境下，中国企业急需在全球范围内寻找新的市场，新的渠道，将过剩的产能和资本投放出去，中国经济急需寻求新的增长点。在西方发达国家"逆全球化"的思潮下，中国企业选择"一带一路"沿线发展中国家推进国际化是符合当前经济形势的一个理性选择。

随着"一带一路"建设的顺利开展，沿线国家积极融入进来，不仅打通了中国与沿线国家的"贸易通道"，更是建立了跨越国家边界的"共同市场"。这就为中国的产品创造了新的需求，为中国经济发展找到了一片新的市场空间和发展空间，有利于打造中国品牌。这样产能和资本的过剩问题在一段时期内可以消解，中国经济过去的成功模式和经验就可以继续进行下去，其重要意义在于：在重大创新突破和效率提升没有发生时，也能为中国经济今后的改革腾出时间和空间。

3. 基础设施建设的带动

作为优先投资的方向，基础设施建设在"一带一路"倡议当中起着重要作用，帮助沿线国家和地区解决由于基础设施投入不足导致的经济发展的瓶颈。

当前，"一带一路"基础设施建设在共建各国的共同努力下，由铁路、公路、航空、航海、油气管道、输电线路和通信网络等组成的综合性立体互联互通网络正在加快形成。

"一带一路"基础设施建设促进了沿线国家和地区的经济发展。2019年,世界银行发布了《公共交通基础设施——量化模型与"一带一路"倡议评估》报告,数据显示"一带一路"交通基础设施项目为沿线经济体带来了3.35%的GDP增长,除去基建必要的投入之外,还有2.8亿元的增长。此外,这些基础设施建设项目还具有明显的溢出效应,对非"一带一路"合作国家也将带来2.6亿元的GDP增长,促进全球增长GDP2.87%。

"一带一路"合作机制实现了基础设施建设和经济贸易互通,给那些相对欠发达的沿线国家和地区提供了跨越式发展的机会,帮助其建立了良好的经济发展环境,提高了当地人民的生活水平,让沿线国家和地区人民对中国经济发展所取得的成绩有了切身的体会,对中国企业持更加开放和接纳的态度,有利于中国企业在沿线国家和地区的品牌传播。因此,在基础设施建设的带动下,中国企业在"一带一路"市场将面临更加便利的生产生活条件、更加友好的国际合作环境,这将有力地促进中国企业的国际化品牌战略稳步实施,实现企业的转型升级发展。

4."一带一路"文化融合的需要

通过国际化品牌战略进行海外市场拓展是我国企业发展的战略需求,也是输出中国文化、繁荣中国深厚文化底蕴的需求。历史上东西方之间存在着十分密切的交往,并由此实现了不同文化之间的和谐共生和相互融合。无论是历史上的"丝绸之路",还是今天的"一带一路",都横跨欧、亚等大陆,涉及不同国家、不同民族、不同文化背景下人们的交往。关于不同文化之间的发展模式,美国学者塞缪尔·亨廷顿在《文明的冲突》中写道:导致未来世界冲突的根源不再是意识形态的差异,而是来自不同文明之间的碰撞。

在"一带一路"倡议的推进过程中,除了国与国之间的经贸往来,企业与企业之间的业务来往,人与人之间的文化交流与融合也非常重要,因为文化交流可以消除误解,使"一带一路"沿线国家打消对我国企业的许多顾虑。

拥有5000年文明积淀的中华文化,随着"一带一路"倡议的实施、经济与贸易活动的开展,中方企业界人员与沿线各国各界的经济合作与交流的不断深入推进,为中华文化在"一带一路"国家的展示与弘扬提供了巨大的空间和机遇。

所谓"文化搭台,经济唱戏",在经历了充分交流与文化融合之后,有利于中国品牌形象的创建与传播,中国企业与"一带一路"沿线国家企业之间的经济合作关系会更加长久更加牢固,中国企业与当地政府、雇员之间的沟通会更加顺畅,中国企业在沿线国家的企业国际化战略转型升级之路会更加成功，将为我国经济转型发展提供良好的动力。

三、"一带一路"背景下品牌国际化的路径

（一）品牌国际化的市场进入方式

企业应该以何种方式进入国际市场，学术界存在不同的观点。哈佛商学院教授莱维特（Levitt，1983）认为，企业在品牌国际化的时候要采取标准化的方式，以先进的、多功能的、可靠的、低价的标准化产品，再加上规模化的生产，这样可以降低成本，提高竞争力。而 Douglas 和 Wind（1987）则认为标准化生产策略难以实现品牌规模效应，因为不同国家与地区之间的社会、文化、经济等方面均存在差异。"品牌国际化"应是一个企业品牌与海外目标市场需求乃至全球市场需求动态匹配的一个阶段性过程。这就形成了"标准化"与"本土化"之间的争论。

在此之后，国内外学者对于品牌国际化发表自己的见解，有支持"标准化"的，如 Tragos（1998），Murray（1998），Aaker 和 Joachimsthaler（2000），韦福祥（2001），张德智（2017）等；也有支持"本土化"的，如 Kapferer（1997），Huo（2016），陈果（2016）等。

此外，还有将"标准化"与"本土化"相结合的，如 Riesenbeck 等（1991）对欧美品牌国际化企业进行了实证分析，指出在品牌国际化过程中，品牌定位、名称及核心产品可以标准化，广告和定价次之，而分销或促销则可以本土化。美国匹兹堡大学社会学教授罗兰·罗伯逊于 20 世纪 90 年代中期提出了"球土化（Glocalization）"概念，即"全球化（Globalization）"+"本土化（Localization）"。他从文化的角度来研究全球化，认为"全球"与"本土"之间并不是冲突和矛盾关系，而是"相反相成与互动发展"的关系与过程。

我国学者张璟和王永贵（2016）提出，我国企业在"球土化"的过程中，既要反对"故步自封"，也要反对"全盘接受"，在"坚守"与"交融"中实现创新，要不断探索"有效的方式去满足他者主观感觉之需要"的"球土化"战略路径，促成我国产业品牌实现由"中国制造"向"中国创造"的转型与跨越。

中国企业在企业国际化战略转型升级发展的过程中，是应该采取标准化、本土化还是球土化？有人认为，既然球土化是全球化与本土化的结合，那么球土化一定优于标准化或者本土化。本书的答案是：不一定。中国企业在开拓"一带一路"市场的时

候，应该采取哪种市场进入方式是由具体东道国的市场情况，具体的产品与产业，以及企业自身的资源、能力与核心竞争优势来决定的，不能一概而论。

国际品牌标准化模式即企业向全世界不同国家或地区的所有市场都提供相同的产品。标准化的优点是可以获得规模经济效益，虽然能够帮助企业降低制造成本，但是对产品的营销渠道及广告等的投入成本很高。这种国际市场进入方式适合食品饮料、家具、服装鞋帽及化妆品等行业。例如，老干妈辣椒酱、青岛啤酒、可口可乐、麦当劳、星巴克咖啡、苹果手机、香奈儿时装、奔驰汽车等。

国际品牌本土化模式即企业将经营管理、生产等与本土员工、本土消费者习惯相融合。国际品牌本土化包含两方面的含义：一是品牌产品为适应本地消费者需求而设计制造，二是专门为本地消费者的喜好与市场特征实施个性化、差异化营销策略。本地化的优点是针对本地消费者的特定需求，产品能适销对路，但缺点是前期需要投入市场调研、技术研发等成本，规模效应不如标准化。本土化适合食品、化妆品、服装、电子产品等。

例如，在非洲，销量最大的手机品牌既不是三星、苹果，也不是华为、小米、OPPO、vivo，而是另一家在国内名不见经传的公司——深圳传音控股有限公司。该公司旗下的手机有 TECNO、itel、Infinix 三大品牌，在非洲的销量第一，是名副其实的非洲销量之王。为了深耕非洲市场，传音控股实施了深度本土化策略，在一些功能上迎合非洲用户需求。传音手机通过本土化创新及定制化拍照模式，以手机中自带的特殊美颜软件，拍出了让非洲人满意的照片，以此来大力开拓非洲市场，满足消费者的独特需求，用十年的时间牢牢在非洲市场树立起自己的品牌优势。

国际品牌球土化模式即品牌形象和品牌定位等重要的营销要素实行全球统一化，而产品、包装、广告策划等则需要根据当地市场的具体情况加以调整，以提高品牌对该市场的适应性。球土化兼顾了标准化与本土化的优势，使其品牌在国际市场具有光环效应，同时又能满足当地消费者的独特需求，但球土化对于企业在各市场中需要投入的资金、技术、管理等资源要素的要求较高。球土化较适合食品、化妆品、汽车等行业。例如，欧宝汽车在欧洲的销售量较大，但除了品牌标识、品牌个性等重要的品牌要素实行标准化以外，欧宝汽车从产品的设计到价格的制定，基本实行本土化策略，即生产的款式、市场售价等全部由通用汽车公司设在欧洲的子公司来决定，总公司不予干预。

（二）品牌国际化的实施路径

中国企业在"一带一路"沿线国家进行品牌国际化的时候，需要考虑面临的国家政策与经济环境、产业特点、企业优劣势、企业发展阶段等，应该结合内外部环境分析，根据自身的核心竞争优势选择不同的品牌国际化之路。目前，中国企业品牌国际化的实施路径主要有以下四种。

1. 被动式路径

目前，大多数中国企业都是以产品出口作为实现国际化发展的主要措施。品牌国际化的被动式路径是企业以商品输出的方式带动品牌的输出。在"一带一路"沿线国家进行品牌国际化的过程中，由于基础设施的短缺、文化差异及与当地营销机构之间的沟通困难等因素的制约，阻碍了中国企业在"一带一路"市场的渗透，中国企业主要通过出口的方式进行品牌的国际化市场拓展，以成本低、产量大的优势谋求市场发展的空间。被动式路径相对简单，容易操作，风险低，适合没有任何国际经营经验的中小企业。品牌国际化的被动式路径如图8-2所示。

这种被动式路径的优点在于：其一，避免了我国企业在"一带一路"国家进行生产经营所需要的大量的投资与经营风险；其二，可以通过"一带一路"国家当地经销商的渠道优势迅速进入当地市场；其三，由于不需要自建渠道，有利于中国企业降低营销成本。

在被动式路径中，缺点在于：其一，中国企业缺乏对"一带一路"市场的准确把握，不能及时了解客户需求与行业竞争状况，难以生产出适销对路的产品，不能进行针对性的市场营销；其二，由于没有自己的营销渠道，难免被当地经销商牵制，产品销售受经销商的影响较大。其三，采用这种模式导致市场开发程度浅，客户忠诚度不高，品牌表达程度有限，品牌国际化进程缓慢。

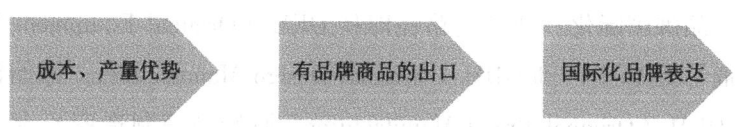

图8-2 品牌国际化的被动式路径

2. 传统式路径

中国企业在"一带一路"国家进行企业国际化战略转型升级的过程中，最传统的方式就是进行对外直接投资（FDI），而品牌国际化的进程也一样，主要通过企业在当地投资建厂、自建品牌的方式，减少中间环节，自建海外销售渠道和网络；或者通过并购的方式，收购当地的工厂或当地知名品牌，将当地成熟的销售网络收为己用。传统式路径是企业以资本输出的方式实现品牌扩张的目的，适合盈利模式与管理模式较为成熟并且具有国际竞争力的企业。品牌国际化的传统式路径如图8-3所示。

例如,安踏体育先后收购斐乐 FILA(意大利)、迪桑特 DESCENTE(日本)、亚玛芬 AMER SPORTS(芬兰)等国际知名品牌,快速打开当地及全球市场,树立了国际化的品牌形象,完成了企业国际化战略转型升级。

传统式路径的优点在于:其一,通过直接投资,中国企业对"一带一路"市场拥有直接控制权,能够获得更大的市场,降低生产成本;其二,通过为"一带一路"国家带来更多的就业岗位,提高当地居民的消费层次,给当地带去资本、技术及管理经验,从而促进"一带一路"沿线国家的发展;其三,能够迅速进入目标市场,及时准确地把握行业竞争状况和客户的实际需求,有利于扩大市场销售;其四,中国企业的品牌文化可以在"一带一路"国家取得较高的地位,树立更加积极、正面的品牌形象,品牌国际化速度较快。

传统式路径的缺点有:其一,面对文化差异,需要企业处理好各种关系,企业应具备突出的国际化管理能力和雄厚的资金实力;其二,自建品牌的营销成本高、速度慢,并购品牌运营管理风险高,因此面临高成本、高风险的双高局面,失败的可能性较大。

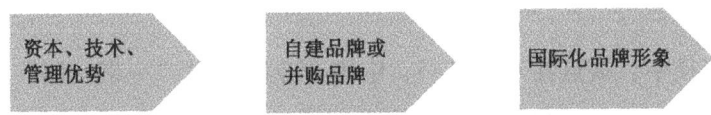

图 8-3　品牌国际化的传统式路径

3. 渐进式路径

根据企业发展的不同阶段,大多数中国企业在不断发展壮大的过程中,都会采取渐进式路径进行品牌国际化。渐进式路径即从 OEM(Original Equipment Manufacturer,原始设备生产商)贴牌生产到 ODM(Original Design Manufacturer,原始设计制造商)按需定制再到 OBM(Original Brand Manufacturer,原始品牌制造商)品牌衍生过程,是企业在国际化转型过程中从流程升级到产品升级再到功能升级的过程,也是企业在国际价值链中从低端到中端再到高端的攀升过程。这种方式适合企业从小规模开始,逐步发展壮大的中国企业。品牌国际化的渐进式路径如图 8-4 所示。

图 8-4　品牌国际化的渐进式路径

渐进式路径的优点在于:其一,在企业国际化的初期,可以直接学习国际先进经验；其二，进入国际市场的门槛低，企业对初期的资金、技术等资源要素的投入不高；其三，在企业发展壮大的过程中，在技术、资金、市场积累的基础上，较容易进入国际市场，风险低，企业国际化品牌基础牢靠，稳健发展。

渐进式路径的主要缺点包括：其一，企业需要一步步脚踏实地发展，在逐渐积累的基础上才能逐步升级转型，时间周期较长；其二，当中国企业决定冲破原来的模式、进入新模式之前，都需要进行战略分析，以决定下一步的品牌战略；其三，企业在建设自主品牌之前，不仅需要魄力，而且对企业的人才、技术和资金等资源有较高的要求。

品牌国际化的渐进式路径往往与企业国际化战略的渐进式路径类似，一步一个脚印，稳扎稳打，在各阶段积蓄力量之后，再上一个新台阶。

例如，格兰仕公司，首先以贴牌生产起步，但在国际化战略发展过程中步步为营，取得优秀业绩。格兰仕最初从 OEM 贴牌生产开始国际化之路，国内国际市场同步发展。其次，在国内占领了大部分市场之后，以出口的方式为"一带一路"沿线国家提供优质产品和服务。再次，在"一带一路"沿线国家投资设厂，建设制造中心，根据当地市场需求定制家电产品与服务。最后，推动自主品牌"走出去"。格兰仕积极在"一带一路"沿线国家加大投入，推动全球销售、全球本土化经营，与当地主要零售渠道建立战略伙伴关系，提升细分市场的覆盖率、渗透率，以运营自主品牌为中心，在各国招募当地一流人才组建本土研发、营销团队，通过自主品牌"走出去"促进公司的企业国际化战略转型升级。

格兰仕还实施多品牌战略，除了 Galanz，还有多个自主品牌。秉持"百年企业 世界品牌"的发展愿景，格兰仕在全球 149 个国家和地区注册了自主品牌。格兰仕产品和服务从中国广东供应到全球近 200 个国家和地区，包括多个"一带一路"沿线国家。

格兰仕自主品牌在"一带一路"沿线多个国家和地区取得了突破。格兰仕在埃及已经建立了自主品牌专营店，在西非入驻了非洲最大的电商平台 Jumia，在南非与当地最大零售渠道 Shoprite 深化战略合作，每年定向供应数十万台微波炉，并逐步把合作品类从厨房电器向冰箱等大家电拓展。格兰仕通过自身不懈的努力，已经实现了从 OEM 贴牌生产→ODM 按需定制→OBM 品牌衍生的品牌国际化之路。

4. 跨越式路径

在中国企业品牌国际化过程中，有些企业选择跨过渐进式路径中的某些环节，直接进入国际市场，创建自己的国际化品牌。跨越式路径包括中国企业在国际市场中开展国际展会、与当地企业形成合作联盟、渠道共享、连锁经营、特许经营等方式。品牌国际化的跨越式路径如图 8-5 所示。

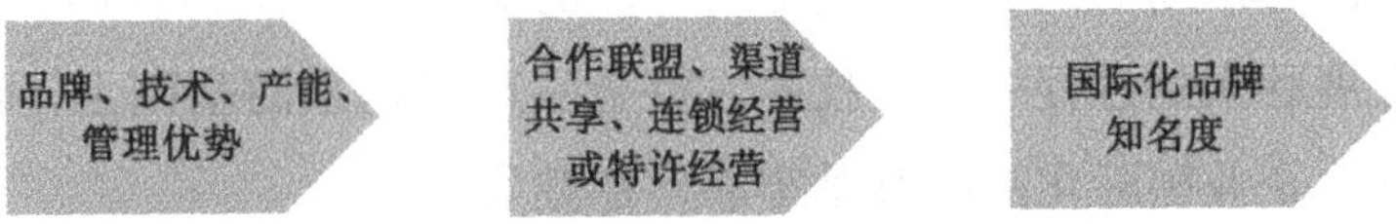

```
品牌、技术、产能、    →    合作联盟、渠道     →    国际化品牌
管理优势                 共享、连锁经营            知名度
                        或特许经营
```

图 8-5 品牌国际化的跨越式路径

例如,温州奥康集团通过与国外大品牌进行销售网络互换,迅速打开国际市场。奥康集团在国内年产皮鞋上千万双,在国内拥有 2000 多家加盟专卖店。意大利的简奥克斯是一家老牌的以生产和销售休闲鞋为主的鞋类企业,在全球 60 多个国家拥有销售体系,该公司很想尽快进入拥有 14 亿人口的中国市场,但苦于在中国没有销售体系。基于双方需求的差异性和渠道的互补性,奥康集团与简奥克斯公司商议渠道互换。双方分别利用自身的销售渠道为对方销售皮鞋,同时奥康集团也为简奥克斯加工皮鞋。

这种跨越式路径的优势包括:其一,投资成本低,时间短、风险低;其二,合作方式灵活,通过国际市场获取绝佳发展机会;其三,将国际同行由对抗变为合作,充分利用对方所建立的销售体系迅速打开国际市场,时间短且节省成本;其四,有利于品牌文化的传播与渗透,提高政治上的可接受性并降低民族防备界限,促进企业国际化战略的实施。

跨越式路径的劣势包括:其一,企业品牌在国内的成功不代表国际化时就能同样成功,国际市场环境与国内市场差异大;其二,企业需要具有更强的国际管理能力与国际合作能力;其三,要求企业具有差异化的自主品牌,包括明确的品牌定位和完善的品牌文化。

上述四种品牌国际化的路径不同,最低级的形式是被动式路径,通过产品的销售,即有品牌商品的输出,实现品牌国际传播。较高级形式是传统式路径,通过资本的输出,在"一带一路"沿线国家投资建厂或直接收购当地的成熟品牌达到中国企业品牌国际扩张的目标。最高级形式是跨越式路径,通过无形资产输出,即签订商标使用许可合同、特许经营等方式,实现品牌国际扩张。最稳妥的形式是渐进式路径,即由"生产"到"生产+设计"再到"生产+设计+品牌"的过渡。其中,风险最小、回报最高、最理想的方式是跨越式路径,即品牌输出方式。

当然,四种品牌国际化的路径并没有绝对的难易之分,中国企业选择不同路径的制约性因素包括产品特点、所处产业状况以及企业自身条件和不同目标市场的差异等,各企业应根据自身情况选择最适合自己的模式。

四、"一带一路"背景下品牌国际化的现状

目前,我国企业参与"一带一路"建设热情高涨,取得了巨大的经济成效。"一带一路"不仅促进了我国企业的企业国际化战略转型升级,也为我国品牌国际化提供了良好的发展契机。评估中国企业在"一带一路"沿线国家的品牌国际化有两项重要指标:一是中国企业在"一带一路"沿线国家和地区的商标注册数量,二是中国企业在投身"一带一路"建设后的品牌价值涨跌情况。

1. 中国企业在"一带一路"沿线国家的商标注册情况

自2013年"一带一路"倡议发起以来,中国企业在"一带一路"沿线的品牌国际化布局发展迅速。商标,作为中国企业海外品牌注册的核心资产,近年来在"一带一路"沿线国家的注册量显著增加。

据国家知识产权局数据显示,2019年中国在87个沿线国家进行了商标申请,共计26755件。其中,全国企业在韩国的申请量为4960件,居沿线国家之首;印度尼西亚、越南、新加坡、泰国分别以2696件、1960件、1852件、1836件位居第二至五位,中国在前五个目的国的商标申请量共计13304件,占比49.7%。从尼斯分类[①]上看,中国在"一带一路"沿线国家的商标活动目前主要以实物商品为主。2019年在"一带一路"沿线国家,中国申请人海外商标申请中实物商品类别占比为77.3%,服务类别占比为22.7%。第9类(科学仪器及计算机相关设备等)以6339件申请居中国在沿线国家商标申请类别之首,第35类(广告及商业经营)、第25类(服装鞋帽)、第3类(日化洗护用品)、第7类(机械设备及电动工具)分别以2819件、1864件、1711件和1705件居第二至五位。[②] 相比之下,2014年中国企业在"一带一路"沿线国家的商标新注册量为1.68万项[③],年增长近1万项,增长60%。

2019年,中国企业在"一带一路"沿线国家申请商标前五位的公司及申请数量如表8-1所示。

[①] 尼斯分类是指《商标注册用商品和服务国际分类尼斯协定》,尼斯分类表包括两部分,一部分是按照类别排列的商品和服务分类表,一部分是按照字母顺序排列的商品和服务分类表。

[②] 蔡中华. 2019年我国在"一带一路"沿线国家知识产权布局保持良好发展势头[EB/OL]. https://www.sohu.com/a/389177255_120044144, 2020-04-18.

[③] 邓兴华,梁正,谷玮. 在一带一路建设中推进品牌国际化[J]. 开放导报, 2017 (6).

表 8-1　　　　　　2019 年中国企业在"一带一路"国家申请商标前五位

排名	企业	申请商标（件）
1	华为技术有限公司	1916
2	厦门幼鲸电子商务有限公司	703
3	OPPO 广东移动通信有限公司	700
4	维沃（vivo）移动通信有限公司	639
5	内蒙古伊利实业集团股份有限公司	444

资料来源：蔡中华. 2019 年我国在"一带一路"沿线国家知识产权布局保持良好发展势头［EB/OL］. 搜狐网. 笔者整理.

2. 中国企业的国际品牌价值情况

截至 2019 年 1 月，中国商标申请数连续 16 年位于全球第一，是名副其实的品牌大国。近年来，我国的品牌数量持续增长。2014 年，我国注册商标总数 550 万个，2015 年我国注册商标数达到 900 万个，2016 年 1300 万个，2017 年 1492 万个，2018 年 1700 万个。① 但与世界上的品牌强国相比，中国尚缺乏能够引领国内乃至全球消费的世界顶级品牌。

全球公认的两大品牌价值排行榜为 Interbrand 和 BrandZ 各自发布的全球最具价值品牌百强排行榜。Interbrand 公司是宏盟集团（Omnicom Group）的成员企业，全球最大的综合性品牌咨询公司，主要从品牌业绩表现、影响力及品牌保障公司持续收入的能力三个方面衡量品牌的价值。BrandZ 是由 WPP 集团旗下调研机构华通明略（Millward Brown）编制，现为国际公认的权威品牌排行榜之一，其衡量品牌价值是根据收入和营利能力等财务数据，结合消费者品牌认知调查计算所得。

为了考察中国企业在"一带一路"倡议前后的国际品牌价值变动情况，本书选取了入选 Interbrand 和 BrandZ 的全球最具价值品牌百强排行榜的中国企业进行比较。表 8-2 是 2012—2019 年两大世界品牌排行榜 100 强中国企业上榜情况。两个排行榜中的差异是由于 Interbrand 在对各品牌进行估值时设置了规定：榜上品牌必须为国际品牌，经营范围必须覆盖至少全球三大洲，必须广泛涉足新兴的发展中国家和地区，必须有足够的公开财务信息，必须长期盈利，30% 以上的收入必须来源于本国以外的地区。因而，Interbrand 排行榜对于企业国际化品牌的衡量更为严谨。

从表 8-2 中可以看出，在 Interbrand 排行榜上，自 2013 年"一带一路"倡议提出

---

① 王琳. 品牌发展的宏观政策［EB/OL］. http：//szb. gansudaily. com. cn/gsrb/201901/15/c104765. html，2019 - 01 - 15.

以来,从 2014 年开始有中国公司华为上榜,2015—2017 年共有华为、联想两家公司上榜,2018—2019 年仅剩华为一家,联想跌出榜单外,说明:其一,"一带一路"倡议促进了华为、联想等中国企业的国际化品牌价值;其二,在中国企业的国际化品牌中,能够得到全球公认的仅一两家。

在 BrandZ 排行榜上,2012—2019 年,中国企业上榜数量虽有所波动,从最低 11 家(2014 年)到最高 15 家(2016 年、2019 年),但总体保持稳定,上榜企业多以央企、垄断性企业及银行等为主。而上榜企业全部都与"一带一路"相关,说明这些中国企业的国际化品牌长期在"一带一路"沿线国家和地区经营。

表 8-2　　2012—2019 年中国品牌入选两大品牌价值排行榜 100 强情况

年份	排行榜	上榜企业数量（家）	上榜企业名称	与"一带一路"有关的企业数量（家）	与"一带一路"有关的企业名称
2012	Interbrand	0	无	0	无
2012	BrandZ	13	中国移动、工商银行、建设银行、百度、腾讯、中国人寿、中国石化、中国银行、中国石油、茅台、平安保险、中国电信、中外运敦豪	13	中国移动、工商银行、建设银行、百度、腾讯、中国人寿、中国石化、中国银行、中国石油、茅台、平安保险、中国电信、中外运敦豪
2013	Interbrand	0	无	0	无
2013	BrandZ	12	中国移动、工商银行、腾讯、建设银行、百度、农业银行、中国人寿、中国银行、中国石油、中国石化、茅台、平安保险	12	中国移动、工商银行、腾讯、建设银行、百度、农业银行、中国人寿、中国银行、中国石油、中国石化、茅台、平安保险
2014	Interbrand	1	华为	1	华为
2014	BrandZ	11	腾讯、中国移动、工商银行、百度、建设银行、农业银行、中国石化、中国银行、中国石油、平安保险、中国人寿	11	腾讯、中国移动、工商银行、百度、建设银行、农业银行、中国石化、中国银行、中国石油、平安保险、中国人寿

续表

年份	排行榜	上榜企业数量（家）	上榜企业名称	与"一带一路"有关的企业数量（家）	与"一带一路"有关的企业名称
2015	Interbrand	2	华为、联想	2	华为、联想
2015	BrandZ	14	腾讯、阿里巴巴、中国移动、百度、工商银行、建设银行、农业银行、中国人寿、中国石化、中国银行、中国平安、华为、中国石油、中国电信	14	腾讯、阿里巴巴、中国移动、百度、工商银行、建设银行、农业银行、中国人寿、中国石化、中国银行、中国平安、华为、中国石油、中国电信
2016	Interbrand	2	华为、联想	2	华为、联想
2016	BrandZ	15	腾讯、中国移动、阿里巴巴、工商银行、百度、建设银行、中国银行、中国石化、华为、中国平安、中国人寿、农业银行、中国石油、茅台、京东	15	腾讯、中国移动、阿里巴巴、工商银行、百度、建设银行、中国银行、中国石化、华为、中国平安、中国人寿、农业银行、中国石油、茅台、京东
2017	Interbrand	2	华为、联想	2	华为、联想
2017	BrandZ	13	腾讯、阿里巴巴、中国移动、工商银行、百度、华为、建设银行、中国平安、茅台、农业银行、中国人寿、中国石化、中国银行	13	腾讯、阿里巴巴、中国移动、工商银行、百度、华为、建设银行、中国平安、茅台、农业银行、中国人寿、中国石化、中国银行
2018	Interbrand	1	华为	1	华为
2018	BrandZ	14	腾讯、阿里巴巴、中国移动、工商银行、茅台、百度、中国平安、华为、建设银行、京东、农业银行、中国人寿、中国银行、顺丰速运	14	腾讯、阿里巴巴、中国移动、工商银行、茅台、百度、中国平安、华为、建设银行、京东、农业银行、中国人寿、中国银行、顺丰速运

续表

年份	排行榜	上榜企业数量（家）	上榜企业名称	与"一带一路"有关的企业数量（家）	与"一带一路"有关的企业名称
2019	Interbrand	1	华为	1	华为
	BrandZ	15	阿里巴巴、腾讯、中国移动、中国工商银行、茅台、中国平安、华为、中国建设银行、百度、京东、滴滴出行、小米、美团、中国农业银行、海尔	15	阿里巴巴、腾讯、中国移动、中国工商银行、茅台、中国平安、华为、中国建设银行、百度、京东、滴滴出行、小米、美团、海尔

资料来源：2012—2019 年 Interbrand 和 BrandZ 发布的全球品牌价值百强榜，笔者整理。

第二节 中国企业在"一带一路"沿线品牌国际化的机遇与挑战

品牌是企业整体实力的体现，也是企业最重要的无形资产。随着中国企业的国际市场环境的变化，努力向企业国际化战略转型升级，实现品牌国际化，提高自身竞争优势，成为众多企业的目标。当前，中国企业在沿"一带一路"实施企业国际化战略转型升级的过程中，品牌国际化的机遇与挑战并存。

一、"一带一路"为中国品牌国际化带来的机遇

1. "一带一路"倡议为沿线各国品牌国际化提供了广阔的舞台

"一带一路"从东向西横贯东亚、中亚、东南亚、南亚、西亚、中欧、东欧、西欧和北非，沿线国家和地区大多是新兴经济体和发展中国家，中国与这些国家具有广阔的互利合作前景。这将为中国企业"走出去"提供广阔的舞台，也为中国品牌走出国门，寻求国际化发展提供了良好的机遇。

"一带一路"倡议的加速推进，对中国企业的国际化运营及建设国际化品牌提出了更高的要求。面对"一带一路"巨大的市场，中国企业需要因地制宜，努力打入沿

线国家和地区的市场。同时,"一带一路"国家和地区的众多企业品牌也可以借助"一带一路"倡议进入具有14亿人口的中国市场,互利互惠,共同发展。因此,中国品牌和"一带一路"沿线的品牌共同面临着品牌建设与发展的迫切需求,中国作为"一带一路"倡议中规模最大的国家,肩负着品牌引领的作用,有能力的中国品牌也将发展壮大成为国际化品牌。

在"一带一路"倡议蓬勃发展之际,在国家新一轮改革开放政策及基础设施建设的大力推动下,一批中国品牌在"一带一路"市场取得突破发展。根据国家信息中心《"一带一路"大数据报告(2017)》,中国企业出海形态和方式已经出现明显变化。报告分析指出,阿里巴巴等互联网企业不断地将"中国制造""中国产品"带到沿线国家,助力中国品牌出海拓展,助力沿线国家经济不断发展,同时也获得了较高的社会影响力。2017年,中国企业在"一带一路"的影响力排名前10名的名单如表8-3所示。

表8-3　　　　　　2017年中国企业在"一带一路"的影响力前十名

排名	企业名称
1	国家电网公司
2	国家电力投资集团公司
3	中国石油天然气集团公司
4	中国石油化工集团公司
5	阿里巴巴(中国)有限公司
6	中国铁道建筑总公司
7	中国中车股份有限公司
8	华为技术有限公司
9	中国银行
10	中国移动通信集团公司

资料来源:国家信息中心:《"一带一路"大数据报告(2017)》。

此外,还有碧桂园、腾讯、光明食品、比亚迪、美的、联想、海信、京东、TCL等一大批中国自主品牌受到"一带一路"沿线各国消费者的热捧,这些中国产品及服务为给"一带一路"沿线民众带来了福祉。

2. 中国政府发布相关品牌建设的激励政策

2014年,习近平总书记提出:"要推动中国制造向中国创造转变、中国速度向中国质量转变、中国产品向中国品牌转变"。"三转变"的提出，让中国品牌走出国门、走向世界变得越发重要。

近年来，党中央、国务院、工信部、工商总局进一步重视品牌建设，近年来发布了《国务院办公厅关于发挥品牌引领作用推动供需结构升级的意见》（国办发〔2016〕44号）、《工商总局关于深入实施商标品牌战略推进中国品牌建设的意见》（工商标字〔2017〕81号）、《工信部办公厅关于做好2018年工业质量品牌建设工作的通知》（工信厅科函〔2018〕83号）等多个关于促进品牌发展的纲领性文件，强调发挥品牌引领作用，推动我国企业的品牌化发展。

除了上述政策之外，中央各部委及各级地方政府为中国品牌发展做出了持续努力。2017年4月24日，国务院批准同意自2017年起，将每年的5月10日设立为"中国品牌日"。2017年5月9日，国家发展改革委联合中宣部、工业和信息化部、农业部、商务部、工商总局、质检总局、国资委、食品药品监管总局在北京共同召开中国品牌日媒体通气会。2018年，国家发展改革委联合中宣部、工业和信息化部、农业农村部、商务部、国家市场监管总局、国家知识产权局及上海市人民政府共同举办了首届中国自主品牌博览会。

在"一带一路"品牌国际化方面，2017年，"一带一路"中国品牌国际化论坛在上海举办；2018年，"一带一路"中国品牌国际化论坛在北京举办；2019年，"一带一路"品牌强国创新论坛在北京举办。这些论坛围绕"一带一路"的新经济形势与发展契机，为企业界探讨寻求国际市场机遇，提升品牌国际化影响力，实现互利共赢。

3. 中华文化的传播为中国企业品牌国际化创造机遇

自汉代古丝绸之路开创以来，驱动2000多年古丝绸之路持续繁荣的主要动能不仅是中国的丝绸、瓷器等有形的产品，还有中华文明绵绵不绝的璀璨文化。古丝绸之路不仅是一条商贸道路，更是一条文明传播与融合之路。几千年中，中华文明正是在不断与各文明的交流碰撞中，互相学习、兼收并蓄，才成就了今天的辉煌。

历史上，中国传统制造业品牌是古丝绸之路沿线各国互联互通的主要载体，也是各国文明交流互鉴的主要名片。中国的丝绸、瓷器、茶叶等制造业品牌享誉全球，传承着中国悠久的制造文明和丝路精神。古丝绸之路中国与中亚、印度间繁荣的丝绸贸易已成为源远流长的历史符号。

今天，作为中华文明与异域文化联系的桥梁纽带，"一带一路"总体设计中包含了深厚的历史情感与文化情怀。文化的交流增进了不同文明之间的相互理解，降低了不同种族之间的敌对情绪，有助于人们之间的跨文化沟通。文化的交流促进了经济的发展,而文化的交融让中国自主品牌走出国门、拓展"一带一路"市场增添了良好的机遇。

二、"一带一路"背景下中国品牌国际化面对的挑战

作为"一带一路"倡议发起国,"一带一路"为我国品牌国际化带来诸多的机遇,而中国企业在"一带一路"推进品牌国际化的过程中也面临一些问题。

1. 中国企业品牌国际化短板明显

自改革开放以来,虽然中国产品依靠低成本的优势行销全球,但是中国的国际化品牌却并不多,与全球第一大制造国和出口国的地位不符,其中就是由于中国出口的商品有不少属于代工或贴牌,自主品牌的出口比重较低。

在2019年公布的财富世界500强企业中,从数量上看,世界最大的500家企业中,有129家来自中国,历史上首次超过美国(121家)。即使不计算中国台湾地区企业,中国大陆企业(包括中国香港企业)也达到119家,与美国的数量大致相当。然而,在2019年Interbrand全球品牌价值百强榜中,中国品牌仅华为一家入选。在2019年BrandZ的全球品牌价值百强榜中,中国上榜品牌增长至15家,虽然超过德国(9家)、法国(5家)、英国(3家)、印度(3家)、日本(2家)、加拿大(2家)、西班牙(2家)、瑞典(1家)、澳大利亚(1家)、印度尼西亚(1家)、韩国(1家)、意大利(1家),但远远落后于美国(54家)。这说明我国企业在品牌国际化领域还有较大发展空间和潜力。

这种情况的出现,主要是基于两方面的原因:一方面中国企业在全球价值链中大量承担装配、生产等中间环节与对外工程承包等活动,缺乏在品牌和技术上的话语权,造成品牌国际化水平与我国的经济贸易水平不完全匹配。另一方面,中国企业品牌意识还不够强,不注重构建企业国际化品牌形象。

在"一带一路"建设过程中,中国在"一带一路"沿线国家和地区走出去的主要是产品及基础设施建设,而不是中国制造的品牌。"一带一路"沿线消费者认知的仍是中国制造,而不是中国品牌。

当然,"一带一路"市场上,在通信及生活用品相关领域,中国品牌已经呈现出很强劲的竞争力,比如华为、小米、海尔等,已经在技术、服务、用户体验、品牌形象等方面给当地消费者留下了良好的印象。但是,在高科技领域,中国成功的国际品牌还不多,这也是中国品牌需要突破的地方。

2. 中国企业品牌国际化战略缺失

中国企业要进行海外拓展，深耕"一带一路"市场，不仅需要谋划长远发展的企业层级的国际化战略，在市场营销这个职能层级，也需要市场营销的国际化战略，这当中就需要规划企业品牌国际化战略。

目前，在"一带一路"倡议具体实施举措中，部分中国企业尚缺乏国际化品牌战略支撑。无论是"产品走出去""装备走出去"还是"产能国际合作"，企业的发展定位与宣传等都缺乏对中国制造业品牌走出去的行动和战略举措。

在"一带一路"市场拓展过程中，为解决国内产能过剩问题，现有中国品牌大多"以产定销"，以"把生产的产品卖到脱销"作为企业成功标准的传统营销理念依然占据主导地位。这种理念指导下的品牌定位模糊，未能考虑到品牌的目标受众、消费者需求变化以及产品未来的发展方向等问题，而这些问题对于品牌的长期发展具有至关重要的意义。

这种传统营销理念在供给缺乏的时期简化了生产端设计，大批量地制造同质化的产品虽然有效地降低了成本、满足了消费者的需求，但是，大量的同质化的产品使消费者的品牌辨识度低，品牌忠诚度不高。当"一带一路"沿线消费者的需求趋于差异化、多样化、个性化，且面临其他竞争者的激烈竞争的时候，这种营销理念就难以适应当地市场的需求。因此，品牌国际化战略的缺失，品牌定位模糊，缺乏针对性与独特性，为中国品牌国际化带来一定的挑战。

3. 中国企业国际化品牌效应不足

在"一带一路"倡议实施过程中，中国企业品牌效应不足，品牌美誉度和品牌竞争力有待提升。在"一带一路"倡议的引领下，我国的设施装备、产能合作、核电等产品逐步走向沿线国家和地区，但是，品牌效应彰显不足，中国企业的品牌国际影响力和品牌价值还有发展的空间。

中国企业在开拓"一带一路"沿线市场的时候，主要是产品市场的开拓，而品牌代表的不仅是一种产品，而是该企业的一系列产品，是企业一种敬业、负责的态度，是企业技术、管理、人力资本、形象等无形资产的综合象征。

由于品牌具有可转移性，一种产品的良好的消费者体验及社会声誉往往因为同一家公司而转移到另一种产品上。因此，这种单产品运营的模式限制了品牌外延，中国企业在"一带一路"市场缺乏成熟的品牌延伸策略。

"一带一路"市场发展并不成熟，正处于消费习惯培养阶段，而中国企业在进行品牌国际化过程中较为关注显性成本消耗，在消费者身上的投入成本不高，忽视消费者消费习惯的培养,致使消费者忠诚度低,压缩了品牌发展空间。

"一带一路"潜在市场广阔,当地产业链不一定完备,因此,中国企业需要根据自身现有的设计、生产等技术优势,针对当地消费者的特征,采取相关多元化的战略,对现有产品及品牌进行延伸,而不应盲目投资,看哪个行业盈利空间大就盲目地投入该行业中去。

4. 中国企业国际化品牌维护欠缺

中国品牌要成功国际化,不仅要靠创新的技术、良好的产品质量,在品牌后续服务方面也要跟上。中国企业在"一带一路"市场较为重视品牌建立与品牌推广,而对于品牌维护相对来说重视程度不够,如后期维修、售后服务、购买体验等。品牌建立是一个从无到有的过程,品牌推广是一个将目标群体转变为消费群体的过程,而品牌维护则是一个增强消费者认同感与忠诚度的过程,是品牌强化过程。好的品牌维护能够为企业带来成倍的客户、免费的广告宣传,提高企业形象。在产品销售过程中,应当以"满足消费者需求"为导向,注重消费者的购物感受,提升服务质量,改善服务态度,增加产品的无形价值。

中国企业的产权保护意识较为薄弱,很多商标并未及时注册。"一带一路"沿线国家的法律体系与发达国家相比不够完善,使我国企业在"一带一路"沿线市场遇到侵权问题时没有一套系统、成熟的解决方案。

部分中国企业对于紧急公关事件的处理不够成熟,舆情应对处置能力有待提升。由于"一带一路"国家可能存在的各类风险,如当政府换届的时候,面对新的政府及当地民众的质疑,未能从"消费者权益"的角度及时与消费者和公共媒体进行双向沟通,企业本身的品牌危机预警与处理机制有待加强。

第三节 "一带一路"背景下中国企业国际化品牌战略的建议

在机遇与挑战并存的大背景下,中国企业在"走出去"过程中有必要加快品牌国际化步伐,提升品牌竞争力,增强国家软实力。中国企业要提升自身在国际市场中的地位与影响力就必然要站在经济全球化的视角进行战略规划,正视自身品牌与国际化标准之间的差距,着力提升自己的核心竞争力。

一、加强品牌国际化战略管理，提升品牌竞争力

1. 制订中国企业国际化品牌的战略规划

一个企业只有做到了品牌国际化才能深度国际化，中国企业需要通过对国际化品牌的管理来实现国际化转型升级的战略目标。加强企业国际化品牌的管理，需要对创建品牌、维护品牌和巩固品牌等核心问题进行长远的规划。

品牌战略就是企业以产品或所提供的服务为品牌基础，设计和制订出一系列或一整套全面的、有基础的、可持续的战略方案来提升企业的竞争力和市场占有率。

中国企业在开发"一带一路"市场的过程中，需要在前期市场调研的基础上，分析企业内部的优劣势和外部环境所面临的机遇与挑战，充分了解企业所处的政治、经济、社会、技术环境以及该市场上的竞争对手的情况，根据企业自身所掌握的资源，选择最适合的国际化品牌战略，制订企业的品牌国际化实施方案。

2. 做好市场细分，找准品牌定位

"一带一路"市场空间广阔，沿线各国家或地区消费者需求偏好差异大、国家经济发展程度差异大等特点使中国企业不能简单划一地看待这个巨大的市场，应该将其划分为多个细分市场。中国企业与每个细分市场的贸易交往、投资、生产、营销等都要有区别，必须因地制宜，有的放矢地经营与投资，才能在"一带一路"市场中取得竞争优势。

市场的准确定位，是保障中国企业顺利开拓"一带一路"市场的重要基础。而品牌定位首先需要进行市场细分，通过细分市场明确自身优势，选择目标市场。通过市场调研进行市场细分，锁定目标客户群体，以客户需求为导向，设计、生产适销对路的产品。在现有产品市场已经饱和的情况下，还要不断研发新产品，培育消费者，为消费者创造新的需求，创设品类介入点，形成明确的品牌定位。

在市场定位中需要结合企业自身的性质、产品竞争情况以及产品特点等诸多因素来进行。中国企业只有明确企业在目标市场中的位置，做好市场的细分工作，才能够保障营销策略的针对性与合理性，促进企业的持续与稳定发展。

对于中国制造产品而言，为了避免大批量、同质化产品带来的品牌忠诚度低的问题，需要采用差异化的品牌战略来吸引目标市场中的消费者。无论是产品外观、功能的差异化还是市场营销策略的差异化，均能有效地凸显企业的品牌效应。

此外，中国企业在品牌国际化的过程中，需要改变过去"中国产品＝低质低价"

的地摊货的市场定位。虽然中国产品价格低廉，但消费者体验不佳，不利于建立品牌美誉度，还可能因为质量的问题给企业品牌带来负面影响。因此，中国企业在开拓"一带一路"沿线市场的时候，可以将市场定位提升到优质低价或优质中价，这样才能够塑造企业自身、产品及服务的良好形象，获得当地消费者的认同并吸引到越来越多的消费者，提升当地消费者对于中国产品的消费者满意度。

3. 重视品牌推广

中国企业在开拓"一带一路"市场的过程中，要改变"努力把货卖出去"的传统思维，逐步建立起"塑造国际化品牌"的思维。因为消费者需要的不仅是产品的使用功能，还需要身份识别、社交、情感归属等其他功能。正如 Adam & Eve DDB 创始人兼集团首席执行官 James Murphy 所言，"市场营销信息需要从创新和技术变为更简单的情感传递，通过情感信息在国际受众中引发共鸣"。"消费者更有可能记住简单的情感信息，而不是产品的配置。"

中国企业在"一带一路"沿线国家和地区进行品牌推广的时候，要选择适合自身品牌定位发展的营销渠道，有效地传播企业的品牌核心价值观，凸显企业能够为消费者解决的某种独特利益价值点或情感诉求点。中国企业打造国际化品牌的核心就在于传播企业品牌核心价值观让更多消费者所认识或了解，通过品牌宽度和品牌深度推广，加强与当地消费者的沟通与互动，提升品牌知名度和美誉度。提高品牌销售力。

如同产品的全生命周期管理一样，中国企业也需要加强国际化品牌的全生命周期管理。品牌全生命周期包括了导入期、成长期、全盛期和衰落期四个发展阶段，而品牌推广在这四个阶段的管理侧重点不同。在国际化品牌的导入期，企业需要依据在具体市场上所做的市场调查结果来制订相应的品牌推广计划，选择适合的推广模式。在国际化品牌的成长期，企业需要根据导入期所收集到的消费者反馈信息，有针对性地对品牌要素进行重新审视并调整，以满足当地消费者的需求或超越竞争者。在国际化品牌的全盛期，企业需要对产品的技术、功能组合、包装和产品线及服务或附加利益，进行适应性和适当超前性的改进，让产品始终符合顾客期望。在国际化品牌的衰落期，由于品牌走向衰落大多由危机引起，而正确处理危机就成为挽救品牌颓势的主要工作。

4. 任用懂得品牌国际化知识的专业人才

在"一带一路"市场开拓中，对于日常生活用品等产品来说，中国企业需要任用具备国际化营销能力的市场营销专业人才。只要对当地市场和消费者有足够的了解，制订适当的市场营销策略与国际化品牌策略并恰当地实施，这些专业人才在市场开拓和品牌国际化塑造方面的难度并不大。

对于高科技产品，有一些中国企业通过本公司外派的产品设计师来推动业务发展，或者任用设计师和工程师来负责营销。这类专业人士的优点是懂技术，对产品的功能、性能熟悉，且擅长于将消费者的需求转化为技术改进与革新。但是，他们的缺点在于缺乏国际市场营销的专业知识，缺乏国际品牌推广与维护的专业技能，与客户的沟通与互动主要专注于技术，缺乏国际市场拓展与客户维护方面的技能。

另外，如果任用国际市场营销专业人才来推广高科技产品，则存在其擅长商务沟通与客户关系维护，但是对于技术并不了解的缺点。因此，本书建议中国企业在打造国际化品牌的过程中，要大力培养并任用具备专业技术知识和国际市场营销知识的复合型人才，加强对品牌国际化知识的培训，培养出一批既懂"一带一路"市场，又懂专业技术的国际化复合人才，为中国企业成功"走出去"奠定坚实的基础。

5. 加大与国际广告公司和当地公关公司的合作

中国企业要"走出去"打造知名国际化品牌，仅依靠自身的积累与逐步摸索，虽然较为稳妥、风险低，但速度慢、效率低。而国际市场风云变幻，有些市场机会稍纵即逝。因此，企业需要整合各类优质资源，充分借助国际广告公司和当地公关公司的力量，提高打造国际化品牌的效率。

首先，优秀的国际广告公司拥有打造国际化品牌的丰富经验，对于当地市场的特征也有独到见解。中国企业可以与大型的国际广告公司合作，借助其在"一带一路"沿线国家已经建立起来的网络，这样可以制订长期的、标准化、系统化的品牌推广策略，有利于中国企业快速在当地建立自己的品牌。

其次，中国企业要重视与当地公关公司的合作。当地公关公司不仅可以帮助中国企业推广品牌形象，提升品牌知名度与美誉度，尤其是当中国企业在当地遭遇品牌危机、公关危机的时候，借助当地公关公司良好的公共关系及专业的处理能力，能在一定程度上帮助中国品牌化解危机，转危为安或者减轻伤害、减少损失，淡化负面舆情，减轻对品牌的负面影响。

二、加快中国品牌在"一带一路"市场的球土化

中国企业在开拓"一带一路"沿线市场的过程中，需要根据产品的特点及企业自身的实际情况，实施"球土化"策略，即坚持做好国际标准化与本土化的结合，这样才能打造知名的国际化品牌。

1. 加快中国品牌的国际标准化

2019年3月，由中国主导制定的品牌评价国际标准 ISO 20671：2019《品牌评价

基础和原则》正式发布。该标准是国际标准化组织品牌评价技术委员会（ISO/TC 289）成立以来制定发布的第一项国际标准，是我国品牌领域国际标准化的重大突破，将为我国品牌国际化提供重要的技术支撑。该项国际标准规定了品牌评价的基础和原则，明确了品牌评价过程的整体框架，是中国、美国、德国共同创新的品牌价值"五要素（质量要素、服务要素、创新要素、有形要素、无形要素）"发展理论的重大成果。

中国企业采用国际品牌标准化战略可以在"一带一路"沿线不同的市场上共享营销网络资源和人力资本，降低营销成本，迅速扩大企业知名度，提升当地消费者对企业品牌的认知度。因此，善用国际标准，打造中国制造的国际品牌，有助于品牌价值的提高，有利于中国企业提升在全球产业链的地位，有利于向全球价值链高端攀升。中国企业要向"一带一路"市场提供品牌形象统一、技术标准统一、质量标准统一的产品，获得当地消费者的认同，打造中国产品的良好的国际品牌形象，提升品牌竞争力。

2. 加快中国品牌在"一带一路"市场的本土化

在中国国际品牌本土化方面，首先要加强营销本土化。中国企业要在"一带一路"不同文化的国家开拓市场，需要根据当地文化和消费者的需求，建立公司国际营销管理流程和方法，采用不同广告宣传，采用不同的市场营销模式，以满足当地消费者的不同需求，获得当地消费者对中国品牌的认同与好感，加速品牌影响力的渗透过程，提升品牌的形象与价值。

其次，中国国际品牌的本土化需要加强产品本土化。为了理解和应对不同文化背景中的消费者行为和偏好，在对"一带一路"当地不同市场进行调研的基础上，加强与当地消费者的沟通，针对当地消费者的独特需求，推出不同功能的产品，符合当地消费者的喜好，提升中国产品的竞争力。

再次，中国国际品牌的本土化需要加强研发本土化。中国企业可以与"一带一路"沿线国家和地区的独立研发机构合作，将当地的优秀智力资源与中国企业自身的核心创新能力结合。因此，研发本土化有利于加强国际联盟，整合多方资源，提高中国企业的技术创新能力。

复次，中国国际品牌的本土化需要加强员工本土化。中国品牌在"一带一路"沿线国家和地区国际化的过程中，根据实际的需要，雇用当地员工从事生产制造、管理、市场营销等工作。员工本土化有利于加强中国企业在当地的嵌入性，有助于中国企业处理好与当地政府、非政府组织、协会及各族群的公共关系，塑造良好的品牌形象。

最后，中国国际品牌的本土化需要加强售后服务本土化。为了提高服务水平，中国企业可以在科学选址决策的基础上，在"一带一路"消费者集中区域，建立售后服务机构，为中国产品提供维修、维护、保养等服务。售后服务本土化有助于加强与当地消费者的有效沟通，消除或减轻产品质量问题造成的负面影响，提高中国品牌的美誉度。

综上，由于"一带一路"各个国家和地区之间存在极大的差异性，中国品牌的国际化运营必须采取标准化与本土化相结合的球土化战略。既要打造统一的品牌形象、技术标准、质量标准，又要兼顾当地市场的特点，满足消费者的不同需求，提高中国品牌在当地市场的嵌入性。

三、塑造中国企业卓越的品牌文化

1. 弘扬诚信守法、精益求精的品牌文化

国际化品牌在全球消费者眼中不仅代表着高质量，更象征着一种文化。每一个成功的国际化品牌都有深厚的文化积淀。中国品牌拓展"一带一路"市场，不仅销售产品或输出产能，更要弘扬中华优秀的传统文化。

中国与"一带一路"沿线国家层面的经贸往来与产能合作依靠一个个诚信守法、精益求精的企业品牌来推动和实现。中国企业不仅要向当地消费者提供优良的质量、完善的售后服务，宣传好产品和品牌，更要建立起自己良好的商业信誉，维护好中国制造的品牌信誉。

2. 文化互融，提高中国品牌包容性

中国产品深厚的文化底蕴可以唤醒当地消费者的潜在消费意识，使品牌文化内涵带给品牌更多的附加值和市场价值。当然，每个民族都有自己的独特文化传统与风俗习惯，中国企业在弘扬中华文化的同时，必须特别注意和尊重对方的文化。在双方文化都有鲜明特点时，需要在了解彼此文化的基础上去选择文化的互融点，避开对立的方面。

如果能将"一带一路"沿线当地不同民族特色与中国的传统文化相融合，更能赢得当地消费者的青睐。只有对双方文化有深入的了解，把一种文化"转换成"另一种文化才能做到真正的融合。

中国企业在国际化品牌战略实施的过程中，营销模式的确定以及营销组合要素的出台，都要充分考虑当地消费者的文化传统、生活习惯，并根据当地市场情况加以适当的调整。因此,中国企业要提高品牌文化的包容性,而中国国际化品牌在"一带一路"国家和地区的建立和传播过程就是中华文化与当地文化互相交融的过程。

四、加强中国企业国际化品牌维护

1. 提高中国产品的质量

优良的质量是中国品牌国际化的基础。没有过硬的质量,一切品牌知名度和美誉度都是无本之木、无源之水。产品质量是一种实实在在的品质,满足消费者对品牌最基本的效用,是消费者购买品牌产品时首要考虑的因素。在满足产品质量的前提下,市场竞争才能成为价格竞争、服务竞争及品牌知名度之间的竞争。

根据"品牌冰山"理论,冰山露出来的15%用来区分企业所提供产品或服务的名称或标语,而隐藏在水下的85%则是不变的质量水平的保证。因此,中国企业要在"一带一路"市场打造自己的国际化品牌,需要向当地市场提供性能可靠的、优质的且被消费者认同的产品,努力改变中国产品低质低价的原有形象。

有的中国企业采取的是低成本战略,认为反正自己的产品价格低,不愁没有销路。但是,一旦消费者将产品买回去以后,当其遭遇产品质量问题时,往往将消费者的权益保护放在首位而忘记价格低廉的好处。同时,如果因产品质量问题导致人身伤害事故,甚至触犯产品销售地的法律,除了引发国际诉讼之外,还有可以引发当地及国际的舆情,带来公共危机,这将对中国制造的整体品牌形象造成严重的负面影响,不利于中国产品国际化品牌的创建。

此外,中国品牌要缩小与国际知名品牌的差距,不能仅仅依赖品牌质量的"硬件"因素,还要充分发挥产业升级作用来提升品牌软实力、巧实力。从我国国民经济体系中20个产业98个行业情况看,普遍面临产业转型升级问题,产业不强就会导致品牌强不起来,在国际品牌竞争中就无法取得竞争优势。因此,打造在"一带一路"市场中的中国品牌不仅需要产品质量提升,也需要企业及产业的转型升级发展的配合,才能打造出高技术、高质量的中国制造品牌。

2. 重视中国品牌的维护

中国企业在"一带一路"市场实施品牌国际化时,要注重对品牌的维护,学会运用法律手段保护自己的品牌不受侵犯。一些中国企业辛勤培育出了自己的品牌,却没有想到在国外市场会被人恶意抢注。比如,联想集团启动新英文商标"Lenovo"就是因为"Legend"商标此前在很多国家已经被抢注;上海冠生园食品总厂的"大白兔"

商标在日本、菲律宾、印度尼西亚、美国和英国都曾被抢注；而海信、大宝、五粮液准备向海外"走出去"的时候，却遭遇自己的商标在第三国无法使用、自己的商标被他人抢注的困境。

为提高中国品牌的国际竞争力，中国政府近年来加强与世界知识产权组织的合作，并于2016年与世界知识产权组织共同签署关于进一步加强合作的谅解备忘录，促进双方在商标国际注册马德里体系下的深入合作。商标国际注册马德里体系为商标申请人提供了低成本、高效率、易操作的商标国际注册途径，申请人只需用一种语言，交一份申请，向一个局缴费，便可向多个国家或地区申请商标注册，同时使商标保护的后期管理更为容易。

此外，还可以加强与国际品牌保护机构的合作，如国际反假联盟（简称"IACC"），它是全球最大反假冒侵权非营利性组织，其成员囊括了各个领域里的国际知名品牌，同全球政府机构及行业伙伴合作，通过法规、政府、民众教育等途径来加强知识产权保护；国际品牌保护与反假冒委员会（International brand protection & anti-counterfeiting Committee，IBPAC），它于2013年在中国香港成立，是目前中国第一个国际性反假冒组织，主要针对国际奢侈品牌、药品、食品、化妆品、电子产品等多个领域的国际品牌在华知识产权保护。

3. 建立健全品牌管理制度

品牌管理制度是中国品牌国际化的保障。部分中国企业在对自身的品牌进行管理的过程中，仅仅关注国际化品牌的声誉和产品的销量，缺乏一定的品牌管理制度设计，弱化品牌管理，不能对企业内部的员工进行有效的监督和制约，从而导致企业的产品在生产和流通的过程中出现许多质量问题，企业的品牌形象遭受负面影响。缺乏科学的品牌管理制度不仅无法促进中国品牌走向国际化舞台，还会对中国品牌的声誉问题带来严重的影响，甚至还会造成重大财产损失。

品牌管理制度体系包括：其一，品牌管理的组织与执行描述，要求企业设立专门的机构负责品牌管理的各项事务，如制度设计、资源配置及监督执行等；其二，品牌状态的监视制度，实时监控品牌状态的变化，建立预警机制，避免危害品牌声誉的情况发生；其三，品牌策略的调整制度，企业需要根据内外部环境因素的变化，对自身的品牌策略进行适时、适度地调整；其四，品牌的保护制度，保护企业品牌免受外界负面因素的不利影响。

在"一带一路"沿线具有国别、民族、文化多样性的国际经济环境下，中国企业如何充分对接国际惯例，构建符合国际品牌规则的品牌制度显得极为重要。国际品牌发展环境的营造需要"一带一路"沿线各国政府、企业、品牌中介机构、消费者等各方面的共同努力,是一个长期的系统工程。

综上所述,品牌竞争是国际竞争的主要形式。世界品牌大师阿尔里斯说:"世界最富有的国家都建立在品牌之上而不是商品之上。"中国企业品牌的国际化是经济强国的必经之路。在"一带一路"大背景下,我国企业更应该注重海外价值创造与价值获取能力的提升,做好在"一带一路"沿线国家和地区的国际化品牌战略规划至关重要。

本章参考文献

［1］谭娟. 吉利集团品牌国际化研究［D］. 江西:江西财经大学,2019.

［2］陈亚楠. "一带一路"背景下中国品牌国际化路径研究［D］. 山东:山东师范大学,2019.

［3］厦门国家会计学院"一带一路"财经发展研究中心. "一带一路"财经问题研究［M］. 北京:中国财政经济出版社,2018.

［4］莫凡. 国内外品牌国际化研究综述［J］. 品牌研究,2020(1).

［5］张璟,王永贵. 我国文化产业创新的国际化叙事与营销战略［J］. 甘肃社会科学,2016(3).

［6］韦福祥. 品牌国际化:模式选择与度量［J］. 天津商学院学报,2001(1).

［7］艾渺. "一带一路"基础设施建设步履不停［J］. 中国对外贸易,2020(2).

［8］王艳红. 中国企业品牌的国际化问题研究［J］. 企业活力,2009(6).

［9］谢京辉. 把握"一带一路"中国品牌国际化机遇［EB/OL］. 南方日报,http://views.ce.cn/view/ent/201901/14/t20190114_31249548.shtml,2019-01-14.

［10］中国经济网. "一带一路"企业影响力排名公布,阿里巴巴排名民企第一［EB/OL］. https://www.sohu.com/a/198294999_120702,2017-10-16.

［11］财富中文网. 2019《财富》世界500强:中石化位居第二(全榜单)［EB/OL］. https://finance.sina.com.cn/china/2019-07-22/doc-ihytcitm3776293.shtml,2019-07-22.

［12］Campaign 中国. 一带一路及更广阔的国际市场:供中国品牌参考的建议［EB/OL］. https://www.campaignchina.com/article/,2018-04-03.

[13] 中国品牌. 中国主导制定的品牌评价国际标准正式发布 [EB/OL]. https://www.sohu.com/a/305369258_786687,2019-04-02.

[14] 智电网. 格兰仕家电出口到"一带一路"沿线国家年超2000万台 [EB/OL]. https://baijiahao.baidu.com/s?id=1647360455482369810&wfr=spider&for=pc,2019-10-14.

附 录
"一带一路"背景下中国企业所处沿线国别（地区）宏观环境分析

根据本书第二章第三节企业战略管理理论，企业在做出战略选择之前，首先需要进行战略环境分析。本附录在企业常用的宏观战略环境分析模型 PESTEL 的基础上，为适应中国企业在"一带一路"背景下实施企业国际化战略的各方面的需求，对 PESTEL 模型进行了适当扩充，增加了企业国际化资本运营战略所需要关注的基础设施、双边贸易以及投资吸引力等方面的情况分析。

本附录所分析的中国企业所处沿线国别（地区）宏观环境的主要内容系根据商务部 2020 年版《对外投资合作国别（地区）指南》（以下简称《指南》）中"一带一路"沿线国家（地区）的有关情况进行归纳整理，其中的数据，包括人口、GDP、贸易等，均为 2019 年的数据。本附录"投资吸引力"部分的内容，主要采用世界银行公布的《2020 年营商环境报告》中的营商便利度排名。该排名主要基于商业环境、贫困水平、监管效率、培育企业家精神、创业、创新、信贷和投资等方面。对于该《指南》中缺少的国别（地区）的信息与数据，如巴勒斯坦、不丹等，则以其他途径的正式信息与权威数据作为补充。

本附录将"一带一路"沿线国家（地区）按地理位置划分为东亚、东盟、西亚、南亚、中亚、独联体、中东欧等 7 个地区分别列表介绍。

附录　"一带一路"背景下中国企业所处沿线国别（地区）宏观环境分析

1. 东亚：蒙古国

国家	面积与人口	政治法律环境	社会文化环境	宏观经济	基础设施	双边贸易	投资吸引力
蒙古国	面积为156.65万平方公里，人口约320万人。	政治环境整体稳定，但受政治选举周期和政党轮替影响，政策连续性和稳定性时有波动。蒙古国法律修订频繁，注册公司手续相对简单，但退出机制烦琐。	80%为喀尔喀蒙古族，还有哈萨克族、杜尔伯特族等少数民族。官方语言为喀尔喀蒙古语，有95%的人使用。喇嘛教为国教，还有基督教和伊斯兰教等。犯罪率较高，社会治安较差。	GDP 136.4亿美元，增长6.3%，人均GDP约4470美元，实行自由外汇管理体制。	处于起步阶段，许多道路、能源、电力等仍沿用苏联时期建设成果，已不能满足经济快速增长的需求。未形成连通全国的运输网络，多数道路路况较差。	中国是其最大贸易伙伴国、最大出口市场和最大进口市场。对华出口产品包括矿产品、动物毛皮原料及制成品等，自华进口产品包括汽柴油、食品、机械设备产品等。	矿产资源丰富，煤炭、铜、金等矿产品储量居世界前列。据世界银行《2020年营商环境报告》，在全球190个经济体中，营商便利度排第81位。

2. 东盟10国

国家	面积与人口	政治法律环境	社会文化环境	宏观经济	基础设施	双边贸易	投资吸引力
新加坡	陆地面积581.5平方公里，人口约570万人。	以稳定的政局、廉洁高效的政府而著称，实行议会共和制，政党有24个，人民行动党是执政党。法律体系健全。	移民国家，华族占74.4%，马来族占13.4%。官方语言为马来语、华语、泰米尔语和英语。马来语为国语，英语为行政用语。多宗教国，佛教是第一大宗教，教徒占33%的人口。社会治安状况总体良好，是世界上犯罪率最低的国家之一。	全球最富裕的国家之一，亚洲最重要的金融、服务和航运中心之一。GDP 3721亿美元，增长0.7%，人均GDP 65166美元。无外汇管制，资金可自由流入流出。	基础设施完善，拥有全球最繁忙集装箱码头、服务最优质机场、亚洲最广泛宽频互联网体系和通信网络，是亚洲主要转口枢纽之一，也是世界第一大燃油供应港。	中国是其最大贸易伙伴国、最大出口市场和最大进口市场。对华出口包括机电产品、贵金属及制品、化工产品和塑料橡胶等，自华进口产品包括机电产品、矿产品和运输设备等。	在全球190个经济体营商便利度排名中，排第二位。

续表

国家	面积与人口	政治法律环境	社会文化环境	宏观经济	基础设施	双边贸易	投资吸引力
马来西亚	面积为33万平方公里，人口为3258万人。	君主立宪议会民主制的联邦国家，政治体制沿袭自英国的西敏寺制度。现有55个注册政党，但真正活跃和有影响力的政党不多。由巫统、马华公会和印度人国大党等组成的国民阵线曾长期执政。	多民族国家，有32个民族，马来人约占69.3%，华人约占22.8%。官方语言为马来语，通用英语，华语使用较广泛。多宗教国，伊斯兰教是国教，主要属逊尼派。马来人信奉伊斯兰教，华人信奉佛教和道教，印度人信奉印度教。社会较稳定，但治安刑事案件时有发生，道路交通安全事故比较频繁。	经济保持平稳增长，GDP 3600亿美元，增长4.3%，人均GDP10871美元。其特色产业农业以经济作物为主，主要有棕榈油、橡胶等，采矿业以石油、天然气为主。	基础设施比较完善，现有设施能较好地为各类投资者服务。高速公路网络比较发达，铁路网贯穿半岛南北，有8个国际机场，主要国际港口有巴生港、槟城港等，移动电话网络覆盖全国大部分地区，互联网普及率为127.7%，电力由公共能源公司和独立的私人发电厂提供。	中国是其最大贸易伙伴国、最大出口市场和最大进口市场。对华出口包括钢铁产品、液化天然气、纸浆产品、棕榈油、金属制品等，自华进口产品包括石油产品、运输设备和塑料制品等。	在全球190个经济体营商便利度排名中，排第12位。
印度尼西亚	陆地面积为190万平方公里，人口约2.6亿人，居全球第4位。	政局总体稳定，单一的共和制国家，实行总统制，总统为国家元首、行政首脑和武装部队最高统帅。2004年起，总统和副总统改由全民直选，每任5年，只能连任一次。总统任命内阁，内阁对总统负责。	有300多个民族，其中爪哇族占人口总数的45%，巽他族占14%，华人约占人口总数的5%，超过1000万人。华人在商贸和工业领域发挥着重要作用。官方语言为印尼语。约87%的人信奉伊斯兰教，是世界上穆斯林人口最多的国家，其中大多数是逊尼派。社会秩序总体稳定，民族宗教冲突逐步减少。	东盟最大的经济体，GDP 1.12万亿美元，居全球第16位，增长5.02%，人均GDP 4200美元。市场化程度较高，金融市场较为开放。	发展相对滞后，是制约其经济增长和投资环境改善的一个主要瓶颈。公路全长34万公里，但质量不高，高速公路建设停滞不前。铁路总长6458公里。有179个航空港，其中有23个达到国际标准。水路运输较发达。大部分地区通互联网，但带宽较小，网速较慢。用电普及率不到75%，即使首都雅加达偶尔也会因缺电实施轮流停电。	2019年双边货物进出口额为727.7亿美元，其中，对华出口278.8亿美元，自华进口448.9亿美元。对华出口包括矿物燃料、动植物油脂、塑料、橡胶、化工产品等，自华进口产品包括锅炉、机械器具及零件、电机、电气、音像设备及其零附件等。	地理位置重要，自然资源丰富，经济增长前景看好，市场潜力大，有丰富的劳动力。在全球190个经济体营商便利度排名中，排第73位。

附录 "一带一路"背景下中国企业所处沿线国别(地区)宏观环境分析

续表

国家	面积与人口	政治法律环境	社会文化环境	宏观经济	基础设施	双边贸易	投资吸引力
缅甸	面积为67.7万平方公里,人口为5458万人。	总统制的联邦制国家,政局相对稳定,实行多党民主制度。总统既是国家元首,也是政府首脑。缅甸联邦议会实行两院制,由人民院和民族院组成,每届议会任期五年。1988年,缅甸军队接管国家政权,宣布废除一党制,实行多党民主制。	有135个民族,主要有缅族(约占65%)、掸族(约占8.5%)。官方语言为缅语、英语。85%以上的人信仰佛教,且十分虔诚,视佛塔、寺庙为圣地。约8%的人信奉伊斯兰教。社会治安总体较好,但刑事案件、恐怖事件应引起足够重视。	最不发达国家之一,GDP 237亿美元,增长6.5%,人均GDP 1254美元。农业是国民经济基础。	陆路交通有所改善,公路总里程为4.19万公里。铁路基础设施较差,路网陈旧。有国际机场3个,国内机场31个。主要港口有仰光港、勃生港和毛淡棉港,其中仰光港是最大的海港。网络及移动电话普及率较高。全国50%家庭供电,工业用电仍有较大缺口,停电状况普遍。	中国为其第一大贸易伙伴、第一大出口市场和第一大进口来源地。对华出口包括农产品和矿产品等,自华进口产品包括成套设备和机电产品、纺织品、摩托车配件和化工产品等。	地理位置优越,是连通东亚和东南亚的重要通道,市场潜力大,劳动力资源丰富且成本相对较低。在全球190个经济体营商便利度排名中,排第165位。
泰国	面积为51.3万平方公里,人口为6963万人。	实行君主立宪制。国王是国家元首和军队的最高统帅,是国家主权和统一的象征。总理是政府首脑,由国会选举经国王任命产生,任期为4年。根据总理的提名任命政府部长和内阁成员。社会总体较为稳定,政策透明度较高。	多民族国家,泰族占75%,华族占14%,还有马来族、高棉族等。官方语言为泰语和英语。佛教是国教,享有崇高地位,95%的人口信奉佛教,其他还有伊斯兰教、天主教和印度教。治安情况总体较好,南部北大年、陶公、也拉三府的反政府武装组织长期以来在当地进行一些恐怖袭击活动。	经济发展水平位于东盟国家前列,GDP 5590亿美元,增长2.4%,人均GDP 8169美元。贸易自由化程度较高。农业是支柱产业,是世界第一大橡胶生产国和出口国,以及第一大木薯和大米出口国。旅游资源丰富。	公路交通运输业较发达,公路网覆盖全国城乡各地。铁路系统相对较落后。航空业比较发达,有74个机场。水运分为海运和河运两种。内陆水道长4000公里,共有47个港口。电信网络已覆盖全国各地。自身发电能力基本能满足国内需求,但伴随经济发展,电力供需矛盾日益突出。	2019年双边货物贸易总额917.5亿美元,同比增长4.8%,其中中国向其出口455.9亿美元,同比上升6.3%,进口461.6亿美元,同比上升3.4%。对华出口包括电气、音响、电视设备、锅炉、橡胶及制品等,自华进口产品包括电气、音响、电视设备、锅炉、钢材等。	地理位置优越,位处东南亚地理中心;经济增长前景良好;市场潜力较大;工资成本低于发达国家。在全球190个经济体营商便利度排名中,排第21位。

续表

国家	面积与人口	政治法律环境	社会文化环境	宏观经济	基础设施	双边贸易	投资吸引力
老挝	面积为23.68万平方公里，人口为690万人。	实行社会主义制度，人民革命党是唯一政党和执政党。	有49个民族，大致划分为老泰语族（约占人口的60%）、孟高棉语族、汉藏语族和苗瑶语族四大语族。官方语言为老挝语，英语正逐步普及。佛教为国教，65%人口信奉佛教。社会治安总体良好，但也有治安案件发生。	经济发展下行压力较大，GDP 191.71亿美元，增长7.3%，人均GDP 2654美元。矿产资源出口在经济中居重要地位。	内陆国，基础设施比较落后。公路里程43604公里。现有铁路仅首都万象至老泰边境3.5公里。有12个机场，20多条航线，首都万象机场能起降大飞机。水路运输全长3000公里，沿湄公河有20多个小型码头。基本建成全国通信网络。电力除自用外还可出口，但少部分村、县尚未通电。	中国是其主要贸易伙伴，2019年双边贸易额达39.2亿美元，同比增长12.9%。其中中国对其出口额为17.6亿美元，进口额为21.6亿美元。对华出口包括矿产品、农产品和木浆纸等，自华进口产品包括机器、电器、电子设备等。	矿产资源多未开发，水电资源丰富，农业资源条件良好。在全球190个经济体营商便利度排名中，排第154位。
柬埔寨	面积为18.1万平方公里，人口为1528万人。	1993年起，恢复君主立宪制度，实行多党自由民主制，立法、司法和行政三权分立。多党制国家，政党派别纷繁复杂，人民党、奉辛比克党为主要政党。	多民族国家，有20多个民族，高棉族占总人口的80%，信仰佛教。少数民族有占族、普农族、老族等。柬埔寨语（又称高棉语）为官方语言，英语在政府部门较通用。宗教在政治、社会和日常生活中占有十分重要的地位。国教为佛教，佛教徒占85%以上人口。社会治安和安全形势总体良好，但也有一些隐患，抢劫和盗窃案件仍有发生。	GDP272亿美元，增长7.1%，人均GDP 1706美元。实行开放的自由市场经济政策，经济活动高度自由化。	公路运输是最主要的运输方式，路网总长度约为78261公里。第一条高速公路金边至西哈努克港正在建设中。仅有南北两条铁路线，总长655公里，均为单线米轨。空运主要为客运，货运不发达。西哈努克港是柬埔寨唯一的深水海港。部分城市和大部分农村地区电力供应质量仍不稳定，无法保证24小时供电，电力价格较高。	中国是其最大的进口国。2019年，双边贸易额94.3亿美元，同比增长27.7%。其中，中国对柬出口79.8亿美元，同比增长32.9%；自柬进口14.5亿美元，同比增长4.9%。其主要出口产品为服装、鞋类、大米和自行车等，进口产品主要为服装业原材料、汽车、食用油和建材等。	劳动力资源丰富，成本较低。在全球190个经济体营商便利度排名中，排第144位。

附录 "一带一路"背景下中国企业所处沿线国别(地区)宏观环境分析

续表

国家	面积与人口	政治法律环境	社会文化环境	宏观经济	基础设施	双边贸易	投资吸引力
越南	陆地面积为32.9万平方公里,人口为9620万人。	越南共产党是唯一合法政党,政局稳定,越南共产党和政府执政能力较强,政策具有连续性。投资法较为开放、完善。政府部门行政效率较低。	多民族国家,有54个民族,京族为主要民族,占86.2%的人口。官方语言为越南语。多宗教国,佛教占主导地位,信徒人数近1100万人,天主教信徒约620万人。社会治安总体状况良好,军队、警察等强力部门对社会秩序具有绝对控制力。胡志明市飞车抢劫较为严重。	经济发展较快,GDP 2620亿美元,增长7.02%,人均GDP 2786美元。对外开放程度较高,但配套工业较落后,劳动效率相对较低,外汇管制较为严格。	公路运输为主要运输方式,国道、省道和高速公路构成主要公路交通网,总里程约47000公里。铁路运输较少,有22个航空港,其中国际航空港10个。内河运输的客货运量在全国运输业居第二位,有49个海港。移动电话覆盖率达95%以上。长期以来电力供不应求,限电情况时有发生。	中国是其第三大出口市场和最大进口市场。对华出口包括手机及零配件、计算机、电子产品及零件、果蔬等农产品或水产、纺织品、鞋类等,自华进口产品包括机械器具及零件、计算机、电子产品及零件、电话及零件、钢铁制品、面料、纺织品、鞋类等。	地理位置优越,资源矿产丰富,经济发展速度较快,劳动力成本相对较低。在全球190个经济体营商便利度排名中,排第70位。
文莱	面积为5765平方公里,人口为45.95万人。	伊斯兰教君主制国家,苏丹为国家元首、政府首脑和宗教领袖,拥有崇高威望,深受民众爱戴。政局长期保持稳定。在全国推行伊斯兰法律和价值观,反对政教分离。	多民族国家,马来族占65.8%,华人占10.2%。国语是马来语,通用语为英语。伊斯兰教是国教,属逊尼派。伊斯兰教徒占人口的67%,佛教徒占10%,基督教徒占9%,还有道教等。社会和谐,民风淳朴。治安状况总体良好,但近年来盗窃案件逐年增加,毒品问题出现不良势头。	GDP 140.43亿美元,增长3.9%,人均GDP 29700美元。经济结构单一,油气产业是其重要经济支柱,制造业几乎为空白。	公路总长3708.41公里,道路交通状况良好,首都市区分布有高速/快速路网。文莱国际机场每周有多个航班直达国际17个城市。无铁路。水运是重要的交通方式,海运主要目的地有新加坡、中国香港等周边港口。互联网普及率在东南亚地区位居前列,用电普及率为99.9%,电力供应充足。	2019年双边贸易额达11.0亿美元,同比下降40.2%。其中,中方出口为6.5亿美元,同比下降59.2%;进口额为4.5亿美元,同比增长81.7%。对华出口石油,自华进口产品包括食品、纺织品、家电、汽车、建材等。	正在大力实施经济多元化战略,诸多领域存在投资合作商机。税赋较低,但本地市场规模、劳动力资源供应、产业配套能力以及社会工作效率等方面存在诸多不足。在全球190个经济体营商便利度排名中,排第66位。

续表

国家	面积与人口	政治法律环境	社会文化环境	宏观经济	基础设施	双边贸易	投资吸引力
菲律宾	面积为29.97万平方公里，人口为1.1亿人。	实行行政、立法、司法三权分立政体；实行总统制，总统是国家元首、政府首脑兼武装部队总司令。总统拥有行政权，由全国直接选举产生，任期6年，不得连选连任。政府行政效率不高。	大多数人是南岛人后裔，最大的族群包括他加禄人、Cebuano等。重要的外国少数民族包括华人、美国人和南亚人。菲律宾语为国家语言，英语为官方语言。80%的人口信奉罗马天主教，6%信奉伊斯兰教。社会治安不稳定。	经济增长较快，GDP 3800亿美元，增长5.9%，人均GDP 3319美元。全球主要劳务输出国之一，据统计，在海外工作的菲劳工约230多万人。	整体比较落后，公路、铁路、机场和港口等都急需扩容和升级。物流成本高，耗时长。电价高昂，位居全球前列。干净的淡水资源供应不足，水泥等原材料存在垄断现象。	2019年，双边货物贸易额（中国仅包括大陆地区）达609.5亿美元，同比增长9.5%。对华出口包括电机、电气设备、声音的录制和重放设备、锅炉、机器、食用水果及坚果等，自华进口产品包括电机、电气设备、声音的录制和重放设备、锅炉、矿物燃料、矿物油及制品等。	经济快速发展，人力资源优势明显，内需旺盛。对外资限制严格，企业运营成本较高。税种多，税率高，税负较重。在全球190个经济体营商便利度排名中，排第95位。

3. 西亚 18 国

国家	面积与人口	政治法律环境	社会文化环境	宏观经济	基础设施	双边贸易	投资吸引力
伊朗	面积为164.8万平方公里，人口为8385万人。	实行最高领袖掌握国家最高权力和在其领导下的行政、立法、司法机构"三权分立"。国家一切行为必须符合伊斯兰教法，政教合一。	波斯人占66%，阿塞拜疆人占25%，库尔德人占5%，还有阿拉伯人、土库曼人等少数民族。官方语言为波斯语，土耳其语、阿拉伯语也比较流行。98.8%的居民信奉伊斯兰教，其中91%为什叶派，7.8%为逊尼派。教徒恪守教规，信奉神灵。	GDP 136.4亿美元，实际增长率6.3%，人均GDP折合约4470美元，实行自由外汇管理体制。	仍处于起步阶段，许多道路、能源、电力等仍沿用苏联时期建设成果，已不能满足近年来经济快速增长的需求。未形成联通全国的运输网络，且多数道路路况较差。	中国是其最大贸易伙伴国、最大出口市场和最大进口市场。对华出口产品包括矿产品、动物毛皮原料及制成品等，自华进口产品包括汽柴油、食品、机械设备产品等。	独特的地理位置，丰富的油气资源，石油储量居世界第四，天然气储量居世界第二，是中东和海湾地区的政治经济文化军事大国。在全球190个经济体中，营商便利度排第127位。

附录 "一带一路"背景下中国企业所处沿线国别（地区）宏观环境分析

续表

国家	面积与人口	政治法律环境	社会文化环境	宏观经济	基础设施	双边贸易	投资吸引力
伊拉克	面积约43.8万平方公里，人口3812.4万人。	2003年，美国占领当局任命组成伊拉克临时管理委员会。2004年，伊拉克临时政府成立。2014年，举行美军撤离后的首次大选。2019年10月起，伊拉克多地爆发大规模示威游行并导致流血冲突。法律及金融体系不完善。	以阿拉伯人为主的多民族国家，其中阿拉伯人约占78%，库尔德人约占15%。官方语言为阿拉伯语和库尔德语。伊斯兰教是官方宗教，是其立法的主要依据之一。居民中95%以上信奉伊斯兰教，少数人信奉基督教等其他宗教。安全形势动荡，95%的恐怖袭击事件集中在巴格达等中北部六省。	GDP 2341亿美元，增长4.4%，人均GDP 5841美元。油气资源丰富，石油探明储量1469亿桶，占世界总储量的9%，居世界第五位。天然气探明储量3.2万亿立方米，占世界总储量的1.7%，居世界第十二位。	基础设施落后，国内交通运输以公路为主。公路网遍布全国，海湾战争中遭受严重破坏，战后多数得到修复，但一些路段路况较差。有5个国际机场。港口设备老化，运力不足。移动通信发展迅速。互联网发展较快，但网速较慢，价格昂贵。电力行业在战争中损毁严重，面临巨大缺口。	中国是其最大贸易伙伴。2019年双边贸易额达到333.33亿美元，同比增长9.64%。对华出口主要是原油，自华进口产品主要包括汽车、家用电器、工程机械、石油设备、电力设备、通讯设备、家电产品以及纺织服装等。	在全球190个经济体营商便利度排名中，排第172位。
土耳其	面积为78.36万平方公里，人口8315万人。	为民族、民主、政教分离和实行法制的国家，实行总统共和制。政治制度和体制较为稳定成熟，法律制度和体系较为健全规范。2016年以前，政局总体稳定。2016—2017年，由于中央政府更迭、经济增速放缓、未遂军事政变、修宪法案公投等，安全形势恶化。	80%为土耳其族，15%为库尔德族，另有阿拉伯、亚美尼亚和希腊等少数民族。官方语言为土耳其语。绝大部分居民信仰伊斯兰教，其中85%属逊尼派，其余为什叶派；少数人信仰东正教、天主教、犹太教等。宗教气氛相对宽松。总体上社会稳定，治安较好。	世界第19大经济体，亦是全球发展较快的国家之一。GDP 7610亿美元，增长0.9%，人均GDP 9213美元。服务业占经济主体地位。纺织和服装业在土耳其经济中具有举足轻重的地位，其技术水平居世界领先地位。	投资集中于陆路运输。公路总长达250731公里，发展了欧洲最大的公路运输车队之一。90%的铁路线属于单行线，75%的铁路线属于非电力和无信号线。有55个民用机场，其中23个向国际航班开放。海上运输颇具竞争优势。电话设施较发达，互联网络较成熟。为满足不断增长的民用电需求，正大力发展煤电和水电等传统电力。	中国为其第三大贸易伙伴国和第一大贸易逆差来源地。2019年双边贸易总额为208.1亿美元，同比下降3.4%。其中，中国对其出口额为173.2亿美元，自其进口额为34.9亿美元，同比下降6.9%。对华出口包括矿产品、化工产品、机电产品等，自华进口产品包括机电产品、纺织品及原料、化工产品等。	区位优势独特，与欧盟建立关税同盟，与25个国家和地区签订自由贸易协定，市场自由度较高。在全球190个经济体营商便利度排名中，排第33位。

续表

国家	面积与人口	政治法律环境	社会文化环境	宏观经济	基础设施	双边贸易	投资吸引力
叙利亚	面积为18.52万平方公里，人口为1707万人。	属于一党执政多党参与的共和政体。从2011年起，局势发生动荡并持续升级，境内武装暴力冲突不断，安全形势持续恶化。2019年，形势朝着有利于政府军方面发展，但由于多国博弈，长期和平尚无法预期。	其人口中阿拉伯人占80%以上，其他还有库尔德人、亚美尼亚人、土库曼人和吉尔克斯人等。阿拉伯语是官方语言，通用英语和法语。居民中85%信奉伊斯兰教，其中逊尼派占全国人口68.7%，阿拉维派（属什叶派）占12.7%，另有基督教徒及犹太教徒。安全形势不容乐观。	战前，农业和石油是其支柱产业。内战爆发后，产业和出口遭重创，85%的人口生活在国际贫困线以下，失业率从2014年的14.9%飙升至2017年的53%。2018年叙利亚难民人数超过650万人。2019年GDP权威数据缺失。	公路总长69873公里，连接国内各城市乡镇。截至2015年，铁路总长2139公里。共有90个机场，其中有29个铺设跑道的机场。有三个主要港口：塔尔图斯、拉塔基亚和巴尼亚斯。2017年，手机普及率为84.2%，互联网使用人口占总人口的34.25%；城市用电普及率为100%，农村地区为77.7%。	2019年双边贸易额为13.15亿美元，同比增长3.3%，其中，中国对叙利亚出口13.14亿美元，同比增长3.2%；中国自叙利亚进口140.9万美元，同比增长62.1%。对华出口包括农产品、洗涤剂、润滑剂、人造蜡等，自华进口产品包括日用机械、电工器材、汽车及零部件、家用电器及零件等。	受国内动荡局势和外部经济制裁的影响，投资吸引力受到重创。在全球190个经济体营商便利度排名中，排第176位。
约旦	面积为8.93万平方公里，人口为1031万人。	世袭君主立宪制国家，政权掌握在以国王为首的哈希姆家族王室手中。国王是国家元首、三军统帅，权力高度集中。议会设参众两院，实行多党制。政局总体稳定，但也存在贫困、失业、难民等经济和社会问题。	阿拉伯人占人口的98%，其他民族包括切尔克斯人、车臣人和亚美尼亚人等。阿拉伯语是官方语言，英语在社会中上阶层普遍使用。伊斯兰教为国教，逊尼派教徒占人口的92%，基督教徒占6%，另有2%信仰伊斯兰教什叶派和其他宗教。社会治安状况较好，但近年来治安状况有所恶化。	经济发展环境较好，GDP 444亿美元，增长2%，人均GDP 4156美元。由于水资源缺乏，农业发展较为落后。工业主要集中在磷酸盐、钾盐、炼油、水泥、化肥生产和制药等领域。	交通状况较好，以公路运输为主。政府重视道路建设，高等级公路贯穿南北与东西12省，形成连接城乡的全国公路网络。铁路多数老化，失去运载能力。有3大国际机场。亚喀巴港是唯一的港口。电信市场比较开放。电力已经能够满足当地工农业生产的需求，电力供应覆盖99.9%的人口。	2019年双边贸易额达到41.1亿美元，创历史新高，同比增长29.2%。对华出口主要是钾肥产品，自华进口产品包括机电产品、通信器材和纺织服装类产品等。	地处欧、亚、非交通要道，区位优势明显。但经济总量小，市场空间有限，资源匮乏。在全球190个经济体营商便利度排名中，排第70位。

附录　"一带一路"背景下中国企业所处沿线国别（地区）宏观环境分析

续表

国家	面积与人口	政治法律环境	社会文化环境	宏观经济	基础设施	双边贸易	投资吸引力
黎巴嫩	面积为10452平方公里，人口609万人。	实行以教派分权为基础的独特政治体制，宗教对政治和社会生活具有十分重要的影响。因宗教、政治及历史等原因，加之中东地区整体局势及大国冲突对其政局产生较大影响，党派关系错综复杂，政府更替较为频繁。形势总体稳定，但恐怖袭击和局部交火等安全事件时有发生。	阿拉伯人占95%，亚美尼亚人占4%，其他民族占1%。阿拉伯语是母语和官方语言，法语和英语为通用外语。穆斯林人口约占60%，基督教人口约占40%。独特的地理位置和历史沿革，以及近代法国委任统治等因素，使其将传统的阿拉伯文化和现代西方文化兼容并蓄，成为东西方文明沟通的窗口。	属于中等偏上收入国家，GDP 563.1亿美元，增长0.003%，人均GDP 9251美元。服务业较为发达，占GDP的70%左右，金融、旅游、贸易、侨汇为"四大支柱"。拥有开放的金融环境，对资金的国内流动以及跨国流动没有任何限制。	由于曾经历长期内战及以色列入侵，基础设施遭受严重损坏。公路总里程约7300公里，绝大部分可通行。铁路因战乱破坏而废弃至今。共有7个机场。有12个港口，其中贝鲁特港、的黎波里港和赛达港是主要港口。每百位居民中有70.5位互联网用户，全国有480万名手机用户。社会用电短缺，中资企业需自备发电机。	2019年，双边贸易为17.05亿美元，同比下降15.52%。对华出口产品包括铜及其制品、铝及其制品、塑料及其制品等，自华进口产品包括机械器具及零件；电机、电气、音像设备及其零附件；家具等。	资源相对匮乏，但位置重要，实行市场经济，金融自由化程度高。在全球190个经济体营商便利度排名中，排第142位。
以色列	实际控制面积约为2.5万平方公里，人口917万人。	议会民主制国家，奉行立法、司法和行政机构三权分立原则。总统为国家元首，总统是国家象征，其职责主要是礼仪性和象征性的。政府以总理为首，由总理组阁经议会简单多数通过产生。总理为国家最高行政长官，掌握国家实权。	主要为犹太民族，约占人口的75%；阿拉伯人占20%，另有约5%为德鲁兹人、贝都因人和切尔克斯人。官方语言为希伯来语和阿拉伯语，通用英语。宗教信仰主要有犹太教、伊斯兰教和基督教。安全状况总体上比较稳定，市区内治安状况良好，但仍有遭受恐怖袭击的风险。	总体经济实力较强，竞争力居世界先列。GDP 4071亿美元，增长3.3%，人均GDP 44000美元。工业化程度较高，以知识密集型产业为主，高附加值农业、生化、电子、军工等部门技术水平较高。	陆海空运输业发达。其中陆路运输的货物占总运量的一半，海运和航空运输各占1/4。公路网四通八达。铁路连通了境内的主要城市。有3个国际机场。主要有海法、阿什杜德、埃拉特3个海港。通信业发达，电力充足。	中国是其重要贸易伙伴。2019年双边贸易进出口总额147.7亿美元，同比上升6.1%。对华出口产品除钾肥外，均为高技术产品，主要有机电产品、医疗仪器及器械、电信产品等。自华进口产品包括机电产品、纺织品、服装、鞋类、陶瓷制品等。	自然资源比较贫乏，水资源极度缺乏。第二个硅谷，教育水平和劳动力素质高。资本和金融市场发育成熟，货币管制较松，允许资金回流。在全球190个经济体营商便利度排名中，排第35位。

续表

国家	面积与人口	政治法律环境	社会文化环境	宏观经济	基础设施	双边贸易	投资吸引力
巴勒斯坦	实际控制领土2500平方公里，人口约1350万人，其中加沙地带和约旦河西岸人口为510万人，其余为在外的难民和侨民。	1947年联合国大会通过181号决议，规定建立犹太国和阿拉伯国。1948年建立以色列国。1964年，巴勒斯坦解放组织成立。1988年，巴勒斯坦国宣告成立。1994年成立巴勒斯坦民族权力机构。2012年，联合国给予巴勒斯坦观察员国地位。	主要居民为阿拉伯人，其他还有犹太人。居民中加沙地区有220万人，约旦河西岸有290万人，还有超过35万犹太人居住在约旦河西岸犹太人定居点内。通用阿拉伯语。主要信仰伊斯兰教。社会治安状况较差，冲突和交火事件仍时有发生。	经济严重依赖外来援助，经济发展受制于以色列，巴以冲突持续对其经济发展形成严重制约。GDP 144.98亿美元，增长3.1%，人均GDP 2946美元。以农业为主，其他有建筑业、加工业、手工业、商业、服务业等。	没有铁路，一切运输全靠公路，有各类公路5146.9公里。2009年后，道路等基础设施建设有所恢复并得到一定发展。加沙国际机场是唯一的机场，可起降波音747大型飞机。通信与电力有关数据缺失。	2019年，双边贸易额8227万美元，同比增长11.6%。其中，中方进口14万美元，同比下降68.5%，出口8213万美元，同比增长12%。	巴勒斯坦未出现在世界银行《2020年营商环境报告》的排名中。
沙特阿拉伯	面积为225万平方公里，人口约3422万人。	政教合一的君主制国家，禁止政党活动，无宪法。《古兰经》和穆罕默德的《圣训》是国家立法依据。国王行使最高行政权和司法权，有权任命、解散或改组内阁，解散协商会议，有权批准和否决内阁会议决议及与外国签订的条约、协议。国内政治社会保持稳定。	民族为阿拉伯族，还有少量贝都因人。官方语言为阿拉伯语，商界通行英语。伊斯兰教为国教，逊尼派占85%，什叶派占15%。禁止在公共场所从事除伊斯兰教之外的宗教活动。周边安全环境急剧恶化，面临较大安全风险。治安案件犯罪率有所上升，恐怖袭击时有发生。	石油和石化工业是其经济命脉。GDP 7930亿美元，增长0.33%，人均GDP 23712美元。阿美是其首屈一指的企业，也是全球最大的能源公司，能源大臣兼任该公司董事会主席。	公路交通是主要运输方式，道路总长22万公里，其中高速公路总里程超过5000公里。运营铁路总里程为4130公里。27座民用机场中有4座为国际机场。有9个主要港口。移动通信和互联网普及率较高。电力基本满足工农业生产和居民生活用电的需求。	2019年，双边贸易总额达780.4亿美元，同比增长23.3%。对华出口产品包括原油及其产品、沥青、有机化学品、塑料及其制品等，自华进口产品包括机电产品、锅炉、家具等。	进口关税较低，平均关税率为5%。近年来，对外资投资领域和投资比例的限制逐步减少，利润可自由兑换和汇出。在全球190个经济体中，营商便利度排第62位。

附录 "一带一路"背景下中国企业所处沿线国别(地区)宏观环境分析

续表

国家	面积与人口	政治法律环境	社会文化环境	宏观经济	基础设施	双边贸易	投资吸引力
也门	面积为55.5万平方公里,人口约2916.2万人。	2010年,也门北部什叶派胡塞武装组织与政府签订停火协议,结束与政府军长达6年的武装冲突。2014年,胡塞武装组织使用武力与政府对抗,于2015年取代也门总统和议会治理国家。总统阿卜杜勒拉布·曼苏尔·哈迪宣布,因其首都萨那被胡塞武装分子占领,亚丁为临时首都。战乱导致安全局势不明朗。	居民绝大多数是阿拉伯人,有极少部分非洲人。居民以部落为基本单位,全国有190多个部落,其中150多个位于山区。哈希德、巴基尔、哈卡和穆德哈基是四个最主要的部落。其中,哈希德最强,是一个集政治、经济、军事、宗教四位一体的强大实体,其地位和重要性非常突出。官方语言为阿拉伯语。伊斯兰教为国教。99%的居民信奉伊斯兰教,什叶派和逊尼派各占50%。其他宗教有犹太教、印度教和基督教。	典型的资源型国家,油气和矿产资源丰富,是国民经济的支柱产业。2014年也门危机爆发以来,经济持续下降,2018年GDP 275.91亿美元,增长0.75%,人均GDP 968美元。全球最不发达国家之一。	2012年其沥青公路里程数共计16811.92公里。无铁路。共有6个国际机场,机场设施普遍落后。有7个港口,其中亚丁港是世界闻名的天然良港,有30个泊位,可停靠万吨级货轮。也门的通信设备基本依赖进口,市场上应用的通信设备和通信技术基本与国际同步。2017年,其固定电话普及率为4.2%,移动电话普及率为54.36%。电力环境不好,电压不稳定,经常停电,需自备发电系统以保证正常工作和生活需要。	2018年双边贸易额进一步回升至36.86亿美元,比上年增长42.2%,但仍低于内战前的水平,仅相当于2012年双边贸易额的59%。对华出口产品包括矿物燃料、矿物油及其产品;沥青等;矿砂、矿渣及矿灰;塑料及其制品等。自华进口产品包括电机、电气、音像设备及其零附件;机械器具及零件;钢铁制品等。	在全球190个经济体营商便利度排名中,排第187位。
阿曼	面积30.95万平方公里,是阿拉伯半岛地区的第三大国。总人口464.5万人,其中本国人口占58.31%,外来人口占41.69%	世袭君主制国家,禁止一切政党活动,苏丹享有绝对权威,颁布法律,任命内阁,领导军队,批准缔结国际条约、协定。	绝大多数是阿拉伯人,外来定居人口中印度人、孟加拉人、巴基斯坦人等居多。官方语言为阿拉伯语,通用英语。伊斯兰教为国教,多属伊巴德教派,较为开放包容。社会治安良好,犯罪率很低,激进的暴力犯罪团伙、恶性犯罪极少。	经济实力在阿拉伯地区属于中上游,是典型的资源输出型国家,油气产业是国民经济的支柱。GDP 795亿美元,增长2.2%,人均GDP 17786美元。	公路运输是最主要和最便利的运输方式,柏油公路总长度为6.4万公里。无铁路。有2个国际机场。主要的港口有苏丹卡布斯港、萨拉拉港、苏哈尔港和杜库姆港。移动通信普及率高。电力充沛,水资源缺乏,属于严重缺水的国家之一。	中国是其最大贸易伙伴、出口目的国和第三大进口来源国。2019年双边贸易为225.8亿美元,同比增长3.87%。对华出口产品包括石油、石化产品、矿产品及海产品,自华进口产品包括施工机械、汽车、机电产品、其他金属及制品、家具、塑料及制品等。	在全球190个经济体营商便利度排名中,排第68位。

续表

国家	面积与人口	政治法律环境	社会文化环境	宏观经济	基础设施	双边贸易	投资吸引力
阿拉伯联合酋长国	面积为8.36万平方公里，人口为963万人。	政局稳定，联邦最高委员会是最高权力机构。该委员会讨论决定国内外重大政策问题，制订国家政策，审核联邦预算，批准法律与条约。总统和副总统从最高委员会成员中选举产生，任期5年。总统兼任武装部队总司令。除外交和国防相对统一外，各酋长国拥有相当的独立性和自主权。	总人口中阿拉伯人占87%，其他民族占13%。官方语言为阿拉伯语，通用英语，英语在商务活动领域普遍使用。伊斯兰教是国教。居民大多信奉伊斯兰教，其中多数（80%）属逊尼派，什叶派在迪拜占多数。在全球最安全国家排名中位列第七，刑事暴力类案件较少，但近年来偷盗和抢劫案件也偶有发生。	GDP 4211亿美元，增长1.7%，人均GDP 44300美元。石油资源丰富，已探明的石油储量为1050亿桶，居世界第6位。石油天然气生产在阿联酋经济中占据十分重要的地位。	基础设施发达。公路网发达，公路交通十分便利，在世界竞争力报告中，其道路质量排名全球首位。铁路以货运为主。有21座机场，其中7座为国际机场。有16个现代化的港口，其中9个港口具有集装箱货运码头等先进设施。人均使用互联网比例高，在中东国家中排名第一。电力资源充足。	是中国在西亚北非地区第一大出口市场和转口中心，第二大贸易伙伴。2019年中阿双边贸易额达486.69亿美元，同比增长5.9%。对华出口产品包括矿物燃料、矿物油及其产品；沥青；塑料及其制品；铜及其制品等。自华进口产品包括机械器具及零件；电机、电气、音像设备及其零附件；针织或钩编的服装及衣着附件等。	地区性贸易、金融、物流枢纽。地理位置优越，商业环境宽松，经济开放度高，税率低，是海湾和中东地区最具投资吸引力的国家之一。在全球190个经济体营商便利度排名中，排第16位，连续7年位居阿拉伯国家之首。
卡塔尔	面积为11521平方公里，人口为280万人。其中，卡塔尔籍公民约占15%，外籍人口约占85%。	君主立宪制酋长国。埃米尔为国家元首兼武装部队最高统帅，由阿勒萨尼家族世袭。	属于阿拉伯民族，外籍居民多来自印度、孟加拉、巴基斯坦等国。阿拉伯语为官方语言，英语使用广泛。伊斯兰教为国教，本国居民大多信奉伊斯兰教，多数属逊尼派。77.5%的外籍居民信奉伊斯兰教，其余信仰基督教、天主教和佛教等。社会治安状况良好，刑事案件发案率低。	GDP 1834.7亿美元，增长-0.2%，人均GDP 65700美元。经济支柱产业是石油天然气及与之相关的石化产业。	拥有现代化的道路、地铁、机场、港口和通讯等基础设施，哈马德国际机场、哈马德港等设施已投入使用，卡塔尔航空公司开通170多条国际航线，连接世界各地，与中国直飞航线达7条。	2019年双边贸易额111.15亿美元，同比下降4.4%。对华出口产品包括液化天然气、原油和石油化工产品等，自华进口产品包括机械设备、电器及电子产品、家具、建材和日用品等。	投资合作环境较好，但总体空间有限。在全球190个经济体营商便利度排名中，排第77位。

附录 "一带一路"背景下中国企业所处沿线国别（地区）宏观环境分析

续表

国家	面积与人口	政治法律环境	社会文化环境	宏观经济	基础设施	双边贸易	投资吸引力
科威特	面积为17818平方公里。人口为423万人，其中，科威特籍130万人，占31%；外籍人口292万人，占69%。	君主世袭制酋长国，埃米尔是国家元首兼武装部队最高统帅。禁止一切政党活动。政局稳定，法律健全。伊斯兰教教法是立法的主要依据。	有260万名有合法居留身份的外国人，主要来自印度、埃及、菲律宾等国。阿拉伯语为官方语言，英语为通用语言。伊斯兰教为国教，居民中95%信奉伊斯兰教，其中约70%属逊尼派，30%为什叶派。社会治安良好，犯罪率较低。	经济保持平稳。GDP 1300亿美元，增长0.4%，人均GDP 29000美元。石油和天然气是国民经济的主要支柱。现已探明的石油储量为1049亿桶，占世界储量的10%。	国家虽小，但财力雄厚，机场、码头、高速公路、水电和通信等基础设施比较好。信息产业在海湾地区排第三位。电力充足，有9个发电厂，这些发电厂同时备有海水淡化设备。	2019年双边贸易总额达172.81亿美元，同比下降7.53%。对华出口产品包括矿物燃料、矿物油及其产品、有机化学品、塑料及其制品等，自华进口产品包括电机、电气、音像设备及其零附件；锅炉、机械器具及零件；钢铁制品等。	市场需求较大，开放水平居该地区前列。在全球190个经济体营商便利度排名中，排第83位。
巴林	面积为767平方公里，人口为148.4万人。	是世袭君主制国家，宪法规定"政权体制建于立法权、行政权、司法权分离并相互合作基础之上"；"立法权由国王与国民议会掌握；国王和内阁及各部大臣掌握行政权；以国王的名义颁发法律条令"。国王是国家元首兼军队最高统帅，掌握政治、经济和军事大权。法规健全，透明度、对外开放和市场化程度较高。	多数是阿拉伯人的后裔，少数为伊朗和犹太人的后裔。阿拉伯语为国语，通用英语。伊斯兰教为国教，85%的居民信奉伊斯兰教，其中多数属什叶派。部分信奉基督教、犹太教等。社会治安总体良好，刑事犯罪案件较少。但是由于贫富差距、教派冲突等问题依然存在，以及受西亚北非地区局势动荡及2011年国内动乱的持续影响，局部冲突时有发生。	GDP 341亿美元，增长1.8%，人均GDP 23040美元。石油和天然气是最重要的自然资源，油气产业是经济的战略支柱。经济政策稳健。	基础设施和配套保障服务完善。首都和主要城镇有公路相连，公路交通便利。2019年境内公路总长4731公里。无铁路。巴林是连接东西方的空中交通枢纽，现有5个机场。哈利法·本·萨勒曼港年吞吐能力110万个集装箱。手机渗透率为158.4%，互联网渗透率为99%。电力自给率89.1%，为解决国内用电短缺问题，巴林已经开始建设阿杜尔二期电站项目。	2019年，中巴双边贸易总额为16.79亿美元，其中，中国对巴林出口14.84亿美元；中国自巴林进口1.95亿美元。双边对外贸易和产业结构优势互补。中国对巴林主要出口机电产品、钢铁、纺织服装等优势产品，进口石化产品、球团矿、铝等资源类产品。	交通物流便利，具有辐射海合会国家和其他中东国家市场的潜力，无所得税，商务成本低于迪拜、卡塔尔等周边市场，社会风气较宽松。在全球190个经济体营商便利度排名中，排第43位。

续表

国家	面积与人口	政治法律环境	社会文化环境	宏观经济	基础设施	双边贸易	投资吸引力
希腊	面积为13.2万平方公里，其中15%为岛屿。人口为1072.46万人。	国家体制为"总统议会共和制"。总统为国家元首，任期5年，可连任一次。立法权属议会和总统，行政权属总理，司法权由法院行使。2016年以来，希腊政治局势趋于稳定。	98%以上为希腊人，其余为其他少数民族。官方语言为希腊语，英语也被广泛使用。国教是东正教，生老病死、婚丧嫁娶及日常生活都与东正教有着密切联系。社会治安相对比较稳定，社会犯罪率较低。	巴尔干地区最为发达的经济体，GDP 2100亿美元，增速为1.9%，人均GDP为19600美元。	拥有各类型公路29万公里，铁路总长2293公里，运行速度较差。共有44个机场，其中15个国际机场。作为"一带一路"上的明珠项目，比雷埃夫斯港已成为地中海第一大港并跻身欧洲前四大港口。通信普及率较高。电力市场近年来发展较快，向周边国家出口少量电力。	2019年，双边贸易总额达84.6亿美元，同比增长近20%。对华出口包括石料、药品、机械器具、矿砂、棉花等，自华进口产品包括机械器具、针织或钩编的服装、非针织或非钩编的服装、电气设备、鞋靴等。	地理条件独特，处于陆海相连、欧亚非相通的重要地点，是"一带一路"建设、打造亚欧海陆联运新通道的关键节点，也是进入欧盟及东南欧市场的良好门户。在全球190个经济体营商便利度排名中，排第79位。
塞浦路斯	面积为9251平方公里，人口为119.86万人。	总统制共和国，实行三权分立。立法权、司法权、行政权相互独立、相互制衡。总统为国家元首，由全民选举产生，任期5年。总统由希腊族人担任，土耳其族人任副总统，总统对行政重大决定有最后否决权。政局稳定，法制健全，公共服务体系完善。	主要有希腊族和土耳其两大民族。其中，希腊族超过70%，土耳其族不足10%，外籍人口接近20%。官方语言为希腊语和土耳其语，政府和商业活动中通用英语。希腊族信奉东正教，土耳其族信奉伊斯兰教，还有部分人信奉天主教、基督教等。社会治安良好。	GDP 245.65亿美元，增长3.2%，人均GDP 27900美元。第三产业是主要产业，旅游业、海运业、金融服务业、房地产业、批发零售业等较为发达。	空运、海运发达。公路总里程为1.27万公里，各主要城市间都有高速公路，有人居住的地方和山区都通有公路，路况较好。无铁路。有拉纳卡和帕福斯两个机场。主要港口有利马索尔、拉纳卡两个多用途港口。信息基础设施较为发达。电力供应充足。	2019年双边贸易额为6.36亿美元，同比下降19.7%。对华出口规模较小，主要出口产品包括药品、蔬菜水果、光学照相机等仪器设备等，自华进口产品包括船舶、机械器具和电机电器设备等。	欧盟成员国，地理位置独特，自然条件优越，税收在欧盟内较低，辐射欧盟市场以及北非、中东地区市场。在全球190个经济体营商便利度排名中，排第54位。

附录　"一带一路"背景下中国企业所处沿线国别（地区）宏观环境分析

续表

国家	面积与人口	政治法律环境	社会文化环境	宏观经济	基础设施	双边贸易	投资吸引力
埃及	面积为100.1万平方公里，排名世界第三十位，94%国土为沙漠。人口约1亿人。	2014年6月塞西当选总统以来，结束了政治动荡，政局趋于稳定。2018年3月，塞西总统成功连任，2019年4月，修宪案通过，塞西总统任期理论上可延长至2030年，有助于埃及政局长期稳定。政府效率不高。	主要民族有东方哈姆族（埃及阿拉伯人、科普特人、贝都因人、柏柏尔人），占总人口的99%。官方语言为阿拉伯语。伊斯兰教为主要信仰，以逊尼派为主，占总人口的84%。同时存在科普特基督正教、天主教等。塞西总统执政后，社会治安情况明显好转，但局部地区安全形势依然严峻。	经济增长势头良好。GDP 3032亿美元，实际增长率5.6%，人均GDP 3065美元。非洲地区重要的石油和天然气生产国，油气工业是影响埃及经济的主要支柱之一。	基础设施虽面临老旧的问题，但就整个非洲而言，仍属较为完善。拥有近18万公里公路网，基本连接全国大部分城镇乡村。有10个国际机场，开罗机场是非洲第二大空港。拥有15个商业港口，泊位155个，年货物处理能力2.34亿吨。发电能力在非洲及中东地区居首位，并实现可观的电力盈余和出口。	2019年双边贸易额达132亿美元，同比下降4.5%。对华出口产品包括矿物燃料、矿物油及其产品；食用水果及坚果；盐；硫磺；土及石料；塑料及其制品；无机化学品，贵金属等的化合物等。自华进口产品包括电机、电气、音像设备及其零附件；锅炉；车辆及其零附件；化学纤维长丝；照相、医疗设备等。	"一带一路"沿线的重要支点国家，独一无二的区位优势，优越的国际贸易条件，丰富的自然和人力资源。在全球190个经济体营商便利度排名中，排第114位。

4. 南亚8国

国家	面积与人口	政治法律环境	社会文化环境	宏观经济	基础设施	双边贸易	投资吸引力
印度	面积为298万平方公里，居世界第七位。2017年底，人口为13.53亿人，居世界第二位。	政治相对稳定；采取英国式议会民主制，主要党派有印度国民大会党、印度人民党、印度共产党（马克思主义）、印度共产党等。法律体系复杂、税收监管严格。企业注册、人员签证办理困难。	共100多个民族，其中印度斯坦族占人口46.3%。官方语言为印地语，约33%人口使用。通用英语，约12%人口使用。79.8%的人口信奉印度教，14.2%信奉伊斯兰教。社会治安状况总体较好，大城市中心区刑事犯罪率较低。	GDP 2.87万亿美元，增长6.8%，人均GDP约2100美元。服务业发展迅速，占国内生产总值的份额逐年上升。高科技发展迅速，成为全球软件、金融等服务的重要出口国。	基础设施较落后，工业配套能力不足。公路交通秩序混乱，运输效率不高。铁路相对老化而落后。国际及国内航空班次频繁。海运能力位居世界第16位。拥有全球第二大电信网络。总体供电状况不太稳定。	中国是其第三大出口目的地和第一大进口来源地。对华出口产品包括有机化学品、矿石、矿物燃料产品等，自华进口产品包括机电产品、机械设备、有机化学品等。	据世界银行《2020年营商环境报告》，印度在190个经济体中排名第63位。经济增长前景良好，人口众多，市场潜力巨大，地理位置优越，但整体物价水平相当高。

续表

国家	面积与人口	政治法律环境	社会文化环境	宏观经济	基础设施	双边贸易	投资吸引力
巴基斯坦	面积79.6万平方公里,人口约2.08亿人。	实行联邦制,联邦政府是最高行政机关。2003年,议会通过宪法第17修正案,规定总统经最高法院批准后有权解散议会,与总理协商后有权任免三军领导人。2010年,宪法第18修正案生效,总统部分权力移交给总理和议会,并在涉及中央与地方分权等重大敏感问题上做出调整。	多民族国家,其中旁遮普族占63%,信德族占18%,普什图族占11%,俾路支族占4%。乌尔都语为国语,英语为官方语言。国教为伊斯兰教,占人口的95%,其中90%的穆斯林人口为逊尼派,此外还有印度教、基督教等。大城市的社会治安状况总体尚可,伊斯兰堡和拉合尔治安较好,而卡拉奇治安形势较为复杂,经常发生宗教派别仇杀和恐怖袭击事件。	GDP 2782亿美元,增长0.99%,人均GDP 1285美元。制造业是经济支柱,其中轻纺工业占了较大比例,机械、电子制造业发展不足。	基础设施建设总体相对滞后,是制约其经济发展的主要因素之一。公路总里程为26.89万公里。铁路布局失衡,设施和机车均较老旧。共有9个国际机场和27个国内机场。共有3大海港,分别是卡拉奇港、卡西姆港和瓜达尔港。电信行业高速增长,但北部高海拔地区、部落和偏远农村的通信网络建设相对落后。目前电力装机容量已能满足国内需要。	中国是其第一大贸易伙伴。2019年双边贸易额为179.7亿美元,同比下降5.9%。对华出口产品包括棉纱、纺织品、谷物、矿砂等初级制品等,其中,棉纱、谷物和矿砂等产品长期占据对华出口前三位,占比分别约为60%、10%和6%。自华进口产品包括电机电气、锅炉、机械设备、钢铁及其制品、化学纤维、有机化学品、塑料制品等。	全天候的传统友谊和全方位的合作关系,市场潜力巨大,地理区位优势明显。在全球190个经济体中营商环境排名第108位。
孟加拉	面积14.76万平方公里,人口约1.64亿人。	实行一院议会制,即国民议会。宪法规定议会行使立法权。议会有350名议员,包括300名按选区直接由选民选举产生的议员,以及50名由当选议员间接产生的女性议员。总统是国家元首,由议员选举产生,每届任期5年。党派众多,主要有人民联盟、民族主义党、民族党、伊斯兰大会党等。	多民族国家,主要民族为孟加拉族,约占98%人口,另有查拉尔玛、山塔尔、加诺等20多个少数民族。孟加拉语是官方语言,教育界和商界广泛使用英语。伊斯兰教为国教,占人口的88.3%,少数信仰印度教、佛教和基督教。治安环境尚可,但包括针对外国人的各类刑事案件时有发生。恐怖袭击事件增多。	经济增长较快,GDP 3000亿美元,增长8.15%,人均GDP约1909美元。服装业是支柱产业,约有500万人从事该行业,其中,女性从业人员超过80%。服装业是创汇额最大的产业。	交通基础设施非常落后,市内通勤尚无轨道交通,道路拥挤。公路总里程为22096公里。现有铁路2955.53公里。机场共有8个,其中3个国际机场。拥有1个远洋运输船队。移动通信发展迅猛。尚有5%的人口未实现电力覆盖,工农业生产对于电力需求十分强劲,电力是政府重点发展行业。	2019年,双边进出口总额183.63亿美元,同比下降2%。对华出口产品包括非针织或非钩编的服装及衣着附件;针织或钩编的服装及衣着附件;其他植物纤维、纸纱线及其机织物等。自华进口产品包括棉花;锅炉、机械器具及零件;电机、电气、音像设备及其零附件等。	政策优惠,市场潜力较大,劳动力资源充足且价格低廉。在全球190个经济体中营商环境排名第168位。

附录 "一带一路"背景下中国企业所处沿线国别（地区）宏观环境分析

续表

国家	面积与人口	政治法律环境	社会文化环境	宏观经济	基础设施	双边贸易	投资吸引力
阿富汗	面积64.75万平方公里，人口约3220万人。	2021年4月，美国、其盟友和北约国家宣布同时撤军，引发阿富汗局势快速演变。9月7日，阿富汗塔利班宣布组建临时政府，并公布部分内阁成员。法律法规不健全。	约有30个民族，其中普什图族约占40%。官方语言是普什图语和达利语。99%的人口信仰伊斯兰教，其中逊尼派占80%，什叶派占19%。安全局势不稳，安保成本高，爆炸、绑架等恶性事件频发。	世界最不发达国家之一，历经30多年战乱，经济发展主要依赖外援。失业率超过40%。GDP 188.9亿美元，增长3.9%，人均GDP 586.6美元。农牧业是经济支柱，工业基础薄弱。	交通、通信、工业、教育和农业基础设施因战乱遭到严重破坏。基础设施不健全，如缺电、电压不稳、道路通行条件差等问题比较常见。交通运输主要靠公路和航空。运输周期难控制，成本较高。	中国是其第三大贸易伙伴，对华出口农产品，自华进口产品包括电器及电子产品、医药、机械设备和纺织服装等。	能矿资源价值超过3万亿美元，已发现1400多处矿藏，包括铁、煤、石油和天然气等。在全球190个经济体中营商环境排名第173位。
斯里兰卡	面积6.56万平方公里，人口约2180万人。	实行总统共和制，三权分立，多党竞争。总统为国家元首、政府首脑和武装部队总司令，享有任命总理和内阁成员的权力。2009年结束长达26年的国内武装冲突后，进入和平发展时期，安全形势有所好转。政治、经济、安全形势总体趋于平稳。	多民族国家，有僧伽罗族、泰米尔族、摩尔（穆斯林）等民族，其中，僧伽罗族占74.9%，大多信仰佛教；泰米尔族占15.4%，大多信仰印度教；摩尔族占9.2%，信仰伊斯兰教；其他民族占0.5%。僧伽罗语、泰米尔语同为官方语言和全国语言。商务活动中通用英语。	以种植园经济为主的农业国家，渔业、林业和水力资源丰富。GDP 840亿美元，增长2.3%，人均GDP 3852美元。茶叶、香料、海产品和椰子是农业经济收入的主要支柱产品。	积极发展国家路网建设，特别是高速公路网络，进行道路升级改造。铁路总里程为1465公里。有两大国际机场。扩建科伦坡港、新建汉班托塔港。电信行业基础设施条件良好。全国电力覆盖率达到99%，是南亚地区中首个实现7×24全天候稳定供电的国家。	中国和印度是其最大的贸易伙伴。2019年，双边贸易总额为44.88亿美元，同比下降2%。对华出口产品包括服装；珠宝、贵金属及制品；咖啡、茶、马黛茶及调味香料等。自华进口产品包括电气及电子产品、机械器具及零件、针织物及钩编织物等。	地理位置重要，紧邻亚欧国际主航线，在货物转运、船舶中转和补给等方面具有独特优势，是"一带一路"建设重要支点国家。整体投资环境在南亚地区名列前茅。在全球190个经济体中营商环境排名第99位。

续表

国家	面积与人口	政治法律环境	社会文化环境	宏观经济	基础设施	双边贸易	投资吸引力
马尔代夫	总面积为9万平方公里（含领海面积），陆地面积仅占0.331%，约298平方公里。总人口54万人，其中包括数万外国劳工。	总统制国家，2008年，新宪法正式生效，规定每5年举行一次多政党体制下的总统选举。总统为国家元首、政府首脑和武装部队统帅，有权任命内阁成员，但须经议会批准；所有议员通过选举产生，总统不再有任命议员的权力；建立独立的最高法院，总统不再是司法系统的最高长官。	民族较单一，全部为马尔代夫族。迪维希语是官方语言，官方和上层社会通用英语。伊斯兰教是国教，属逊尼派。全民伊斯兰教国家，对社会生活产生了全方位的影响。社会秩序相对良好，恶性刑事犯罪不多，外国人总体比较安全。近年来，针对游客的偷盗案件时有发生，破案率很低。	小型开放经济体，旅游业和渔业是该国特色产业。GDP 56.96亿美元，增长5.7%，人均GDP 11125美元。	世界上机动车拥有量最少的国家之一，公路主要集中于首都马累及周边地区、南部阿杜环礁。无铁路。有4个国际机场和6个国内机场。中小型船舶是岛际交通的主要运输工具。有两个主要港口，马累港和甘岛港。电信业发展很快，主要居民岛和旅游岛一般均有网络覆盖。能源供应主要依靠进口，电力供应较为紧张。	2019年双边贸易额3.8亿美元，同比下降4.2%。其对华出口产品包括针织或钩编的服装及衣着附件；非针织或非钩编的服装及衣着附件；其他纺织制品、成套物品、旧纺织品等。自华进口产品包括机械器具及零件；电机、电气、音像设备及其零附件；车辆及其零附件（铁道车辆除外）等。	世界著名的旅游胜地，市场开放度较高，鼓励外国资金进入几乎所有领域，投资利润和所得可自由汇出。在全球190个经济体中营商环境排名第147位。
尼泊尔	面积14.75万平方公里，人口约2950万人。	2005年，主要政党结成"七党联盟"，与尼泊尔共产党（毛主义）联手反对国王，并于2006年通过第二次"人民运动"推翻了国王统治。2008年，举行制宪会议选举，宣布成立尼泊尔联邦民主共和国。2018年，根据新宪法选举产生的联邦政府成立，统一的尼泊尔共产党形成，政治形势更加稳定。	多民族国家，有尼瓦尔、古隆、拉伊等130多个民族。尼泊尔语为国语，上层社会通用英语。86.2%的居民信奉印度教，7.8%信奉佛教，3.8%信奉伊斯兰教，2.2%信奉其他宗教。2012年尼泊尔10年内战结束，但此后政局一度动荡，治安形势比较严峻，许多地区经常爆发游行和罢工，有时甚至升级为暴乱。	经济落后，是联合国确定的47个最不发达国家之一。GDP 342亿美元，增长6.81%，人均GDP 1034美元。农业是最重要的产业。工业基础薄弱，规模较小，机械化水平低，发展缓慢。	交通基础设施薄弱，交通网络尚不完善。公路里程共计31393公里。仅与印度接壤的比尔根杰有铁路相连，主要是印度铁路的延长线。共有56个机场，包括1个国际机场。河流众多，但不具备航运通行能力。共有各类电话用户约4000万户，互联网用户占总人口的58.6%。电力供应十分紧张，全国仍有大量偏远地区无法通电。	2019年双边贸易额15.2亿美元，同比增长37.9%。其对华出口产品包括贱金属雕塑像及其他装饰、地毯及纺织制品、医疗器具及零附件、生皮及皮革等，自华进口产品包括电话和电机电气设备及零件、非针织服装、机械设备及零件、针织服装、鞋类等。	以高山资源著称的内陆国家，水电资源丰富，在全球190个经济体中营商环境排名第94位。

附录 "一带一路"背景下中国企业所处沿线国别(地区)宏观环境分析

续表

国家	面积与人口	政治法律环境	社会文化环境	宏观经济	基础设施	双边贸易	投资吸引力
不丹	面积3.8万平方公里,人口约74.9万人。	政治体制为议会制君主立宪制。议会实行两院制,由国王、国家委员会(上院)、国民议会(下院)组成,拥有立法权。根据宪法,经2/3议员同意,议会有权对国王提出退位动议。如动议获议会3/4投票通过,则应举行全民公投以决定国王是否退位。在国民议会选举中获多数议席的政党领导人将由国王任命担任首相,负责组阁。	不丹族约占总人口的50%,尼泊尔族约占35%。宗卡语为国语,英语为官方语言,尼泊尔族人讲尼泊尔语。有75%的人口信仰佛教和原始宗教,国教是佛教(藏传喇嘛教),有25%的人口信仰印度教。	GDP 25.46亿美元,增长5.46%,人均GDP 3432美元。农业是支柱产业。20世纪50年代实行土地改革后,98%以上的农民拥有自己的土地、住房,平均每户拥有土地1公顷多。粮食基本自给。经济建设严重依赖外国和国际组织援助。	公路总里程8366.2公里,山区仍以马、牛、骡为主要运输工具。河流众多但湍急,无法航行。帕罗机场是唯一机场。通信业发展迅速,移动电话业务覆盖了不丹近2/3地区,手机的普及率近30%,互联网普及率仅为5%。水电资源丰富并向印度出口,水电及相关建筑业已成为拉动经济增长的主要因素。	印度是其最大贸易伙伴,与其签有自由贸易协定。其他主要贸易伙伴有中国、韩国、泰国、新加坡、日本等。其主要出口产品为电力、化学制品、木材、加工食品、矿产品等。主要进口产品为燃料、谷物、汽车、机械、金属、塑料等。	中国与不丹迄今未建交,但保持友好交往。不丹未出现在世界银行《2020年营商环境报告》的排名中。

5. 中亚5国

国家	面积与人口	政治法律环境	社会文化环境	宏观经济	基础设施	双边贸易	投资吸引力
哈萨克斯坦	面积272.5万平方公里,人口约1863万人。	总统制共和国,实行渐进式民主政治改革。2019年,顺利实现独立28年来的首次政权交接。	多民族国家,共140个民族,主要有哈萨克族、俄罗斯族等。官方语言为哈萨克语和俄语。奉行政教分离的政策,民众普遍信仰宗教,主体民族哈萨克族信仰伊斯兰教,属逊尼派,约占69%人口,为第一大教派。近年来社会治安问题明显上升。	GDP 1793.3亿美元,增长4.5%,人均GDP 9686美元。采矿业是支柱产业。	公路是最主要的交通运输方式,拥有的公路网仅次于俄罗斯,在独联体地区居第二位。铁路干线总里程1.51万公里,大型机场21个,电信行业在中亚地区属前列,北部地区发电量大,西部和南部地区电力短缺。	中国是其第二大贸易伙伴国、第二大出口市场和第一大进口来源地。对华出口产品包括矿产品、贱金属及制品等,自华进口产品包括机电产品、贱金属及制品、塑料、橡胶等。	优越的地理位置,丰富的自然资源,拥有石油、天然气、煤炭、有色金属等矿产资源。在全球190个经济体营商便利度排名中,排第25位。

续表

国家	面积与人口	政治法律环境	社会文化环境	宏观经济	基础设施	双边贸易	投资吸引力
乌兹别克斯坦	面积44.89万平方公里，人口3403.7万人。	1992年通过第一部宪法，规定乌兹别克斯坦是主权、民主国家，实行立法、行政、司法分立；总统为国家元首、武装部队最高统帅，每届任期5年。政局较稳定。2018年入选世界最安全的五个国家之列。政令调整频繁，朝令夕改现象普遍。	有134个民族，其中乌兹别克族占人口的78.8%，其他还有塔吉克族、俄罗斯族、哈萨克族等。乌兹别克语为国语，俄语为通用语。居民大多信奉伊斯兰教，多属逊尼派，信徒占人口总数90%以上，属政教分离的穆斯林国家。其次为东正教。社会治安总体较好。	经济以多种所有制为基础。GDP 579亿美元，增长3.6%，人均GDP 1724美元。计划经济色彩浓重，与国际接轨程度低。传统的农业国，粮食可自给自足。工业在国民经济中所占比重逐年提高。	基础设施比较落后。现有公路18.4万公里，干线公路连通各州并与邻国公路网相连。铁路总长6950公里。有12个机场，均为国际机场。内陆国家，无海港；内陆河流水量小，无水运。移动电话普及率为70%，移动互联网覆盖70%的家庭。电力可自给自足。	中国是其第一大贸易伙伴。2019年，双边贸易额72.1亿美元，同比增长15.1%。其对华出口产品包括天然气、黑色和有色金属、纺织品等，自华进口产品包括工程机械、空调、冰箱等机械设备及器具；机电产品；塑料及其制品等。	劳动力资源丰富，为中亚第一人口大国，劳动力价格相对低廉。工业配套基础设施建设落后。在全球190个经济体中营商环境排名第69位。
土库曼斯坦	面积49.12万平方公里，人口为594.2万人。	实行立法、行政和司法三权分立的政治制度，管理形式为总统制的共和国。总统为国家元首、内阁主席、武装部队最高统帅，由全民直接选举产生，每届任期7年，可连任。主张宗教信仰自由，禁止宗教干预国家政治生活。政治稳定。	有120多个民族，土库曼族占人口的94.7%，其他还有乌兹别克、俄罗斯、哈萨克等民族。土语为官方语言，俄语为通用语言，英语普及程度不高。绝大多数居民信仰伊斯兰教，属逊尼派，俄罗斯族和亚美尼亚族信仰东正教。社会治安总体较好，但近年来呈恶化趋势，吸毒、偷盗等案件逐年增多。	GDP 458亿美元，增长6.3%，人均GDP 7708美元。油气工业是经济支柱产业，天然气储量居世界第四。	公路总长逾14000公里，无高速公路。已基本形成东西贯通、南北相连的铁路布局。有5个国际机场。内陆国家，无出海口，但濒临里海。土库曼巴什港是里海东岸最大港口，西部的对外门户。固定电话和2G移动网络目前已基本覆盖全国。移动上网费用高昂限制了移动宽带的发展。电力资源充裕，还可以出口。	2019年，双边贸易总额91.2亿美元，同比增长8.1%。对华出口产品包括矿产品；盐、硫磺、石灰、水泥；虫胶、树胶等。自华进口产品包括机械器具、机电产品、车辆及零附件（铁道车辆除外）等。	地理位置优越，处于欧亚大陆中心地带。油气资源储量丰富，经济增长前景良好。土库曼斯坦未出现在世界银行《2020年营商环境报告》的排名中。

附录 "一带一路"背景下中国企业所处沿线国别(地区)宏观环境分析

续表

国家	面积与人口	政治法律环境	社会文化环境	宏观经济	基础设施	双边贸易	投资吸引力
塔吉克斯坦	面积为14.31万平方公里,人口为931.7万人。	独立后,各种政治、宗教、地方势力斗争激烈。1999年,以全民公决方式通过新宪法,规定建立世俗、民主、法治国家;实行总统制;总统为国家元首、政府首脑和武装部队的统帅。政治局势相对稳定。政府部门执法过程中随意性较大。	多民族国家,有86个民族,其中塔吉克族占人口的80%;此外还有乌兹别克、俄罗斯、鞑靼等民族。塔吉克语为国家语言,俄语为通用语,英语不普及。80%以上居民信奉伊斯兰教,其中多数属逊尼派,其他还有基督教、犹太教、巴哈依教、东正教等。社会治安情况总体较好,但也存在各种形式的犯罪。	经济保持平稳发展态势,主要收入来源是农业生产、铝材出口和境外侨民汇款。GDP 81.2亿美元,增长7.5%,人均GDP 854美元。铝业生产为支柱产业。无烟煤按质量等级排名世界第二,储量515万吨。煤炭以露天开采为主,开采条件好。	交通、电力基础设施落后,与邻国关系不睦又使这一问题更加突出。交通主要以公路为主,地形地貌复杂,筑路困难,交通条件较差。有北、中、南三条互不相连的铁路线。有3个机场。为内陆国家,无海运;国内水系不适合于航行。通信产业发展迅速。互联网速度较慢,且基础上网费较高。	2019年,双边贸易额为16.75亿美元,同比增长11.21%。对华出口产品包括矿砂、矿渣及矿灰;棉花;生皮(毛皮除外)及皮革等,自华进口产品包括机器、机械器具;机电产品;鞋类等。	矿产资源较丰富。在全球190个经济体中营商环境排名第106位。
吉尔吉斯斯坦	面积为19.99万平方公里,人口为650万人。	政教分离的世俗国家,政治上推行民主改革并实行多党制。根据2010年通过的宪法修正案全民公决,国家政体由总统制改为议会制。法制建设仍处于完善之中,执法标准不一,外资项目受到各种检查,部分官员存在腐败现象。	有84个民族,其中吉尔吉斯族占72.8%,乌兹别克族占14.5%,其他还有俄罗斯族、东干族、维吾尔族等。70%以上居民信仰伊斯兰教,多数属逊尼派。国语为吉尔吉斯语,俄语为国家官方语言。治安环境不容乐观,要案和特大刑事案件仍较多,针对中国商人的敲诈与抢劫案件时有发生。	国民经济以多种所有制为基础,农牧业为主,工业基础薄弱,主要生产原材料。GDP 84.55亿美元,增长4.5%,人均GDP 1300美元。	公路运输是最重要的运输方式,公路总里程约3.4万公里。铁路交通不发达。有14家航空公司从事民航经营。没有出海口,内河航运以伊塞克湖为主。全国有70%以上的居民使用智能手机,网速较快,收费较低。互联网普及率超过85%。基本能保障用电需求,存在冬季缺电现象。	中国是其第一大贸易伙伴国和第一大进口来源国。2019年,双边贸易额63.78亿美元,同比增长13.15%。对华出口产品包括矿砂、矿渣及矿灰;铜及其制品;生皮及皮革等。自华进口产品包括针织或钩编的服装及衣着附件;鞋靴、护腿及其零件;针织物及钩编织物等。	经济自由度较高,市场准入条件较宽松。过境运输优势明显。在全球190个经济体中营商环境排名第70位。

6. 独联体7国

国家	面积与人口	政治法律环境	社会文化环境	宏观经济	基础设施	双边贸易	投资吸引力
俄罗斯	面积为1709.8万平方公里,是世界上国土最辽阔的国家,人口为1.47亿人。	实行总统制的联邦国家体制,以普京和米舒斯京为核心的政治精英保持对俄罗斯政治的较强控制,俄罗斯政局为苏联解体以来最为稳定的阶段。2019年,犯罪案件数量202.4万起,其中恐怖主义案件1806起,极端主义案件585起。	多民族国家,有194个民族,其中俄罗斯族占77.7%。有大约150种语言,官方语言为俄语。多宗教,主要有基督教、伊斯兰教、萨满教、佛教(喇嘛教)和犹太教等。基督教以俄罗斯东正教流传最广,教徒人数最多,约5000万。	经济大国之一,GDP 1.7万亿美元,增长1.3%,人均GDP 11000美元。石油天然气工业长期以来在其经济中发挥核心作用。	公路交通较落后,铁路和航空、水运有一定基础,但多为原苏联时期建造,较为陈旧。除莫斯科、圣彼得堡等大城市外,基础设施陈旧。移动通信普及率达178%,也是电力生产大国。	中国是其最大贸易伙伴国、最大出口市场和最大进口市场。对华出口产品包括矿物燃料、矿物油及其产品、木材等,自华进口产品包括机械器具、电气设备及零件、皮毛、服装、鞋靴、车辆及零附件等。	工业改造、基础设施建设、新一轮私有化等领域具有投资机遇。基础科学研究实力较雄厚。在全球190个经济体营商便利度排名中,排第28位。
乌克兰	面积为60.37万平方公里,是欧洲国土面积第二大国。人口为4163万人。	政治体制在议会总统制和总统议会制间多次变换,现为议会总统制。政府更迭频繁,2013年爆发第二次"广场革命",政经形势剧烈动荡。	有130个民族,乌克兰族占人口的77.8%,还有俄罗斯、白俄罗斯、犹太等民族。官方语言为乌克兰语,多数居民熟练掌握俄语,年轻人广泛使用英语。信仰东正教的人数约占全部信教人数的85%,还有的信仰天主教和浸礼教。社会治安有所恶化。	宏观经济总体稳定,继续保持低速增长。GDP 1539亿美元,增长3.2%,人均GDP 3680美元。"欧洲粮仓",是世界第三大粮食出口国、第一大葵花油出口国。工业特别是制造业发展相对滞后。	公路16.9万公里,是欧洲道路安全状况最差的国家之一,全国主要公路路面破损率约为55%。铁路密度在独联体国家中名列第一,在欧洲也位居前列。有34个民用机场,其中22个为国际机场。共有海港18个,河港12个。城市互联网普及率超过70%,农村为58%。电力供应自给有余,每年均有一定规模的对外出口。	2019年,双边贸易额119.1亿美元,同比增长23.3%。对华出口产品包括矿砂、矿渣及矿灰;谷物;动植物油脂及其分解产品等。自华进口产品包括机电产品、机械器具、鞋类产品等。	地理位置优越,市场辐射独联体、欧盟、北非。矿产资源丰富,铁矿、煤炭等储量居世界前列。在全球190个经济体营商便利度排名中,排第64位。

334

附录 **"一带一路"背景下中国企业所处沿线国别（地区）宏观环境分析**

续表

国家	面积与人口	政治法律环境	社会文化环境	宏观经济	基础设施	双边贸易	投资吸引力
白俄罗斯	面积为20.76万平方公里，人口为940.84万人。	实行总统制和三权分立。总统是国家最高首脑，行政权由政府即部长会议执掌。最高行政长官是总理。立法权属国民会议，司法权归法院。政府权力由总统、议会和政府以及法院执行。	多民族国家，共约140个民族，其中白俄罗斯族占人口的83.7%，其他还有俄罗斯族、波兰族、乌克兰族等。白俄罗斯语和俄语同是官方语言，英语是主要的外国语，但会讲英语的人比例不高。70%以上的居民信奉东正教，还有一些居民信奉罗马天主教及东正教与天主教的合并教派。社会治安状况总体良好。	GDP 631.16亿美元，增长1.2%，人均GDP 6691美元。工业部门较为齐全，机械制造和加工业发达。农业普遍实行大规模机械化生产，农产品大量出口。燃料能源工业是国民经济主要支柱领域之一。	公路网全长10.1万公里，其中硬化路面占86%，有5条欧洲国际公路。铁路总长5490公里，担负着与亚太地区铁路运输的联运工作。有7个国际机场。内陆国家，没有出海口，内河水运网长约2000公里，有10个河港。能提供良好的无线通话和网络服务。电力是燃料能源工业的核心，但进口的天然气份额高达90%。	2019年，双边贸易总额为43.7亿美元，同比增长18.7%。对华出口产品包括钾肥、牛奶及奶制品、聚酰胺、纸浆、亚麻原料及制成品等，自华进口产品包括数据处理用计算机、通信设备及其配件、轿车及拖拉机用车厢及配件、织袜机、合成丝线等。	地缘优势明显，位于欧洲地理中心，工农业基础较好。在全球190个经济体营商便利度排名中，排第49位。
格鲁吉亚	面积为6.97万平方公里，人口为371.69万人。	总统制三权分立国家，总统是国家元首兼武装力量最高统帅，有权提名总理、国防、内务、安全等强力部门部长人选，由议会批准。内阁成员由总理向总统建议后，由总统提交议会批准。	多民族国家，格鲁吉亚族占人口的86.8%，其他还有阿塞拜疆、亚美尼亚、俄罗斯等民族。官方语言为格鲁吉亚语，居民多通晓俄语，英语逐渐开始流行。83.9%的居民信奉东正教，少部分信奉基督教、伊斯兰教、罗马天主教等。近年来，犯罪率明显降低。	近年来致力于建立自由市场经济，大力推进经济改革。GDP 177.4亿美元，增长5.1%，人均GDP 4346美元。农林业为其特色产业，主要农产品包括葡萄酒、核桃和水果等。建筑业已成为经济支柱产业。	基础设施条件得到明显改善。公路状况普遍一般，还没有封闭式高速公路。铁路总长1992公里，90%为电气化路段。有3个国际机场。在黑海有波季和巴统两个港口，通往世界多个港口。电信市场开放程度较高。电力供应已基本能满足需要，但冬天需要进口电力。	2019年双边贸易额14.8亿美元，同比增长28.9%。对华出口产品包括饮料、酒及醋、铜及其制品、非针织或非钩编的服装及衣着附件等，自华进口产品包括锅炉、机械器具、机电产品等。	地理位置优越，自由劳动就业制度世界领先，金融体制自由度高。在全球190个经济体营商便利度排名中，排第7位。

续表

国家	面积与人口	政治法律环境	社会文化环境	宏观经济	基础设施	双边贸易	投资吸引力
阿塞拜疆	面积为8.66万平方公里，人口为1007万人。	实行总统制，总统为国家元首、最高行政首脑和武装力量总司令。立法、行政、司法三权分立。内阁是政府最高权力执行机构。总理由总统提名，议会批准。部长、内阁由总统任命和解散。政局稳定。	有43个民族，阿塞拜疆族占90.6%，其他还有列兹根族、俄罗斯族、亚美尼亚族等。官方语言为阿塞拜疆语，政府部门等通用俄语及英语。居民主要信奉伊斯兰教（什叶派），俄罗斯、亚美尼亚等少数民族信奉基督教。社会治安情况总体良好，犯罪率较低。	经济快速增长。GDP 480亿美元，增长2.2%，人均GDP 4851美元。石油开采是最重要的产业部门。	拥有较便捷的公路、铁路、能源管道和外高加索地区最大的民用机场，为其提供了发展跨国运输业的良好条件。公路总里程6万公里，铁路总长2929.4公里，有6个机场，水运以里海货物运输为主。通信业发展迅速，平均每百人拥有111.1部手机。电力充足并对外出口。	2019年双边贸易额为14.85亿美元，同比增长65.44%。对华出口产品包括矿物燃料、矿物油及其产品；沥青等；塑料及其制品；有机化学品等。自华进口产品包括机械器具、机电产品、服装等。	地理位置连接欧亚，油气资源丰富。在全球190个经济体营商便利度排名中，排第34位。
亚美尼亚	面积为2.97万平方公里，人口近300万人。	2018年"天鹅绒革命"使政治制度改为以总理为主导、总统为国家元首的议会制政治体制。	多民族国家，亚美尼亚族约占人口的96%，其他少数民族有叶继德族、俄罗斯族、亚述族和希腊族。基督教为国教，信仰基督教人数约占人口的94%。社会治安较好，邻里关系和睦，社会犯罪率低，很少发生针对外国人的刑事案件。	GDP 136.38亿美元，增长7.6%，人均GDP 4604美元。电力资源丰富，电力生产是支柱产业。产值较高的行业有食品加工、饮品加工、烟草加工、基本金属加工等。高原国家，农业欠发达，需大量进口农产品。	公路有7570公里，路况较差，没有标准意义上的高速公路，铁路1328.6公里，平均时速约45公里。有一个国际机场。内陆国家，无河道运输。城市固话普及率超过90%，农村电话用户很少。互联网普及率高。电力充足，但线路陈旧老化，常有断电情况发生。	中国是其第二大贸易伙伴。2019年双边贸易额7.59亿美元，同比增长43.54%。对华出口产品包括铜及铜精矿、针织服装、宝石和半宝石等，自华进口产品包括电机、电气、音像设备、锅炉、机械器具、光学、照相、医疗等设备。	劳动力素质较高，成本较低。近在全球190个经济体营商便利度排名中，排第47位。

附录　"一带一路"背景下中国企业所处沿线国别（地区）宏观环境分析

续表

国家	面积与人口	政治法律环境	社会文化环境	宏观经济	基础设施	双边贸易	投资吸引力
摩尔多瓦	面积为3.38万平方公里，人口为354.27万人。	三权分立的国家体制，永久中立国，议会制国家，议会选举方式为混合选举制。国家政局稳定，但2019年两易政府，党派之间矛盾增加，对政治、经济、社会造成不利影响。	多民族国家，摩尔多瓦族占人口的75.8%，其他还有乌克兰族、俄罗斯族、加告兹族等民族。官方语言为摩尔多瓦语，通用俄语。98%的居民信奉东正教，还有的信奉犹太教和其他宗教。社会治安总体较好。	GDP 120亿美元，增长3.6%，人均GDP 3389美元。农业基础好，土地肥沃。每年葡萄酒产量约60万吨左右，85%用于出口。	基础设施陈旧落后。公路运输在国内交通中起着重要的作用，但46%的国道和75%的地区间公路处于损坏待修状态。铁路运输占主导地位，铁路运营线总长1318公里。空运年运送旅客20万~25万人次。内河航线全长1356公里。通信发展迅速。能源自给率仅为3%，电力进口比重约为80%。	中国为其第六大贸易伙伴国和第三大进口来源国。2019年双边贸易额6.19亿美元，占其对外贸易总额的7.2%。对华出口产品较为单一，以葡萄酒为主。自华进口产品最初以家电、建材、服装、鞋帽等为主，近年来向通讯设备、家具、汽车等高科技类商品发展。	地缘优势明显、贸易合作辐射范围广。拥有吸引外资的财税优惠和劳动力、土地等诸多资源。在全球190个经济体营商便利度排名中，排第48位。

7. 中东欧16国

国家	面积与人口	政治法律环境	社会文化环境	宏观经济	基础设施	双边贸易	投资吸引力
波兰	面积为31.27万平方公里，人口为3839万。	三权分立的政治制度，经济体制的基础为经济自由化、私有制等原则，武装力量在国家政治事务中保持中立。遵循欧盟统一市场规则，法治建设成效较明显。	波兰族占人口的98%以上，还有德意志、乌克兰、俄罗斯等少数民族。官方语言为波兰语，英语日益普及。90%的人信仰罗马天主教，少部分信仰东正教或基督教新教。治安状况较好，社会安定。	欧盟内第六大经济体，GDP 5900亿美元，增长4%，人均GDP 15500美元。波兰是欧洲农业大国，也是继俄罗斯之后欧洲第二大硬煤生产国。	正在大力发展基础设施。公路总长度42.46万公里，铁路运营里程1.9235万公里，有13个国际机场，有革但斯克、格丁尼亚等港口，移动网络覆盖全国，每年需少量进口电力。	中国是其在亚洲地区最大贸易伙伴，第二大进口来源地，对华出口产品包括铜及铜制品、电气设备、机械器具等，自华进口产品包括电气设备、办公设备、机械器具、医疗仪器、家具、玩具等。	处于欧洲中心地区，地理优势明显，门户作用突出。经济实力居中东欧国家之首，经济发展潜力大。在全球190个经济体营商便利度排名中，排第40位。

续表

国家	面积与人口	政治法律环境	社会文化环境	宏观经济	基础设施	双边贸易	投资吸引力
立陶宛	面积为6.53万平方公里，人口为279.2万人。	议会制国家，议会是国家最高立法机关。议会有权批准或否决总统提名的总理人选；任命和解除国家领导人的职务；有权弹劾总统，但需经3/5以上议员支持。政局基本稳定。公共部门较为廉洁。法律基础较完善。	立陶宛族占84.2%，其他还有波兰族、俄罗斯族、白俄罗斯族等。官方语言为立陶宛语，一般35岁以上的居民懂俄语，35岁以下的年轻人懂英语。约77.2%的民众信奉罗马天主教，少部分信仰东正教、东正教（旧礼仪派）、福音路德教等。社会治安好，犯罪率较低，鲜有袭击外国人的事件。	GDP 542.19亿美元，增长3.9%，人均GDP 19500美元。共享服务和外包产业发展较快，高新科技产业迅猛增长，制造业投资增长速度位列全球第四。	基础设施完善，交通基础设施发达。国内交通运输以公路、铁路为主。公路网发达，有6条欧洲公路干线经过。铁路网发达。克莱佩达港是立最大海港，与世界200多个港口通航。具有世界领先的宽带速度和中东欧地区最先进的信息和通信技术基础设施。因核电站关闭，需要进口电力以满足需求。	2019年，双边贸易额21.35亿美元，同比增长2%。对华出口产品包括铜及其制品；家具、寝具等；灯具、活动房；谷物等。自华进口产品包括电机、电气、音像设备、锅炉、机械器具、车辆等。	区位优势明显，位于欧洲地理中心，濒临波罗的海。劳动力素质高，工资成本较低。在全球190个经济体营商便利度排名中，排第11位。
爱沙尼亚	面积为4.52万平方公里，人口为132.9万人。	实行三权分立的多党议会民主制。政局总体稳定，但党派斗争激烈。政治上实行多党制和议会民主制，党派斗争能够在法制框架内进行。法律体系较为健全，司法严明，官员廉洁。为欧盟成员国，遵循欧盟统一市场规则。	主要有11个民族，爱沙尼亚族占人口的68.5%，俄罗斯族占24.8%，还有乌克兰族、白俄罗斯族和芬兰族等。爱沙尼亚语为官方语言，英语、俄语亦被广泛使用。主要宗教有基督教福音派路德宗、东正教和天主教。社会秩序比较稳定，治安状况总体较好。	奉行自由经济政策，大力推行私有化，实行自由贸易政策，经济发展迅速，年均经济增速在欧盟成员国国内位列前茅。GDP 313.99亿美元，增长4.3%，人均GDP 23700美元。	具备由公路、铁路和港口构建成的较为完善的运输网络，在欧、亚中转运输中发挥重要作用。公路总长16608公里，铁路总长2164公里。有26个货运和民航机场，其中塔林机场是国际机场。有大小港口101个。有高度发达的电信和IT基础设施。电力资源充裕并可出口。	2019年双边贸易额12.21亿美元，同比减少10.58%。对华出口产品包括机电产品、矿物、木材及木制品。自华进口产品包括机电产品；锅炉、机械以及家具等。	区位优势独特，投资环境优良，投资政策较为优惠。在全球190个经济体营商便利度排名中，排第18位。

附录 "一带一路"背景下中国企业所处沿线国别（地区）宏观环境分析

续表

国家	面积与人口	政治法律环境	社会文化环境	宏观经济	基础设施	双边贸易	投资吸引力
拉脱维亚	面积为3.38万平方公里，人口为354.27万人。	实行多党政治和议会民主制。议会是国家最高立法机构，总统由议会选举产生。政局稳定，为欧盟成员国，法律与欧盟接轨。	多民族国家，拉脱维亚族占62.3.%，俄罗斯族占25.2%，还有白俄罗斯族、乌克兰族、波兰族等。官方语言为拉脱维亚语，正式场合多使用拉脱维亚语和英语。主要宗教有基督教路德宗、东正教、基督教其他分支。社会治安状况良好。	奉行自由经济政策。GDP 341.17亿美元，增长2.2%，人均GDP 17600美元。生物制药、交通运输、旅游度假、木材加工、批发零售、绿色食品和创意设计等行业较为发达。	公路和铁路网发达，是连接欧盟和俄罗斯、亚洲地区的水陆交通枢纽。拥有三个国际性不冻海港和三个国际机场。电信基础设施较好，平均网络速度多年来位居全球前十名。电力不能完全自足，需要进口。	2019年双边贸易额为12.9亿美元，同比下降6.6%。对华出口产品包括木材及制品、矿产品和机电产品等。自华进口产品包括机电产品、家具和橡胶制品等。	优越的地理位置使其成为连接欧盟和独联体国家的重要物流中心。在全球190个经济体营商便利度排名中，排第19位。
捷克	面积为7.89万平方公里，人口为1069万人。	实行多党议会政治体制。议会是国家最高立法机构，实行参众两院制。目前共有定期开展活动的政党、运动、联盟等政治组织30余个。政局稳定，法律健全，政策制定和执行较透明，政府办事效率较高。	主要民族捷克族约占人口的94%，还有斯洛伐克族、波兰族、德意志族等。官方语言为捷克语，主要外语有英语、德语及俄语。主要宗教是罗马天主教，还有新教等。社会和谐稳定，民族和宗教矛盾小，社会治安较好。	欧盟成员国中经济发展最快的国家之一。GDP 2461亿美元，增长2.4%，人均GDP 23029美元。传统工业国家，工业在国民经济中占据重要地位，工业产品以出口为主。	拥有良好的基础设施，较发达的交通网络。公路总里程5.58万公里，铁路与欧洲各国联网，乘火车可抵达欧洲各主要城市。有91个民用机场，其中6个是国际机场。内陆国家，有几十个小型内河港口。通信发达。电力充足并可供出口。	捷克是中国在中东欧的第二大贸易伙伴。2019年双边贸易额达176亿美元，同比增长7.9%。对华出口产品包括机电产品；运输设备；光学、钟表、医疗设备等。自华进口产品包括机电产品；贱金属及制品；家具、玩具等。	欧洲中心地理位置使其成为欧洲过境走廊的天然枢纽，与周边交通便捷。综合成本具有竞争力。在全球190个经济体营商便利度排名中，排第41位。

续表

国家	面积与人口	政治法律环境	社会文化环境	宏观经济	基础设施	双边贸易	投资吸引力
斯洛伐克	面积为4.90万平方公里，人口为546万人。	实行三权分立、多党议会民主的政治制度，立法权、司法权和行政权相互独立，相互制衡。政局稳定。	多民族国家，斯洛伐克族占人口的81.15%，还有匈牙利族、罗姆族（即吉普赛人）、捷克族等。官方语言为斯洛伐克语，主要外语为英语、德语和俄语。62%的居民信奉罗马天主教，少部分信奉新教、希腊天主教、东正教等。社会治安状况相对较好，犯罪率处于中等偏下水平。	经济稳定，是欧盟中经济增长最快的国家。GDP 1054.3亿美元，增长2.3%，人均GDP 19310美元。汽车工业、电子工业、机械设备制造业是主要支柱产业，属于出口为导向的外向型市场经济。	公路18072公里。铁路总长3626公里。机场分布在布拉迪斯拉发、科希策、皮耶什佳尼等地。内河航道172公里。电信业发展时间较早，普及程度高。电力供应充足，其电网已同欧洲电网联网。	2019年，双边贸易额达88.92亿美元，同比增长14.3%。对华出口产品包括越野车、载人的机动车、机动车辆用电气照明装置，自华进口包括液晶显示板；车用往复式活塞发动机；空气泵或真空泵、空气和其他气体压缩机及零件等。	地理位置具有战略性，有优质的劳动力资源，劳动生产率和劳动成本在中欧和东欧国家中较高。在全球190个经济体中，营商便利度排第45位。
匈牙利	面积为9.3万平方公里，人口为980万人。	实行多党议会民主制，执行立法、行政、司法三权分立的原则。国会是立法机关和国家最高权力机构，实行一院制。欧盟成员国，政局基本稳定，法律法规健全。	主要民族为马扎尔族（即匈牙利族），约占90%。少数民族有茨冈、德意志、斯洛伐克等。官方语言为匈牙利语，英语、德语亦很普及。居民主要信奉天主教（66.2%）和基督教（17.9%）。社会治安总体稳定，每年圣诞节前后为犯罪事件相对高发期。	中东欧地区经济增长的亮点国家，发展势头较为强劲。GDP 1633.3亿美元，增长4.9%，人均GDP 15943美元。汽车、电子、制药、信息、可再生能源及物流为支柱产业。金融市场开放。	基础设施、物流体系完善，是中东欧区域供应中心和服务枢纽，是其他欧盟国家到达巴尔干地区的唯一通道。拥有5个国际机场，7条高速公路和5条铁路线直通周边7国。通信网络发达。水利电力设施完善，电力供给较为均衡。电力缺口靠进口填补。	中国是其在欧洲以外最大的贸易伙伴。2019年，双边贸易额102.1亿美元，同比下降6.2%。对华出口产品包括机电产品；光学、照相设备；锅炉、机器等。自华进口产品包括机电产品；车辆及其零附件；锅炉、机器；光学、照相设备等。	地处欧洲心脏，覆盖2.5亿人口的市场，同时可以进入拥有5亿人口的欧盟市场。在全球190个经济体营商便利度排名中，排第52位。

附录 "一带一路"背景下中国企业所处沿线国别（地区）宏观环境分析

续表

国家	面积与人口	政治法律环境	社会文化环境	宏观经济	基础设施	双边贸易	投资吸引力
斯洛文尼亚	面积为2.02万平方公里，人口为209.6万人。	实行多党议会民主制，政局总体平稳。宪法确立立法、行政、司法三权分立原则。欧盟国家，法律健全，遵守欧盟法规。	斯洛文尼亚族约占总人口的83%，其他民族有克罗地亚族、塞尔维亚族、匈牙利族、意大利族等。官方语言为斯洛文尼亚语，多数国民会说英语、德语和意大利语。居民主要信奉天主教，部分信奉东正教、伊斯兰教等。社会治安状况良好，犯罪率较低。	经济转型平稳，属于高度外向型。GDP 573.42亿美元，增长4.6%，人均GDP 25700美元。加工工业基础雄厚，在汽车制造、高新技术、电气、制药等领域具有一定优势。	基础设施较为完善，交通运输网络覆盖全国，已成为欧洲重要的交通枢纽之一。公路四通八达，铁路线总长为1209公里。有3个国际机场。有1个海港，是中东欧内陆国家重要的中转港。通信设施完善，互联网普及广泛。电力充足。	2019年，双边贸易总额为39.3亿美元，比上年减少21.7%。对华出口产品包括机电产品、车辆及其零附件、机械器具及零件等，自华进口产品包括机电产品；针织或钩编的服装及衣着附件；锅炉、机械器具及零件等。	地理位置优越。在全球190个经济体营商便利度排名中，排第37位。
克罗地亚	面积为5.66万平方公里，人口为406.8万人。	国体为共和国，政体为议会内阁制。议会是国家最高权力和立法机构，实行一院制。政府是最高行政机关，对议会负责。政局相对稳定，政党政治渐趋成熟。政策透明度有所提高。	克罗地亚族占人口的90.4%，其他还有塞尔维亚族、波什尼亚克族、意大利族等。官方语言为克罗地亚语，英语普及程度很高。86.28%的居民信奉罗马天主教，少数信奉东正教、伊斯兰教、基督教新教等。社会治安状况总体较好。	经济基础和发展前景良好。GDP 617亿美元，增长2.9%，人均GDP 14950美元。旅游、建筑、造船和制药等产业发展水平较高。金融体系稳定。	交通系统总体比较发达，公路、铁路交通便利，以首都萨格勒布为中心通往全国各地以及周边欧洲各国。有7个国际机场。港口设施较完善。各类通信普及率较高。电力供应充足，电力消费和生产缺口依靠进口解决。	2019年，双边贸易为15.4亿美元，同比增长0.2%。对华出口产品包括消防车辆为主的机电产品、锯木板材、建筑用石材、医药产品和饲料等。自华进口产品包括机电产品、纺织品、服装及鞋类等。	地理位置优越，辐射西欧和东南欧。在全球190个经济体营商便利度排名中，排第51位。

续表

国家	面积与人口	政治法律环境	社会文化环境	宏观经济	基础设施	双边贸易	投资吸引力
波黑	面积为5.12万平方公里，人口为330.1万人。	1995年波黑结束战争，实现和平，民族关系渐趋缓和，政局逐步稳定。波黑由波黑联邦和塞族共和国两个实体组成；波黑设三人主席团，由三个主体民族（波什尼亚克族、塞尔维亚族和克罗地亚族）代表各1人组成，主席团成员分别由两个实体直接选举产生。	波什尼亚克族约占50.11%，信仰伊斯兰教；塞尔维亚族约占30.78%，信仰东正教；克罗地亚族约占15.43%，信仰天主教。犹太少数民族信仰犹太教。官方语言为波斯尼亚语、塞尔维亚语和克罗地亚语。社会治安状况总体较好，暂无战乱、恐怖袭击等危险，但仍须注意人身、交通和财产安全。	波黑战争给经济带来严重破坏，几近崩溃。近年来，经济恢复取得一定进展。GDP 201.63亿美元，增长2.68%，人均GDP 5785美元。金属加工业是波黑经济重要产业之一，产品以出口为主。	基础设施较落后，战争期间基础设施遭严重破坏。战后，大部分遭受破坏的公路、铁路、电站、通信及供水系统等得到恢复和重建。公路总长2.48万公里。铁路1031公里，设施老旧。有4个机场。无货运海港，有两个河港。移动通信与互联网普及率较高。电力充足。	2019年中国和波黑双边贸易额为1.92亿美元，同比增长2.7%。对华出口产品包括木及木制品、非针织或非钩编的服装及衣着附件、车辆及其零附件等。自华进口产品包括机电产品；锅炉、机械器具；钢铁等。	地理位置优越，是进入欧盟的门户。自然资源丰富，金融与货币稳定，劳动力素质较高。在全球190个经济体营商便利度排名中，排第90位。
黑山	面积为1.38万平方公里，人口为62万人。	实行民主制的议会共和制。总统是国家元首、武装力量最高统帅，由全民直选产生。总统的主要职权是根据宪法宣布举行全民公决，宣布议会选举，提名总理，发布法令和赦免令等。法律与欧盟法规趋同。	多民族国家，其中黑山族占45%，塞尔维亚族占28.7%，其他还有波什尼亚克族、阿尔巴尼亚族、穆斯林族等。官方语言为黑山语，英语在青年人中普及程度较高。72%的居民信奉东正教，少部分信奉伊斯兰教和天主教。社会治安良好，恶性犯罪事件发生率极低。	GDP 54.95亿美元，增长3.62%，人均GDP 8832美元。旅游业和制铝工业是黑山经济支柱。政府将旅游、能源、农业、基础设施作为重点领域。	公路网长7835公里，尚无高速公路。铁路网长250公里，存在设备老化、机车保养不善等问题。有两个国际机场，即波德戈里察机场和蒂瓦特机场。有三个海港，即巴尔干港、科托尔港和泽莱尼卡港。移动电话普及率达186%。电力充足，将成为西巴尔干地区能源枢纽。	其主要贸易伙伴为塞尔维亚、意大利、希腊、克罗地亚、中国等。2019年双边贸易额为1.57亿美元，较上年下降28.5%。	地理位置优越，辐射东南欧和西欧。税收政策优惠。在全球190个经济体营商便利度排名中，排第50位。

附录 "一带一路"背景下中国企业所处沿线国别（地区）宏观环境分析

续表

国家	面积与人口	政治法律环境	社会文化环境	宏观经济	基础设施	双边贸易	投资吸引力
塞尔维亚	面积为8.84万平方公里，人口为696万人（不含科索沃地区）。	议会共和制国家，实行三权分立的政治体制，立法权、司法权和行政权相互独立，相互制衡。议会实行一院制，是国家最高权力机构。不断完善法制框架，积极与欧盟各项法规接轨。	多民族国家，83.3%的人口是塞尔维亚族，其余有匈牙利族、波什尼亚克族、罗姆族及斯洛伐克族等。官方语言为塞尔维亚语，英语较普及。多数居民信奉东正教，少部分人信奉罗马天主教或伊斯兰教，个别人不信教。社会治安基本稳定。	经济总体呈恢复性增长。GDP 514亿美元，增长4.2%，人均GDP 7402美元。经济以服务业为主，农业是塞尔维亚传统优势产业之一，主要工业部门有冶金、汽车制造、纺织、仪器加工等。	波黑战争及科索沃战争导致基础设施被破坏，欠账较多，老化现象严重。公路总里程45013公里，铁路干线总里程3819公里。有两个机场。水路运输较为发达。通信产业发展迅猛。电力资源充裕，但尚不能完全满足需要，高峰时期仍需进口。	中国在巴尔干地区重要的经贸伙伴之一，中国是其第四大贸易伙伴。2019年双边贸易总额13.9亿美元，同比增长46.3%。对华出口产品包括贱金属、矿物产品、木制品等，自华进口产品包括机械器具、贱金属、化学产品等。	地理位置优越，是连接东南欧与西欧、欧亚大陆的陆路枢纽。税率在中东欧相对较低，劳动力成本低于西欧和周边多数国家。在全球190个经济体营商便利度排名中，排第44位。
阿尔巴尼亚	面积为2.87万平方公里，人口为286万人。	为议会制共和国，实行三权分立的政治制度。议会是国家最高权力机关和立法机构，实行一院制。总统为国家元首，由议会以无记名方式选举产生，每届任期5年，可连任一届。总统任命总理，根据总理提名任命政府成员。	阿尔巴尼亚族占总人口的82.58%，少数民族主要有希腊族、罗姆族、罗马尼亚族、马其顿族等。官方语言为阿尔巴尼亚语，主要流行的外语有英语、希腊语、意大利语和德语。56.7%的居民信奉伊斯兰教，还有的信奉天主教和东正教。社会治安总体较好，但暴力、盗抢、谋杀等案件仍屡见报端，毒品走私等有组织犯罪较为猖獗。	GDP 153亿美元，增长2.2%，人均GDP 5353美元。传统农业国，农业在经济中占重要地位。工业基础薄弱，工业体系建设较为落后，产品主要为纺织品、鞋类等基本轻工业品，以及矿产、石油等资源性产品。	以公路运输为主，公路状况有较大改善，总里程约2.8万公里。铁路基础设施较为落后，实际运营总长为334公里。地拉那特蕾莎修女国际机场是唯一运营的民用机场。有4个海港。移动互联网活跃用户数量为179万人，固网宽带用户约43.6万。电力生产能满足本国基本需求，但因全部为水力发电，在干旱时期停电现象时有发生。	中国是其第三大贸易伙伴。2019年，双边贸易额为7.04亿美元（不含港澳台数据），同比增长8.7%。对华出口产品主要为矿产品（占比97.7%），自华进口产品包括机械设备和零部件、纺织品和鞋类、建筑材料及金属等。	地理位置优越，邻近西欧发达国家市场，具有关税和物流成本优势。劳动力资源丰富，成本较低。在全球190个经济体营商便利度排名中，排第57位。

343

续表

国家	面积与人口	政治法律环境	社会文化环境	宏观经济	基础设施	双边贸易	投资吸引力
罗马尼亚	面积为23.84万平方公里，人口为1959万人。	政体为共和制，《宪法》确立了政治多元化、三权分立的制衡原则。政治体制不断完善，政局相对稳定，为欧盟成员国，法律与欧盟接轨。	罗马尼亚族占88.6%，其他还有匈牙利族、罗姆族、日耳曼族等。官方语言为罗马尼亚语，主要流行的外语为英语和法语。信仰东正教的人数占86.5%，还有的信仰罗马天主教、新教等。犯罪率呈下降趋势，成为欧洲国家中治安较好的国家之一。	GDP 2499亿美元，增长4.1%，人均GDP 12945美元。资源丰富，石油和天然气储量居欧洲前列。农业潜力巨大，服务业发展迅速。	交通便利，公路总里程86391公里，铁路总长10759公里。有6个国际机场，定位为区域性航空中心。水运航线总长1779公里，拥有黑海第一大天然良港——康斯坦察港，河运发达。通讯业发展迅速。电力资源相对充裕。	2019年，双边贸易总额为69.0亿美元，同比增长3%。对华出口产品包括机械设备、机电产品、木材及木制品等。自华进口产品包括电机、音像设备、锅炉、机械器具、光学、照相设备、医用外科工具等。	区位优势明显，为欧盟"东大门"，处于欧盟与独联体和巴尔干国家交汇处。为中东欧地区最大的市场之一。在全球190个经济体中，营商便利度排第55位。
保加利亚	面积为11.1万平方公里，人口约700万人。	议会制国家，共和国总统是国家元首和武装力量总司令，由全民直接选举产生，任期5年。总统象征全民的团结并在国际上代表国家。议会行使立法权和监督权，并有对内政外交等重大问题做出决定的权力。议会实行一院制。政局基本保持稳定，法律法规健全。政府换届、游行示威和罢工等活动均有相应法律约束。	保加利亚族占人口的83.9%，其他还有土耳其族、罗姆族、马其顿族、亚美尼亚族等。官方和通用语言为保加利亚语，土耳其语为主要少数民族语言。信奉东正教者占85%，信奉伊斯兰教者占13%，信奉天主教、新教等其他宗教者占1%。社会治安整体状况有所改善，但受经济危机影响，社会不稳定因素增加，抢劫、偷窃等治安案件时有发生。	经济属外向型，经济规模小，对外资依赖度高。经济保持低速增长，经济基础仍较落后。近年来，经济呈复苏态势，出现稳步增长势头。GDP 606.7亿美元，增长3.4%，人均GDP 8678美元。	公路、铁路、港口、机场等大部分基础设施建于20世纪60~80年代，普遍存在老化、失修、设备陈旧的现象，这在一定程度上制约了经济发展。公路总长度为19879公里，铁轨总长度为4030公里。有5个国际机场。60%的进出口货物通过海运运输，主要海港是瓦尔纳港和布尔加斯港，另有3个主要河港。通信发展较快。东南欧地区能源生产大国，电力充足。	中国是其第7大贸易伙伴。2019年，双边贸易额约27.2亿欧元，同比增长5.1%。贱金属及其制品是其对华出口的主力产品，其中最主要的是铜及其制品。保加利亚玫瑰产品、酸奶、葡萄酒等在中国市场也日益受到消费者的青睐。自中国进口的主要商品为机电产品、贱金属及其制品和家具玩具等。	地理位置优越。人口素质较高，劳动成本相对较低。物价低廉，经营成本较低。创新能力较低，存在一定的投资政策风险。在全球190个经济体营商便利度排名中，排第61位。

附录 "一带一路"背景下中国企业所处沿线国别(地区)宏观环境分析

续表

国家	面积与人口	政治法律环境	社会文化环境	宏观经济	基础设施	双边贸易	投资吸引力
北马其顿	面积为2.57万平方公里,人口约207.7万人。	议会制民主国家,近年来,国内政局动荡。2015年初以来,最大反对党社会民主联盟与执政的内部革命组织民族统一民主党矛盾公开并发酵,引发了旷日持久的街头示威活动。	多民族国家,马其顿族约占64%,其他民族包括阿尔巴尼亚族、土耳其族、罗姆族、塞尔维亚族等。官方语言为马其顿语。居民大多信奉东正教,占人口的67%;伊斯兰教占30%;其他宗教占3%。总体社会治安较为稳定。	传统农业国家,经济在欧洲相对落后,GDP 126.9亿美元,增长3.6%,人均GDP 6112美元。	公路和铁路网比较发达,已建设公路8735公里,铁路683公里。有两个国际机场。水路运输不发达,基本不使用水运。各类通信普及率较高,重视"数字经济"。缺电国家,有30%-40%用电缺口主要靠进口填补。	2019年双边贸易额为2.82亿美元,同比增长83.0%。对华出口产品包括矿物、钢铁及其制品等。自华进口产品包括手机、通信设备、便携式电脑等。	区位优势明显,经济保持增长,总体投资环境良好,税收政策优惠。在全球190个经济体营商便利度排名中,排第17位。